Crianza con simplicidad

El poder de lo simple
para educar niños felices

Kim John Payne
con Lisa M. Ross

CRIANZA CON SIMPLICIDAD

Título original: *Simplicity Parenting. Using the Extraordinary Power of Less to Raise Calmer, Happier, and More Secure Kids*

Edición original en inglés publicada por acuerdo con Carol Mann Agency & Schavelzon Graham Agencia Literaria, www.schavelzongraham.com.

Con la colaboración de Lisa M. Ross

Portada: Julieta Bracho-estudio Jamaica
Ilustraciones: Raymundo Ríos Vázquez
Traducción: Gabriela Vallejo Cervantes

Primera edición en Terracota: febrero 2024

ISBN: 978-607-713-556-2

EDITORIAL
TERRACOTA

DR © 2024, Editorial Terracota, SA de CV
Av. Cuauhtémoc 1430
Col. Santa Cruz Atoyac
03310 Ciudad de México

Tel. +52 55 5335 0090
www.terradelibros.com

2028	2027	2026	2025	2024
5	4	3	2	1

*A Katharine, el amor de mi vida,
y a Saphira y Johanna, los amores de nuestra vida.*
K.J.P.

Para Adair y Jack
L.M.R.

Índice

Agradecimientos

Me gustaría agradecer sinceramente a mis colegas de la Universidad de Antioquía de Nueva Inglaterra. A Lisa M. Ross por su inspirador talento y dedicación a este libro. A Marnie Cochran por su mano suave pero segura en la edición.

También a los numerosos miembros clave de las comunidades con los que he consultado. Gracias a sus entusiastas esfuerzos de coordinación, esta obra sigue llegando al mundo.

Por último, a mi familia y, en particular, a Almuth y Harry Kretz, mis suegros, por su apoyo silencioso e incondicional.

K.J.P.

Fue un placer trabajar con Kim John Payne, siempre amable durante el proceso y agradecido por los resultados. Nuestra colaboración fue aún más agradable debido a la sensación mutua de que este libro estaba bendecido desde el principio. El constante apoyo editorial de Marnie Cochran no hizo más que reforzar esa impresión. También fueron para mí una fuente de inspiración los maestros Waldorf William y Andree Ward y su visión de la rica promesa de la infancia. Gracias a mi marido, Jamie, por escucharme siempre y ofrecerme apoyo moral; a Janet Byrne y Nancy Wiley, por su temprano estímulo; a mis padres, Walt y Anita; y sobre todo a mis hijos, Adair y Jack, que amplían a diario mi visión de las posibilidades de la vida.

L.M.R.

Prólogo

La crianza de los hijos —lo que hacemos por ellos y la forma en que los ayudamos y educamos— es lo más antiguo y hermoso que hacen los seres humanos. Y lo hemos hecho bien durante millones de años. Nuestros ancestros no eran grandes ni fuertes ni estaban equipados con colmillos o garras, pero tenían una habilidad que resultaba más importante: sabían cómo criar a los niños para que fueran cariñosos, cooperativos, hábiles y sabios, y así fue cómo nuestra especie logró salir adelante y sobrevivir.

En resumen, lo hemos hecho durante mucho tiempo y lo hemos hecho bien. Sin embargo, en diferentes momentos de la historia, algunas fuerzas externas nos han dificultado la crianza de los hijos. Los tiempos feudales nos obligaron a esclavizar a nuestros hijos para trabajar en el campo. La industrialización nos obligó a someterlos a regímenes escolares con formas rígidas de aprendizaje y trabajo. Y el hipercapitalismo nos presiona ahora para que nos demos prisa, para que trabajemos, consumamos y estemos siempre apresurándonos a través de nuestras frenéticas rutinas diarias.

Los tiempos en verdad cambian, y tan rápidamente que podemos verlo en nuestras propias vidas. Mi primer libro sobre parentalidad, escrito hace casi cuarenta años, trataba de abordar la forma negativa en que padres de la clase trabajadora —especialmente desde el entorno en el que me crie y en el que luego trabajé como psicólogo familiar— atacaban la autoestima de sus hijos, llamándolos estúpidos, idiotas, rameras y cosas peores. En la década de los ochenta habíamos empezado a dejar de pegarles a los niños, pero seguíamos atacando su yo interior con esta terrible forma de hablar.

Hoy la gente rara vez abusa de los niños y en su mayoría hacen lo posible para apoyarlos, mostrando mucho más afecto. Mis padres, con las costumbres de los años cincuenta, me querían, pero casi no nos abrazaban a mi hermana y a mí; eso era algo que simplemente no se hacía en aquella época. Es difícil de imaginar eso en la actualidad.

Sin embargo, a pesar de todo este progreso en la crianza de los hijos, estamos siendo testigos de un deterioro de la salud mental de los niños y de los jóvenes que se está convirtiendo rápidamente en una epidemia. Uno de cada cinco niños en el Reino Unido, Estados Unidos y Australia —donde yo vivo— sufre ansiedad o depresión. Los suicidios de adolescentes han empezado a aumentar de nuevo después de haber disminuido durante décadas. El divorcio afecta a 40% de las familias. La persona media simplemente no es feliz ni está en paz. Los estudios sobre la felicidad y el bienestar muestran que éramos más felices en los años cincuenta, y, créeme, los años cincuenta ¡no eran para nada tan maravillosos!

Cuando encontré el libro de Kim, *Crianza con simplicidad*, me emocioné tanto que decidí escribirle para decírselo porque sabía que esta forma de pensar era lo que más se necesitaba en el mundo de la educación infantil y en los libros de crianza.

El mensaje de Kim lo repiten ahora otros, pero él realmente fue el primero, y sigue siendo el mejor exponente de un enfoque de la paternidad, así como de la vida, con un ritmo y un estilo adecuados, y de la cadencia óptima para el crecimiento humano.

Este es un principio muy importante. Por supuesto que deseamos que nuestros hijos aprendan y tengan éxito; pero cómo conseguirlo continúa siendo la cuestión más importante. Imagina que estás cultivando maíz. Esas hojas verdes y tiernas están empezando a salir de la tierra y tienen unos 15 centímetros de altura. Ansioso por acelerar su crecimiento, con el fin de alcanzar a un vecino que tiene maíz más alto que el tuyo, o tal vez preocupado por si tendrás lo suficiente para comer dentro de cuatro meses, sales con una linterna por la noche y te pones a jalar las hojas, intentando que se estiren más. ¿Funcionará? De ninguna manera. Solo dañarás las raíces, tu maíz no crecerá más rápido, e incluso podría atrofiarse o morir.

Nadie sería tan tonto como para hacerlo, pero así es como, cada vez más, criamos a nuestros hijos. El cerebro humano, probablemente la cosa más delicada y asombrosa del universo, sabe cómo crecer. Juega, explora, se nutre, busca un ritmo más tranquilo de actividad y descanso, una y otra vez, siempre buscando y soltando, buscando y soltando. El niño pequeño explora, vuelve corriendo a los brazos de su madre, y luego se aventura de nuevo. Un hogar feliz es un lugar tranquilo. Hay actividad, música, baile, seguido de descanso: trabajo intenso, seguido de relajación. Los televisores no suenan por toda la casa a todas horas, aportando una sobrecarga de sobresalto, estridente o discontinuo a los cerebros en crecimiento de los niños o a los nervios de los adultos agotados. La gente tiene tiempo para los demás: vuelven a conectarse después del trabajo o la escuela, de modo que la compleja y sutil danza de la vida familiar —comer, hablar, cuidarse, hacer cosas— funcione armoniosamente. Mamá y papá se sienten felices de estar juntos el uno con el otro, deseando pasar tiempo a solas, intercambiando sonrisas y ánimos en medio del tumulto de la gestión de los niños. ¿Suena eso a tu casa o a un sueño imposible?

Kim utiliza a menudo una palabra muy adecuada para la forma en que vivimos ahora. Él lo llama "fiebre", ese estado frenético, acalorado, incoherente y desordenado que a veces experimentamos cuando estamos enfermos. Nuestra forma de vida está enferma. Nos perjudica a nosotros y a nuestros hijos, y hace que una época de abundancia y seguridad, que debería ser el cielo en la tierra, sea una especie de infierno: demasiadas cosas, demasiadas prisas, muy poco tiempo, muy poca felicidad.

La sencillez y la desaceleración son lo que más necesita nuestro mundo ahora mismo. Este maravilloso libro es rico en formas de cambiar eso, empezando por tu propia casa, pero con la esperanza de que pueda llegar más allá, para detener la locura que nos rodea.

Casi digo: "¡Date prisa en leerlo!", pero en verdad no lo hagas. Tómatelo con calma. Cambiará tu vida.

Steve Biddulph
Autor de *Raising Boys in the 21st Century*
[Educar chicos en el siglo xxi], *The New Manhood*
[La nueva masculinidad] y *Ten Things Girls Need Most*
[Las diez cosas que las chicas más necesitan]

Introducción

Ve con confianza en la dirección de tus sueños. A medida que
simplifiques la vida, las leyes del universo serán más sencillas.
Henry David Thoreau

Como padres, somos los arquitectos de la vida cotidiana de nuestra familia. Construimos una estructura para nuestros seres queridos a través de lo que elegimos hacer juntos y de cómo lo hacemos. Determinamos los ritmos de nuestros días y marcamos una pauta. No cabe duda de que nuestro control tiene límites... pregúntale a cualquier padre de un adolescente. A pesar de ello, parecería que nuestra vida nos controla, atrapados como estamos en una carrera desenfrenada de una responsabilidad a otra. Esa manera única en cómo llevamos a cabo este baile de actividades diarias, sin embargo, dice mucho sobre quiénes somos como familia.

Se puede ver lo que una familia valora de acuerdo con los patrones que tenga en su vida diaria. Aun cuando me he formado como consejero y educador, los niños no necesitan esa formación tan sofisticada. Ellos suelen captar las pistas de forma natural. Ven un resplandor de oro en todas nuestras idas y venidas, en todas nuestras tareas y ocupaciones. Esto es lo que ven: con nuestro tiempo y presencia les damos amor. Así de sencillo.

Y tienen mucha razón; como padres, nuestras motivaciones e intenciones pueden ser particulares, pero nuestros sueños son universales. No importa dónde, ni cuán modesta o lujosamente vivamos, la mayoría de nosotros queremos lo mejor para nuestros seres queridos. A partir de estas motivaciones comunes —el amor y el deseo de proteger y proveer a nuestros hijos— construimos familias. Día tras día.

Como padres, llevamos los proyectos, los sueños de lo que podría ser nuestra familia. Los planes cambian, a veces todo se sale del presupuesto, hay que hacer incrementos inesperados y el trabajo nunca termina. Sin embargo, a través del desorden de la construcción, nos vemos unos a otros con profundidad y esperanza. Nuestro hijo de cinco años todavía es claramente el bebé que fue y, a veces, incluso el joven que será algún día. Sacamos energía e inspiración de nuestros sueños, de nuestras motivaciones sencillas y comunes.

A lo largo de su desarrollo podemos ver hasta qué punto nuestros hijos se sienten protegidos; rodeados de sus seres queridos, dan saltos extraordinarios y tienen momentos fantásticos de revelación y dominio. ¿Y esto gracias a nuestro impulso y a nuestras presiones? Nunca. En un abrir y cerrar de ojos nos muestran quiénes son... revelan su ser brillante y esencial. Como padres vivimos para esos momentos. Pero no podemos programarlos. No podemos pedirlos ni apresurarlos.

Queremos que nuestra familia sea un espacio de seguridad y paz, donde podamos ser nosotros mismos. Lo deseamos con el mayor apremio para nuestros hijos, que están inmersos en la lenta y difícil tarea de llegar a ser ellos mismos. ¿Nuestro amor y orientación les dará la desenvoltura que necesitan para crecer? Está claro que los niños son más felices cuando tienen tiempo y espacio para explorar su mundo a través del juego. Nosotros podemos estar oscilando entre el futuro y el pasado, pero nuestros hijos —los pequeños maestros zen— desean permanecer concentrados, totalmente comprometidos con el momento presente. Nuestra mayor esperanza es que desarrollen sus propias voces, sus propios instintos y su resistencia, a su propio ritmo. Y a pesar de las veces que lo olvidamos —incluso en un solo día—, sabemos perfectamente que esto llevará tiempo.

El descanso y la renovación que queremos en nuestros hogares es cada vez más difícil de encontrar. Nuestra vida laboral se ha trasladado a nuestras computadoras y nos encontramos ahí donde llega la señal del teléfono. Los niños también están sobrecargados. Aunque los padres necesiten programas informáticos para organizar las actividades y los horarios de sus hijos, el psicólogo del desarrollo David Elkind (2007) señala que los niños han perdido más de doce horas de tiempo libre a la semana en las dos últimas décadas. Cuando ser "multitarea" se valora como una habilidad de supervivencia, ¿debería sorprendernos que cada vez más niños sean "diagnosticados" con "déficit de atención"?

En todos los aspectos de nuestra vida, por muy triviales que sean, nos enfrentamos a una vertiginosa variedad de cosas y opciones. La ponderación de docenas de marcas, características, anuncios, tamaños y precios, junto con el escaneo que hacemos en nuestra memoria para recordar cualquier advertencia o preocupación que hayamos escuchado;

todo entra en las decenas de decisiones diarias. Demasiadas cosas y demasiadas opciones. Si nos sentimos abrumados como adultos, podemos imaginar cómo se sienten nuestros hijos. Lo que sea que haya venido primero —demasiadas opciones o demasiadas cosas— el resultado final no es la felicidad. Al contrario de lo que nos dice la publicidad (aunque esto puede resultar obvio para cualquiera que haya elegido un plan de llamadas para el teléfono celular), tener demasiadas opciones puede llegar a ser abrumador. Es otra forma de estrés. No solo nos quita tiempo, sino que los estudios demuestran que tener muchas opciones puede mermar nuestra motivación y bienestar.

Sin embargo, una avalancha de información, no filtrada y a menudo no solicitada, se abre paso en nuestros hogares, en nuestra vida y en la conciencia de nuestros hijos. El hogar solía ser un remanso de paz y el mundo exterior era "el gran desconocido". A los padres les costaba transmitir toda la información que sus hijos podían necesitar para enfrentarse a la vida en ese mundo real, más allá de los límites del hogar y del barrio. Hoy en día, ese mundo real, en toda su realidad gráfica, está disponible para verse en cualquier momento y lugar, a través de internet. Nuestra responsabilidad como guardianes se vuelve cada vez más difícil y crece de manera exponencial hasta llegar incluso a niveles críticos.

Nuestros niños y adolescentes necesitan un lugar donde refugiarse de las turbulencias de la vida moderna y de todos sus excesos. Una imagen clara de esto que me impactó fue cuando me encontraba en lo alto de una ladera desde la que se veía un pueblo pesquero tradicional. En el puerto había un muro de piedra que rodeaba la apertura de la ensenada, como el brazo de una madre abrazando a un niño, y en la punta de la barricada estaba la cabaña del capitán del puerto, de la que salía el oficial al mando para revisar cada barco que entraba por el estrecho paso. En contraste con los agitados mares del exterior, el agua al interior del puerto estaba en calma. Los barcos llegaban a los muelles y los marineros se tomaban un merecido descanso. Charlaban y reían, ayudándose unos a otros con el equipo de reparación y compartiendo historias de sus experiencias en el mar, antes de empezar a hacer las reparaciones necesarias y el reabastecimiento para salir de nuevo al océano con la marea de mañana. La escena que se desarrollaba allí abajo era sencilla y bien organizada. No había nada superfluo ni elaborado.

¿Estamos, como sociedad, obligando a nuestros hijos a permanecer demasiado tiempo fuera, en las aguas tormentosas del exceso: demasiadas cosas, demasiadas opciones, demasiada sensualidad, demasiada información y demasiada velocidad? Creo que sí. Pero también creo que no es nuestra intención. Sé a ciencia cierta, y lo he visto muchas veces, que los padres pueden aportar una nueva inspiración y atención al flujo de la vida familiar. Sin duda, podemos ser los oficiales del puerto de la familia, controlando lo que entra en nuestra vida familiar. Nuestros valores, ritmos y simplicidad familiares son como el muro del puerto que crea un lugar tranquilo y seguro al que nuestros hijos vuelven para relajarse, para soltar y para contarnos los acontecimientos del día, que pueden ser tanto divertidos como frustrantes. Podemos ayudarlos tranquilamente a resolver sus enredos relacionales y sus golpes y magulladuras emocionales, y estar ahí para prepararlos para el siguiente día de vuelta a la turbulencia de la vida diaria y todo lo que esta traerá. No podemos aislar a nuestros hijos del resto del mundo, pero podemos crear para ellos un puerto seguro al que puedan volver y prepararse, para lanzarse con confianza cada vez más lejos de nosotros, mientras crecen y exploran este mundo con todos sus peligros y toda su belleza.

Mi experiencia con muchísimos niños y familias me ha ayudado a encontrar maneras de reducir el estrés, las distracciones y las opciones —todas las formas de acumulación— en la vida de los niños. He visto lo eficaces que pueden ser estas estrategias para devolver a los niños la sensación de tranquilidad y bienestar. Este libro trata acerca de realinear nuestra vida cotidiana con el ritmo y las promesas de la infancia. De alinear nuestra vida real con los sueños que tenemos para nuestra familia. Su objetivo es ayudarte a eliminar muchos de los elementos innecesarios, distractores y abrumadores que dispersan la atención de nuestros hijos y que abruman su espíritu.

Tener momentos de calma —creativos o de descanso— es una forma de sustento para los seres humanos de todas las edades. Las relaciones se construyen a menudo en estas pausas, en esos momentos incidentales cuando no pasa nada. Este libro te dará muchas ideas sobre cómo recuperar esos momentos, cómo establecer para tus hijos islas de "ser" en el torrente del hacer constante.

Si como sociedad estamos inmersos en la velocidad, es en parte porque nadamos en la ansiedad. Alimentados por la preocupación y la inquietud, corremos lo más rápido que podemos para evitar los problemas y esquivar el peligro. Nos dirigimos a los niños con la misma mirada ansiosa, mientras corremos de esta "oportunidad de enriquecimiento" a la siguiente, y detectamos gérmenes ocultos y nuevos peligros, mientras hacemos todo lo posible para proporcionar a nuestros hijos todas las ventajas conocidas o que pronto se inventarán. Este libro no trata de los peligros ocultos, las soluciones rápidas o las oportunidades de tiempo limitado; trata del largo plazo. El panorama general: reverenciar la infancia.

Cuando actuamos con respeto, en lugar de actuar con miedo, nuestra motivación es más fuerte y nuestra inspiración ilimitada. La buena noticia es que hay muchas cosas que podemos hacer como padres para proteger la infancia, para proteger el ambiente ideal para el lento surgimiento de sus identidades, su resiliencia y su bienestar.

Muchos de los conceptos de este libro tienen sus raíces en los principios de la pedagogía Waldorf. Las escuelas Waldorf, una de las formas de educación independiente más utilizadas en todo el mundo, hacen hincapié en la imaginación y el desarrollo del niño en su totalidad: el corazón y las manos, además de la cabeza.

El régimen de simplificación que se expone en este libro es eminentemente factible para cualquier familia con la inclinación y la motivación necesarias. Los pasos que se describen deben considerarse como un menú, no como una lista de verificación, del que puedes elegir lo que es viable y sostenible para tu propia familia. Cada familia tendrá sus propios problemas, prioridades y niveles de compromiso. No hay un orden "correcto" para trabajar en los distintos niveles, ni un momento adecuado o incorrecto para empezar.

Los cuatro niveles de simplificación te servirán como hoja de ruta mientras navegas por tu propio camino; cada uno de ellos se abordará en detalle en los próximos capítulos. En el primer capítulo, veremos las razones por las cuales simplificar es tan importante y eficaz. También consideraremos cómo recuperar los sueños que tienes para tu familia, ya que estos serán tu motivación en el futuro. Concebido como una breve reflexión sobre los instintos paternos que te recordará (antes de entrar en el "trabajo" práctico de la simplificación) lo que ya sabes, el segundo capítulo te ayudará a reconocer y abordar la "sobrecarga" de tus hijos de una forma muy parecida a lo que hacemos cuando nuestro pequeño está con fiebre.

El tercer capítulo comienza en la puerta del cuarto de tu hijo, cuando empezamos a reducir el desorden debido a la gran cantidad de juguetes, libros y opciones. El ritmo es otra forma de simplificación, que abordaremos en el cuarto capítulo. Una vida diaria más rítmica establece cabeceras de playa, pequeños espacios de calma y previsibilidad en el flujo del tiempo. Veremos cómo las comidas y la hora de acostarse pueden establecer los acordes principales de la melodía de un día, y consideraremos otras posibilidades de notas y pausas con las que un niño puede contar a lo largo del camino.

A partir del ritmo, profundizaremos en el patrón de los días de nuestros hijos para considerar sus horarios. En el quinto capítulo, veremos cómo equilibrar los días especialmente activos con los más tranquilos, desafiando la idea de que el "tiempo libre" significa "libre para ser llenado" con lecciones, prácticas, momentos de juego y algunas citas. El principio de que demasiadas cosas y demasiadas opciones resulta muy problemático para los niños puede también aplicarse a la mayoría de los aspectos de la vida diaria. En el capítulo sexto, estudiaremos las formas de filtrar la información y las preocupaciones de los adultos en nuestros hogares y en la conciencia de nuestros hijos. Veremos cuánto se involucran los padres y los lazos que nos unen a nuestros hijos, lazos que deben estirarse sin romperse, mientras que el círculo del niño va hacia afuera y hacia adentro, hacia la independencia. Consideraremos, entonces, algunas formas de simplificar nuestra implicación parental y "abandonar" la "hiperpaternidad", con el fin de construir un sentido de seguridad para nuestros hijos que ellos puedan interiorizar y llevar consigo a medida que crecen. Aprenderemos nuevas formas de simplificar nuestras intervenciones, aumentar nuestra confianza y permitir que sea la conexión, en lugar de la ansiedad, la que caracterice la relación que establecemos con ellos.

El capítulo siete trata el tema vital del fortalecimiento y la clarificación de los valores familiares. Descorre el telón de las prácticas de *marketing* generalizadas que intentan conscientemente eliminar la influencia de los padres. También explora la diferencia entre un enfoque frío y autoritario y un enfoque cálido y de conexión con el liderazgo familiar.

Nunca es "demasiado tarde" para aportar inspiración y atención al flujo de la vida familiar. Los padres de niños pequeños encontrarán aquí muchas semillas que plantar, enfocadas a una vida familiar que siga protegiéndolos y nutriéndolos a medida que crecen. Pero todas las etapas de la evolución familiar pueden beneficiarse de un poco más de espacio y armonía, un poco menos de velocidad y desorden. Otro punto que hay que recordar, al empezar, es que la simplificación suele consistir en "hacer" menos y confiar más. Confiar en que, si tienen tiempo y seguridad, los niños explorarán sus mundos de la manera y al ritmo que mejor les convenga.

En mis descripciones de cómo trabajé con otras familias verás lo que podría funcionar para la tuya. No hace falta ser un "experto". Al leer las historias que comparto a lo largo del camino, tendrás momentos de reconocimiento e inspiración. Mi esperanza es que puedas volver continuamente a este libro y que sigas sacando ideas y ánimos de él a medida que tus hijos crecen.

Mientras que tu vida diaria puede parecer una radio con un ancho de banda lleno de estática, la simplificación te permite, con mucha más regularidad y claridad, sintonizar tu propia señal como padre. Creo que te resultará muy gratificante sentir cómo se desarrolla tu autenticidad interior a medida que tomas conciencia y prestas atención a la relación con tus hijos. Y con este proceso llegan más oportunidades de ver en profundidad en qué se están convirtiendo tus hijos.

Espero sinceramente que este libro te inspire —que te dé esperanza, fortaleza, ideas y conocimientos— ahora y en la medida en que tus hijos crecen.

Capítulo 1
¿Por qué simplificar?

Hoy nos enfrentamos a un enorme problema en la vida. Es tan grande que apenas lo vemos y está frente a nuestras narices, todo el día, todos los días. Vivimos vidas demasiado grandes, atiborradas de actividades, urgencias y obligaciones que parecen absolutas. No hay tiempo para tomarse un respiro, ni para buscar una solución.

Sarah Susanka

James tenía unos ocho años y acababa de entrar a tercero de primaria cuando conocí a sus padres. Su madre era una persona encantadora y muy brillante, y su padre trabajaba en el gobierno de la ciudad. Les preocupaba que su hijo tuviera problemas para dormir por la noche y que se quejara de dolores de estómago. Un niño de ocho años está más bien diseñado para ser melindroso con la comida, pero la exigencia de James se volvía extrema. Sus dolores de estómago iban y venían, pero no parecían estar relacionados con la comida.

Ambos padres mencionaban con orgullo la seguridad con la que James podía hablar con los adultos, pero reconocían que tenía problemas para relacionarse con sus compañeros. Evitaba las cosas que le parecían peligrosas y hacía muy poco que había aprendido a andar en bicicleta. "Y no te olvides del asunto del manejo", mencionó su madre. El padre de James me explicó que cuando iban en coche a algún sitio, James era el policía autodesignado en el asiento trasero, que les avisaba cuando iban incluso uno o dos kilómetros por encima del límite de velocidad, y que escudriñaba la carretera en busca de problemas de cualquier tipo. El término "conductor de asiento trasero" se queda corto para describir su comportamiento; puedes imaginar lo "relajantes" que eran estos viajes por carretera.

A medida que conocía a la familia, me di cuenta de que su vida cotidiana estaba muy marcada por los problemas del mundo. Ambos padres eran ávidos seguidores de las noticias. La televisión estaba encendida a menudo y sintonizada en CNN, tanto si estaban atentos a ella como si no. Con una marcada orientación política e intelectual, discutían largamente sobre diversos temas, especialmente sobre cuestiones medioambientales. Desde muy joven, James escuchaba estas conversaciones. Sus padres estaban orgullosos de sus conocimientos. Sentían que estaban criando a un pequeño activista, a un "ciudadano del mundo", que crecería informado e interesado.

Los conocimientos de James sobre el calentamiento global parecían rivalizar con los de Al Gore. Eso era evidente. James también se estaba convirtiendo en un niño muy inquieto. Así que sus padres y yo trabajamos juntos en un régimen de simplificación. Hicimos algunos cambios en el entorno del hogar y aumentamos en gran medida la sensación de ritmo y previsibilidad en sus patrones de vida diaria. Nuestro principal objetivo, sin embargo, era reducir la participación de James en la vida intelectual de sus padres y su acceso a la información.

¿Cuánta información entraba en casa y en la conciencia de James? En lugar de tres computadoras, sus padres decidieron mantener una sola, en el estudio de la habitación principal. Después de muchas discusiones, retiraron las dos televisiones. Pensaron que esto podría ser más duro para ellos que para James y querían probar su teoría. Si había que hacer sacrificios, querían asumir su parte. También se dieron cuenta de que los televisores se habían convertido sobre todo en fuentes de ruido de fondo en su casa. ¿Los extrañarían o no? También se eliminaron los Gameboy y las Xbox para minimizar el número de pantallas en la casa.

Sin embargo, lo que más me impresionó fue el compromiso que asumieron de cambiar algunos hábitos muy arraigados. Creo que fueron muy valientes cuando se propusieron mantener las conversaciones sobre política, sobre sus trabajos y sus preocupaciones para después de que James se fuera a la cama. Al principio fue difícil, y tuvieron que recordarse mutuamente con frecuencia que debían abstenerse de hablar de esos temas mientras James estuviera despierto. Pero el cambio se convirtió en algo natural. La calidad de sus conversaciones nocturnas se intensificó, y ambos padres llegaron a apreciar realmente este tiempo juntos, porque era exclusivamente suyo.

Los padres de James notaron cambios en él desde las dos primeras semanas. Su nivel de ansiedad disminuyó y su sueño mejoró. Empezó a tener ideas para proyectos y cosas por hacer que antes no le interesaban. Estaban en primavera y el clima era excelente. ¿Se trataba de eso?, se preguntaban sus padres. Al principio no estaban seguros, pero la tendencia continuó. Sin duda, se dedicaba más a hacer otras cosas, a construir, a cazar lagartijas y a cavar agujeros. Al cabo de tres o cuatro semanas, su profesor también informó de cambios que notaba en él. A medida que su vida lúdica se ampliaba, disminuía su deseo de comer. Empezó a relacionarse con algunos de los niños del barrio, en particular con uno, con el que entabló una buena amistad. He seguido en contacto con esta familia, y el amigo que James hizo cuando iba a cumplir nueve años ha seguido siendo un compañero de por vida. Los chicos tienen ya más de veinte años y aún son muy amigos y se apoyan mutuamente.

¿Todo esto es directamente atribuible a los cambios que hizo la familia de James? ¿Fue la falta de televisión? ¿Tal vez menos conversaciones sobre el calentamiento global? ¿Podemos señalar algo que haya marcado la diferencia? Mi respuesta a eso sería no, y a la vez sí. No creo que haya habido algo en específico, ninguna bala mágica que haya eliminado el nerviosismo y el comportamiento controlador de James; pero las medidas tomadas para proteger su infancia definitivamente tuvieron un efecto en él y en sus padres, un efecto mayor que la suma de sus partes. El entorno familiar de James se vio alterado; tanto el paisaje como el clima emocional de su vida cotidiana cambiaron. Sus padres aportaron una nueva conciencia a su forma de crianza, y eso les sirvió. Se convirtió en la nueva medida de lo que tenía o no sentido en sus vidas. Ya no sentían que James tuviera que saber todo lo que ellos sabían, o que debía importarle todo lo que a ellos les preocupaba. Al reconocer y proteger esa diferencia, le dieron a él la libertad de vivir más profunda y felizmente su propia edad.

Cuando se simplifica el "mundo" de un niño, se prepara el camino para el cambio y el crecimiento positivos. Este trabajo de preparación es especialmente importante ahora porque nuestro mundo se caracteriza por tener demasiadas cosas. Construimos nuestra vida cotidiana y nuestras familias sobre los cuatro pilares del exceso: demasiadas cosas, demasiadas opciones, demasiada información y demasiada velocidad. Con este nivel de actividad, distracciones, presión de tiempo y acumulación (mental y física), los niños se ven privados del momento y la facilidad que necesitan para explorar sus mundos y su yo emergente. Y como las presiones de "demasiado" son tan universales, nos "adaptamos" a un ritmo enormemente rápido. La rareza característica del "demasiado" empieza a parecernos normal. Si el agua en la que nadamos sigue calentándose, y nosotros simplemente nos vamos adaptando a medida que se calienta, ¿cómo sabremos que debemos salir antes de que hierva?

Creo sinceramente que nuestro instinto de proteger a nuestros hijos será lo que nos motive a cambiar. Nuestro impulso para salir de la proverbial olla será nuestro deseo de proteger su infancia. Incluso si nuestras propias voces internas son silenciadas por las urgencias y obligaciones de tantas cosas, nuestros instintos como padres nos siguen dando tregua. Nos detenemos en seco —de vez en cuando o a menudo, según lo acelerada que se haya vuelto nuestra vida— y nos preguntamos de qué forma este ritmo les está afectando. Las alarmas internas suenan cuando nos enfrentamos a la enorme desconexión entre cómo creemos que debería ser la infancia y en qué se ha convertido.

Un momento así le ocurrió al periodista canadiense Carl Honoré, y fue la inspiración para su libro, *Elogio de la lentitud,* que salió en 2006. Honoré, quien se confiesa "adicto a la velocidad", concibió la idea del libro en un momento de gran alarma paterna. En una librería del aeropuerto, vio una serie de libros titulada *One Minute Bedtime Stories [Historias de un minuto para antes de dormir].* Su primer impulso fue comprar toda la serie y hacer que se la enviaran inmediatamente a su casa. En ese instante recordó las muchas veces que le leía a su hijo de dos años ("¡Léelo otra vez, papá!") mientras pensaba en los correos electrónicos sin contestar y en otras cosas que tenía que hacer. La idea de un cuento de un minuto parecía perfecta; ¿no bastarían unos cuantos cada noche? Pero, por suerte, tuvo un sentimiento de alerta igual de rápido, una sensación de alarma y disgusto por haber llegado —como muchos de nosotros— a este punto en nuestra loca carrera por la vida. ¿Qué les dice y hace esto a nuestros hijos?

La comprensión

Todos tenemos esos momentos de alarma, ¿no es así? Sé que yo los tengo. Nos enfrentamos a las solicitudes de estos pequeños seres —a quienes amamos enormemente—, que, a pesar de ser sencillas, parecen venir de una galaxia muy lejana: del planeta *lento*. El niño de dos o tres años que pide que se le lea el mismo cuento una y otra vez se convierte luego en un niño de ocho que quiere contarte el argumento de una película con tanto detalle que el recuento seguramente durará más que la propia película. Mientras tanto, has organizado un complicado horario de transporte compartido que requiere una precisión de fracciones de segundo, pero que te ahorra uno o dos viajes de ida y vuelta a la semana; toda la empresa se detiene cada mañana en torno a dos agujetas que no se dejan amarrar, o un mechón que no se puede cepillar, o una mochila a la que siempre, siempre, le falta algo.

MUY SIMPLE

Al simplificar, protegemos el ambiente para el desarrollo, lento y esencial, del ser durante la infancia.

La idea de este libro surgió de un sentido profesional de alarma, aunque mi comprensión evolucionó más lentamente que la revelación de Honoré en la librería. Lamento decir que tardé más de una década en darme cuenta cabal de lo que intuía desde hacía tiempo. Cuando estaba cerca de cumplir treinta años, terminé mi formación en servicios sociales en Australia, mi país, y me ofrecí para trabajar con niños en Asia en dos campos de refugiados, uno en Yakarta y otro en Camboya, a lo largo de la frontera entre Tailandia y Camboya.

En Yakarta, los campos eran muy grandes, poblados por cientos de miles de personas que fueron desalojadas debido a la inestabilidad política. Dichos campamentos funcionaban como pequeños dominios, con "señores feudales" y bandas que controlaban usando medios crueles, consiguiendo lealtades con promesas de protección frente a otros matones. Era un barrio grande y miserable, con refugios hechos de cartón y restos de latas o plásticos, lo que se pudiera encontrar. Todo el mundo caminaba sobre tablones colocados en el suelo, lo único que los mantenía un poco por encima de las aguas residuales, que inundaban la zona desde las zanjas de drenaje y las alcantarillas abiertas.

La mayoría de los niños entre los que vivía y con los que trabajaba nunca habían conocido un hogar o una vida diferente a la del campamento. Sus vidas se caracterizaban por la incomodidad, la enfermedad, el miedo y el peligro. Había poca seguridad y ocio para estos niños; la supervivencia era la empresa familiar. Como pueblo y como individuos habían sufrido grandes pérdidas y, por desgracia, estos niños podían ser claramente diagnosticados con trastorno de estrés postraumático. Estaban nerviosos e hipervigilantes, desconfiaban de todo lo nuevo. Muchos habían adoptado pequeños rituales elaborados en torno a las tareas cotidianas, como formas muy específicas y complicadas de recorrer el laberinto del campamento, que imaginaban que de alguna manera los mantendrían a salvo. Desconfiaban de las nuevas relaciones, ya fuera con adultos o con sus propios compañeros, y unos cuantos tenían un temperamento muy nervioso.

Después de dejar Asia, me trasladé a Inglaterra, donde completé mi formación como maestro Waldorf. Durante muchos años trabajé en el ámbito escolar y en la práctica privada como consejero; veía a niños y hacía diagnósticos: trastorno por déficit de atención (TDA), trastorno por déficit de atención con hiperactividad (TDAH), trastorno obsesivo compulsivo (TOC), trastorno de oposición desafiante (TOD). Llegó a parecer una especie de macabro "vals de las T". Un baile demasiado común en estos días; una excesiva definición de nuestros niños.

A principios de la década de 1990, trabajaba en una escuela y tenía un consultorio privado al oeste de Londres. Los niños con los que trataba procedían de una gran variedad de contextos familiares, algunos británicos, otros inmigrantes, desde clase media-baja a hogares bastante acomodados. Algunos de los que atendí profesionalmente eran en exceso controladores respecto a sus padres, frente a su entorno e incluso en sus juegos con otros niños. El sueño y la comida eran áreas comunes de control; podían dejar de comer todos los alimentos excepto uno o dos, o no ir a dormir hasta bien entrada la noche. Su ira se desencadenaba con facilidad, a menudo de forma explosiva, y los padres no sabían explicar las razones de sus arrebatos. También observé en ellos mucho nerviosismo. Se asustaban con facilidad y les costaba tranquilizarse o volver a relajarse. Desconfiaban de las situaciones nuevas, ya fuera material nuevo en la escuela, personas nuevas en su vida o cualquier cambio de planes o de sus patrones habituales de actividad. Recuerdo a un niño que se negaba rotundamente a irse de vacaciones con sus padres. Nunca había estado en la playa y la mera idea de ir parecía aterrorizarlo.

Al final me di cuenta de que los planes de tratamiento que desarrollaba para este grupo de niños eran idénticos a los que había ayudado a implementar en Asia. Cuando analicé mi trabajo de forma objetiva, no pude ver ninguna diferencia entre mis métodos y objetivos con estos niños y los que tenía mientras trataba a los niños en Yakarta. Lo que por fin pude comprender fue bastante notable. Lo dudé durante todo el tiempo que pude, hasta que tuve la certeza: estos niños, tan típicos de un país acomodado del mundo occidental, mostraban los mismos signos y síntomas del trastorno de estrés postraumático (TEPT).

Me habían enseñado a asociar el TEPT con acontecimientos bélicos de gran envergadura, con traumas que cambian la vida y que dejan a sus víctimas conmocionadas en gran medida. Mi trabajo en los últimos veinte años me ha llevado a muchas zonas devastadas por la guerra: África, Israel e Irlanda del Norte, así como Rusia y Hungría durante y justo después de la Perestroika. No esperaba encontrar niños "destrozados por la guerra" en esta zona relativamente próspera de Inglaterra, pero, en efecto, eso es lo que encontré. Lo primero que me llamó la atención fueron las similitudes en los comportamientos problemáticos adoptados por estos grupos de niños aparentemente dispares. Después de tantos casos de *déjà vu* clínico, no pude ignorar mis instintos. Al estar seguro de los síntomas y los comportamientos similares, estaba cada vez más convencido de la causa, y a medida que observaba más de cerca sus vidas, me di cuenta de que para ambos grupos la santidad de la infancia había sido violada. La vida adulta estaba inundándola sin ningún control. Conocedores de los miedos de sus padres, de sus impulsos, de sus ambiciones y del ritmo acelerado de su vida, los niños estaban ocupados tratando de construir sus propios límites y su propio nivel de seguridad con comportamientos que, en última instancia, no eran útiles. Estos niños sufrían otro tipo de guerra: la guerra no declarada contra la infancia.

MUY SIMPLE
Nuestra sociedad —con sus presiones del "demasiado"— está librando una guerra no declarada contra la infancia.

Al examinar la vida de estos niños en Inglaterra en busca de un acontecimiento traumático característico, no encontré ninguno. Tal vez esperaríamos ver pérdidas en la primera infancia que justificaran esas reacciones de tanto nerviosismo y desconfianza, con tanta falta de resistencia e hipervigilancia. Sin embargo, me di cuenta de que había suficientes pequeñas tensiones, una base constante de estrés e inseguridad que se había acumulado. Estas pequeñas tensiones se acumulan hasta tal punto que tiene "sentido" psicológico que los niños adquieran y adopten comportamientos compensatorios.

La comunidad psicológica está enamorada de las siglas, así que añadí otra —¿por qué no?— para describir eso a lo que me enfrentaba: reacción acumulativa al estrés (RAE). Es similar a lo que la Asociación Estadounidense de Psicología (APA) llama ahora, muchos años después, trastorno de estrés postraumático complejo.

La comunidad psicológica también empieza a reconocer que los atributos y comportamientos que yo observaba —hipervigilancia, nerviosismo, ansiedad, falta de resiliencia, falta de control de los impulsos, falta de empatía y de toma de perspectiva— se agravan cuando un niño acumula suficientes pequeños componentes de estrés con suficiente frecuencia. Este patrón constante de estrés puede acumularse hasta llegar a un escenario de tipo TEPT O RAE.

La RAE describe un tipo de reacción ante un patrón de pequeños momentos de estrés constante, una especie de umbral que puede acumularse, pero raramente se disipa. Por favor, no me refiero aquí al nivel de estrés que forma parte de la vida, ni sugiero que el estrés no deba existir para los niños; existe y debe existir. Los niños experimentan deseos frustrados, enfermedades, penas y pérdidas. Su vida no está libre de estrés, y la infancia no es una serie de "momentos color de rosa", cada uno más bonito que el anterior. De hecho, imaginemos al niño de seis años que, con una vida de ensueño llena de superhéroes y superpoderes, descubre en una caída del cerezo del patio trasero que no puede volar. Su brazo izquierdo roto es muy doloroso, da miedo verlo, sin olvidar el viaje frenético a la sala de urgencias del hospital. Estos accidentes de la infancia pueden ser terriblemente estresantes en ese momento. Sin embargo, al día siguiente, y cada vez que se cuenta en familia, el episodio se convierte en una clásica historia de valentía, de miedos calmados por la preocupación, de fuerza y heroísmo. (No la variedad de heroísmo que vuela, sino del tipo que describió Ralph Waldo Emerson: "Un héroe no es más valiente que un hombre corriente, pero es más valiente cinco minutos más".)

El nivel de estrés descrito por el término RAE es muy diferente, debido a su frecuencia, del estrés que se produce con bastante regularidad y normalidad en la vida cotidiana de un niño. En el día a día, el estado de ánimo y el bienestar de un niño son como un subibaja; el estrés actúa como un peso en un extremo, pero una vez que desaparece se recupera el equilibrio general. El "regalo" de una rodilla raspada, de una discusión con un amigo, o cinco días de gripe pueden reforzar la capacidad de recuperación del niño y la conciencia de sus propias capacidades. Estas tensiones normales son ejemplos de "resistencia necesaria". Todos, incluidos los niños, necesitamos encontrar resistencia en la vida para aprender a entenderla, superarla y seguir adelante. Estas tensiones pueden ser preocupantes, pero no perjudiciales, si aprendemos a tener las habilidades y el apoyo necesarios para afrontarlas y superarlas. El estrés perjudicial sería, por ejemplo, aquel demasiado grande o demasiado constante como para poder vencerlo. Si nuestras capacidades (o las de un niño) no están a la altura, el niño no puede entenderlo ni dominarlo, y queda atrapado en un ciclo recurrente de reacciones estresantes.

La RAE no se caracteriza por la gravedad de un acontecimiento traumático, sino por la consistencia o la frecuencia de las pequeñas tensiones. ¿Cuál era el efecto acumulativo de estas tensiones en la psique y el comportamiento de los niños? Lo que llegué a comprender fue que las pequeñas tensiones, en conjunto, afectan la capacidad de resistencia del niño: mental, emocional y físicamente. Interfieren en la concentración, en la base emocional de la calma, en la sensación de seguridad que permite la novedad y el cambio. Aminoran la concentración, no solo en el objeto o la tarea que se realiza. Estas tensiones lo distraen de lo que sería el objetivo o "tarea" de la infancia: la evolución y desarrollo del sentido del ser. Megan Gunnar, directora asociada del Centro de Desarrollo Neuroconductual de la Facultad de Medicina de la Universidad de Minnesota, ha investigado el efecto del estrés en los niños. Ella comenta que el estrés provoca muchos problemas de salud diferentes, como "cambios en el desarrollo del cerebro, en los sistemas hormonales, el sistema inmunitario, el sistema cardiovascular e incluso la forma en que se lee y transcribe nuestro ADN" (Hostinar y Gunnar, 2013).

Lo que también me ha quedado cada vez más claro es que gran parte de este estrés es lo que ahora llamamos vida cotidiana. Es la vida que rodea a nuestros hijos, una vida cotidiana que, por desgracia, no es tan distinta de la que llevamos como adultos. Una vida cotidiana compleja, demasiado presionada y sumergida en las aguas saturadas de medios de comunicación, multitareas y sobrecargas de información.

MUY SIMPLE
El ritmo de nuestra vida cotidiana está cada vez más desfasado del ritmo de la infancia.

En realidad, resulta bastante deprimente pensar que la infancia está siendo atacada, y también puede ser difícil de desentrañar o de precisar. No creo que este ataque sea el resultado de un esfuerzo consciente. No se trata de "el Robachicos" entre nosotros, ni de una fuerza siniestra en acción. No se trata de ningún ser, empresa o entidad en particular que sea la responsable de esto. Philip Morris, General Mills, los mercadólogos y publicistas que todo lo invaden, los tecnófilos que promocionan los teléfonos celulares para los niños de ocho años, ¿a quién podemos culpar? A todos y a ninguno, en realidad. No creo que haya responsables que vayan a comparar lo que venden o lo que promocionan con un ataque a la infancia.

Sin embargo, como sociedad, nos hemos adscrito de todo corazón a la idea de buscar algo más, más grande, más nuevo y más rápido que significa mejor. Lo hemos hecho como una especie de mecanismo de supervivencia. Se trata de un impulso elemental y primitivo (aunque con su propio giro particularmente maniático, moderno y occidental). En su nivel más básico es perfectamente comprensible, aunque ya no es útil para su propósito original, y lo hemos llevado hasta el punto de que realmente nos amenaza, en lugar de asegurar nuestra supervivencia.

Acumulamos cada vez más cosas dentro de nuestras casas (sobre todo mientras las construimos más grandes), en nuestra vida (incluso mientras sufrimos el ajetreo y la falta de sueño) y en nuestra conciencia (la CNN puesta las 24 horas, los blogs, los celulares, las constantes actualizaciones de noticias en línea). Según un estudio de un grupo de investigación sobre el consumo, la edad media a la que los niños estadounidenses empiezan a utilizar aparatos tecnológicos de última generación, como teléfonos celulares y reproductores de MP3 es ahora de 6.7 años

(Aun, 2007). A medida que nuestros mundos se aceleran a velocidades vertiginosas, no solo arrastramos a nuestros hijos, sino que también proyectamos en ellos parte de nuestras ansiedades sobre la velocidad. ¿Hay algo que no sintamos la necesidad de apresurar? ¿Hay algo que sintamos que no debemos enriquecer, mejorar, avanzar o competir con ello? Si bien no hemos encontrado la manera de evitar los nueve meses de gestación humana, una vez que el bebé nace, su infancia parece ser "terreno abierto" para la aceleración.

Para ver el asalto de nuestra sociedad a la infancia de manera distinta, tomemos el sueño como analogía. La mayoría de nosotros reconocemos la necesidad de dormir una buena cantidad de horas, entre siete y ocho cada noche. Sin embargo, a muchos nos gustaría ser capaces de funcionar bien con mucho menos. Algunos creen que se las arreglan muy bien si duermen cuatro horas. Sin embargo, Thomas Roth, del Centro de Trastornos del Sueño Henry Ford de Detroit, lo duda: "El porcentaje de la población que necesita menos de cinco horas de sueño por noche, redondeado a un número entero es cero". Robert Stickgold, neurocientífico cognitivo de Harvard especializado en la investigación del sueño, refirió cómo un psiquiatra con una consulta privada lo llamó para preguntarle si conocía alguna razón para no recetar modafinilo, un nuevo fármaco que favorece la vigilia, a un estudiante en época de exámenes. "No hay ninguna razón para no hacerlo", dijo Stickgold al psiquiatra, "a menos que usted crea que el sueño sirve para algo" (Lambert, 2005).

¿Sirve para algo el sueño, además de marcar el tiempo hasta que llega la vigilia? ¿Sirve para algo la infancia, además de marcar el tiempo hasta que llega la edad adulta? Sin dormir simplemente nos morimos, lo que debería hacer que la pregunta fuera irrelevante, pero los científicos todavía siguen con la discusión sobre qué procesos ocurren exclusivamente durante el sueño.

La clarificación mental y emocional y la mejora de las habilidades motoras (una especie de "práctica" mental de los movimientos) suceden mientras dormimos y algunos creen que el sueño ayuda a mantener la homeostasis en el cerebro. El sistema inmunológico no funciona correctamente sin dormir, y sabemos que la falta de sueño perjudica el habla, la memoria y el pensamiento innovador y flexible. Las ratas a las que privan de sueño mueren en 17 o 20 días: se les cae el pelo y su metabolismo se acelera, quemando muchas calorías aun cuando están quietas (Lambert, 2005).

Los científicos aprenden el "propósito" biológico del sueño al estudiar lo que ocurre cuando nos privamos de él. Las personas con falta de sueño son mucho menos capaces de retener o utilizar lo que aprenden cuando están despiertas. Pierden mucha de su capacidad de recuperación —mental y física— y su sistema inmunitario se debilita. Aun así, nos preguntamos si podemos prescindir de él. ¿Podemos realmente eliminarlo o reducirlo de alguna manera, para recuperar el tercio de nuestra vida que se "pierde" cuando dormimos? Como sociedad, parece que nos hacemos las mismas preguntas sobre la infancia. ¿Para qué sirve? ¿Podemos acelerarla? ¿Podemos preparar mejor a nuestros hijos para la edad adulta tratándolos más como adultos?

Me preocupa que solo entendamos el "propósito" de la infancia al observar cada vez más personas que han pasado por la suya a toda prisa. Y no creo que sea una imagen halagadora. La infancia tiene sus propios procesos misteriosos, su propia cadencia. Cuando pedimos a los niños que "sigan el ritmo" de un mundo acelerado, creo que los perjudicamos, aunque sea de forma inconsciente. Los privamos de aquello que necesitan para abrirse camino en un mundo cada vez más complejo: el bienestar y la capacidad de recuperación. Sin embargo, creo que hay muchas cosas que podemos hacer como padres para amortiguar y proteger la infancia de nuestros hijos.

MUY SIMPLE
Una infancia protegida permite el lento desarrollo de la identidad, el bienestar y la resiliencia.

Hace poco di una conferencia y de camino escuché un informe sobre el calentamiento global. James, el querido pequeño que describí más arriba, me ha enseñado bastante sobre el tema. Así que, mientras manejaba, estaba pensando que, cuando los problemas parecen abrumadores, a menudo nos precipitamos sobre ellos en un estado de pura ansiedad. Nos dirigimos (caminando) a la ferretería para comprar contenedores de basura y focos fluorescentes, pero nos detenemos primero para ver los coches híbridos (de camino) y, mientras recogemos la basura, hacemos un voto silencioso de que, a partir de hoy, el algodón orgánico será el único tejido que toque la piel de nuestros hijos. ¿Por qué debemos hacer todo esto —y más— de manera inmediata, o antes si es posible? Para tapar el agujero de la capa de ozono que se hace cada vez más grande, por supuesto; sin embargo, nuestras acciones serían mucho más coherentes y continuas si nuestra motivación no fuera la ansiedad sino la compasión: un deseo de proteger la Tierra.

Esto me recuerda a un hombre que vino a una de mis conferencias. Este hombre llegó bajo presión, estoy seguro de ello, por la insistencia de su mujer. Después de la conferencia estábamos de pie uno junto al lado del otro y volteó a mirarme: "¡Bien hecho!", dijo amablemente sobre mi plática, aunque no creo que estuviera despierto todo el tiempo. "Es para reflexionar, ¿no? Yo estudié en Harvard, y dudo que mi Ben vaya a seguir mis pasos a menos que consigamos que mejore su atención. Haré una lista de simplificación ahora mismo. Tiene exámenes el año que viene; ¿cree que es tiempo suficiente para que todo esto cambie?". Ahora bien, este hombre parecía ya descansado como para estar ansioso, pero la cuestión es que... no captó el punto. Actuar por ansiedad no suele conducir a esfuerzos o cambios a largo plazo, y mucho menos a transformaciones a gran escala. El objetivo de la simplificación no es mejorar los resultados de Ben en los exámenes para entrar a la universidad (por mucho que le deseemos lo mejor al chico). El objetivo es el bienestar de Ben. Imaginemos la motivación y la inspiración que podemos aportar a nuestros esfuerzos a través del objetivo más amplio de proteger la infancia de nuestros queridos hijos. La infancia es también un entorno muy importante, con sus propios sistemas y sus propios procesos naturales. Y la sociedad ya hace bastantes agujeros en el filtro protector que debería rodear a la infancia para resguardarla de la vida y de las preocupaciones de los adultos.

La buena noticia es que hay muchas cosas que podemos hacer como padres para proteger el medio ambiente de la infancia. Hay muchas maneras de poner filtros para impedir que la velocidad y el estrés de la vida adulta se cuelen, sin control, en los hogares, en las cabezas y los corazones de nuestros hijos. A medida que mi trabajo se ha centrado cada vez más en la simplificación, he comprobado lo eficaz que puede ser este proceso para devolver a los niños la sensación de tranquilidad y bienestar. De hecho, cambia la dirección de la familia, de modo que sus esfuerzos en la vida diaria estén en consonancia, y no en oposición, con sus sueños.

Antes de centrarnos en cada uno de los niveles de simplificación en los próximos capítulos, quiero ofrecerte una visión general del proceso.

Te llevaré a través de una consulta, haciéndote algunas de las mismas preguntas que les he planteado a otras familias. Para actuar desde la esperanza y no desde el temor, desde la reverencia a la infancia y no desde el miedo a nuestro tiempo, la simplificación comienza a partir de los sueños. Carl Sandburg dijo una vez: "Nada ocurre si no hay primero un sueño". Esto no es una excepción. Tus sueños para tu familia serán tu motivación, actuarán como tus alas durante todo el proceso.

El proceso: Esperanzas y sueños

Con mucha frecuencia, las familias acuden a mí, ya sea por vía de la escuela o para una consulta privada, debido a los problemas de comportamiento de un niño. El impulso para una llamada o consulta es similar a un sarpullido; suele ser solo un signo externo de algo más, un problema más amplio o profundo. Como mencioné en la introducción, se pueden ver muchas cosas, incluso lo que una familia aprecia, a partir del patrón de su vida cotidiana. Para obtener una visión más clara de los problemas de una familia, a menudo les ofrezco la posibilidad de elegir entre varios meses de sesiones o una visita de un día. Cualquiera de las dos opciones me proporciona el mismo nivel de comprensión. Aunque me divierte, no me sorprende la frecuencia con la que las familias eligen inicialmente meses de sesiones, con mamá y papá mirándose nerviosos, en lugar de elegir una sola visita. En realidad, tener a alguien que invade tu casa durante todo un día, desde que te levantas hasta que los niños se acuestan, no es una idea que a nadie le parezca agradable.

No creo que esos días de observación sean tan dolorosos como los padres pueden imaginar. Cuando una familia elige esta opción, paso el día observando el particular trajín de actividades diarias de la familia. Puedo ponerme a jugar con los niños o ayudar un poco con los platos. A menudo llevo conmigo un pequeño proyecto de trabajo, algo que estoy haciendo o corrigiendo, lo que evita que mi atención parezca demasiado intensa. Aunque mi presencia se nota, no me siento a mirarlos fijamente, con el cuaderno y el cronómetro en la mano. Esencialmente, trato de permanecer al margen, pero dentro del movimiento general de la vida cotidiana. También suelo dividir mis visitas para que cubran parte de un día escolar y parte de un día de fin de semana, según las dificultades o tensiones particulares de la familia.

Imagina lo que es un día normal para tu familia y cómo podría ser para un observador externo. ¿Cuáles son las dificultades que pueden surgir? ¿Qué momentos del día son siempre estresantes?

Uno o dos días después, me reúno con los padres. Comenzamos estas reuniones "posteriores a la visita" con una interesante y, en general, emotiva discusión sobre los ideales familiares. Con esto *no* me refiero al término del que se han apropiado los políticos para transmitir lo que sea que promuevan en ese momento. Me refiero a la visión que tiene la pareja de su familia, cómo la imaginaban antes de tener hijos. Es importante que sueñen con el camino de vuelta, antes de dar un paso adelante, para recuperar las imágenes y esperanzas más importantes y valiosas para ellos. Estas imágenes son las que los guiarán en el trabajo que tienen por delante. La simplificación ayuda enormemente a recuperar esos sueños.

Una de mis fotos favoritas de mi mujer es una que tomé cuando estaba embarazada de nuestra primera hija, sentada en una mecedora mirando hacia afuera, sumida en sus pensamientos. Está claro que pensaba en el futuro. Todos hemos tenido esas visiones, esos sueños de cómo queríamos que fuera nuestra familia. ¿Cómo se imaginaban a sus hijos? ¿Cómo se imaginaban como padres? Sin duda, hablaban de aspectos de su propia educación, tanto los que querían emular como otros que querían evitar a toda costa. ¿Cómo se imaginaban su casa con niños?

Como padres, no siempre podemos vivir de acuerdo con nuestros ideales. No se trata de un deporte de espectadores, sino que se requiere que estemos en medio de todo. Podemos ser los arquitectos de la vida diaria de nuestra familia, pero es difícil dibujar los planos de algo que está en constante cambio y crecimiento. Con los niños no se tiene mucho tiempo para soñar, y la mayoría de los padres se sorprenden de lo mucho que se han alejado de los sueños que tenían al inicio para su familia. Es cierto que entonces tenían datos poco precisos. (¿Quién de ustedes quería que se comprara a toda costa el sofá blanco? ¿Y acaso no se hablaba de "vamos a comprar un solo baúl de juguetes para guardar todo en él"?)

Aunque algunos de los detalles fueran poco realistas, los proyectos para tu familia eran verdaderos. Tenían un significado, y lo siguen teniendo. Muestran lo que más valorabas cuando comenzaste esta enorme empresa, la construcción de una familia. Lo que te inspiró tiempo atrás puede seguir inspirándote. Tiene que hacerlo: las familias necesitan nuevos impulsos de esperanza e imaginación. Es curioso cómo buscamos el sentido en todas partes, como algo "nuevo", y no nos damos cuenta de que es algo que ya conocemos y que tenemos que recordar, renovar y reclamar constantemente como propio.

MUY SIMPLE
Como cualquier obra de arte, las familias necesitan inspiración, nuevos impulsos, esperanza e imaginación.

¿Recuerdan haber hecho un "injerto" mental en sus futuros hijos de aquellas características que más amaban y admiraban el uno del otro? ¿Recuerdan cómo se imaginaron al grupo familiar a medida que los niños crecían? Imaginaron una vida en común, con comidas compartidas, juegos, días de escuela y tareas, con tristezas superadas, historias contadas, pequeños triunfos y celebraciones. Imaginaste los días especiales de los cumpleaños y las vacaciones, los primeros pasos, las primeras palabras, los primeros días de escuela. Pero también tenías imágenes mentales de momentos menos agitados, de las cosas de la vida cotidiana: la lectura en la cama, amarrar las agujetas de los zapatos, las risas compartidas, las tarjetas de San Valentín de papel rosa, los juegos de pelota en la oscuridad casi total del atardecer.

Imaginaste un refugio; tu propio refugio, cariñoso, tal vez algo singular, sin duda ruidoso, divertido y solidario, con almas afines pero independientes, espacio para acomodarse y los olores que significaran un hogar, y tal vez un perro o un gato de naturaleza dulce ("¡una vez que los niños sean lo suficientemente grandes para asumir su cuidado!") acostado junto a la chimenea ("¡no en el sofá blanco!"). Soñabas con el confort de una familia en la que cada miembro pudiera ser auténtico, reconocido y amado.

Pero ¿alguna vez, en tus sueños más extravagantes, imaginaste que habría tantas cosas regadas por la alfombra y atiborradas en cada centímetro de espacio de la casa? De ninguna manera. Ese era uno de esos "detalles olvidados" en tus sueños de "vida familiar". Para muchos de los padres con los que he trabajado, el desajuste entre lo que imaginaban —lo que soñaban— y lo que su familia ha llegado a ser es enorme. Y la desconexión no está solo en los detalles —el sofá blanco o los juguetes por todas partes—, sino que ha llegado a las cosas fundamentales. "Nunca pensé que me convertiría en una especie de taxi con esteroides", recuerdo que me dijo una madre, al borde de las lágrimas. "A veces siento que me relaciono más con sus entrenadores, sus profesores de flauta y baile, tutores y terapeutas, que con ellos". Sentía que se había convertido en el vehículo (literal y figurado) de las vidas de sus hijos, vidas que ya tenían muy poco que ver con ella, o con la familia en su conjunto.

Un padre me llamó aparte después de una conferencia. Después de intercambiar unas palabras durante unos minutos, miró la alfombra y luego me miró a los ojos. "¿Sabes lo que realmente me sorprende?", me preguntó. "Nunca pensé que sería tan duro, tan agotador. No me malinterpretes, sabía que habría conflictos, y esperaba muchos, sobre todo cuando los niños llegaran a la adolescencia. Recuerdo haber discutido mucho con mis padres cuando era adolescente. Pero no puedo imaginarme cómo será cuando mi hijo sea adolescente, sobre todo cuando nuestra relación ahora parece que se tambalea de un conflicto a otro. Todo se negocia. Todo se discute hasta el límite. Es como un abogado en miniatura. Nunca me imaginé estar mano a mano, discutiendo y negociando diez veces al día con un niño de siete años".

"No pensábamos que fuera a ser así". He escuchado esa frase una y otra vez en las reuniones. Las estructuras familiares son variables, pero tanto si me reúno con una pareja tradicional, como con parejas del mismo sexo o con padres solteros —en realidad da igual—, constato situaciones bastante parecidas. Los padres hablan de sus sueños como algo que no solo han imaginado, sino que han trabajado para conseguirlos. Miran hacia atrás, seguros de que sus familias se movieron en la dirección correcta durante algún tiempo, antes de desviarse y convertirse en otra cosa. "Las cosas se han vuelto muy convulsas", "No solía ser así, tan fuera de control".

MUY SIMPLE

Nuestra vida cotidiana puede desconectarse de las esperanzas y de los sueños que tenemos para nuestra familia.

Cuando pensamos en lo que habíamos imaginado al principio que sería nuestra vida, no pensamos que estaríamos luchando por la supervivencia.

Sin embargo, una y otra vez, estos son los términos utilizados y los sentimientos expresados. Veo a los padres atrapados en un baño de estrés, una especie de estado de "lucha o huida" que no es momentáneo, sino que se ha convertido en la norma. Nos las arreglamos como podemos, nos dejamos llevar, apenas si convivimos con el otro, siempre estamos improvisando, atravesando puertas giratorias, horarios locos, emociones descontroladas y, al final, acabamos siendo extraños en la misma casa.

Mis conversaciones con los padres son muy variadas y conmovedoras. Por lo general empiezan y terminan cuando se cierra el círculo completo, respondiendo a esta pregunta: "¿Qué necesitas para seguir adelante, de forma que puedas recuperar tus esperanzas y sueños para tu familia?". ¿Cómo puede la imaginación aportar algo a la vida que hacen y rehacen juntos como familia? Recuerda que "nada ocurre si no hay primero un sueño". ¿Puedes recuperar tu sueño de una vida familiar lo suficientemente grande como para dar cabida a todos sus miembros? ¿Puedes volver a alinear tu realidad con las esperanzas que tenías para tu familia? Los sueños siguen estando muy vivos, eso está claro. Pero también es dolorosamente clara la distancia entre ellos y la realidad actual.

Teniendo esto en cuenta, los padres a los que visito y yo nos centramos en el día que acabamos de pasar juntos. Les pregunto si creen que el día ha tenido algún "punto álgido" o algún problema concreto. Después de decirme que, irónicamente, he presenciado "el peor día como padres" de toda su vida, mencionan incidentes que surgen algunas veces o bien con mucha frecuencia. Así que vamos desentrañando el día y prestamos especial atención a las cuestiones que más angustia les causaron. Los detalles pueden ser muy particulares ("¡Ya has visto cómo Joey no puede quedarse quieto ni un momento durante una comida!"), pero mientras tanto, también establecemos juntos algunos lineamientos generales. A estas alturas ya hemos hablado de los sueños para su familia, y ahora están empezando a abordar sus preocupaciones e inquietudes. En algún lugar entre los sueños y las preocupaciones se encuentra la respuesta: el lugar para hacer uso de la imaginación, el lugar para empezar a simplificar.

Los padres pueden sentirse a veces abrumados por los problemas, incapaces de ver un patrón o un punto de partida. Algunas partes del día pueden ser problemáticas, como las comidas y la hora de acostarse, así que las discutimos en el contexto de la vida diaria. Estas explosiones rara vez son el resultado de la actividad en sí y más bien surgen de las presiones que se acumularon desde mucho antes. A medida que los padres se implican más en la simplificación, y aumentan el ritmo y la previsibilidad en el hogar (capítulo 4), aprenden a construir "válvulas de presión", es decir, pequeñas islas de calma a lo largo del día.

En este punto inicial, nuestro objetivo es tomar el pulso a la familia, para ver qué está pasando. ¿En qué se diferencia esta imagen de nuestra visión de la familia? ¿Qué podría mejorarla? Este es un proceso que cualquiera puede realizar. Si observas objetivamente el patrón de tus días con tu familia, ¿cuáles son los puntos conflictivos en los que los ánimos se caldean, la cooperación se evapora y se instala el caos?

En lugar de abordar los problemas más preocupantes de frente, es importante reconocerlos primero. También es importante observar las áreas de nuestra vida cotidiana y de la crianza de nuestros hijos que están bien alineadas con nuestras mejores intenciones. ¿Qué hace que estas áreas funcionen? En mis reuniones con los padres escucho sus preocupaciones principales, y juntos retrocedemos un paso o dos. Un buen fisioterapeuta no presiona directamente en un punto doloroso, sino que trabaja los músculos a ambos lados, aflojándolos a medida que avanza. El trabajo de sanación en la terapia familiar debe llevarse a cabo con una habilidad similar, para que los cambios generen una mayor motivación y no resentimiento.

El proceso: El comienzo

Con respecto a las áreas por cambiar, casi siempre veo dos categorías: lo que es importante y lo que es posible. Lo que parece de inicio más importante por lo general no suele serlo; lo que se puede hacer en ese momento es en realidad el punto de partida. Si haces aquello que es factible, llegarás a lo importante, y tu motivación se verá alimentada por tu éxito.

A menudo tenemos que encontrar el camino hacia un objetivo, al identificar y descartar lo que no esté en esa perspectiva. La familia no consiste en relaciones dispares entre individuos y máquinas, tampoco en cada uno en habitaciones separadas de una casa. La infancia no es una carrera para acumular todos los bienes de consumo y las tensiones de la edad adulta en un tiempo récord. La simplificación señala un cambio y deja espacio para la transformación. Se trata de una eliminación que invita a la claridad.

MUY SIMPLE
La simplificación señala un cambio, un reajuste de nuestras esperanzas y de nuestra vida cotidiana.

Al reencontrarse con los sueños que tenían para sus familias, los padres y yo hablamos de cómo un régimen de simplificación podría ayudarlos a cambiar de rumbo, de cómo esta podría dar lugar a un cambio, a una realineación de sus esperanzas con su vida cotidiana. Sería estupendo que la simplificación no supusiera más que acercar un contenedor de basura a la casa y desechar montones de cosas. Por desgracia, se requiere más. Los niños pueden estar sobrecargados por algo más que los objetos que abarrotan sus armarios. Pero, como verás, hay pasos sencillos para "tirar" o "reducir" en cada etapa.

Los padres y yo hablamos de los cuatro niveles de simplificación: el ambiente, el ritmo, los horarios y el filtro del mundo de los adultos. Los revisamos todos y discutimos qué aspectos del régimen nos parecen más factibles. A veces me sorprendo; algunos quieren sumergirse en los ámbitos más difíciles de los horarios y el filtro del mundo de los adultos de inmediato, mientras que otros expresan con cautela su voluntad de ver "unos cuantos juguetes menos" en la casa. A menudo, un objetivo modesto es un primer paso instintivo hacia algo más grande. De alguna manera, los padres saben por dónde empezar para crear el espacio necesario —en sus intenciones y en su vida— para una transformación. Los padres de Marie decidieron ocuparse primero del ambiente doméstico, como te recomiendo que hagas tú también. Su historia demuestra que, si empezamos por lo factible, podemos allanar el camino hacia cambios más amplios.

Cuando conocí a sus padres, Marie era una niña de cinco años brillante y llena de energía que acababa de empezar el jardín de niños. Había tenido una serie de niñeras que venían a casa, todas ellas con problemas para controlarla. Marie era, podríamos decir, un "trabajo duro": muy activa, desconcentrada y con claras dificultades de atención.

Justo antes del jardín de niños, sus padres la habían llevado a una guardería de la que, tras un par de meses, le pidieron que se fuera. Los padres de Marie eran personas muy agradables, que claramente intentaban hacer lo mejor para su hija. Ambos eran profesionales que llevaban una vida muy ocupada y agitada; había sido difícil incluso encontrar tiempo para sentarnos juntos. En esa reunión inicial pude ver lo preocupados y derrotados que se sentían ante lo que llamaban la "accidentada carrera" de Marie.

Juntos empezamos a elaborar un régimen de simplificación para la familia. Sus padres decidieron empezar por el ambiente físico de su casa, sobre todo por la habitación de Marie. Si el niño estadounidense promedio tiene 150 juguetes, Marie tenía al menos el doble. Su habitación también estaba repleta de libros, algunos en estanterías, pero muchos en montones. Había unos cuantos pasillos estrechos para ir y venir de su cama, construidos entre montañas de libros, ropa y juguetes. De vez en cuando, me aseguraron los padres, emprendían una excavación arqueológica en la habitación para ordenar, solo para ver cómo el caos volvía a las pocas horas.

Tanto si están en cajas, cestas, baúles, armarios, pilas o en montones, los juguetes del niño suelen ser nuestro primer objetivo. A la montaña que hay en su habitación se suman los montones por toda la casa. El conjunto acumulado suele ser un espectáculo extraordinario, que los padres no habían visto antes en su totalidad.

Con una caja de grandes bolsas de plástico negras a la mano, empezamos a limpiar la zona. Les sugiero que metan la mitad de los juguetes en la bolsa —excelente— y luego la otra mitad. Siempre hay algunos juguetes de los que los padres están ansiosos por deshacerse. Así que se sumergen en el montón, buscando con regocijo los artefactos de plástico que explotan, los que zumban, hablan, giran o detonan. En esencia, buscan los que le habían regalado los abuelos o los tíos solteros. "¿No deberíamos guardarlos como seguro para la próxima visita de la abuela?". Lo más probable, les aseguro, es que la abuela ya no recuerde el juguete en sí, solo la alegría de haberlo regalado. También es probable que el niño haya olvidado el juguete o que le falten una o varias piezas.

De este modo, hacemos un grano de arena de una montaña, dejando para el niño una mezcla de juguetes con los que por lo general puede disfrutar más y durante más tiempo. Rara vez estos favoritos son complejos o están motorizados; casi nunca "hacen" nada. Los juguetes demasiado detallados o complicados —demasiado "fijos"— pueden privar al niño de una experiencia imaginativa. Los queridos juguetes de la hora de dormir nunca pueden desaparecer. Aunque ya estén horribles, los juguetes para irse a la cama no son negociables. El resto debe incluir una mezcla de juguetes activos: de construcción, de excavación, y juguetes más receptivos como muñecos y peluches, juguetes que solo reciben. También puede haber materiales creativos como pinturas, lápices de colores y algunas sustancias para modelar, como la cera de abeja o la arcilla. Los juguetes más resistentes suelen ser —no siempre, pero sí en general— figuras de algún tipo, ya sean muñecas o caballeros o animales de peluche, juguetes de construcción y escenas o viviendas de algún tipo, en las que al niño le encanta proyectar sus figuras y, por lo tanto, a sí mismo.

A continuación, nos centramos en los libros, para reducir la pila a uno o dos de los favoritos del momento. Esto puede resultar realmente difícil para algunos padres, que se enorgullecen de la afición a la lectura de sus hijos. "¡Sarah lee cinco o seis libros a la vez!", imploran. Nuestro propósito no es desalentar la lectura, sino permitir que el niño se pueda concentrar y se deleite con lo que lea (o haga) en un momento dado. Recuerdo a Dylan, un niño de ocho años muy brillante y hablador, que una vez comenzó nuestra conversación con esta emocionada declaración: "¿Sabes qué? Acabo de terminar el número 16 de la serie *Magic Tree House* [*La casa mágica del árbol*], estoy en el cuarto *Time Warp Trio* [*Trío de la distorsión del tiempo*] y acabo de recibir el nuevo *Capitán Underpants* [*Capitán Calzoncillos*]". "Bueno", dije, "¿cuál de ellos te ha gustado más?". "Oh, no lo sé", dijo, pensando probablemente que mi pregunta no venía al caso, "todos son más o menos iguales".

Así que, con unas cuantas cestas grandes, habíamos reducido mucho los juguetes de Marie. Los juguetes que quedaban eran una mezcla de favoritos, cuanto más sencillos mejor: muñecas, juguetes de construcción, juguetes para dormir, algunas cosas de cocina, pelotas. La mitad de los juguetes que no pasaron la selección se tiraron porque estaban rotos o les faltaban piezas. El resto los guardamos. Aquellos almacenados constituían una especie de "biblioteca" de juguetes que la familia podía aprovechar siempre y cuando regresaran uno antes de sacar otro. Hicimos lo mismo con los libros, empaquetando y etiquetando la mayoría de ellos para guardarlos, y dejando cinco o seis de los favoritos, alineados ordenadamente en una estantería junto a la cama de Marie.

No nos limitamos a quitar los juguetes, sino que añadimos otros con cuidado. En una de las canastas pusimos un montón de trozos de tela de colores vivos, una cuerda y pinzas para la ropa. También nos aseguramos de que Marie tuviera una mesa de su tamaño, un bloc de dibujo grande y una caja de lápices de colores grandes. Recogimos, lavamos y doblamos un surtido de ropa elegante que pusimos en una caja vacía.

Se podría pensar que la primera reacción de Marie ante esta "anti-Navidad" sería de sorpresa. No fue así. He visto esto una y otra vez. No pareció darse cuenta, ni importarle, que tres cuartas partes o más de sus juguetes y libros hubieran desaparecido. Estaba encantada con el nuevo espacio, con la libertad que parecía proporcionarle. Durante días y días construyó "casas" con las telas y las pinzas de la ropa. Las construía y se acurrucaba en un lado, con almohadas y a veces un libro o una muñeca. Lo repitió todos los días durante un par de semanas, y parecía que eso le daba algo que realmente necesitaba. Llegó a confiar en que podría construir otra cosa al día siguiente, que sería suya para hacerla y tenerla. Así que cada tarde, después de admirar la creación del día, Marie y su madre la desmantelaban, platicando mientras doblaban las telas, quitaban los alfileres y guardaban los materiales en su canasta, listos para el día siguiente.

Este era solo el primer paso de un proceso de simplificación que incluía varios niveles y que se desarrolló durante muchos meses. Sin embargo, este primer paso, el cambio en la habitación de Marie, supuso una especie de transformación radical, una nueva conciencia que se expandió por la casa de la familia a lo largo de sus días; por el espacio y el tiempo de su vida cotidiana. Este cambio no fue solo el resultado de "ordenar". Fue un movimiento consciente, tanto práctico como filosófico, hacia una vida hogareña más rítmica, predecible y centrada en los niños. Con esto no quiero decir que el hogar y todo lo que se hace en él esté orientado al niño, pero sí que no debe estar orientado exclusivamente en los adultos. Puede ser que un determinado ritmo o volumen de "cosas" sea tolerable para los adultos, pero esto es intolerable o problemático para los niños.

Los niños son seres muy táctiles: viven tan plenamente de sus sentidos que, si ven algo, también querrán tocarlo, olerlo, posiblemente comerlo, tal vez tirarlo, sentirlo en la cabeza, escucharlo, ordenarlo y probablemente meterlo en el agua. Esto es totalmente natural. Cuando se ponen sus cascos de safari, están explorando el mundo. Pero imagina la sobrecarga sensorial que puede sufrir un niño cuando cada superficie, cada cajón y cada armario está lleno de cosas. Tantas opciones y tantos estímulos le roban tiempo y atención. Demasiadas cosas privan a los niños del ocio y de la capacidad de explorar sus mundos en profundidad.

MUY SIMPLE
Demasiadas cosas conducen a que haya muy poco tiempo y muy poca profundidad en la forma en que los niños ven y exploran sus mundos.

A lo largo de los años he visto transformaciones notables y muy conmovedoras entre las familias que he llegado a conocer y con las que he trabajado. Algunos principios muy sencillos, incorporados poco a poco a un hogar, producen cambios drásticos en el clima emocional de la familia y en su conexión con los demás. En este trabajo, a menudo pienso en un arroyo, obstaculizado por un montón de rocas que se han acumulado gradualmente, tan despacio que han pasado desapercibidas, pero el desequilibrio se puede sentir. Al reducir el desorden mental y físico, la simplificación aumenta la capacidad de la familia para fluir juntos; para centrar y profundizar su atención, y realinear su vida con sus sueños.

Los cambios

Cuando comencé mi trabajo de consulta sobre la simplificación, las transformaciones que veía no tenían precedentes en mi experiencia profesional. A medida que la simplificación se convertía en el centro de mi trabajo, me sentía en una situación de riesgo profesional. No había llegado a estos métodos a través de mi formación o de mis estudios, ni a través de la psicología del desarrollo o el asesoramiento escolar, tampoco a través de lo que sabía del psicoanálisis. Los estudios y la formación que había recibido eran complicados, pero el enfoque de simplificación que estaba desarrollando no. Era muy, muy sencillo.

En ese momento profesional —hace unos diez años— mi familia y yo vivíamos en la hermosa comunidad universitaria de Northampton, Massachusetts, en Nueva Inglaterra. Mi consulta privada de asesoramiento crecía rápidamente a medida que se corría la voz sobre este trabajo. Hasta hoy tengo el apodo de "doctor bolsa de basura", por eso se podría pensar que fue un periodo bajo en mi carrera. No fue así. Fue muy gratificante ver de primera mano lo eficaz que podía ser la simplificación para devolver a un niño la sensación de tranquilidad.

Otros también lo notaron. Si conoces la zona, sabrás que es probable que haya más terapeutas en cada cuadra de Northampton que en cualquier otro lugar del país, excepto quizá en Manhattan. Pero me derivaban pacientes no solo de las familias con las que trabajaba, sino también de los psicólogos y psiquiatras de la zona. Comprobaban que sus propios métodos de tratamiento —ya fuera terapia cognitivo-conductual, artística o conversacional— eran mucho más eficaces una vez que el régimen de simplificación se afianzaba en el hogar. La simplificación preparaba el espacio en la vida diaria del niño para que se produjeran los cambios. Como dijo un psiquiatra, su tratamiento se "pegaba" de una manera que no había logrado antes.

El trabajo que hacíamos no era tanto de sanación como de preparación. Un régimen de simplificación puede crear un espacio en los hábitos y las intenciones de una familia, un recipiente para que se produzca el cambio. Ese cambio o crecimiento puede adoptar diversas formas. Puede ser el resultado de terapias que ahora "se pegan" o se absorben y actúan con más facilidad, o el resultado natural del crecimiento y el desarrollo de la infancia, sin los niveles de estrés, las cosas y la velocidad de los adultos. La simplificación protege el entorno para el desarrollo lento y esencial de la infancia. En cualquier caso, las transformaciones que observamos son notables.

No hace falta ser terapeuta para darse cuenta de que la mayoría de los niños son poco convencionales, ¿no? La mayoría de los padres asentirán rápidamente a esta afirmación. De hecho, lo siento por mis propios hijos, porque dicen que los hijos de un terapeuta son los más peculiares de todos. La verdad es que todos tenemos nuestras peculiaridades, nuestras personalidades e idiosincrasias. Tendemos a ser más tolerantes con las peculiaridades en los adultos, tal vez porque pensamos que los adultos están "totalmente formados" mientras que los niños están "en construcción" y, por lo tanto, son más maleables.

MUY SIMPLE
Todos los niños son peculiares.

¿Por qué simplificar? A lo largo de los años, he visto cómo las peculiaridades o tendencias de un niño pueden verse exacerbadas por el estrés acumulado, y cómo ellos pueden deslizarse por el espectro que va de la peculiaridad al trastorno cuando experimentan altos niveles de estrés. Si tuviera un pizarrón grande, lo escribiría con esta fórmula: $p + e = d$, es decir: peculiaridad más estrés es igual a desorden. Esto es muy preocupante en una sociedad que a menudo se apresura a juzgar, etiquetar y recetar.

Imaginemos a ese niño maravillosamente melancólico al que le encanta estar en la naturaleza. Tiene predisposición a la ensoñación. En general es muy creativo, como los filósofos en miniatura, puede contarte una historia que da la vuelta al mundo antes de que veas la posibilidad de una conclusión. Este niño es una buena compañía en las vacaciones en la playa, pero puede ser insoportable por la mañana cuando va a llegar el autobús escolar. Si se añade el estrés acumulativo a la vida de este niño, puede deslizarse a lo largo del espectro hacia el trastorno por déficit de atención e hiperactividad (TDAH). Su respuesta al estrés es desconectarse, esa es su vía de escape.

Imagina al niño que es, y siempre ha sido, un hacedor. Es la niña que está a tu derecha mientras estás de compras, siempre ansiosa por hacer algo. O el niño que pasa la aspiradora —no le importa— y siempre tiene algún truco o hazaña nueva que enseñarte. Es activo en el juego físico y es capaz de atraer a todo un grupo en el barrio o en el patio de recreo a lo que esté jugando en ese momento. Con un patrón constante de estrés, este niño puede caer en la hiperactividad.

Otro niño que puedes reconocer es el valiente. Si cree que un profesor se está metiendo con alguien, o incluso si el niño más grande del colegio está acosando a un amigo suyo, este niño o niña defenderá a su amigo. Puede que sea ella quien se defienda a sí misma la mayoría de las veces, para demostrar su valentía. Se levantará y se hará valer. Un niño así siente las cosas intensamente y tiene un fuerte sentido de lo que es o no es justo. Añade estrés a su vida y observa lo rápido que será etiquetado como TOD (trastorno de oposición desafiante, en inglés ODD, que en esta lengua también se puede leer como *odd* [raro]).

Imagínate al niño que tiene una colección de huevos de pájaro o una colección de timbres. Sus cosas favoritas —y es cierto que tiene bastantes— están todas ordenadas en fila. Su habitación parece un poco caótica vista desde fuera, pero él o ella sabe exactamente dónde está o dónde va cada cosa, y puede molestarle bastante si alguien "limpia" su habitación (aunque se parezca más a la arqueología que a la limpieza). Tiene una gran memoria para los detalles en general, y será la primera en decir dónde están las llaves de tu coche, o la última vez que te pusiste esa ropa en particular. Con el estrés, este niño puede caer en el TOC o trastorno obsesivo-compulsivo, o simplemente en el "estancamiento", en una marcada rigidez de comportamiento. Es el que, cuando el profesor le explica que la excursión se ha cancelado debido a una inminente tormenta de nieve, puede venirse abajo.

Este deslizamiento a lo largo del espectro es realmente muy normal. Así como el estrés puede empujar a los niños en una dirección, también lo puede hacer en la contraria. Cuando realmente se simplifica la vida de un niño en varios niveles, estos trastornos suelen tener algún retroceso. Podemos ver paralelos en nuestra propia vida. ¿Recuerdas cuando estabas en la universidad y estudiabas para los exámenes finales? O imagínate a ti mismo (a menos que seas un viajero empedernido y perfectamente tranquilo) la noche antes de un largo viaje en avión. Si en general tienes ciertas "tendencias", entonces en situaciones de estrés como estas te "transformas" totalmente en el cliché de esas tendencias. Una tendencia a ser maniático se manifiesta de forma casi aterradora cuando pones la ropa en fila para empacarla, ordenada por tamaño, textura y tono, de más oscuro a más claro. O imagina a la maestra de tercero de primaria que ha asumido con valentía una ambiciosa obra de teatro en clase. A la hora de la actuación, lleva escrito en la mano el número de teléfono de un psicólogo que le ha recomendado una amiga, porque todos los niños se están mostrando en ese momento en todo su increíble plumaje, manifestando todas las tendencias posibles que tienen en su interior.

Esto sucede todo el tiempo, el deslizamiento a lo largo del espectro conductual en respuesta al estrés. Es normal y saludable. Al hacer frente a las tensiones, los niños —y los adultos— desarrollan formas de afrontar el estrés. Se benefician al enfrentar situaciones difíciles, ya que construyen un sentido de ser competentes y desarrollan confianza en sí mismos.

Una niña muy activa es la pequeña alma industriosa que se convierte en un derviche que gira y gira justo antes de la obra escolar, pero también puede volver luego a un estado más tranquilo. A veces necesitan ayuda para lograrlo, pero la expansión y la contracción constituyen un proceso y un ciclo normales. Es algo que todos experimentamos.

MUY SIMPLE
El estrés puede empujar a los niños a moverse a lo largo del espectro de comportamiento. Cuando se simplifica la vida de un niño en varios niveles, puede volver a ser él mismo.

Como padres no debemos convertirnos en "adictos a la armonía". Es tentador esperar que cada día sea una especie de "experiencia color de rosa" para nuestros hijos. ¿No sería maravilloso? Si tan solo pudiéramos suspenderlos en una especie de burbuja de felicidad. Pero ellos necesitan el conflicto. Como señaló Helen Keller, "el carácter no puede desarrollarse en la facilidad y la tranquilidad". Los niños necesitan encontrar formas de enfrentarse a situaciones difíciles; necesitan aprender que pueden hacerlo. La niña luchadora que tiene sentimientos fuertes y un impulso para hacerse oír necesita experimentar esa tendencia. También puede necesitar ayuda para recuperar su forma más centrada de ver y tratar el mundo. El movimiento es en sí mismo una parte saludable de la vida, para la construcción y el desarrollo del carácter.

Cuando los sobreprotegemos, cuando nos volvemos tan neuróticos respecto a lo perfecta que debe ser cada experiencia y momento mientras están despiertos nuestros hijos, no vamos a evitar que se deslicen por el espectro del comportamiento. En realidad, los estamos empujando a lo largo de este.

Formar el carácter y la resistencia emocional es muy parecido a desarrollar un sistema inmunológico sano. Sabemos que nuestros hijos tienen que estar expuestos a una gran variedad de bichos y virus en la vida. No solo es imposible evitarlos, sino que esta exposición es necesaria para construir su propio frente inmunológico protector. No vamos a celebrar la fiesta del quinto cumpleaños de nuestro hijo en la unidad de cuidados intensivos de un hospital, a pesar de las posibilidades inmunológicas que ofrece. Sin embargo, a menudo nos sentimos tentados por el otro extremo del espectro de la crianza a tratar de protegerlos o vacunarlos de todas las experiencias normales de la vida. Al sobreprotegerlos, puede que hagamos que su vida sea más segura (es decir, que no tengan fiebre) a corto plazo, pero a largo plazo los estaríamos dejando vulnerables, menos capaces de enfrentarse al mundo que los rodea.

La hiperpaternidad crea mucha tensión. Nuestra ansiedad por nuestros hijos hace que ellos, a su vez, estén ansiosos. Los pequeños se alimentan de nuestras emociones. Se alimentan del tono que establecemos, del clima emocional que creamos. Captan las formas en que estamos nerviosos e hipervigilantes sobre su seguridad, y eso los pone a su vez tensos; así que estos sentimientos se repiten. La ansiedad de los padres también puede empujar a los niños a lo largo del espectro. La periodista estadounidense Ellen Goodman dijo algo que me parece conmovedor y elemental; yo mismo llevo una copia hecha jirones en mi cartera: "La lucha central de los padres es dejar que las esperanzas que tenemos para nuestros hijos pesen más que nuestros miedos".

MUY SIMPLE
"La lucha central de los padres es dejar que las esperanzas que tenemos para nuestros hijos pesen más que nuestros miedos".

Durante los últimos cinco años he participado, junto con mi colega Bonnie River, en un proyecto de investigación sobre la eficacia de la simplificación como tratamiento sin fármacos para el TDA o trastorno por déficit de atención (Payne y River, 2002). En realidad, no estoy de acuerdo con esta etiqueta, porque creo que no hay un déficit de atención en los niños diagnosticados con TDA. Lo que hay es un exceso de atención. Estos niños pueden estar muy atentos, pero tienen dificultades para priorizar su atención. Su nivel de atención no siempre está en consonancia con la situación que se presenta. La sigla que creo que describe más adecuadamente el síndrome es PPA: problema de prioridad de atención.

Nuestro estudio analizó a 55 niños de 32 escuelas Waldorf de Estados Unidos y Canadá. Se trataba de chicos que claramente tenían dificultades de atención (API). Cuando nos dirigimos a las escuelas, pedimos que nos enviaran a los más difíciles, los que podrían terminar colgados de las vigas o sentados sobre los escritorios. Se trataba de aquellos que podían secuestrar una clase y monopolizar la atención del profesor. Para ellos diseñamos un régimen de simplificación muy parecido al que se describe en este libro, pero con especial hincapié en la simplificación de su entorno (incluidos los cambios de dieta), cambios en su acceso a los medios de comunicación y en su agenda.

También simplificamos la información, pidiendo a los padres que revisaran la cantidad que su hijo absorbía y la redujeran a la mitad. Esta reducción en seco no solo incluía las fuentes informativas externas, como ESPN o la revista *Highlights*, sino también las conversaciones en la mesa. La distinción es importante, porque tendemos a empantanarnos al calificar la "buena información" o la "mala información". También tenemos la tendencia a pensar que los problemas "vienen de fuera". La premisa que queríamos transmitir con este enfoque era la cantidad, no la "calidad". Cuando se observa la información que los niños absorben de forma habitual, no cabe duda de que hay diferencias de calidad y adecuación. Pero queríamos que los padres trabajaran para lograr una simplificación general, para reducir drásticamente la cantidad de información que sus hijos estaban recibiendo de todas las fuentes.

Lo que descubrimos es que 68% de los niños cuyos padres y profesores siguieron el protocolo pasaron de ser clínicamente disfuncionales a ser clínicamente funcionales en cuatro meses. ¿Cómo es eso posible sin ningún medicamento de por medio? Volvimos a hacer el estudio. Una vez más, realizamos exámenes y pruebas estrictas antes y después del protocolo. Obtuvimos exactamente las mismas cifras: 68% de los niños pasó de estar clínicamente por arriba del percentil 92 en la escala de Barkley (la escala de pruebas psicológicas comúnmente aceptada para la hiperactividad y la falta de atención) a estar por debajo del percentil 72, o funcional, en ese mismo tiempo. Ahora bien, muchos de estos niños seguirían siendo considerados como "granujas". En el conjunto de la comunidad escolar o social podrían verse como marginales o "marginados". Pero es evidente que habían dado un paso hacia la integración. Ahora estaban inmersos en la corriente general de la familia y la escuela, del juego y la vida normal. Así que tenían algo más que los pies mojados: ahora nadaban en el flujo de la vida social y académica. Y si todavía estaban lejos de la vía rápida para alcanzar el estatus del mejor de la escuela o el rey del baile, eso no era lo importante. Si todavía estaban más en los márgenes que en el centro, tampoco importaba en realidad, teniendo en cuenta lo lejos que habían llegado.

¿Cómo es posible que ocurriera esto? ¿Cómo pudimos obtener estos resultados sin medicamentos de por medio? Lo que pasa es que hemos adoptado plenamente el enfoque farmacológico para los problemas de conducta. En Estados Unidos, entre 2013 y 2015, un alarmante 10.4% de los niños de entre cinco y diecisiete años fueron diagnosticados con TDAH (National Center for Health Stastistics, 2016) y nuestra dependencia de los fármacos en general resulta inquietante desde cualquier punto de vista.

Sin embargo, parecería que esto es una consecuencia de la visión popular que considera nuestro cerebro como una especie de "torre de control", completamente cableada y fija. Así que, con base en este modelo conceptual, la forma de cambiar el comportamiento debe partir de alguna forma de recableado. Fármacos como el Ritalin y el Adderall se promocionan como una reconexión en forma de píldora. Otra analogía aceptada para el cerebro es la de una fórmula química específica, es decir, una especie de coctel hormonal individual. Si hay un déficit de serotonina en tu cerebro, entonces, por desgracia, puedes tener TDA. Y si consideras que el TDA es totalmente una función de la química cerebral, y que esa proporción química está fija, entonces lo único que puede tener sentido es una intervención química.

Nuestro estudio contradice la opinión de que el "coctel hormonal" del cerebro esté totalmente predeterminado y fijado. Las impresionantes y clínicamente significativas mejoras en el comportamiento de los niños que observamos en nuestro estudio sugieren que un niño se ve afectado por algo más que los niveles químicos de su cerebro y las tendencias que a su vez puedan estar influidas por dichos niveles. Todos tenemos tendencias hormonales. El niño ansioso tiene una abundancia de cortisona que su cuerpo no puede asimilar con facilidad, mientras que el niño muy activo tiene tendencias relacionadas con la adrenalina. Tanto los niños como los adultos tienen paisajes y conductores internos individuales. Lo que nuestro estudio muestra es que estos paisajes internos y los conductores químicos (hormonas y tendencias) pueden verse afectados por los cambios en el entorno del niño y en su vida. Las tendencias en el comportamiento pueden ir hacia la relajación o la calma al crear tranquilidad.

MUY SIMPLE
Las tendencias en el comportamiento pueden ir hacia la relajación o la calma al crear tranquilidad.

En nuestro estudio de niños con síntomas graves de TDAH, descubrimos que al simplificar su vida volvían a un estado que no solo se podía alcanzar, sino que se les podía enseñar; por lo tanto, salieron del "secuestro de la amígdala", un término que Daniel Goleman acuñó en su libro

Inteligencia emocional. La amígdala es una parte muy antigua de nuestro cerebro que determina si respondemos a una amenaza con "lucha" o "huida" hacia la seguridad. Esta función era muy útil cuando los dinosaurios vagaban por la tierra. La amígdala también tiene una función de memoria, pero solo en sintonía con un trauma. Así que, además de la lucha y la huida, la amígdala determina: "¿Te voy a comer o me vas a comer?". Y más concretamente: "¿Me diste una mordida en el pasado?". En respuesta a una amenaza percibida, la amígdala "secuestra" o puentea los centros de pensamiento y sentimiento del cerebro con una reacción que puede ser inapropiada para una situación real.

Cuando un niño termina con el "secuestro de la amígdala" y su comportamiento ya no se rige por una respuesta en cortocircuito debida al estrés o al peligro percibido, este cambia. En nuestro estudio observamos cambios positivos, tanto un aumento de la atención como una disminución del comportamiento hipermotor (demasiado movimiento). Estas mejoras, y el paso de valoraciones clínicamente disfuncionales a funcionales, también pueden lograrse mediante fármacos como Ritalin o Adderall, pero lo que se consiguió con nuestros métodos y que no se puede medir con fármacos es lo siguiente: los niños de nuestro estudio también experimentaron un aumento de 36.8% en su capacidad académica y cognitiva. Estos indicadores se quedan planos con los fármacos psicotrópicos; con el uso de Ritalin no se observa ningún descenso o pico notable en el rendimiento académico.

¿Buenas noticias para el club de tareas? Sí, pero el mensaje aquí va más allá de lo práctico o lo cotidiano; es una noticia maravillosamente esperanzadora a nivel humano básico. Los resultados sugieren que, si prestamos atención al entorno de nuestros hijos, podemos mejorar su capacidad de atención. Los "métodos" utilizados en nuestro estudio no se llevaron a cabo en un medio de laboratorio, no incluían ningún fármaco ni medicación, fueron solo cambios en el estilo de vida realizados por los padres, los maestros y los propios niños: métodos al alcance de cualquiera. El "protocolo" era la simplificación: un aumento de su vitalidad —o sus fuerzas etéricas— y una disminución de su estimulación. Este estudio indica que la simplificación puede ser útil para los niños en varios frentes.

No niego la eficacia de los medicamentos recetados para los problemas de comportamiento, ni condeno de manera categórica su uso. Está claro que a algunos niños les han ayudado enormemente el Ritalin y otros fármacos. Creo que estos fármacos tienen su lugar en una "caja de herramientas" de métodos e intervenciones para ayudar a los niños a mantener un estado que se puede alcanzar y que también se les puede enseñar. No obstante, creo que los fármacos se han utilizado y recetado en exceso.

Hace poco, una madre se me acercó en un taller para profesores que yo dirigía. Pidió hablar conmigo al final de la reunión, y me di cuenta de que sus preocupaciones eran más personales que profesionales. Mientras nos sentábamos en dos pequeños pupitres uno frente al otro, en una sala ya vacía, empezó a llorar.

Pocos días antes, su hijo Thomas había empezado a tomar Ritalin por recomendación de un psicólogo. Thomas había tenido problemas en la escuela durante algún tiempo y estaba a punto de ser expulsado por su comportamiento inquieto y revoltoso. Sin conocer a su hijo, no podía abordar su situación de forma profunda o personal. Pero es cierto que he visto muchas situaciones como esta y pude ver que ella estaba actuando con consideración y con conciencia, por amor y no por frustración.

Le dije que consideraba estos fármacos como una especie de andamiaje. Cuando un edificio necesita obras, se montan andamios para llegar a la chimenea o al tejado, para añadir mampostería o tapajuntas, lo que sea necesario. Cuando el trabajo ha terminado, se quita el andamiaje. Muchos de estos medicamentos para niños se han convertido en andamios oxidados. Yo no los veo como algo estructural, ni como una ampliación sólida, ni siquiera como refuerzo de una estructura. Veo estos medicamentos, la mayoría de las veces, como medidas temporales. ¿Tu hijo está a punto de ser expulsado de la escuela? Con estos medicamentos se puede modificar su comportamiento y "regresarlo" a un marco aceptable, se puede ganar tiempo con los medicamentos, pero no creo que sean un sustituto a largo plazo del "trabajo" de simplificar la vida diaria y el ambiente del niño. O el "trabajo" de entender cómo aprende un niño en particular y hacer los ajustes necesarios. Y creo que este "trabajo" se realiza mejor, si es posible, antes y no después de la intervención farmacéutica.

Hoy se llevan a cabo notables investigaciones en un campo de la neurología que estudia la flexibilidad o maleabilidad del cerebro humano: la neuroplasticidad. Hace tiempo que se sabe que los niños pequeños tienen cerebros enormemente resistentes. Los bebés pueden sufrir lesiones cerebrales masivas, con la pérdida de un hemisferio cerebral completo, y seguir experimentando un desarrollo casi normal hasta la edad adulta. Se creía que esta "plasticidad" desaparecía cuando los niños llegaban a la edad adulta y sus vías neuronales quedaban "fijas", pero ahora parece que incluso cuando envejecemos conservamos cierta neuroplasticidad. Los neurólogos que estudian la meditación y la oración están descubriendo cosas nuevas sobre la estructura y el funcionamiento del cerebro y sobre cómo puede modificarse. En su libro *Train Your Mind, Change Your Brain [Entrena tu mente, cambia tu cerebro]*, la periodista Sharon Begley (2007) ha escrito sobre esta investigación y sobre cómo las prácticas milenarias del budismo tibetano están informando a la ciencia de vanguardia de la neuroplasticidad actual.

Begley describe cómo los neurólogos se han sorprendido por los efectos medibles y reproducibles de la práctica de la meditación en la mente y el cerebro. Las pruebas en el escáner cerebral mostraron que la actividad neuronal de los monjes muy entrenados era "fuera de serie" (en relación con las mediciones estándar y en relación con la actividad neuronal de los monjes más novatos), incluso cuando no estaban meditando. Las áreas del cerebro en las que se cree que se centran las complejidades emocionales, como el amor materno y la empatía (caudado e ínsula derecha), y los sentimientos de alegría y felicidad (córtex prefrontal izquierdo) estaban en realidad anatómicamente ampliadas y estructuralmente alteradas en virtud de la vida de los monjes y sus prácticas de meditación.

Estos resultados nos envían un mensaje de esperanza con importantes implicaciones. Sugieren que el cerebro tiene capacidades propias de reorganización y reparación que podrían aprovecharse para beneficiar a las víctimas de accidentes cerebrovasculares, así como a una amplia gama de personas con problemas de aprendizaje, senilidad o depresión. Al reconocer la neuroplasticidad como una fuerza real y poderosa, podemos ir más allá de la noción de que somos un patrón fijo de genes y química neuronal.

Uno de los neurólogos más conocidos del mundo, Oliver Sacks, autor de *El hombre que confundió a su mujer con un sombrero,* entre otros libros magníficos, dijo en una de sus conferencias: "Con la neurología, si vas lo suficientemente lejos y sigues avanzando, acabas volviéndote raro. Si vas un poco más lejos, acabas en el espíritu".

Si el cerebro no es el creador, la torre de control absoluta de nuestras personalidades, sentimientos y comportamientos, ¿podría formar parte de un sistema mucho más amplio que incluye la mente, el cuerpo y el espíritu? La investigación sobre la plasticidad del cerebro, e incluso nuestro propio estudio piloto sobre el TDA, sugieren que nuestra mente no solo afecta a las demás partes del sistema, sino que también se ve afectada por ellas.

Durante siglos, los monjes tibetanos han seguido una práctica espiritual centrada en la meditación, que a su vez ha afectado sus sistemas inmunológicos y la propia estructura de sus cerebros. En nuestro estudio, reforzamos la vitalidad física y etérica de los niños al mismo tiempo que calmábamos los estímulos que recibían. Para un buen porcentaje de estos niños, esto les proporcionó la facilidad de ser más receptivos y menos reactivos en su comportamiento y su trabajo escolar. Los niños no son monjes que puedan meditar durante horas al día, pero hacen lo mismo cuando participan en juegos, en juegos profundos e ininterrumpidos.

Algunas personas pueden discrepar del término *espíritu*. (Verás que dejé que Oliver Sacks lo dijera primero.) Sin embargo, hay otra manera de verlo, una que creo que la mayoría de los padres recibirá de todo corazón. Como padres sabemos, sin lugar a dudas, que nuestros hijos son más que la suma de sus genes o de sus tendencias de comportamiento. Sí, tiene el abundante pelo castaño de su abuela materna, y esos ojos azules son definitivamente de su abuelo. Sus rasgos faciales son claramente los de su madre, en miniatura, pero sus tendencias agudas y analíticas son exactamente como las de su padre. Y así se reparten las cartas genéticas. Sin embargo, casi todos los padres pueden identificarse con la naturaleza misteriosa y singular de cada hijo, aquello a lo que nos referimos cuando decimos que, desde el nacimiento, desde el momento en que los conocimos, ya "eran quienes eran".

Aristóteles utilizó el término *telos* para describir la esencia de una cosa o persona, su propósito inherente. Parte del *telos*, o destino, de una bellota es llegar a ser un roble. Una bellota lleva su *telos* dentro, desde el principio. Más allá de nuestros regalos genéticos, más allá de lo que absorben de nosotros y de su entorno, los niños parecen llegar con algo propio, un *telos* o naturaleza intrínseca. Esa naturaleza esencial, evidente desde el principio, también apunta a su futuro, como la bellota que sugiere un roble. Nuestros hijos llegan a nosotros con un destino profundo —aquí también, algunos pueden decir espíritu— que necesita ser escuchado. Hay que honrarlo.

MUY SIMPLE
Nuestros hijos vienen a nosotros con un destino profundo que necesita ser honrado.

Como sociedad, y a veces como padres, fíjate en lo miopes que nos hemos vuelto. Si nos centramos exclusivamente en la composición química del cerebro de un niño, pasamos por alto el contexto más amplio de lo que son y de lo que les influye (su vida, su familia, su entorno). Si nos centramos exclusivamente en sus tendencias, nos perdemos al niño, podemos perder su destino o *telos*. Al ver solo tendencias, síndromes y etiquetas, corremos el riesgo de no ver el propósito inherente de nuestros hijos, su profundo gesto biográfico en el mundo.

Lo que "vemos", aquello a lo que prestamos atención y presencia, está en el corazón de lo que somos. Para nuestros hijos, está en el corazón de lo que están llegando a ser. ¿Por qué simplificar? Porque al simplificar la vida de nuestros hijos podemos eliminar algunas de las tensiones de las demasiadas cosas y la demasiada velocidad que obstruyen su atención e interfieren con su base emocional de calma y seguridad. Después de todo, se necesita un poco de armonía para que se conviertan en las personas que están destinadas a ser, sobre todo en un mundo que los bombardea constantemente (y a nosotros) con las distracciones de tantas cosas, tanta información, rapidez y urgencia. Estas tensiones nos distraen del foco o "tarea" de la infancia: un sentido de sí que está emergiendo y en pleno desarrollo.

Como padres, también nos definimos por aquello a lo que dedicamos nuestra atención y presencia. Esto es fácil de olvidar cuando la vida diaria se parece más a un triaje (selección y clasificación). Si eliminamos parte del desorden de nuestra vida, podemos concentrarnos en lo que realmente valoramos, y no solo en aquello en lo que estamos enterrados o con lo que nos han inundado. Con la simplificación podemos aportar un soplo de inspiración a nuestra vida diaria; establecer un tono que honre las necesidades de nuestras familias antes que las demandas del mundo. Permitir que nuestras esperanzas para nuestros hijos superen nuestros miedos. Alinear nuestra vida con nuestros sueños para nuestra familia y nuestras esperanzas de lo que podría y debería ser la infancia.

Sin embargo, la simplificación no consiste solo en quitar cosas. Se trata de hacer sitio, de crear espacio en tu vida, en tus intenciones y en tu corazón. Con menos desorden físico y mental, tu atención se expande y tu conciencia se profundiza.

Una y otra vez, los padres me han contado cómo un régimen de simplificación les dio mayor sensación de tranquilidad y les permitió ver más allá de lo que sus hijos solían hacer o no hacer, para saber quiénes eran. Lo captamos en destellos, por supuesto —el *telos* o destino de nuestros hijos—, pero verlo dentro de la presión de la vida cotidiana requiere paciencia. No siempre es fácil reconocer el roble en la forma de la bellota. Al fin y al cabo, nuestra manera de criar también puede verse afectada por un exceso de desorden y estrés, al igual que el comportamiento de nuestros hijos. Podemos quedar atrapados en nuestro propio "secuestro de la amígdala", una especie de respuesta de emergencia a la crianza, caracterizada más por el miedo que por la comprensión, pero con menos distracciones podemos desarrollar una perspectiva más amplia, una mirada más clara de nuestros mejores instintos parentales. Esta es la visión que tiene en cuenta a tu hijo, en su totalidad. Honra su ritmo y sus necesidades, su don para empaparse de su "ahora" experiencial.

¿Por qué simplificar? La razón principal es que proporcionará a tu hijo una mayor soltura y bienestar. Crearán islas de ser en el frenético torrente del hacer constante. Con menos distracciones, su atención se expandirá, su concentración se profundizará y tendrá más espacio mental y físico para explorar el mundo de la manera que su destino exige. Como padre, tu atención también se ampliará con un poco menos de desorden mental en tu vida y la conciencia de tu hijo se profundizará.

Además de todos los beneficios de la simplificación que he descrito, hay otro. Es una de esas cosas que se arrastran lentamente, una alegría inesperada, algo que la mayoría de los padres no habría creído posible. La razón más elemental y poderosa para simplificar es esta: a medida que la conciencia de tus hijos se amplía y profundiza, también lo hará tu amor.

Tal vez te preguntes cómo puedes hacer cambios en la vida cotidiana de tu familia cuando ya estás tan ocupado. Una cosa es aceptar las ideas de este libro y otra muy distinta ponerlas en práctica. ¿Por dónde empezar? ¿Cómo puedes reunir tus mejores intenciones y ponerlas en marcha?

He descubierto que el camino más sencillo para lograr un cambio real y duradero es la imaginación. "No ocurre nada si antes no se sueña...". Cuando creas una imagen mental de tus esperanzas, trazas un rumbo. Creas una imagen en la que puedes entrar. Como una cuerda lanzada alrededor de una estrella, tu imaginación navega por el camino más seguro hacia tu objetivo.

Aquí, y al final de cada capítulo, te invito a revivir algunas de las ideas e imágenes que hemos tratado y a imaginar cómo podrían funcionar en tu propia casa.

Imagina tu casa...

★ como un lugar donde el tiempo se mueve un poco más despacio.

★ menos desordenada y más relajada visualmente.

★ con espacio y tiempo para la infancia, y con tiempo para todos cada día.

★ como un lugar donde el juego y la exploración están permitidos, y son honrados.

★ con más tranquilidad al empezar a limitar las distracciones y a decir no al estrés del demasiado, demasiado rápido, demasiado pronto.

★ a medida que se afianza una sensación de calma y seguridad.

★ convirtiéndose en un lugar en el que aquellos a los que amamos sienten nuestro amor gracias a nuestra atención, y a nuestra protección y aprecio por ellos.

Capítulo 2
Fiebre del alma

Empecemos por un punto de partida cómodo para cualquier proceso: recordemos y apreciemos lo que ya sabemos. Conocemos a nuestros hijos, eso es seguro. Los conocemos como nadie más podría hacerlo. Conocemos lo mejor de ellos, lo más brillante, y también cada grado que se aleja de eso. Conocemos el límite de su "falta de sueño", el placer de sus "tonterías" y la intersección, a veces peligrosa, entre ambos. Conocemos la cadencia de sus voces, su olor, el significado de sus expresiones, las cosas que les atraen. Casi siempre sabemos lo que quieren decir, pero no pueden expresar.

La profundidad de nuestro conocimiento de estos pequeños seres es fenomenal. Es, sin duda, más de lo que podría mostrarnos una simple acumulación de días, estados de ánimo o experiencias. Más que lo que hemos aprendido de otros sobre el tema (de los niños), o lo que hemos experimentado directamente. Más que todo lo que hemos hecho para registrar el tiempo que hemos pasado juntos: nuestras notas y fotos, nuestros videos y recuerdos. Sí, conocemos a nuestros hijos mejor que todo lo que podríamos mostrar o contar sobre ellos. Después de todo, los vemos con una especie de visión de rayos X. No es exactamente un superpoder, pero es lo más parecido a eso. Vemos a nuestros hijos con una profundidad de visión igual a la suma de nuestra atención, nuestra conexión, nuestro amor por ellos y nuestro ferviente deseo de comprenderlos.

Este conocimiento profundo e instintivo de nuestros hijos —como todo lo demás— cambia y se diluye. Aunque nuestro amor esté siempre presente, nuestra atención puede resentirse, nuestra conexión puede flaquear a veces y, cuando esto ocurre, comprenderlos parece un trabajo muy duro. Nuestros instintos no siempre son fuertes. La simplificación consiste en eliminar las distracciones y el desorden que monopolizan nuestra atención y amenazan nuestra conexión. Se trata de dar a los niños la facilidad de ser ellos mismos, y de darnos a nosotros la facilidad de prestarles atención, para desarrollar más plenamente nuestros instintos y confiar en ellos.

En los próximos capítulos, empezaremos a dar los pasos prácticos de la simplificación, para la eliminación de las tensiones y los excesos que pueden abrumar el bienestar emocional de un niño y hacer un cortocircuito en nuestros instintos. Pero primero veamos cómo, con atención y conexión, podemos reconocer cuando un niño está abrumado, o presionado por demasiadas cosas, la velocidad, el estrés, o cuando tiene lo que yo considero una fiebre emocional o "del alma". Veamos cómo, instintivamente, tratamos esta fiebre emocional de forma muy parecida a como tratamos una fiebre física: acercando al niño a nosotros y suspendiendo sus rutinas normales.

Como padres, desarrollamos un sentido instintivo de lo que debemos hacer cuando nuestros hijos se enferman. Nuestros instintos son en parte recuerdos de lo que nos reconfortó en la infancia, además de un poco de ciencia, una gran dosis de compasión y algo de adrenalina parental. Al fin y al cabo, es raro que el padre o la madre no se haya sentido algo derrotado por la primera fiebre alta de su bebé o por una larga noche sentado perfectamente erguido —sin moverse— sosteniendo a un pequeño tan congestionado que solo podía respirar en esa posición. Las enfermedades de nuestros hijos, a veces rutinarias y a veces totalmente abrumadoras, nunca son convenientes. Sin embargo, con el paso del tiempo desarrollamos formas de sobrellevarlas, cambiando nuestros horarios y poniéndonos a la altura de las circunstancias.

Así, aprendemos a apoyarlos durante los escalofríos, la tos, la fiebre y las erupciones que sabemos que llegan a brotar. Nuestros instintos nos llevan (y los llevan a ellos) a través de algunos de los síntomas más inusuales ("¡Así que *esto* es un 'vómito de proyectil'!") con los que nos sorprenden ("¡¿*Dónde* dices que tienes unas horribles ronchas rojas?!"). Aprendemos que la comodidad es una parte importante de la curación, un ingrediente esencial en cualquier receta para "mejorar".

Un toque en su frente, una mirada a sus ojos apagados y lo sabemos de inmediato... los signos de la fiebre física son inconfundibles, inevitables. Y así comenzamos el proceso de cuidarlo.

Lo que resulta igual de inevitable es que nuestros pequeños (hasta la adolescencia y más allá) experimenten lo que he llegado a llamar "fiebre del alma". Algo no va bien; están molestos, agobiados, en desacuerdo con el mundo y, sobre todo, en desacuerdo con su verdadero yo. Desde el niño pequeño que no puede tolerar tu autoridad cuando está tan recién intoxicado con la suya propia, hasta el mismo niño que, once años más tarde, anhela encajar en un círculo social que lo intimida y reprende. Tanto si el origen del mal era interno como externo, ahora está haciendo estragos en su interior, ocupa la atención del niño y afecta su comportamiento; afecta, además, el clima emocional del hogar. Se podría considerar que se trata de "fiebres emocionales", pero yo prefiero hablar de "fiebre del alma", porque hay algo muy individual en la forma en que cada niño manifiesta su tribulación. Al igual que un niño parece no tener nunca fiebre, mientras que la temperatura de su hermana sube rápido por el más mínimo resfriado, cada uno lucha contra sus pruebas internas a su manera.

A menudo, cuando doy una plática sobre la crianza de los hijos, un padre me pregunta: "¿Cómo puedo saber si mi hijo está abrumado?". Es una pregunta común, normalmente seguida de: "¿Y qué puedo hacer al respecto?". En cuanto a la primera pregunta, mi respuesta corta es: *instinto*. Unos instintos que quizá tengamos que desarrollar o volver a desarrollar. Unos instintos que deberían ser —y pueden ser— tan claros y confiables como aquellos con los que contamos para reconocer y cuidar a nuestros hijos cuando están enfermos.

Este libro es mi mejor intento para responder a la segunda pregunta, que muchos de nosotros nos hacemos. La verdad es que lo que hacemos, de forma natural, para cuidar a nuestros hijos cuando están enfermos podría reducirse a esto: *simplificamos*. Esto es exactamente lo que tenemos que hacer cuando están abrumados, cansados y estresados por los efectos de tener demasiadas cosas, demasiadas opciones y pasar sus días demasiado rápido. También es lo que tenemos que hacer cuando su "fiebre" es más emocional que física. Los dolores emocionales del crecimiento, o las "fiebres del alma", son tan naturales e inevitables como el resfriado común y pueden "tratarse" de manera muy similar. La simplificación proporciona a los niños la facilidad que necesitan para reencontrarse con su verdadero yo, con su edad real, y con su propio mundo en lugar de con el estrés y las presiones del mundo de los adultos.

Empecemos aquí, pues, con un ejemplo que sirve de metáfora para todo el proceso de simplificación. Veamos lo que tendemos a hacer sin siquiera pensarlo una vez que notamos el ceño fruncido de nuestro hijo, o vemos en él una languidez reveladora. Los pasos que damos y la atención que prestamos al cuidado de nuestros hijos cuando están enfermos es, sobre todo, una simplificación. Veremos también los signos y síntomas de las fiebres del alma, y repasaremos los pasos que podemos dar para ayudar a nuestros hijos a fortalecer su sistema inmunológico emocional y su capacidad de recuperación.

De la misma manera que nos damos cuenta cuando están luchando contra una fiebre física, podemos estar más atentos a sus fiebres del alma, o saber cuándo simplemente se sienten saturados. Podemos aprender a reconocer cuando sus sistemas están desequilibrados, recordando lo que ya sabemos (y lo que es tan fácil de olvidar cuando nosotros también estamos sobrecargados y agobiados). Así, volveremos a despertar nuestros instintos de cuidado y simplificaremos su entorno.

Señales

Fiebre física: Empezamos a cuidar a nuestro hijo cuando notamos que no está bien. Si tiene escalofríos o calor, si responde con lentitud, si no le interesa comer, si tiene una mirada pesada y vacía… A partir de estos signos, individuales o combinados, podemos saber que está "apagado" o que "no es él mismo". Tu hija puede parecer que está bien —es activa y brillante—, pero con una mirada a los ojos sabes que tiene o está atrapando el resfriado que su hermano tuvo la semana pasada. Sus pequeños cuerpos no son extensiones de los nuestros, pero a veces lo parece, dada la naturalidad con que notamos sus fluctuaciones físicas.

Fiebre del alma: Por lo general, necesitamos ver algunos síntomas de inquietud para identificar una fiebre del alma. La agitación interior va más allá de un mal estado de ánimo o de un breve arrebato. También dura más tiempo. Un niño con esta clase de fiebre permanece "fuera de sí", dando más de un paso o dos hacia sus tendencias espectro o más caprichosas. Un niño hosco suele ser solo eso; pero si es hosco y a la vez peleonero, y se pelea con los amigos a los que suele adorar, podríamos echarle un segundo vistazo. Las fiebres del alma comienzan con una especie de picor, que puede adoptar diferentes formas. Los niños responden a un malestar interior de forma característica, según sea su temperamento. Un niño introvertido puede replegarse física y emocionalmente, pero también puede "agredir" o "insultar" a los demás para mostrar su malestar. Un niño extrovertido suele manifestar su malestar de forma más directa, con ira o culpando a los demás.

Cuanto más joven es el niño, más evidente es su estado de malestar. Pueden volverse hipersensibles, conscientes de las etiquetas que pican, de los calcetines chuecos, de los ruidos que de otro modo ni siquiera notarían. Las pequeñas cosas les molestan. Las rabietas se vuelven más profundas y más intratables. Los patrones del sueño cambian. A menudo se observan pequeñas variaciones en su postura, como tener los hombros levantados, los puños cerrados. Sobre todo, se "disparan" mucho más fácilmente de lo habitual; su interruptor emocional es muy sensible.

Se podría decir que actúan "fuera de su carácter", pero en realidad, su carácter está amplificado, casi caricaturizado. En la infancia media se pueden observar cambios en las amistades, en la forma de vestir o en los hábitos de trabajo. En el caso de los niños de la escuela secundaria y en los adolescentes es posible que notes que tu hija tiene dificultades para concentrarse en las cosas, ya sean las tareas, un pasatiempo o cualquier actividad que normalmente le llama la atención. Por supuesto, desafiar las reglas y los límites es parte del desarrollo de los adolescentes, pero con la fiebre del alma puedes notar desafíos particularmente aguerridos a reglas que están firmemente establecidas, aceptadas y que nunca habían sido desafiadas.

Dediquemos un momento más a considerar la adolescencia, una etapa de desarrollo especialmente "febril". La adolescencia tiene que ver con las polaridades y con la oscilación entre ellas. Se pueden imaginar extremos bastante típicos de este espectro: el adolescente que es un torbellino de actividad o bien un peso muerto inmóvil en el sofá. El chico que de repente puede aguantar más que tú durante la noche también puede dormirse durante el ensayo de la banda de su hermano pequeño al mediodía. Hay una necesidad de pertenencia en la adolescencia que es tan intensa que parece primitiva, pero un chico o una chica adolescente puede pasar más tiempo solo, en su habitación, que antes. Los padres de un adolescente saben que no pueden hacer un comentario, por muy inocente que sea, absolutamente inmune al desafío. Casi todos los chicos en la adolescencia parecen dirigirse hacia una carrera de leyes. Sin embargo, entre sus compañeros, la misma chica puede ser la imagen de la conformidad, es decir, una especie de fideo flotando en una sopa de condescendencia.

El movimiento entre estas polaridades es la norma en la adolescencia. Cuando un adolescente tiene dificultades, cuando está emocionalmente fuera de sí, tiende a quedarse atascado en un extremo o en otro, volviéndose tenso y miope. Recuerdo a una alumna que tuve, Teresa, que tenía 14 años, y su vida estaba bastante revuelta. Tenía muchos adultos en su vida (padres, padrastros y varios sustitutos de los padres), pero tenía poca presencia adulta consistente, al mando y compasiva. Un día, en clase, Teresa se comportó de forma bastante revoltosa y se hizo la chistosa en busca de atención. Cuando le pedí que volviera a su trabajo, se dio cuenta de que ya tenía la atención de todo el mundo y quiso agravar la situación. No fue mi mejor momento como profesor, pero recuerdo que le pregunté: "¿Por qué tienes que ser tan subjetiva?". A lo que ella respondió: "¿Y por qué tiene que usar palabras tan complicadas cuando está perdiendo la discusión?". Cuando le expliqué lo que significaba *subjetivo*, con el trillado tópico de no ver el bosque por los árboles, me miró con puro desprecio. "¡Tengo 14 años, este es mi trabajo!". Y con eso se dio la vuelta y salió del salón de clases.

Teresa tenía razón: los adolescentes están muy centrados en sí mismos. Pero ella también estaba atorada. Estos arrebatos —síntomas de la misma fiebre del alma— habían estado apareciendo a lo largo de toda su vida. En ningún ámbito —el hogar, la escuela o los amigos— obtenía el contrapeso que necesitaba. Nadie la ayudaba a ocupar el punto medio, mostrándole el valor de la calidez en lugar del calor puro de la ira. Nadie le enseñaba a comprometerse, a construir o a mantener relaciones. Se le permitía deleitarse en su propio poder e independencia, pero se reprimía su necesidad de pertenencia.

El propósito del desarrollo de las polaridades de la adolescencia es un camino en zigzag hacia la autorregulación. Ahora sabemos que el cerebro sigue desarrollándose durante estos años, sobre todo las secciones que son críticas para el juicio y la razón. Lo que permite a un adolescente moverse entre polaridades es la (aburrida) estabilidad de su vida. Un contexto seguro y estable permite a los adolescentes oscilar entre polaridades sin quedarse atascados en uno u otro extremo. Les da un centro, una plomada que pueden utilizar para aprender a regular su comportamiento. Por suerte para Teresa (que, por cierto, ahora se ha graduado de la universidad y tiene más de veinte años), los adultos de su vida —familia, profesores y un entrenador deportivo— se reunieron cuando estaba en el instituto para discutir y comprometerse a dar más forma y consistencia a su vida.

El primer paso para cuidar la fiebre del alma de nuestro hijo, al igual que con la fiebre física, es darse cuenta. Habrá ocasiones en las que solo eso —nuestra constatación— bastará para que la niña o el niño se sienta reforzado, apoyado y comprendido. Cuando recordamos nuestra infancia (y nuestros hijos la suya), estos pequeños actos de atención pueden constituir la base emocional del "hogar" o la "familia": el lugar donde nos "leen", nos comprenden, nos mantienen en equilibrio. Y en la vida adulta —en el matrimonio y en los negocios—, ¿no es fácil ver qué paisajes emocionales no fueron bien leídos? Los síntomas son los mismos —pucheros, berrinches, frialdad—, pero se vuelven más complicados a medida que crecemos. Como padres, podemos estar agradecidos por el ceño fruncido de nuestro hijo de seis años, su postura encorvada, sus respuestas entre dientes, sus grandes suspiros. Y cuando ni siquiera se ríe de los bailes tontos de su hermana, sabes —gracias al cielo la sutileza y el subterfugio siguen estando fuera de su alcance— que algo le preocupa de verdad. "Cariño, ¿qué pasa?".

Los síntomas que se pasan por alto o se ignoran tienden a empeorar, o a desaparecer y reaparecer de forma más fuerte, hasta que se aborda el conflicto interno. Hay un par de razones por las que notar la fiebre del alma de un niño puede ser difícil. Los padres que están o muy ocupados o muy preocupados, sobrecargados ellos mismos, pueden pasar por alto los signos iniciales del malestar de un niño. Esto sucede, al igual que es posible pasar por alto los primeros signos de una fiebre física. Y como padres, no queremos desarrollar nuestra propia respuesta a los altibajos emocionales normales de un niño. Un puchero o un arranque de mal humor son cosas que van y vienen. Al igual que los mocos o un golpe en la rodilla, sus efectos son temporales y se superan fácilmente. Pero la fiebre del alma persiste. Hace años podría haberse llamado un malestar creciente, inevitable y doloroso a la vez. Aunque no nos parezca gran cosa (comparado con las tensiones de la vida adulta), hay una cierta sensación de pérdida asociada a estos dolores de crecimiento. Cuando uno se imagina el increíble ritmo al que los niños cambian y evolucionan, puedes empezar a ver cómo su corazón se resiste a veces a la adaptación. Deben dejar de lado las comodidades y las garantías con una mano para tener las dos manos libres para ir hacia adelante, para avanzar hacia algún nuevo nivel de madurez.

Es comprensible que el ritmo y las presiones de la vida puedan a veces distraer a un padre de los signos de la fiebre del alma de su hijo. Sin embargo, cuando la angustia emocional de un niño se ignora de forma rutinaria, este suele encontrar, consciente o inconscientemente, otras formas de solicitar atención. La atención de los padres es la más segura y conveniente, sobre todo cuando uno está mostrando todos esos "cachitos desagradables" (que fue la manera como describió un niño de cuatro años una rabieta). Pero si un niño no puede obtener la atención de sus padres, entonces la atención de otra persona servirá, y si no puede atraer la atención compasiva, cualquier forma de atención puede parecer un sustituto digno.

En el lado opuesto de la paternidad, lo que he notado últimamente son niños cuyo comportamiento ya está tan "inflado", tan frenético y al límite, que es difícil notar cuando están emocionalmente agitados. Para los niños cuya "norma" se ha convertido en un estado emocional muy inquieto, y cuyas vidas diarias son apresuradas y presionadas, hay poco equilibrio para medir algún "punto de referencia" o temperatura normal que nos ayude a juzgar la fiebre. Cuando este es el caso, los niños pueden meterse muy rápidamente en problemas y manifestar un comportamiento extremo solo para decir algo muy simple: "Necesito un descanso".

Cómo calmar las cosas

Fiebre física: Ahí están, la fiebre, el malestar estomacal, una tos desagradable. Cuando nos damos cuenta de que nuestra hija no se encuentra bien, ¿qué hacemos? Interrumpimos nuestras rutinas normales. Incluso mientras intentamos averiguar cómo podemos acomodar el cambio, hacemos el anuncio: "Hoy no hay escuela para ti" o "Oye, vamos a decirle a Erin que puedes jugar otro día, pero ahora mismo necesitas descansar". Puede que todos los demás se reúnan en la mesa para cenar, pero esta niña estará fuera de las rutinas y alimentos habituales. La sacamos del flujo normal de la vida diaria —las tareas y actividades, las idas y venidas— y se le permite adoptar un papel pasivo, estar dentro del grupo mientras está fuera de la acción.

Fiebre del alma: Así que te has dado cuenta, y definitivamente algo pasa. No importa lo rápido que estén girando (figurativamente o, en el caso de los pequeños, a veces de manera literal), en realidad están agotados y bastante deshechos. Con la sobrecarga emocional o la fiebre del alma, al igual que con la fiebre física, una vez que te has dado cuenta, es el momento de detener las rutinas normales. Los niños pueden resistirse a esto, pero a veces parecen ser ellos mismos quienes te obligan a parar cuando se cuelgan a ti con su comportamiento inseguro y con una inusual manera de evitar cualquier cosa que sea nueva para ellos.

Al igual que cuando un niño está enfermo, ahora se requiere un cambio en el flujo normal de las actividades familiares, una adaptación que realizar. Sin duda, el niño tiene que hacer una pausa en sus actividades extraescolares; incluso puede que tenga que quedarse en casa sin ir a la escuela. Los padres deciden la duración y amplitud del cambio para un pequeño. En el caso de un chico o chica de preparatoria, se puede consultar con él o ella, pero la decisión final es tuya. En el caso de que sea un adolescente, esta es la mejor manera de asegurarte de que realmente pueda dar un paso atrás y salir de las presiones que siente en ese momento.

La mayoría de los niños, de cualquier edad, pueden poner a cero su reloj emocional con dos o tres días de calma. Un fin de semana tranquilo y simplificado suele ser suficiente para marcar la diferencia, para romper la fiebre del alma. Ofrece suficiente espacio y calma para aflojar su nudo emocional.

Cuando hay un problema real que subyace a la fiebre del alma, no estoy sugiriendo que un fin de semana tranquilo aborde directamente la cuestión, pero ayudará a tu hijo a mantener la resistencia que necesita para enfrentarlo. En especial en el caso de los niños mayores, que pueden tener dificultades en la escuela, con sus amigos o con sus relaciones sentimentales, un fin de semana tranquilo no es una cura para todo; pero sí sostengo que puede ser una de las mejores medicinas. Nuestro primer impulso como padres puede ser el de intervenir y "hacer que todo mejore", lo cual es imposible, y sobre todo a medida que nuestros hijos maduran. Pero su éxito a la hora de afrontar y resolver problemas depende de su capacidad para trabajar con sus emociones, para regular su energía física y emocional. Es entonces cuando un pequeño retiro, una ruptura de la rutina normal, puede ser de gran ayuda.

Al principio del segundo grado de mi hija mayor, ella nos habló de una niña de su grupo, Myrna, que a menudo era "tonta y desagradable". No estábamos muy seguros de lo que significaba esa combinación, pero nos dimos cuenta de que ella desconfiaba de Myrna. A mediados de año, la amenaza de la "tonta y desagradable" parecía estar demasiado cerca, y nuestra hija estaba claramente afectada. No quería hablar de ello. Se arrastraba para desayunar y vestirse, a pesar de que normalmente no podía esperar para llegar a la escuela. "¿Estás bien, cariño?". Su suave "sí" fue poco convincente. Se tomó un día libre de la escuela y, entre mi horario y el de su madre, pasó algo de tiempo con cada uno de nosotros, en casa, haciendo algunas tareas.

Al día siguiente, decidí llevar algo de la seguridad del hogar a la escuela. La acompañé esa mañana y me quedé un poco más para que me mostrara su escritorio y su trabajo reciente. También me aseguré de encontrarme con ella después de la escuela, esa tarde y durante el resto de la semana. Nos tomábamos nuestro tiempo, pasando un rato con sus compañeros antes de volver a casa. Nunca abordamos el tema de frente, y tal vez se resolvió por sí solo de forma misteriosa, de manera casi infantil. Pero a lo largo de la semana noté que su paso se aligeraba, sus hombros se acomodaban y su humor volvía a ser fácil y juguetón.

Los padres de los adolescentes pueden percibir los signos de una fiebre del alma en sus hijos, pero no necesariamente sabrán qué es lo que les molesta. He descubierto que (sí, esto es una generalización, pero basada en la experiencia) con una chica, tal vez solo tengas que decirlo una vez, mientras que a un chico puede que tengas que soltárselo como sin querer unas cuantas veces: "Algo pasa; me he dado cuenta. Estoy aquí si quieres hablar de eso". Incluso si tu hijo o hija adolescente no quiere abrirse sobre lo que le molesta, puedes seguir estando a su disposición y también puedes sugerirle que se aleje de las rutinas normales. "No tienes que contarme lo que te pasa, pero me doy cuenta de que algo está sucediendo, de que algo te preocupa. En esta familia, nos retiramos un poco de nuestras actividades y nos tomamos un tiempo de tranquilidad. Vamos a ver cómo podemos hacer eso por ti".

Una colega, Margaret, solía hablarme de su hija de 15 años, que estaba ocupada en la escuela y además era una nadadora competitiva. Margaret decía que su hija no bajaba el ritmo y se resistía a abrirse incluso cuando una nube negra parecía perseguirla. Cuando le sugerí que se tomara una pausa, puso los ojos en blanco, pero poco después instituyó un fin de semana tranquilo, dejando el entrenamiento y todo lo demás. El primer fin de semana fue forzado: "¡¿Quieres decir que estoy *castigada*?!", pero desde entonces Margaret ha comprobado que su hija ahora colabora con ella para crear un tiempo de tranquilidad cuando se siente abrumada.

Margaret también se ha dado cuenta de que, una vez tomada la decisión y después de despejar el calendario durante un par de días, su hija está más dispuesta a abrirse sobre lo que le preocupa y sobre lo que la ha llevado hasta ese punto. Creo que, cuando los sentimientos son complicados (esto podría ser una nueva definición de la adolescencia), ayuda saber que, si uno decide abrirse y compartir lo que sucede, habrá el tiempo necesario para hablarlo. No habrá la necesidad de intentar explicar todo el confuso lío de camino al entrenamiento de natación o entre la cena y la hora de dormir del hermano.

Esa primera vez, la hija de Margaret sintió que había sido "castigada", obligada a quedarse en la tierra[1] y resulta que tenía toda la razón. Me encanta esta expresión tan americana, porque en este contexto encaja muy bien. Cuando un adolescente está abrumado con una fiebre del alma, la corriente eléctrica que lo rodea es tan fuerte que realmente necesita "estar conectado a tierra". Necesitan que se les regrese a la tierra, regresar a su ser más relajado y resiliente.

Acercarlos a nosotros

Fiebre física: Las rutinas normales han desaparecido, el niño enfermo ya está en pijama y necesita cuidados. En este momento, lo acercamos a nosotros físicamente y también en términos de nuestra atención. Lo observamos de cerca. La enfermedad y la fiebre tienen sus complicaciones, y queremos evitarlas. Puede que nos acurruquemos juntos o

---

[1] En inglés, el autor establece una relación entre *grounded*, "castigada", y *ground*, que significa "tierra". *Being grounded* significaría "poner los pies sobre la tierra". [N. de la T.]

que los pongamos cómodos en la cama. En nuestra casa tenemos una caja de libros y juguetes especiales que sacamos cuando una de las niñas no se encuentra bien. Podemos correr las cortinas o hacer un "nido" especial de almohadas. Entonces todo se calma. Es en ese momento cuando también podemos preguntarnos cómo o por qué ha ocurrido esto. ¿Hay algo en la escuela? ¿Hay algo que tengamos que averiguar o sobre lo que debamos buscar ayuda? ¿Necesitan un médico? ¿Necesitamos que un vecino o amigo nos traiga algunas cosas de la tienda?

Fiebre del alma: Un niño emocionalmente febril también necesita cuidados. Ponerle la pijama puede ser opcional, pero el tiempo de inactividad no lo es. Tu hijo probablemente no se meterá en la cama, pero puede necesitar un periodo de tranquilidad, un tiempo que le parecerá diferente al de la vida cotidiana. Los placeres sencillos para los que rara vez tienen tiempo —salir a pintar, contar historias en familia, un proyecto de construcción— pueden ocupar su atención mientras aflojan su nudo emocional. Pasar tiempo a solas con uno de los padres puede ser un cambio bienvenido.

Necesitan estar cerca física y emocionalmente. A veces, un niño que está de alguna manera "fuera de combate" no necesita mimos, sino una garantía silenciosa de nuestra presencia y disponibilidad. Cuando cambiamos la rutina y calmamos las cosas, ponemos un énfasis tácito en la relación, en la conexión.

¿Dónde se sienten más seguros, más tranquilos? Para muchos niños la respuesta es el hogar, pero no para todos. Una amiga mía lleva a su hijo de ocho años, Jason, a pescar. "Lo hacemos en los buenos momentos, así que me imagino que salir al lago puede ayudarlo también cuando la está pasando mal". La naturaleza es un cálido baño sensorial que ayuda a contrarrestar el frío agobio de demasiada actividad, información o "cosas". El tiempo en la naturaleza favorece la calma y la concentración; a la mayoría de los niños les basta con unos minutos para empezar a explorar. Observa cómo buscan los lugares que les parecen especialmente adecuados, cómo recogen los objetos simbólicos —hojas, palos, trozos de musgo— que quieren descubrir. No se puede manipular la naturaleza, hay que profundizar en ella; es un lienzo vívido pero neutro en el que el niño puede volcar su creatividad.

Los estudios han demostrado que los pacientes que tienen una vista de árboles en un hospital se recuperan más rápido que los que no la tienen, lo cual no es de extrañar: la naturaleza es profundamente curativa, física y emocionalmente. Desde el punto de vista neurológico, pasar un tiempo en la naturaleza puede sacar a un niño de la respuesta de lucha o huida basada en la amígdala y llevarlo a las funciones superiores del pensamiento que se ubican en el sistema límbico (creatividad) y los lóbulos frontales (cognición).

Las fiebres anímicas, al igual que las físicas, tienen complicaciones que queremos evitar. Los niños pequeños, de menos de siete años, por lo general se enredan en una tormenta de algún tipo a menos que, o hasta que, se reconozca su malestar. Ya que son demasiado jóvenes para regular sus emociones, actuarán de esta manera hasta que todos, incluido el gato o el perro, hayan sentido los efectos. A medida que los niños crecen, aprenden a reprimir los sentimientos dolorosos... pero no del todo, ni por mucho tiempo. En particular en la adolescencia, los sentimientos no procesados pueden aflorar de todo tipo de formas que parecen no tener relación alguna entre sí: un corte de pelo extremo, amistades rotas, problemas de comportamiento en la escuela.

Al simplificar, le ofreces a tu hijo o hija un apoyo y un espacio para contener los problemas y cambios por los que atraviesa. También le ofreces un modelo, que puede ser un salvavidas para cuando crezca. Esta es la lección que se llevarán consigo: un pequeño periodo de inactividad es una forma de darse atención y sentirse cuidados. Es cierto que ahora eres tú quien se encarga de los cuidados e insistes en poner límites que a ellos no les gustan, pero también estás iniciando un patrón que más adelante pueden continuar por sí mismos y que les servirá durante toda su vida.

Entonces, ¿por qué tu hijo está agobiado? Es posible que te preguntes lo mismo cuando llega a casa con fiebre. ¿Qué lo llevó a este punto? ¿Hizo demasiadas cosas? ¿Tuvo demasiadas idas y venidas, en especial en los casos de los niños cuyos padres ya no viven juntos? ¿Necesita más coherencia o equilibrio en sus horarios, en su vida cotidiana? ¿Es la escuela particularmente estresante? Con la actual manía de los exámenes en las escuelas estadounidenses (o "Que ningún niño quede ileso", como yo lo llamo),[2] ¿siente tu hijo los efectos?

---

[2] El autor cambia en tono irónico el nombre de la ley No Child Left Behind o "Que ningún niño se quede atrás" (NCLB, por sus siglas en inglés), una ley promovida en 2001 por George Bush que imponía una exigencia enorme en los exámenes que presentaban los niños en las escuelas de Estados Unidos.

¿Ha llegado el momento de pedir orientación o ayuda a otras personas? En los casos más graves de problemas emocionales, por supuesto, se debe considerar la ayuda profesional. Lo que estamos tratando aquí son casos comunes de sobrecarga y malestar, para los que un día o dos de descanso pueden ser útiles. Sin embargo, puedes considerar si tu hijo se beneficiaría de un poco de tiempo con alguien cuya influencia sea estabilizadora y reafirmante. A medida que los niños llegan a la adolescencia, desarrollan naturalmente relaciones fuera de la familia con personas que están en condiciones de ser un apoyo para ellos. Si tu hija quiere y respeta a su maestra de danza, puede que valga la pena hablarle de lo que está sucediendo: "Parece que Ellen está pasando por una pequeña mala racha", ¿le importaría a la profesora quedarse cerca y estar atenta por si necesitara algo?

"Cuando tu hijo parece merecer menos afecto es cuando más lo necesita". No sé qué alma sabia lo dijo primero, pero lo aplaudo. Y el dicho tiene gran relevancia para la cuestión que nos ocupa: ¿cómo ponernos a disposición de un niño que está en plena fiebre emocional? Una cosa es acurrucarse con ellos cuando tienen gripe. No están en su mejor momento y pueden estar bastante malhumorados. Preferirían entregarte sus pañuelos usados y vomitar en tu regazo antes que utilizar los recipientes que has colocado a su alrededor. Pero otra cosa es mantener una presencia cariñosa con un niño que está explorando su sombra interior mientras pulsa cada uno de tus botones como si fueras el panel de control de un elevador en un rascacielos.

La fiebre de su alma puede provocar fácilmente la tuya, a menos que te cuides a ti mismo, como cuidas de ellos. Aconsejo esto a cualquier padre o madre cuyo hijo esté pasando por un momento difícil, sobre todo si esas dificultades se sienten en toda la casa. Tómate al menos unos minutos al día (mejor si son más minutos o si las pausas son más frecuentes, pero todo el mundo puede disponer de tres minutos) para imaginarte el ser dorado de tu hijo, su "lado bueno". Esto te dará el equilibrio que necesitas para ver más allá de lo peor de una fiebre del alma. Te ayudará con las preguntas que podrían surgir, como "¿Es esta realmente mi hija, o acaso fue criada por lobos?". Si conseguimos mantener en nuestro corazón una imagen del ser superior de nuestro hijo, no necesitaremos ser el dalái lama para superar sus momentos difíciles. Pero no hay que fingir ni pasar por alto este ejercicio. Saca el álbum de fotos. Tómate unos minutos para ojearlo, para verla inclinada sobre el pastel de cumpleaños con tres velas, con sus ricitos brillando a la luz. ¿Recuerdas cuando pasaron la última semana en el lago, jugando dentro y fuera del agua, que le llegaba hasta sus rodillas con hoyuelos? Recuerda que la niña de tres años sigue existiendo en la de trece... la que acaba de decirte que nunca, nunca, podrías entender lo que es ser ella.

Si no puedes reunir suficientes imágenes bonitas para que sean tu lastre en la tormenta, llama a sus abuelos, padrinos o a la tía favorita. Elige a los que quieren mucho a tu hijo y diles: "Mira, este es tu trabajo como [pon aquí la relación familiar]. Recuérdame todo lo maravilloso que es Henry. Y por favor... sigue hasta que yo diga que pares". Esto te será muy útil, justo cuando más lo necesitas. Algunas personas que lo han intentado se han vuelto adictas al subidón de endorfinas que acompaña esos dulces recuerdos. El grado en que los utilices es tu elección, pero no te olvides de hacerlo cuando más lo necesites. Y sobre todo, cuida de ti mientras cuidas de tu hijo fuera de control.

Seguir su curso

Fiebre física: No sabemos cuánto va a durar un virus, pero sí sabemos que no hay mucho que podamos hacer para contrarrestarlo. No podemos forzar el ritmo de una enfermedad ni controlar su duración. Una vez que hemos hecho todo lo que podemos para que el niño esté cómodo, en general tenemos que dejarlo pasar a través del proceso biológico que ya ha comenzado. Hemos reconocido la enfermedad, interrumpido nuestras rutinas normales y los hemos acercado a nosotros. Hemos simplificado su entorno, sus actividades y su consumo de alimentos. Por lo general, encontramos un equilibrio entre la cercanía y el espacio que necesitan para descansar sin ser molestados.

Fiebre del alma: La fiebre del alma, al igual que un virus, tiene su propia vida, su propia duración. Simplificamos para no tratar de controlar, evitar o detener la agitación emocional de nuestro hijo. Nuestros esfuerzos no son un soborno, una alternativa a un duro "ponte en forma y supéralo". Al reconocer su malestar y acercarnos a él, le ofrecemos apoyo a lo largo de esta crisis y, por extensión, en cualquier cosa que tenga que afrontar.

Cuando nuestro hijo pequeño comienza con sus primeros berrinches, ese es el momento en que por lo general nos damos cuenta de que una tempestad emocional no se puede acortar. Yo lo sabía intelectualmente, de verdad, pero nunca olvidaré el día en que lo aprendí en serio. Nuestra hija mayor tenía tres años y tuvo una rabieta con un enorme escándalo en medio del suelo del salón. Estuvieron los gritos de rigor, los puñetazos, pero entonces, mientras yo estaba encima de ella, atónito, se hizo hacia atrás y se dio un buen golpe en la cabeza contra el suelo. Me quedé helado (cuando mi mujer cuenta esta historia, introduce siempre un pequeño comentario con una sonrisa amable: "Kim, el experto en desarrollo infantil, se quedó helado..."). Mi esposa entró, tomó un cojín del sofá, lo colocó tranquilamente bajo la cabeza de nuestra hija y, sin mediar palabra, se sentó y empezó a tejer. Nuestra pequeña se cansó rápidamente de llorar y se quedó dormida ahí mismo. ¡Uf, qué alivio!

Nadie puede saltarse las fiebres del alma ni los dolores de crecimiento de la vida. Para aprender quiénes son y qué es lo que les parece bien, los niños deben enfrentarse a estos trastornos emocionales. Todo forma parte de la autorregulación. Una madre me contó que su hija Amy tenía dificultades para encontrar su lugar en una nueva escuela secundaria. Dijo que cuando Amy hablaba, lo hacía con diferentes voces e inflexiones, adoptando los patrones de habla de los niños con los que se relacionaba. "Entonces me di cuenta de que las cosas se estaban volviendo más fáciles para ella; en realidad no estaba 'probando' a otras personas, sino que volvía a ser ella misma, a hablar con su propia voz".

Una vez que reconozcamos las señales y simplifiquemos en consecuencia, podemos apoyar a un niño mientras se abre camino a través de un proceso emocional que —como la fiebre— normalmente ya comenzó. Tu apoyo no "arregla" nada, solo proporciona un espacio cariñoso para que procesen las cosas que les molestan. Con calidez puedes ayudar a mantener sus emociones, su sentido de las opciones y su comportamiento flexible. Las raíces de la desesperanza y la impotencia necesitan un suelo firme; tú mantienes un suelo emocional fértil alrededor de tu hijo, con la compasión de tu propia atención y cuidado.

Si respondemos a las fiebres del alma de nuestros hijos simplificando, lo más probable es que no nos perderemos en la jungla de la hiperpaternidad. El énfasis no está en nosotros, ni en las heroicidades o histrionismos de los padres, ni en la microgestión de la vida y las emociones de nuestros hijos. El énfasis está en crear una atmósfera de calma y apoyo para que puedan superar lo que necesitan. Simplificar no consiste en utilizar tácticas de guerrilla para despejar el camino de la vida de nuestro hijo. A menudo, estas tácticas —el impulso inmediato de tomar el teléfono y reclamarle a un profesor o a los padres de otro niño— son una respuesta a la peor pesadilla de los padres: nuestro hijo está sufriendo y no hay nada que podamos hacer. Pero simplificar es algo que sí podemos hacer. Al simplificar, damos pasos claros y coherentes para proporcionar a nuestro hijo o hija lo que necesita —tiempo, tranquilidad y compasión— para procesar lo que tanto le preocupa.

Un retorno lento y seguro

Fiebre física: ¿No te encantan las pequeñas señales de recuperación que da un niño cuando ha superado una enfermedad? Una madre cuenta que su hijo es tan parlanchín que lo peor para ella cuando está enfermo es el silencio. "No puedo contar el número de veces que he rezado por un momento o dos de silencio cuando está bien. Sin embargo, es el silencio lo que me mata cuando está enfermo. Odio verlo acostado en el sillón, sin decir una palabra. Respiro de alivio con el primer 'Eh, mamá, ¿adivina qué?'. Entonces sé que se encuentra mejor".

Poco a poco reintroducimos en el horario de nuestro hijo alimentos sólidos y fáciles de digerir, así como actividades. Es posible que vuelva a la escuela durante medio día, que juegue al aire libre o que se reencuentre con un amigo. Hay que procurar que vuelvan a la vida normal, sobre todo si han estado enfermos más de un par de días. Puede que notes un cambio en ellos; él y tú han crecido también un poco. Sobre todo, hay un mayor acercamiento entre ustedes. Han viajado juntos por la tierra de la enfermedad y han conseguido volver a la vida cotidiana. Han vuelto con más fuerza y, en general, con al menos una o dos experiencias que añadir al libro de historias de la familia. Aunque sea desagradable para ellos, y muy poco conveniente para ti, esta enfermedad los ha acercado. Lo han superado.

Fiebre del alma: Sabemos que cuando la tormenta emocional ha pasado, la fiebre ha desaparecido. Nuestro hijo o hija, en su tranquilidad y luminosidad, ha vuelto. Incluso mejor que cuando se trata de un bicho, los niños emergen de una fiebre del alma más fuertes, con mayor resistencia. Sus sentimientos de agobio han disminuido y están listos para volver a sumergirse en el flujo de la vida. Si prestamos atención a nuestros instintos, entonces monitoreamos su reincorporación, sobre todo si se están recuperando de los efectos del "demasiado". ¿Podemos facilitarles la vuelta a su horario anterior o es necesario simplificarlo de forma más permanente? ¿Están haciendo demasiado cosas?

Notarás un cambio en tu hijo con cada tormenta emocional que pase. Se llevarán algo de la experiencia; con suerte, una sensación de fortaleza propia; una sensación de que "las cosas mejoran". Incluso si su malestar permanece sin poderlo identificar, sin ser reconocido por ellos, sabrán que te preocupaste lo suficiente como para apoyarlos mientras duró. No has recorrido cada paso con ellos, pero les has facilitado el camino. Estas experiencias, que nunca son convenientes ni divertidas, nos acercan. "¿Tomarme el día libre en el trabajo? Tienes que estar de broma". A menudo escucho esa respuesta ante las sugerencias que describo aquí. Suele ocurrir justo después de que me hablen de un niño que está actuando de alguna manera extraña, claramente abrumado por algo —o por demasiadas cosas— que están pasando en su vida. Cuando sugiero que un poco de tiempo libre para estar juntos podría ser útil, a veces la idea es recibida con asombro. "¿Un día libre? ¿Por qué? Es una locura para mí". La mayoría de los padres se sienten aliviados y entusiasmados con la idea de intentar un pequeño periodo de conexión y cuidado con su hijo fuera de control. Pero algunos encuentran la idea vaga y amorfa; preferirían que les diera un número de teléfono, o que les hablara de tal o cual compra increíblemente cara o de un experto que "arreglará las cosas". Cuanto más se empeñan los padres en convencerme de que tomar un tiempo de descanso para ellos sería imposible, más seguro estoy de que tanto los padres como los hijos necesitan dar un paso fuera de su vida cotidiana para reencontrarse.

Las fiebres de nuestros hijos —físicas o emocionales— pueden ser francamente inconvenientes. Sin embargo, su bienestar nos va a costar, y a ellos, mucho más en el futuro si lo ignoramos ahora. ¿Qué nos "ahorraremos" en términos de dolor emocional? ¿Cuál es el ahorro económico de programar, de vez en cuando, un día o dos de acampada, o un fin de semana tranquilo juntos —conveniente o no— comparado con el costo de un asesoramiento profesional a largo plazo? Mi colega australiano y querido amigo Steve Biddulph, autor de *Raising Boys* [*Educar niños*] no se equivoca al decir:

Si uno de los padres pasa más de diez horas al día en el trabajo, incluyendo los viajes, su hijo sufrirá. Quince horas al día fuera casi garantizan un daño. Los problemas emocionales, las adicciones, el suicidio, la depresión y el bajo rendimiento escolar aumentan con la ausencia de los padres debido a las exigencias de su trabajo. Los niños son sobre todo vulnerables a la ausencia del padre del mismo sexo que ellos: los niños con el padre y las niñas con la madre, aunque el progenitor del sexo opuesto también es importante. Tener hijos emocionalmente sanos en Estados Unidos hoy significa tomar decisiones firmes frente a una economía consumista.

Al sacar tiempo de nuestras apretadas agendas, hacemos hincapié en la conexión. Cuando simplificamos la vida diaria de nuestros hijos y su entorno, los apoyamos al dejar espacio para la contemplación y la renovación. También proporcionamos un contrapeso a la desesperanza y la impotencia. Sin embargo, un niño siempre puede rechazar el apoyo para seguir lidiando solo con sus problemas, a veces de forma cada vez más autodestructiva.

¿Qué se hace entonces? Seguir ofreciéndole apoyo y alternativas, y con amor contrarrestar la desesperación. Al igual que la mayoría de los niños supera la combinación habitual de enfermedades y problemas de la infancia, la mayoría de ellos también gestionan sus trastornos emocionales y salen adelante, más fuertes y más autosuficientes. Incluso cuando las cosas se ponen realmente difíciles —imagina un acto de vandalismo o un trastorno alimentario— la constancia de tu amor y apoyo es lo mejor que puedes ofrecer. Me he sentado con padres que se encuentran en situaciones extremas con sus hijos en las salas de espera de los hospitales, en las comisarías, cuando se encuentran realmente perdidos. Pienso entonces en la constancia del amor, en cómo llevamos este amor parental con decisión, adondequiera que nos lleve.

En otras palabras, estamos en ello —amando y cuidando—, involucrados mientras dure. Desde su primera fiebre alta cuando era un bebé, cuando no se movía, y lo sostuviste toda la noche para que pudiera respirar. También a través de las fiebres físicas y emocionales de la infancia y la adolescencia. Los pasos son bastante sencillos. Los instintos entran en acción cuando te das cuenta, entonces detienes las rutinas ordinarias y los acercas a ti. No los "haces mejorar" cuando están enfermos, pero tus cuidados y tu apoyo les facilitan la lucha contra cualquier virus desagradable con el que estén lidiando. Cuando están abrumados por las presiones y el ritmo de la vida diaria, o cuando su fiebre es emocional, puedes ofrecerles el mismo patrón de atención para apoyarlos. Por encima de todo, primero te das cuenta y luego simplificas. Los acercas a ti, dándoles el tiempo y el espacio para que puedan resolver sus propios problemas.

En nuestro mundo acelerado, esto es lo más parecido a una panacea que podemos ofrecer a nuestros pequeños: un paso atrás, un poco de tiempo y ocio para rejuvenecer. Simplificación, en una pequeña dosis. Una manera de desenredar los nudos emocionales es una herramienta eficaz que puede recordarse y utilizarse en la vorágine de la vida diaria.

En realidad, no son grandes maniobras. Con cuidado y un poco de suerte, no tienen por qué serlo. La capa sobre los hombros —del heroísmo de los padres— está bien ganada y es merecida. Pero la capa no es para volar, ni para crear efectos especiales, es un símbolo de coherencia heroica. Heroica. Consistente. Simple. Para toda la vida. Con amor.

Imagínate lo seguro que se sentirá tu hijo si sabe que...

★ cuando algo "sucede", cuando no se siente bien, tú lo notarás y responderás.

★ cuando esté abrumado —física o emocionalmente— se suspenderán las rutinas normales.

★ cuando su bienestar esté amenazado, habrá un acercamiento, lo supervisarás y lo cuidarás.

★ cuando no se sienta bien, se le concederá el tiempo y la calma necesarios para recuperar el equilibrio.

★ tu amor se adaptará y podrás mirar más allá de ese "yo" que no es el mejor.

★ lo llegarás a conocer profundamente y lo cuidarás de manera instintiva.

Capítulo 3
Ambiente

Si un niño ha sido capaz, en su juego, de entregar todo su ser al mundo que lo rodea, podrá, en las tareas serias de su vida adulta, dedicarse con confianza al servicio del mundo.

Rudolf Steiner

El umbral de la habitación de un niño puede parecer un puesto de control fronterizo; cruzarlo es pasar a una tierra extranjera. En relación con el resto de la casa, el dormitorio de un niño puede ser un mundo aparte, con su propio terreno, su propio microclima y, definitivamente, sus propias leyes físicas. Hay más objetos de los que podrían caber en ese espacio ya atiborrado de cosas, canastas desbordadas o cajones que ya casi no cierran. Debajo de la cama hay una especie de imán superconductor que absorbe todo tipo de cosas (¿quién se atreve a comprobarlo?) para que descansen entre esa capa de motas de polvo.

Las paredes son a menudo invisibles, cubiertas de carteles, fotos, marcas de pluma, placas y "contenedores verticales", apilados unos sobre otros... una forma de almacenamiento para las cosas que ya no caben en el suelo. Desde el punto de vista topográfico, eso funciona como una imagen arqueológica de la vida comercial que el niño ha tenido hasta el momento: cuanto más escarbas, más antiguos son los juguetes.

La combinación de colores pastel de la habitación y el mobiliario básico —la cama y ahora la mesa donde antes estaba el cambiador de pañales— ya no son visibles, ya que están enterrados bajo una espesa capa de objetos multicolores que crecen y se multiplican.

Por supuesto, no todas las habitaciones de los niños tienen este aspecto. Y, desde luego, no todos los días. Esta imagen es seguramente una exageración. Pero, con base en mi muestreo de las habitaciones de los niños, estoy seguro de que muchos padres reconocerán algún aspecto de los cuartos de sus propios hijos en esta imagen. Es una imagen no privativa de la clase alta o media alta; la calidad de las "cosas" puede variar, pero la cantidad puede ser similar en todas las clases sociales.

En mis conferencias y talleres, he comprobado que el tema de las cosas —la enorme cantidad de juguetes, libros y ropa que se acumulan alrededor de un niño— toca una fibra sensible casi universal. Después de dar una conferencia con una visión general de la "simplificación", como la que tratamos en el capítulo uno, suelo sugerir que nos dividamos en grupos más pequeños para debatir los temas con mayor profundidad. Cuando les pido a los padres que elijan en cuál de los cuatro niveles de simplificación —ambiente, ritmo, actividades y horarios, y filtrar el mundo de los adultos— les gustaría centrarse, la sala se inclina hacia el "ambiente", ya que la mayoría se dirige en esa dirección.

¿Por qué la mayoría de los padres quiere empezar por considerar el entorno familiar de su hijo? ¿Por qué se reúnen, hipotéticamente, ante el umbral de la habitación de sus hijos? Hay dos razones. Ciertamente, cuando uno se plantea un gran cambio, lo más fácil es comenzar por lo tangible, lo claramente realizable. La simplificación es un proceso, un cambio de estilo de vida que tiene varias capas y lleva tiempo. Mientras se construye, requiere compromiso. Estoy de acuerdo en que el ambiente que creamos para nuestros hijos en casa es un lugar excelente para empezar a simplificar. Es un punto de partida que tiene ya un importante empuje. Simplificar la habitación de tu hijo es algo factible, y la mayoría de las personas descubren que proporciona resultados y el impulso que necesitan para continuar.

La mayoría de los padres también conectan, personal y emocionalmente, con este problema. Cuando se encuentran, se sumergen en la conversación y comparten sentimientos de reconocimiento y comprensión. A pesar de las diferencias que puedan tener —en términos de origen, cultura, ingresos o ideas políticas—, encuentran muchos puntos en común al considerar cómo las habitaciones de sus hijos (sus hogares y sus vidas) se han llenado de "cosas". Ya se han dado cuenta, en algún momento o incluso varias veces al día, de que este exceso resulta opresivo. Sin embargo, quizá nunca antes habían pensado que era potencialmente perjudicial para sus niños. Esta profusión de productos y juguetes no es solo un *síntoma* de exceso, sino también una *causa* de fragmentación y sobrecarga emocional. Estos padres no habían pensado en cómo el exceso de cosas conduce al niño a que se sienta con derechos. O cómo este exceso también se relaciona con demasiadas opciones, lo que puede hacer que la infancia transcurra a un ritmo demasiado rápido.

Mientras escucho, me sorprende la sensación de sorpresa que muchos sentimos en torno a este tema. Es como si los padres se dieran cuenta de que están en un tren descarrilado, pero no pueden creer que nunca se hubieran dado cuenta de que incluso está acelerando. En el lapso de una o dos generaciones, se ha producido un cambio radical, una avalancha de artículos comercializados para los padres que luego llegan a sus hijos o, la mayoría de las veces, incluso van dirigidos de forma directa a los niños. A veces apunto algunos de los comentarios que escucho en los talleres. Recuerdo a una madre que dijo: "Mis padres respetan las decisiones que tomamos mi marido y yo como padres; nunca dicen mucho sobre lo que ellos hicieron de forma diferente o lo que nosotros deberíamos cambiar. Pero me he dado cuenta de que cada vez que vienen de visita, se asombran de la cantidad de juguetes que tiene Jared. A nosotros no nos parece que tenga tantos, en comparación con sus amigos, pero mis padres se quedan realmente sorprendidos, literalmente atónitos".

Como señala David Elkind (2007), solo en los últimos cincuenta años los juguetes baratos y producidos en masa (en su inmensa mayoría de plástico) han inundado el mercado "en cantidades enormes y en una variedad aparentemente infinita". En su historia del juego, el historiador cultural Howard Chudacoff (2007) establece que 1955 fue un año decisivo. El Club de Mickey Mouse proporcionó un nuevo y poderoso escenario a los fabricantes de juguetes, y por primera vez Mattel comenzó a anunciar un juguete —la pistola Thunder Burp— fuera de la temporada navideña. De la noche a la mañana, afirma Chudacoff, el juego de los niños se centró menos en las actividades y más en los objetos, en los propios juguetes. En su libro de 2004, *Born to Buy [Nacido para comprar]*, la socióloga Juliet Schor descubrió que el niño estadounidense promedio recibe setenta juguetes al año, y ni siquiera por ocasiones especiales, sino que se han convertido en algo esencial de la vida familiar, y por tanto es apropiado comprarlos cualquier día del año.

Además, también parecen ser ubicuos. Un padre de uno de mis talleres sobre Ambiente se lamentaba de que los juguetes ya no están solo en las jugueterías, sino por todos lados. "Es como atravesar un campo de minas, cada vez que intento hacer tareas pendientes con los niños. La gasolinera, el supermercado… Siempre hay juguetes, justo en el mostrador, junto a la caja, cuando estás listo para pagar. El otro día fuimos a la oficina de correos, e incluso allí… había pequeños animales de peluche a la venta. ¿Quién querría un peluche de correos, por el amor de Dios? Pues mi hija, que quiso uno en cuanto los vio". Los juguetes están por todas partes, y casi todo lo que un niño puede necesitar o utilizar se comercializa ahora como un juguete: agujetas de zapatos que brillan, jabón transformador, material escolar, vitaminas y curitas con personajes de caricaturas, libros con microchips musicales, incluso ropa para rascar y oler.

En los debates de los talleres, he observado una interesante progresión que rara vez falla. Al principio hay comentarios que señalan con el dedo cuál de los dos padres es el consumidor más ávido, el más "manipulable". Una madre puede contar cómo su marido "soborna" a los niños con juguetes para que se porten bien, mientras el marido (que de todos modos no quería venir a esta conferencia) cruza y descruza las piernas, moviéndose incómodo en la silla metálica del auditorio. Los comentarios son más punzantes, por supuesto, cuando el cónyuge en cuestión no está presente. Pero, invariablemente, a medida que los participantes intercambian historias, llegan a reconocer que el peso de la presión consumista es enorme y lo sienten todos, padres y madres por igual.

Las empresas se han dado cuenta de que pueden reclutar a nuestros hijos en sus esfuerzos mercadotécnicos. Al dirigirse directamente a los niños, pueden utilizar ese "poder de molestar", es decir, la capacidad de un niño para insistir a sus padres con el fin de que compren cosas que de otro modo no comprarían o ni siquiera conocerían. ¿Qué tan poderoso es el "poder de molestar"? Aunque las parejas pueden diferir en cuanto a si la madre o el padre son más susceptibles, los investigadores han descubierto que los niños influyen de forma directa en más de 286 billones de dólares de compras familiares al año (BNET Business Network). Los profesionales del *marketing* han tomado nota y han aumentado su gasto en publicidad dirigida a los niños de 100 millones de dólares en 1983 a más de 16 billones anuales en la actualidad, y eso está funcionando. El niño promedio de diez años ha memorizado entre trescientas y cuatrocientas marcas, y las investigaciones han demostrado que, a los dos años, los niños pueden reconocer una marca específica en la estantería de la tienda y hacer saber —con palabras o con el siempre eficaz gesto de apuntar y gritar— que la quieren (Schor, 2004; Futrelle, 2005).

Está claro que nadie es completamente inmune a las fuerzas de la mercadotecnia. Sin embargo, cuanto menos expuesto esté un niño a los medios de comunicación, especialmente a la televisión, menos vulnerable será a los mensajes intencionados y no intencionados de la publicidad. En su maravilloso libro *The Shelter of Each Other* [*El refugio de cada uno*], Mary Pipher (1996) analiza algunas de las lecciones tácitas que nos enseñan los anuncios y, en particular, a nuestros hijos:

• Ser infelices con lo que tenemos.
• "Soy el centro del universo y quiero lo que quiero ahora mismo".
• Los productos pueden resolver problemas humanos complejos y satisfacer nuestras necesidades.
• Comprar productos es importante.

Estos mensajes, a lo largo del tiempo, crean una sensación de tener derecho a ellos y una falsa dependencia de las compras, en lugar de hacia las personas, para satisfacernos y sostenernos emocionalmente.

En una ocasión di una conferencia titulada "Los monstruos que reclaman derechos y los padres que lo permiten". Pensé que los padres estarían reacios a asistir, dada la provocación del título, pero la sala estaba llena. Todos hemos conocido a un niño, o a muchos, que creen que el mundo gira en torno a ellos y está ahí solo para complacerlos. Tienen todo lo imaginable, pero se sienten asediados, engañados. La gran cantidad de regalos y placeres de la vida los ha hecho pasivos y se sienten cansados del mundo a una edad temprana. Sin embargo, esa pasividad tiene un "perseguidor" agresivo: si sienten que se les niega algo, pueden mostrar indignación y una gran capacidad de negociación.

¿Cómo se llega a esto? Por tener demasiadas opciones.

MUY SIMPLE
Demasiadas cosas conducen a demasiadas opciones.

¿Qué tiene de malo elegir? Como adultos, como estadounidenses, como consumidores y como sociedad que valora la individualidad, nos encanta la noción de elección. Y nos encanta dar a nuestros hijos opciones —como regalos— sobre todo lo que ven, quieren o hacen; sobre todos los aspectos de su vida. Creemos que estas opciones los ayudan a convertirse en quienes son. Creemos que las opciones aclaran la personalidad del niño, el sentido emergente de sí mismo.

Pero yo creo firmemente que ocurre lo contrario. Todas estas elecciones son desviaciones del crecimiento natural —y exponencial— de la primera infancia. Permítanme que lo enmarque como un eufemismo: *los niños pequeños están muy ocupados.* Su evolución en los primeros diez años de vida —neural, social y físicamente— hace que parezca que lo que hacemos los adultos estuviera estático.

Los niños necesitan tiempo para convertirse en ellos mismos, a través del juego y la interacción social. Si se abruma a un niño con cosas —con opciones y pseudoopciones— antes de que esté preparado, solo conocerá un gesto emocional: "¡Más!".

Carl Jung decía que los niños no distinguen entre el ritual y la realidad. En el mundo de la infancia, los juguetes son objetos rituales con un poderoso significado y resonancia. Para un niño, una montaña de juguetes es algo más que un estorbo con lo que tropezar. Es un mapa topográfico de su emergente visión del mundo. La montaña, que proyecta una gran sombra simbólica, significa "puedo elegir este juguete, o aquel, o este otro de aquí abajo, o aquel otro: todos son míos. Pero hay tantos que ninguno tiene valor. Tengo que querer otra cosa". Esta visión del mundo configura también su paisaje emocional; los niños que tienen tantas opciones aprenden a infravalorarlas todas y a aferrarse —siempre— a cualquier cosa esquiva que no se les ofrezca. "¡Más!". Sus sentimientos de poder, por tener tanta autoridad y tantas opciones, enmascaran una mayor sensación de vulnerabilidad.

Somos los adultos en la vida de nuestros hijos. Nosotros somos los mayores. Y como los padres que los queremos, podemos ayudar a nuestros hijos limitando sus opciones. Podemos ampliar y proteger su infancia evitando sobrecargarlos con las pseudoelecciones y el falso poder de tantas cosas. Mientras las empresas gastan miles de millones en tratar de influir en ellos, nosotros podemos decir no. Podemos decir no a la sensación de derecho y al agobio, y sí a la simplificación.

A los padres que vienen a mis conferencias y que se reúnen en el taller de Ambiente se les invita a crear una imagen mental de las habitaciones de sus hijos. Visualícense con ellos, en esas hipotéticas puertas, o vayan directamente a la fuente, e identifiquen la causa más obvia de desorden. La respuesta, por lo general, son los juguetes.

Juguetes

Imagina todos los juguetes de tus hijos en una montaña en el centro de su habitación. Has logrado juntar todos los que estaban regados en montones por toda la casa. El gran contenedor de juguetes de la tina, todos los que están cerca del teléfono (y que a veces te permiten hablar un momento más), los que están metidos en cajas y cajones, el montón que se va formando y acaba siempre en la mesa de la cocina... añade todos a la montaña.

MUY SIMPLE
La cantidad de juguetes que tu hijo ve y a los que tiene acceso debe reducirse drásticamente.

Ahora hay que reducir el montón a la mitad, y volver a reducirlo a la mitad, y quizás otra vez. La primera mitad eliminada será probablemente los que elijas para tirar a la basura, la segunda mitad quizá sea tanto una selección para eliminar como otros para almacenar, mientras que la tercera reducción serán los juguetes con los que puede quedarse. Independientemente de los porcentajes que se obtengan, solo debería quedar al final una pequeña fracción de los que tenía antes. Me doy cuenta de que este consejo me convierte en una especie de Scrooge a tus ojos, como una figura miserable —que no puedo ni imaginar— totalmente contraria a los personajes benévolos que hacen regalos en todas las películas y anuncios populares. Ten paciencia y quédate conmigo.

Analizaremos más detenidamente esta acumulación de juguetes, y haré sugerencias sobre cuáles conservar, cuáles guardar en una ludoteca y cuáles tirar. Hablaremos de la noción de juguetes fijos y de los que más estimulan al niño. Pero por ahora te pido que simplemente reflexiones sobre la gran cantidad de juguetes que tiene tu hijo y que consideres lo que podría ocurrir cuando ese número se reduzca.

Se nos dice, a menudo y de muchas maneras, que este juguete y aquel otro desarrollarán de algún modo la imaginación de nuestro hijo. Si un juguete es beneficioso, seguro que diez más también multiplicarán por diez su imaginación. ¿Acaso no es maravilloso imaginar el potencial de un mayor número de juguetes —en especial este tan elaborado y esa docena de pequeños— para deleitar y estimular a nuestros hijos?

Vemos los juguetes como un bien, ¿y por qué detenernos ahí? Cada vez los vemos como algo más *necesario* para el crecimiento de la imaginación de nuestros hijos. Ni que decir que nuestra implicación también es fundamental como proveedores de estos productos vitales. Nuestras motivaciones son generosas; encajan con nuestro profundo deseo de proporcionar todo lo que podamos para el bienestar de nuestros hijos.

Sin embargo, estos impulsos básicamente buenos pueden manipularse. Los publicistas quieren hacernos creer que nuestros hijos no tienen vida interior, salvo la que les proporcionan los juguetes, sobre todo los suyos. Sus anuncios sugieren que la imaginación de nuestros hijos es un espacio en blanco que espera el juguete adecuado, o el más nuevo, o la combinación más perfecta, para imprimir en ella su magia.

El concepto de creatividad se ha desplazado de los niños, que la tienen de forma natural, a los esfuerzos de los ejecutivos de las empresas jugueteras que se atribuyen el poder de "desarrollarla" y "estimularla". El énfasis excesivo en los juguetes limita y comercializa el juego, haciendo que este deje de ser el mundo natural de los niños y pase a depender de los adultos y de las cosas que estos les proporcionan para existir.

Nuestros impulsos de generosidad también pueden descontrolarse. Al fin y al cabo, si los juguetes se consideran universalmente beneficiosos, tenemos un pase ilimitado para comprar, comprar, comprar y comprar uno o dos más. Lo que comenzó como un generoso deseo de complacer y proveer, puede de repente tomar vida propia. Puede volverse adictivo, alimentando nuestras propias necesidades en lugar de las de nuestros hijos. Los padres, sobrecargados de trabajo y sin la debida preparación, a veces utilizamos los juguetes, o las cosas, como sustitutos de la relación. La alegría de nuestros hijos llena un espacio vacío en nuestro interior. Podemos sentirnos desconectados, atados a nuestras muchas responsabilidades, distraídos por todo lo que tenemos que hacer. Una forma rápida de "conectar" con nuestros hijos —y seguramente "rápido" es mejor que "nada"— es darles algo nuevo.

Compramos juguetes en un grado compulsivo que los niños captan. ¿Qué les dice eso? A medida que la montaña de juguetes en su habitación crece, también habla. Habla tan alto como los anuncios, y sus mensajes son los mismos, creo, que los que Mary Pipher ha identificado. Lo que llega a nuestros hijos, a todo volumen y con claridad, es "¡La felicidad se puede comprar!" y "¡Tú eres el centro del universo!".

¿No es una alegría ver a un niño con un juguete nuevo? Realmente es un placer. Como padres, nos encanta su capacidad de concentrarse en algo de forma tan exclusiva, de entregarse tanto en el "flujo" del juego. No nos cansamos de verlo. Sin embargo, esa capacidad natural puede disiparse al tener demasiadas cosas entre las que elegir, al tener demasiados "triques".

Nada que pueda perderse entre un montón de cosas se puede realmente valorar. La atención que un niño podría y debería dedicar a un juguete se ve acortada y eclipsada por el hecho de tener tantos. En lugar de ampliar su atención, la mantenemos en un nivel muy superficial y casi sin ejercitar, debido a nuestro deseo compulsivo de ofrecer más y más y más.

Irónicamente, este exceso de bienes puede privar al niño de lo que es un auténtico creador de actividad: el regalo de su propio aburrimiento. Trataré este tema con más detalle en el capítulo 5, dedicado a los horarios, pero en esencia, el aburrimiento es el gran instigador y motivador de la creatividad. La frustración de no tener "nada que hacer" suele ser el comienzo de algo maravilloso. Les robamos a los niños la oportunidad de poner a prueba su propia creatividad cuando nos metemos en cada espacio y respondemos a cada suspiro con otro juguete u otra oferta de entretenimiento.

Este es el cambio de paradigma que sugiero para los juguetes: menos es más. No es necesario ningún juguete especial, ni una determinada cantidad para desarrollar la imaginación de un niño. Los niños utilizan y hacen crecer su imaginación de forma natural. Solo necesitan tiempo para hacerlo. Más tiempo de relajación y tranquilidad mental.

MUY SIMPLE:
A medida que disminuyes la cantidad de juguetes y el desorden de tu hijo, aumentas su atención y su capacidad de jugar en profundidad.

Una joven pareja, Sue y Mike, asistió hace poco a uno de mis talleres en New Hampshire. Cuando nos dividimos en pequeños grupos, nos contaron que habían transformado recientemente las habitaciones de sus hijos después de haber escuchado uno de mis discos compactos sobre simplificación. El resto de los padres del grupo estaban pensando en hacer lo mismo, así que estaban muy interesados en escuchar cómo Sue y Mike lo habían conseguido en su casa.

Sue y Mike tenían dos niños: Elise, una hija de cinco años, y Mikey, un hijo de tres años. Comenzaron su relato con la descripción de la forma en que sus hijos se peleaban, en lugar de jugar, con los juguetes que tenían. "Teníamos muchos", dijo Sue. "No estoy segura de cómo sucedió, pero entre nosotros, nuestros padres y todos sus tíos y tías, teníamos toneladas de juguetes". Ante esta montaña, Elise y Mikey se comportaban de forma coherente, pero muy diferente el uno del otro. "A Elise le encantaba organizarlos. Le encantaba ordenar los juguetes, y siempre estaba haciendo pequeños arreglos, alineándolos en diferentes configuraciones", dijo Sue. "Y también se la pasaba gritando", añadió Mike.

"Sí, a menudo gritaba porque a Mikey nada le gustaba más que romper los juguetes ¡y desordenar sus arreglos!". Mientras hablaban, todos pudimos ver que no era la descripción de un disgusto ocasional, o lo que *podría* ser un "mal día" en casa. "Era constante", decían los dos, y Sue admitía haber leído todos los libros sobre hermanos y rivalidades que habían caído en sus manos. Pero cuando un amigo les prestó mi CD, ambos padres conectaron realmente con el concepto de simplificación y establecieron su primera cabecera de playa en la pila de juguetes. "Nos llevó dos o tres días, pero tuvimos, en efecto, una 'anti Navidad'", relató Mike, al reducir la cantidad de juguetes a una décima parte de lo que tenían antes.

Todos los miembros del grupo querían saber lo mismo: "¿Qué hicieron sus hijos?". Ambos padres coincidieron en que, al principio, sus hijos no se habían dado cuenta. No fue hasta la selección final, al poner la mayoría de los juguetes que no habían tirado en el almacén de la ludoteca, cuando los niños vieron la diferencia. "Al principio, se quedaron ahí parados", dijo Sue. "Mike y yo contuvimos la respiración. Les explicamos que algunos de sus juguetes estaban almacenados y que podrían volver a salir. Pero apenas habíamos terminado de decir eso cuando empezaron a jugar. Cada uno encontró algo que no había visto en mucho tiempo y se puso a jugar".

A Sue y Mike les preocupaba que sus hijos no se llevaran bien ni pudieran llegar a hacerlo. Es cierto que aún habría roces entre ellos, pero creo que Elise y Mikey a menudo reaccionaban no tanto al otro como a un sentimiento de agobio. La respuesta de Elise frente a todos esos juguetes era tratar de controlarlos, apilarlos y clasificarlos, mientras que la respuesta de Mikey era molerlos a golpes. Elise le impedía constantemente el paso a su hermano pequeño para proteger su sentido del orden, pero esto solo lo hacía entrar en más paroxismos de destrucción. Ella se la pasaba ordenando, con un comportamiento muy controlador, mientras que Mikey creaba el caos, con un comportamiento fuera de control.

Sue y Mike continuaron con la descripción de las cosas que habían notado en su familia desde que simplificaron. Las peleas entre hermanos se habían disipado (no habían desaparecido, pero habían disminuido de manera considerable), y ahora estaban mucho más centrados en el juego. Cuando Sue y Mike describieron cómo Elise y Mikey interactuaban ahora, pude ver que, en muchos sentidos, se habían "desatorado": ya no estaban peleando constantemente, o fijados en sus roles separados y obsesivos ("Elise la organizadora" y "Mikey el destructor"). Eran libres para centrarse en la diversión y parecían progresar a través de las etapas de juego: etapa paralela ("Yo juego a esto mientras tú juegas a aquello"); cooperativa o cruzada ("Si usamos tus ladrillos y los míos podemos construir una casa más grande"), sociodramática ("Yo seré la bruja y tú puedes ser el niño del bosque") y juegos de acción ("Digamos que si alguien toca la línea, está fuera").

Mike mencionó otra cosa sobre sus recientes esfuerzos. "Fue divertido", dijo. Entonces se levantaron algunas cejas como respuesta, y cuando pareció querer retractarse, Sue aclaró. Dijo que el trabajo no había sido exactamente divertido, pero que ella y Mike habían sentido un verdadero sentimiento de propósito compartido al simplificar los juguetes y la habitación de los niños. Habían trabajado juntos, y ambos habían compartido la sensación de logro, así como el entusiasmo, al ver que sus hijos se tranquilizaban y se metían en sus juegos. El grupo se mostró comprensivo cuando Sue admitió que hacía tiempo que ella y Mike no se sentían "remando en la misma dirección" como padres.

Era evidente que Sue y Mike también estaban avanzando en las etapas del juego parental. Después de un largo periodo de esfuerzos paralelos, estaban experimentando una etapa de cruce, o de paternidad cooperativa.

El poder de tener menos

En los años que llevo ayudando a la gente a simplificar su vida y sus hogares, he elaborado algunas pautas básicas para reducir la cantidad de cosas que nos rodean. Aquí nos centramos en el entorno del niño, por lo que haremos hincapié en su habitación.

Sin embargo, los cambios unilaterales *no* serán posibles dado el desarrollado sentido de la equidad en los niños (es decir, su capacidad para ver a través de la hipocresía). Si toda la casa está desordenada, con todas las superficies cubiertas y todos los rincones abarrotados, la habitación de tu hijo, simplificada y con un estilo sencillo, no durará. Se producirá algún tipo de homeostasis entre las habitaciones: o bien su habitación se volverá a llenar de cosas, o quizá su simplicidad te servirá de inspiración para ordenar otros lugares. Sea como sea, cuanto más coherente sea la simplificación en toda la casa, más se entenderá y aceptará su compromiso.

¿Cuál es el número mágico de juguetes que debe tener un niño? No hay reglas absolutas, por supuesto. Una noche, tras una conferencia, una madre preguntó: "Si es mejor tener menos juguetes, ¿es mejor no tener ninguno?". No, no estoy abogando por la privación total de juguetes. Media docena o incluso una docena de juguetes puede ser demasiado poco para los niños de más de dieciocho meses. Los juguetes más queridos son sagrados; esos se quedan. Y tiene que haber una buena mezcla de juguetes. Nos ocuparemos de los que se quedan y de la mezcla después de crear algo de espacio en el montón.

MUY SIMPLE
Una cantidad menor y más manejable de juguetes invita a un juego más profundo y a la participación. Una avalancha de juguetes invita a la desconexión emocional y a la sensación de agobio.

Si tienes un gran número de juguetes, tendrás que reducirlo considerablemente. La mejor manera de hacerlo es sin tu hijo... es decir, siempre que quieras llevar a cabo la tarea. Tú mismo puedes reducir la cantidad de juguetes de forma drástica, guiándote por tu propio sentido de la "importancia de permanencia" que tengan para tu hijo o hija. Cuando hayas terminado, puede que enfrentes el resultado con una pregunta sobre una o dos cosas que extrañan. Sin embargo, si intentas reordenar con tu hijo, sin importar si tiene tres años o doce, es probable que discuta para guardar todo lo que hay en el montón. Confesarán un amor eterno por todas las cosas con las que nunca juegan, los juguetes que se han roto o que llevan mucho tiempo olvidados. De nuevo, es un trabajo que es mejor hacer sin ellos.

Sería maravilloso que pudieras donar a la beneficencia los juguetes no dañados y utilizables. Pero el primer paso inevitable (y liberador) es tirar muchos de ellos. En cualquier montón suele haber un buen número de juguetes rotos, irreconocibles o separados de lo que los hacía completos o les daba sentido. Tíralos a la bolsa de basura que dice "se van".

Hay un principio de vital importancia que será tu guía más confiable para simplificar los juguetes de tu hijo. Pregúntate: "¿Es este un juguete en el que mi hijo puede volcar su imaginación o es demasiado 'fijo'?". Por fijo me refiero a que ya está demasiado acabado y detallado, a que es demasiado una —y solo una— cosa. ¿Lo "hace todo" o el niño puede cambiarlo, manipularlo, soñar en él? ¿Es un juguete que "hace" tantas cosas (este botón acciona las barras eyectoras, este botón activa las luces, este botón lanza los misiles) que la principal participación de mi hijo será estar sentado apretando botones? ¿Es este juguete tan complejo que solo puede romperse?

Permítanme ilustrar el concepto con algunas historias. Parece ser que se realizó un estudio (lo que demuestra la teoría de que, en el mundo académico, cuanto más extraño es el estudio, mayor es el financiamiento) que analizó la cantidad de "violencia" que la pobre Barbie ha sufrido a lo largo de los años. La cuestión que subyace al estudio es una que creo que la mayoría de los padres pueden corroborar: ¿Por qué hay tantas partes de Barbie en cada centímetro cuadrado del cajón de arena o en el montón de juguetes? ¿Por qué la pobre Barbie ha perdido tantas veces la cabeza, o un miembro, al servicio de su dueña? ¿Por qué se le trata con tan poca amabilidad? ¿Se trata de una declaración inconsciente, feminista y políticamente correcta por parte de nuestras jóvenes hijas? Quién sabe, tal vez sea eso. Al fin y al cabo, en su forma, Barbie no se parece a nadie que conozcamos.

Pero lo más importante, creo, es que Barbie y Ken son piezas bastante acabadas, por decir algo. Se pueden vestir de forma diferente y cambiar superficialmente, pero sus expresiones, sus cuerpos, su "imagen" ya están fijas. En comparación con un muñeco sencillo, que puede ser mimado y transformado mediante el juego, Barbie no invita a una gran inversión emocional por parte del niño. Los juguetes bastante fijos o conceptualmente complejos suelen —no siempre, pero muchas veces sí— abandonarse o desmontarse. Al excavar en el montón de juguetes, creo que se descubrirá que a menudo se producen muchos daños colaterales en estos juguetes fijos. Cuanta menos inversión emocional supongan, más daño sufrirán.

Los juguetes que perduran, en la realidad y en nuestra memoria, suelen ser los más sencillos. Cuanto menos hacen, más pueden llegar a ser en el juego. Si pensamos en los juguetes que atesoramos, los que todavía tenemos de adultos, suelen ser bastante elementales. Es cierto que los dinosaurios robóticos totalmente digitalizados no existían cuando tú eras un niño (o, por lo menos en mi caso, cuando yo era un niño), pero incluso dentro del rango de tu infancia (desde osos de peluche hasta hornos de plástico), los juguetes que recuerdas son probablemente los que estaban del lado más simple del espectro.

En la década de 1970, el arquitecto Simon Nicholson escribió sobre su "teoría de las piezas sueltas", que a veces se cita ahora en el diseño de espacios y estructuras de juego para niños. Lo que observó fue que el grado de creatividad e inventiva posible en cualquier ambiente está relacionado con el tipo de variables que hay en él. En otras palabras, en el juego los niños utilizan lo que pueden mover y lo que pueden transformar con su imaginación. En la naturaleza, la roca arrancada del lecho del río se convierte en una montaña, el montón de palos se convierte en una casa. La creatividad no está en las cosas en sí, sino en la fuerza con la que los niños las mueven, imaginan y diseñan. Esta flexibilidad es la diferencia entre los juguetes fijos y los más abiertos.

¿No es interesante que el impulso de la mayoría de las empresas jugueteras no sea hacia la flexibilidad, sino hacia juguetes más complejos y tecnológicos? Al observar cómo se fusionan los juguetes y los aparatos, *The New York Times* informó que empresas como Fisher-Price, WowWee,

Hasbro, Razor y otras, en respuesta a la caída de las ventas de juguetes en los últimos años, han respondido con más y más juguetes de alta tecnología (Marriott, 2005). Una de las razones es la "compresión de la edad". Muchas empresas que se dirigen a los niños han decidido no promocionar sus productos simplemente para el grupo de edad al que están destinados o que son apropiados. Con el argumento de que los niños maduran más rápido hoy en día (KAGOY, un término de la industria del *marketing* que significa *kids are getting older younger*, los niños maduran antes), se dirigen a niños cada vez más jóvenes, con la esperanza de ampliar sus mercados, esperando llegar al niño más rápido desde la perspectiva comercial, aunque esto no tenga que ver con su desarrollo (Schor, 2004). Los niños (y en especial las niñas) de tan solo seis años son ahora el objetivo de los productos para preadolescentes. "Estamos observando una tendencia a que las niñas de ocho o diez años reciban su primer teléfono celular", afirma Jeff Nuzzi, director de *marketing* global de THQ Wireless. "Nos gusta llamarlo el ritual de paso del celular" (Marriott, 2005).

La tendencia a utilizar más juguetes de alta tecnología responde a la supuesta necesidad de más y más estímulos para mantener la atención del niño. Nos han vendido esta noción de forma agresiva, no solo por un anuncio, sino por todos en conjunto. Es el fin de la comercialización del juego. Lo que se afirma es que el juego requiere productos y que los padres deben aumentar constantemente la cantidad y la complejidad de los juguetes para captar la atención de sus hijos. En un mundo tan acelerado e hiperactivo como el nuestro, seguramente lo último que necesitan nuestros hijos es más estimulación.

Sin embargo, el canto de sirena de la "industria del juego" es pegadizo y seductor: "Este juguete increíblemente complicado y de alta tecnología lo tiene todo. Es el que mantendrá la atención de su hijo. *Este* es el mejor". Es lamentable, pero veo cómo tantos padres han aceptado inconscientemente, aunque de todo corazón, esta idea, que compran todo el tiempo el juguete del momento. Esto puede convertirse en una adicción, tanto para los que dan como para los que reciben.

MUY SIMPLE

Si poco a poco alejas a un niño de la complejidad, lograrás que esté más interesado y cultive el verdadero poder de la atención.

Se trata de un cambio de paradigma y, como tal, parece contrario a la intuición. Durante mucho tiempo nos han dicho que pensemos y nos movamos en otra dirección. Así, los juguetes son solo una analogía, una parte de una forma diferente de pensar en los niños y sus necesidades. Al simplificar el número y la complejidad de los juguetes de nuestros hijos, les damos libertad para construir sus propios mundos imaginarios. Cuando a los niños no se les dice lo que quieren ni lo que deben imaginar, pueden aprender a seguir sus propios intereses, a confiar en sus propias voces emergentes. Pueden descubrir lo que realmente los llama en su interior.

Al simplificar, se permite a los niños dedicar su atención, y dedicarse ellos mismos, a lo que están haciendo. Cuando no están abrumados con tantas cosas, pueden dedicarse más a los que tienen. Y cuando el juguete es más sencillo, los niños pueden aportar más de sí mismos a esa interacción. Hay más libertad con menos: libertad para atender, participar y absorber. Los juguetes que no hacen cosas pueden convertirse en algo distinto durante sus momentos de diversión. Cuando no intentamos llenar las mentes y los baúles de los niños con ejemplos prefabricados de "imaginación", tienen más libertad para forjar la suya propia, para aportar sus propias ideas al juego.

Nuestras funciones parentales también se simplifican cuando el mundo del juego se vuelve a alinear con los niños y no con respecto al consumismo. Cuando rechazamos la idea de que el desarrollo de nuestros hijos es una carrera que tenemos que ganar y que su imaginación está en venta, salimos de la rueda del consumo. Nuestros hijos ganan tiempo y libertad para explorar más profundamente sus mundos y nosotros nos liberamos de un falso sentido de responsabilidad y control. En lugar de proporcionar lo más nuevo de una lista interminable de juguetes "imprescindibles", nuestros impulsos generosos pueden aprovecharse para proveer formas más sencillas y poderosas. Podemos ser proveedores de nuestros hijos al proteger su tiempo y sus oportunidades para el juego imaginativo, sin límites.

Para empezar: el montón de lo desechado

El primer paso para simplificar los juguetes es reducir la cantidad y la complejidad. Aquí tienes una lista que debes tener en cuenta mientras te abres paso en el montón, para decidir cuáles son los que debes descartar. Recuerda que tú eres el árbitro final; esta lista es simplemente una guía. Tanto si adoptas como si no las ideas que la sustentan, la lista puede darte al menos elementos de reflexión. Incluso si sigues tu propio criterio, es de esperar que tu objetivo sea al final un montón mucho más pequeño. Los juguetes que no se desechan pueden dividirse entre los que se conservan, que encontrarán un lugar en la habitación, y otros que se guardarán y que más tarde podrán "reciclarse" en la habitación mientras que otros se "reciclan" fuera.

Lista de 10 puntos de los juguetes sin "poder de permanencia"

1. *Juguetes rotos*

    Grande o pequeño, viejo o nuevo, a menos que esté entre el puñado de juguetes más queridos, si está roto, tíralo. Incluye en esta categoría los que "arreglarás en cuanto llames o escribas al fabricante y consigas piezas de repuesto". Si es realmente querido, y puedes arreglarlo o conseguir que lo arreglen, considera la posibilidad de conservarlo, pero retíralo hasta que lo reparen.

2. *Juguetes inapropiados para el desarrollo*

    No conserves juguetes que a tus hijos "les vayan a quedar chicos" dentro de unos años. A medida que revises el montón de juguetes, te darás cuenta de que los más sencillos y básicos tienen una vida más larga en cuanto a su desarrollo. Un camión de carga sólidamente construido puede servir para jugar durante años y años; lo mismo ocurre con una muñeca querida. Sin embargo, la mayoría de los juguetes, sobre todo los relacionados con algo específico —un personaje, un programa de televisión, un rango de edad— tienen "fecha de caducidad" incorporada. Tira los juguetes con la misma regularidad que racionalizas la ropa. Al igual que con la ropa, regala los que a tu hijo le han quedado pequeños, para dárselos a los padres de un niño de menor edad. Esto te ayuda a simplificar y a que otros rompan el ciclo del consumismo. Si eres sentimental con algunos de esos queridos juguetes viejos, puedes guardarlos para ti, pero no los "almacenes" indefinidamente entre los que guardas para tu hijo.

3. *Juguetes conceptualmente fijos*
Muchos de los juguetes que se encuentran en el montón promedio
son personajes de plástico en serie de películas, cómics o programas
de televisión; 97% de los niños estadounidenses de seis años o menos tienen productos basados en programas de televisión o películas (Rideout *et al.*, 2003) y para ellos pueden evocar recuerdos del
entretenimiento original que los inspiró. En general suelen apuntar
a una ruta de posibilidades comerciales ya trazadas con más y nuevos productos, que son "secuelas" de cosas. Sin embargo, en conjunto, una tortuga ninja adolescente mutante junto a Darth Vader o
Hannah Montana junto a Dora la exploradora, plantea la pregunta:
¿de quién es la imaginación que se exalta?, ¿la de Hollywood o la de
los niños?

4. *Juegos que "hacen demasiado" y se rompen demasiado rápido*
Lo más probable es que el cohete lunar que dispara llamas y recoge muestras de rocas ya no haga ninguna de esas dos cosas. Estas
funciones especializadas son propensas a tener fallos mecánicos y,
como otros juguetes fijos, el cohete no tiende a transformarse en
otra cosa en el juego, su propia rigidez conceptual sustituye la imaginación del niño en lugar de propiciarla.

5. *Juguetes de mucha estimulación*
Los juguetes que intentan recrear una experiencia de videojuego
—con luces parpadeantes, voces mecánicas, velocidad y efectos
sonoros— ponen el "listón de la estimulación" muy alto para tu
hijo. Están diseñados para entretener y, al igual que el café exprés
que consumen los adultos, también sirven para "excitar". Mi problema con estos juguetes es que se suman a un conjunto frenético
y acumulativo. Muchas cosas que los niños experimentan hoy en
día vienen acompañadas de una descarga de adrenalina. Desde la
publicidad y la programación cada vez más directa hasta las películas diseñadas para la sobrecarga sensorial, el mayor acceso de los
niños a las noticias y los medios de comunicación de los adultos,
han contribuido para que muchos aspectos de la vida diaria de los
niños se hayan "elevado" varios niveles.
　　Las frecuentes ráfagas de adrenalina también aumentarán los
niveles de cortisol en el sistema de tu hijo o hija que, aunque se in-

crementan más despacio, también disminuyen de forma más lenta. Estas hormonas no diferencian entre el estrés real y el simulado, y los efectos fisiológicos de unos niveles hormonales elevados y constantes son los mismos, independientemente de lo que desencadene su liberación: el "entretenimiento" o el peligro real. Cuando los niños son considerados menos como seres impresionables que debemos proteger y más como una mina de oro que hay que explotar, la competencia por su atención es feroz. Los anunciantes sienten la necesidad de gritar para ser escuchados entre tantos distractores. A esto hay que añadir la suposición predominante de que ahora son necesarios niveles de estimulación cada vez mayores para mantener la atención del niño. En un mundo tan hiperkinésico como el nuestro, ¿por qué necesitaríamos "entretener" o "estimular"? ¿Por qué secuestrar voluntariamente el equilibrio del niño? De manera individual, ¿son perjudiciales estos juguetes? ¿O tal vez son una montaña rusa? No, pero creo que estamos viendo los efectos en niños cuyos sistemas nerviosos se han sintonizado en el volumen "alto" —que es ahora el nuevo "normal"— como resultado de tanta estimulación sensorial colectiva, además de diaria.

6. *Juegos molestos y ofensivos*
    Como puedes ver, algunos juguetes encajan en varias de estas categorías. Aunque no sean juguetes de alta estimulación (aunque a menudo lo son), pueden llegar a ofender los sentidos de alguna manera. Suelen ser los "juguetes del tío favorito", comprados por alguien que no tiene hijos o que sabe que solo los visitará por poco tiempo. Hacen un ruido horrible o proyectan una actitud agresiva o pueden ser simplemente feos. Los juguetes realmente irritantes para los padres, pero no para el niño, también se pueden considerar como "tirables".

    La primera infancia es un periodo de exploración y desarrollo sensorial. Los juguetes que ofrecen una sensación positiva y están hechos de materiales naturales invitan a la exploración. Con la abundancia de juguetes baratos de plástico en el mercado, es fácil reunir docenas y docenas de ellos sin mucho esfuerzo. Sin embargo, a la hora de deshacerse de la sobrecarga de juguetes y el desorden en casa, hay que ser selectivo. Ten en cuenta la belleza sensorial y estética de los que conserves.

7. *Los juegos que pretenden potenciar el desarrollo de tu hijo*
   Este o aquel extraordinario juguete nuevo no hará que tu hija sea
   más creativa, socialmente más hábil o más inteligente, a pesar de
   todas las afirmaciones de su fabricante. Una vez que reivindique-
   mos la creatividad de nuestros hijos y las maravillas de su desarrollo
   como algo intrínseco, interno y solo suyo, seremos más libres tanto
   nosotros como ellos. Como padres, no nos sentiremos tan presionados para "ejercitar" y "complementar" lo que ellos desarrollan de
   forma natural. Los niños recuperarán el juego como su dominio
   legítimo, en lugar de tener simplemente entradas para la versión co-
   mercializada de nuestra cultura del juego. Si como padre te sientes
   presionado a comprar un juguete porque temes que sin él tu hijo
   se "quede atrás" o no esté "a la altura" de otros niños de su edad,
   lo más probable es que no sea un juguete que quieras comprar. No
   sugiero que ese juguete pueda ser perjudicial; lo que digo es que
   pensar en los juguetes de esta manera puede ser perjudicial. No solo
   es un camino costoso y resbaladizo que puede llevar a la sobrecarga,
   sino que también desbarata el juego. El juego no es una carrera. No
   es una oportunidad de avance.

8. *Juguetes que te sientes presionado a comprar*
   ¿Eres víctima del "poder de molestar"? La mayoría de los padres lo
   son, en un momento u otro. Un estudio señaló que el número medio de reintentos de pedir algo por parte de un niño era de ocho,
   pero 11% de los niños encuestados admitió haber pedido algo que
   quería más de cincuenta veces (Schor, 2005). Si ves ese "algo" en
   el montón de juguetes de tu hijo, es porque cediste a la presión.
   Sin embargo, ¿no es educativo ver esos juguetes tan deseados ahora enterrados y olvidados? Puede recordarnos que todos —niños y
   padres por igual— somos víctimas de un *marketing* muy agresivo,
   al cual puedes ponerle fin en tu casa si limitas la exposición de tus
   hijos a la publicidad y no muerdes el anzuelo.
      Algunas empresas de juguetes ofrecen a los niños incentivos
   para engancharlos a su marca. Como si fueran "esquemas pirami-
   dales" para niños, estos juguetes vienen con acceso a un sitio web
   que ofrece a los niños juegos con puntos y recompensas que pueden
   acumular. Se anima a los niños a que "inviten a sus amigos" a la
   página web, con lo que entran en un plan de mercadotecnia viral.

En esta categoría se incluyen los juguetes "de moda". Son los que utilizan el miedo del niño a no tener "lo que todo el mundo tiene". Puede ser difícil decirle que no, pero la dificultad, créeme, es temporal. Las modas se autorregulan y se desvanecen rápidamente. Dentro de poco habrá que tener un nuevo juguete. Los padres que se rinden a las modas tienen que seguir cada una de estas; los que se bajan de ese tren, no.

A medida que el niño entra en la adolescencia, no solo aumenta la presión de los compañeros, sino también el precio del último artilugio "imprescindible". Aunque los casos individuales o las concesiones ocasionales a esta competencia (porque eso es lo que es) pueden ser inofensivos, en conjunto es una ruta que puede erosionar el sentido de moralidad de un niño, su visión de lo que es verdaderamente importante en la vida. Cuanto más tiempo siga el juego de "estar a la altura" de sus compañeros y "ser mejor que los demás", más difícil le resultará dejarlo.

Poco después de que mi hija mayor cumpliera ocho años, una de sus amigas recibió como regalo una muñeca muy cara y admirada. En los meses siguientes, otras niñas también la recibieron. Esta muñeca cara entraría fácilmente en la categoría "de moda", pero la incluyo aquí porque cambió la dinámica del juego entre niñas que habían sido amigas durante años. Por un tiempo todo siguió estando bien, el juego no se centraba exclusivamente en las muñecas y se compartían en el grupo; sin embargo, pronto la otrora armoniosa heterogeneidad social de seis niñas se vio seriamente dividida entre "las que la tienen" y "las que no la tienen", con enojos, sentimientos heridos, celos y lealtades conflictivas que circulaban como un enjambre de abejas entre ellas.

Un par de padres de las niñas "sin recursos" hablaron entre sí. Juntos confirmamos que, tanto si podíamos permitirnos esas caras muñecas como si no, no cederíamos a la presión. En una o dos semanas nos dimos cuenta de que los sentimientos heridos se habían disipado. Las chicas que no tenían dinero habían seguido adelante, se interesaron y se comprometieron con otras cosas. Las niñas "con recursos" se sintieron algo aisladas en su juego exclusivo con las muñecas y empezaron a buscar a las demás, interesadas de nuevo en el grupo más grande, en lo que ocurría y en lo que se estaban perdiendo.

9. *Los juguetes que propician el juego corrosivo*
Muchos padres suponen que esto se refiere solo a pistolas o armas de juguete. En realidad, cualquier juguete puede inspirar a veces un juego que no es alegre ni agradable. Esta es una categoría de "lo sabes cuando lo ves". Sin embargo, para hablar primero de las armas, está claro que los niños a menudo convierten palos o cualquier tipo de cosas en armas de juego. Eso no me preocupa siempre que las armas sean imaginarias y el juego no dañe físicamente a nadie. Sin embargo, los rifles de asalto de plástico totalmente detallados son un paso más allá. Aunque no disparen realmente, en su especificidad y detallada singularidad parecen condonar e incluso glorificar la violencia. Se pueden encontrar estudios que apoyen cualquiera de los dos lados de esta cuestión, pero personalmente no tengo ninguna duda de que los videojuegos, las películas y los programas de televisión violentos también afectan negativamente el juego de los niños y sus interacciones con los demás.

10. *Juguetes que se multiplican*
¿Recuerdas la historia del aprendiz de brujo? El joven aprendiz de brujo al que se deja que ordene el taller y pronto se cansa de ir a buscar agua y limpiar el piso. Utilizando una magia de la que no es totalmente dueño, conjura muchas escobas para que hagan el trabajo por él. Sin embargo, pronto se ve rodeado de estas escobas, cubetas y agua que barren como locas, y la creciente marea de agua amenaza con ahogarlo. Lo mismo puede ocurrir con los juguetes. Pueden multiplicarse, aparentemente por arte de magia. Supongamos que tu hijo tiene un elefante de peluche favorito que se sienta en un lugar de honor en la cama, cuando no lo arrastra él por todos lados. Tu cónyuge y tú, así como cualquier miembro de la familia que vea esta historia de amor entre humanos y elefantes, pueden animarse a recrearla y comprar hermanos elefantes de peluche, otros primos animales de la selva o "amigos" de peluche de todo tipo. Pronto la cama está cubierta de ellos. Son demasiados para llevarlos de un lado a otro, o para "cuidarlos" de forma adecuada con un ocasional baño de polvo refrescante o una invitación a tomar el té. Se ha prescindido de los nombres, y el elefante original parece un poco raído de repente, rodeado de tantos compañeros nuevos y robustos, pero ninguno de ellos ha recibido un abrazo de verdad.

Sin duda vas a tener más que unos cuantos bloques y pelotas, muchos lápices de colores, ropa para muñecas y juegos. De hecho, habrá muchos objetos "múltiples" en el revoltijo de juguetes de tu hijo. Sin embargo, si un coche de carreras es una maravilla, eso no significa que tres sean una maravilla al cubo.

Si tu hijo tiene muchas versiones, o copias, del mismo juguete, considera la posibilidad de reducir el número a un grupo más querido y manejable. Esto es especialmente importante si el juguete original (no los "clones") es uno al que tu hijo ha imbuido con un afecto y lealtad especiales. Nuestras mejores intenciones de aumentar el círculo de amor que rodea a nuestro hijo pueden tener el efecto contrario. Si tensamos una conexión verdadera con demasiadas conexiones superfluas, podemos enviar el mensaje de que las relaciones son desechables.

El antídoto

¿Te he deprimido mucho con esta lista? A la mayoría de los padres, si no les deprime la lista, al menos los hace reflexionar. Estamos tan acostumbrados a pensar en los juguetes en términos puramente positivos "¡Diversión!" "¡Educativos!" "¡Garantizado para complacer!" que no es de extrañar que los contenedores y las habitaciones de nuestros hijos estén repletas de ellos.

¿Quién quiere pensar qué "maldad" se esconde dentro del baúl de los juguetes? ¿Quién quiere mirar los efectos no publicitados, no atendidos y no tan positivos que algunos de estos juguetes tienen en nuestros hijos? ¿O bien considerar cómo el hecho de tener tantos juguetes puede afectar su atención y su sentido del derecho?

Los felicito por perseverar. Después de la sesión catastrofista que acabamos de tener, comprendo que necesiten un antídoto, una visión de lo que puede ser un entorno de juego simplificado y de lo que pueden ofrecer a sus hijos. Vamos allá.

Para no dejarte sentado entre montones de juguetes, algunos de los cuales hay que desechar, almacenar o guardar, te haré algunas sugerencias de organización. A partir de ahí, echaremos un vistazo —espero que optimista e inspirador— a lo que has trabajado para simplificar los juguetes y el entorno de juego de tu retoño.

Organizar lo que queda

Una vez que hayas revisado el montón y sacado la mayoría de los ju-guetes sobrantes, debes felicitarte. Al principio es divertido buscar en ese desastre de plásticos que nos recuerdan a la abuela, o encontrar el que emite un gemido agudísimo y arrojarlo alegremente a la bolsa de desechos. (Por cierto, para no herir susceptibilidades, puedes etiquetar una caja de almacenaje con el nombre de la persona que ha hecho el re-galo para facilitar su recuperación. Así, los juguetes de la "abuela" o del "tío Bill" pueden reaparecer cuando vengan de visita). Es un verdadero placer reordenar, volver a ver las superficies despejadas. Tanto para ti como para tus hijos es tranquilizador ver líneas limpias y una paleta de colores más sencilla en lugar de una maraña de formas y colores.

Una vez que hayas identificado todos lo que vayas a desechar, te que-dará un grupo de juguetes que están bien, sin daños, pero que no forman parte del grupo de los que hay que conservar. Estos juguetes se pueden guardar para tener una ludoteca. En el futuro podrán volver a entrar en la habitación del niño, y volver a participar de su juego, pero solo en calidad de "préstamo". En otras palabras, por cada juguete que vuelve a la habita-ción, hay que guardar uno. No se trata de una regla impuesta por el afán de ser exigente; es apenas un dedo en el dique de la avalancha de "cosas" de nuestra cultura que esperan volver a entrar en casa. He comproba-do que, hasta que los padres hayan abrazado realmente la simplificación deben tener cuidado de no reabrir las compuertas de las "cosas"; sin em-bargo, también he visto que una vez que han simplificado lo suficiente como para apreciar los cambios que esta inspira, no es necesario vigilar. El proceso y las decisiones que conlleva se convierten en algo natural.

Lo ideal es tener una pequeña cantidad de juguetes queridos a mano y visibles en cualquier momento. Más allá de estos, puedes tener otros accesibles (en canastas o contenedores), pero no visibles sino cubiertos por una tapa o una tela, y se pueden sacar para jugar con ellos. Tam-bién puedes utilizar cualquier sistema de organización que desees, pero debes limitar drásticamente el desorden visual. Mi preferencia ha sido tener unas canastas grandes con tapa o cubiertas con telas de colores.

Al mantener los juguetes en un lugar bajo, a la altura de los niños, y movible —es decir, en canastas o carritos que puedan sacarse—, es-tás invitando a los niños a participar en la limpieza. Si el contenedor o el baúl de los juguetes no se puede mover, el niño suele limpiar… un objeto... a la vez. Primero traerá uno para tirarlo a la canasta, y luego volverá por este otro tan interesante, que realmente quiere mirar con más atención, aunque en realidad está conectado con este de aquí... El niño vuelve de nuevo a participar plenamente en el juego, pero no en la limpieza. Si la canasta se puede deslizar hacia el niño, entonces puede utilizar ambas manos para ordenar y permanecer ahí mismo, comprometido, hasta que la tarea esté terminada.

Al disponer y jugar con una canasta a la vez, el niño es más capaz de concentrarse mientras juega y también es capaz de limpiar. A veces, el hecho de colocar enormes canastas de juguetes parece una bonanza, un lujo de posibilidades. Sin embargo, en la vida diaria, esto solo crea y recrea el caos. Las zonas desordenadas de la casa suelen ser puntos conflictivos para lograr transiciones y disciplina. Las fuerzas del tiempo y el espacio chocan naturalmente cuando hay poco tiempo y demasiadas cosas. Los niños tienden a perder el control y eso hace que la limpieza y las transiciones sean aún más problemáticas.

¿Cuántos juguetes puede guardar tu hijo (según su edad) por sí mismo en cinco minutos? Déjate guiar por esa cifra. Refuerza la idea guardando la mayoría de los juguetes fuera de la vista y, cuando sea necesario, di: "Ya está bien de tantos juguetes fuera".

Haré más sugerencias de organización a medida que avancemos; sin embargo, después de un enfoque tan prolongado en lo que no se debe conservar, uno anhela considerar lo que vale la pena guardar. Después de todo el trabajo de descartar, consideremos el juego y lo que puede ser cuando se simplifica. Es de esperarse que donde antes había una montaña de juguetes, ahora haya una "madriguera" de juguetes de verdad queridos.

Juego simplificado

Tú eres el mejor juez de lo que le gusta y atrae a tu hijo. Sabes qué juguetes se adaptan a su desarrollo y cuáles son los que más le gustan. Creo que te sorprenderá la cantidad de juguetes que realmente olvidan —y ni siquiera extrañan— si desaparecen. Por otro lado, sabes qué juguetes de tu hijo o hija tienen vigencia a largo plazo. Aunque uno de ellos esté en la estantería en este momento, tú sabes que solo está en pausa. Es un guardián; no estará fuera de circulación por mucho tiempo.

Sabes que son los que se llevan de un lado a otro, los que se han hecho un hueco en el corazón de tu hijo, en sus historias y conversaciones, quizás incluso en sus sueños.

Más que a los que hayas desechado, voy a referirme a los que se conservan en términos generales. En lugar de enumerar los juguetes que pueden o no ser adecuados para tu hijo, me gustaría hablar de algunas ideas sobre el juego para pintar algunas imágenes que no están ligadas a ningún juguete en particular ni a ningún guion de Hollywood. Me gustaría empezar con esta suposición (que espero que me concedas ahora que has rebuscado en una montaña de juguetes demasiado grande): los niños no necesitan muchos juguetes para jugar, ni ninguno en particular. Lo que más necesitan es tiempo no estructurado.

Con suerte verás que, al simplificar los juguetes y el juego de tu hijo, también estás simplificando tus "tareas" como padre. No es necesario que estimules o enriquezcas el juego. No tienes que controlarlo. A veces los padres ayudamos más quitándonos de en medio, siempre y cuando estemos disponibles. Podemos proporcionar tiempo, oportunidades y recursos. El juego es un asunto del momento, como sabe cualquier padre que haya recibido una petición urgente de "plumas" o "un sombrero muy flexible" o "algo que podamos usar como carrito de la compra". La fuente de suministro puede ser a veces complicada. Pero al permitir en lugar de controlar, damos a los niños una sensación de libertad y autonomía. Su juego tiene un final abierto, las elecciones y decisiones son suyas y el proceso de descubrimiento incluye el autodescubrimiento.

MUY SIMPLE
El juego de los niños florece al "dejar" —en lugar de "hacer"— que las cosas sucedan.

Así que no voy a ofrecerte una lista de juguetes "imprescindibles". En su lugar, consideremos el juego en su forma más simple: aquello que puede hacer y ser para los niños, las necesidades que satisface y lo que se desarrolla naturalmente a partir de él. No hay nada nuevo en lo que voy a sugerir, pero vale la pena reconsiderar estos sencillos elementos del juego. Puede que te recuerden algunas actividades y pasatiempos que no dependen de hordas de juguetes. También pueden sugerir nuevas direcciones para nuestra generosidad como padres, nuestro deseo natural de proveer a nuestros hijos.

Al alejarnos de las cosas y acercarnos a las experiencias, podemos ser indulgentes con el tiempo y las oportunidades de exploración. Podemos ser generosos y no escatimar el espacio y el tiempo que los niños necesitan para moverse y ser físicamente activos; ser generosos con las oportunidades para que conecten con la naturaleza y con los demás. Nuestra generosidad puede extenderse y ampliarse en respuesta a su necesidad de fantasía, arte, propósito, música y una participación alegre y más comprometida.

Una mezcla de juguetes debería formar parte del mundo del juego de un niño, pero no debe ser abrumadora. En las siguientes descripciones verás lugares para los juguetes que ya identificaste como los más queridos, los guardianes de tu hijo. Incluso puede que te sientas inspirado para añadir algo al conjunto que ya tienes, para completarlo con algunos juguetes sencillos que podrían inspirar nuevas direcciones en su juego.

Prueba y error. El largo proceso hacia los primeros pasos de un bebé está impulsado por su deseo de ver y experimentar más del mundo. Desde girar la cabeza hacia un lado hasta empujarse con los codos mientras está acostado sobre el vientre y, finalmente, darse la vuelta, cada fase requiere un ensayo y error repetitivo y un gran esfuerzo. Es una lucha personal, pero también una recreación, en miniatura, de nuestra evolución como humanos en bípedos verticales. Recrear todo el desarrollo humano lleva tiempo, aunque la mayoría de los bebés lo consigan en un año y medio más o menos. Requiere muchas horas de "tiempo en el suelo", estiramientos, deslizamientos y ponerse a gatear.

En los últimos diez años se ha producido un aumento espectacular de la terapia de "integración sensorial", que se esfuerza por crear conexiones neuronales y caminos que no se han establecido de forma natural a través de estas actividades de la primera infancia. En nuestra prisa por hacer que nuestros hijos caminen, o en nuestra ansiedad de ayudarlos, podemos hacer que se salten etapas esenciales para su desarrollo neuronal. En cambio, cuando dejamos que el proceso ocurra —sin tratar de apresurarlo o favorecerlo— permitimos el desarrollo del cerebro y el cuerpo de nuestros hijos. También los ayudamos a sembrar las semillas de su propia curiosidad, atención, perseverancia y voluntad. Todas estas facultades crecerán y se desarrollarán a través del juego.

El tacto. Los niños utilizan y desarrollan todos sus sentidos a través del juego. El tacto es el más frecuente en los niños pequeños, y por eso se llevan todo a la boca, el más sensible de los órganos del tacto. El sentido del tacto de un niño se transforma en su conciencia del mundo, en la conciencia de su propio cuerpo y de los límites del *yo* y del "otro". Un niño que no desarrolla plenamente su sentido del tacto a través del juego de exploración puede volverse hipersensible a su propio espacio personal e hipersensible (o bien no plenamente consciente) al de los demás. Considera el entorno de juego de tu hijo a través de varias posibilidades del "tacto". Los materiales naturales, los que invitan a ser tocados, inspirarán las exploraciones de tu pequeño, sus safaris sensoriales.

En el exterior, querrá cavar, sentir el contacto de la tierra calentada por el sol o la fresca viscosidad del barro. Pero ¿qué van a tocar en su habitación, en su juego interior? ¿Qué texturas y pesos, qué ángulos y líneas suaves? No todos los juguetes ofrecen esta posibilidad, pero es maravilloso cuando un juguete no solo involucra los dedos de un niño. Cuando una niña abrocha el suéter de una muñeca, la sienta y la acuna en sus brazos, está utilizando movimientos motores pequeños y más grandes, sí, pero lo más importante es que pone más de su parte —casi todo su cuerpo se involucra— en la conexión, en la interacción. Sonajas, cubos para hacer nidos, muñecos de tela para bebés, sedas y bufandas, mantas pesadas y capas de lana, la plasticidad de la cera de abeja y la arcilla cuando se calientan al tacto, una canasta de piedritas lisas que cambian de color al mojarse, bloques y formas de madera maciza, raíces y palos nudosos, bolsas de frijoles.

La preparación de alimentos ofrece un desfile de placeres sensoriales para los niños: amasar la masa de pan húmeda y elástica, su aroma al hornearse, remover líquidos de todo tipo y consistencia, crear formas con cortadores de galletas, ver cómo se derrite la mantequilla y se extiende en los cráteres calientes del pan tostado. Incluso los niños pequeños pueden tener sus propios utensilios de cocina "de verdad", como una mesa de trabajo o una alfombrilla, un delantal, cucharas de madera, cepillos para verduras, un rodillo, ollas y sartenes, batidores y espátulas, con paños para pulir las manzanas y ordenarlas. Las herramientas de jardinería también deben ser reales: una carretilla o un carro de jardín, guantes, con una pala pequeña real y rastrillo.

Creo que es importante, siempre que sea posible, que lo que el niño toque sea real. Un martillo de plástico no tiene solidez, no tiene peso ni fuerza en las manos de un niño de cinco años. Incluso las versiones pequeñas de herramientas reales son preferibles a esas imitaciones descaradamente falsas. Es cierto que hay que enseñar a un niño a utilizar herramientas de verdad y vigilarlo durante un tiempo. Pero este tipo de juego tiene la ventaja de la participación y el dominio auténticos. Una pequeña mesa o banco de trabajo, de preferencia al lado de la grande que utiliza mamá o papá, puede implicar al niño en mayor o menor medida a lo largo de muchos años.

Imagina el placer táctil de los nudos del árbol y un taladro manual de torneado antiguo. Para algunos niños, los arrastres y los golpes pueden dar lugar a auténticas habilidades. Lo más probable es que solo pasen el tiempo, felices mientras hacen y arreglan objetos. Bloques de madera con clavos, "barcos" de madera básicos, construir cosas y además un sentido de sí mismos.

En el aeropuerto al que suelo llegar y del que suelo salir, hay una de esas casitas de plástico brillantes en medio de una habitación vacía. Nunca he visto a un niño cerca de ella. Cada vez que paso por ahí me imagino lo felizmente poblada que estaría la habitación si, en lugar de la casa falsa, hubiera cajas con bloques de madera, soportes y caballetes, pedazos de troncos de árbol, tablones, telas y grandes pinzas para la ropa. Imagínate la construcción que se llevaría a cabo. Y no solo por parte de los niños… Me imagino a los adultos, cansados de los viajes, con ganas de participar también.

Inventar situaciones, el juego imaginario. Comienza con la imitación y a partir de ahí toma vuelo. El bebé de seis meses aprende a saludar con la mano o a imitar un simple ritmo con los aplausos que te oye hacer. Pronto, al entrar en el segundo año y más allá, jugará a representar papeles e inventar cosas, utilizando la imitación y la imaginación para crear historias y mundos elaborados por sí mismo. En los últimos años se ha hablado mucho de cómo este juego de fantasía ayuda a los niños a desarrollar habilidades cognitivas indispensables conocidas como *función ejecutiva*. La función ejecutiva incluye la capacidad de autorregulación, de modificar el comportamiento, las emociones y los impulsos de forma adecuada al entorno y a la situación (Spiegel, 2008).

La fantasía es el juego abierto más flexible y creativo. Cualquier cosa puede ponerse al servicio de una idea o fantasía. Y es precisamente este tipo de pensamiento flexible —la maceta que se convierte en un sombrero en un minuto y en un volante al siguiente— el que servirá al niño durante toda su vida. Los niños extraen el significado del mundo a través de este tipo de juego; su falta puede debilitar la creatividad y la identidad. Las elecciones que se hacen en la fantasía sientan las bases de la individualidad y evitan que el niño se convierta en un receptor pasivo de conceptos e ideas que han sido preconfeccionados para él.

Una vez más, cuanto más elaborada es la utilería para el juego de fantasía, menos puede el niño utilizar sus propios "músculos imaginativos". Una cama de princesa totalmente detallada, con torretas, cortinas y un puente levadizo, puede suponer un gran impulso inicial para las fantasías de castillo. Pero con tan pocas cosas para imaginar en la corte y tan pocas opciones fantásticas para hacer, una niña puede simplemente colgar sus ropas de princesa. Puede que salga del reino de la habitación en busca de un poco más de espacio y de nuevas personas en las que convertirse. La ropa, los sombreros y los accesorios para disfrazarse son herramientas de juego maravillosas que, en mi opinión, deben ocupar un lugar en la colección de objetos de valor de cada niño. También en este caso las elecciones sencillas, más que los trajes elaborados o específicos de un personaje, proporcionarán las posibilidades más variadas y sostenidas para el juego de simulación. Los artículos pueden reciclarse dentro y fuera de su pequeña colección con una visita ocasional a una tienda de segunda mano.

Experiencia. Los niños necesitan experiencia en el juego y no entretenimiento. Cuanto más puedan hacer, ver, sentir y experimentar por sí mismos, se sentirán más conectados (y menos abrumados) con el mundo. Vivimos en la era de la información, en la que los niños en edad de ir al kínder lo saben todo sobre la selva tropical. Sin embargo, ¿han investigado a fondo en sus propios patios y barrios? ¿Han cultivado sus propias plantas, se han bañado en lodo, se han subido a los árboles, han cavado en busca de gusanos y han visto de cerca un nido de petirrojo?

Imagina un día jugando con los cuatro elementos. Puede que las hogueras sean una posibilidad poco frecuente y que el calor de un suéter de lana tenga que sustituir al del fuego la mayoría de los días. Pero hay una felicidad elemental asociada a las combinaciones de tierra y agua; el barro, el lodo pantanoso; la arena vertida, moldeada y mezclada; a los días de viento; a romper el hielo con palos; a deslizarse o caminar por la nieve; a estar de pie en la orilla entre la tierra y el agua. Los juguetes idóneos para toda esta exploración "primaria" son las cubetas, las redes, las palas y los papalotes, las cucharas, las burbujas, las canastas y los recipientes para verter y recoger.

Propósito e industria. Mi amiga Anna me contó la historia de los "desayunos de Navidad" de su hijo Jacob. Cuando Jacob tenía cinco años se aficionó a mezclar brebajes en la cocina. Anna lo dejaba usar un poco de vinagre, algunas especias poco usadas de la alacena, todo lo que pudiera sobrarle. A Jacob le encantaba su "trabajo", y meditaba cada adición que hacía con gran concentración y atención. Su nombre para cada uno de estos brebajes a menudo malolientes era: "desayuno de Navidad". Anna encontraba a veces un inesperado (y no supervisado) "desayuno de Navidad" en el horno o en un armario. Ella está convencida de que Jacob tiene un futuro, probablemente no como chef, sino como químico.

A los niños les encanta estar ocupados y ser útiles. Les encanta ver que hay un lugar para ellos en ese continuo rumor del hacer, al crear y arreglar lo que los rodea constantemente. Yo meto mis *jeans* rotos o mis calcetines raídos en una cesta y me siento una tarde a remendarlos. Enhebro las agujas, añado la ropa de las muñecas al montón y, juntos, mis hijas y yo nos ponemos a trabajar.

Honra los esfuerzos de tus hijos con herramientas reales para su trabajo y su propio delantal, puestos en un lugar donde puedan encontrarlos siempre que lo necesiten o deseen. Un organizador con bolsillos colgado en la parte posterior de la puerta puede incluir espacio para la escoba y el recogedor pequeños de un niño, un paño para el polvo y otros utensilios para "ordenar", para alimentar a las mascotas, cocinar o lavar la ropa.

A menudo, los juegos de los niños son un modelo del "trabajo" de los adultos: ser un vendedor, un camionero, un profesor. Especialmente cuando los niños llegan a la edad escolar, necesitan oportunidades para ser laboriosos, para construir un sentido de autonomía y maestría. Un maravilloso contrapeso a "entretener" a los niños es involucrarlos en una tarea, en el "trabajo" de la vida familiar. El hogar es el entorno que el niño conoce mejor, y por eso necesita influir en su entorno con su propio esfuerzo. Como seres pequeños, pueden sentirse inferiores, o bien observadores pasivos de todo lo que ocurre a su alrededor. El sentido de industria —de la actividad y el propósito— contrarresta los sentimientos de agobio. ¿Acaso no es fácil sentirse pequeño e inconsecuente en un mundo tan inundado de información, tan amenazado por cuestiones como el calentamiento global? Los niños que crecen como pequeños hacedores, que preparan "desayunos de Navidad" y participan en las tareas de la vida cotidiana, tendrán una actitud interior, una posición respecto la competencia, la actividad y la autonomía.

La naturaleza. La naturaleza es el antídoto perfecto contra las presiones, a veces venenosas, de la vida moderna. En su libro *Los últimos niños en el bosque,* Richard Louv defiende de forma elocuente y convincente la importancia de la naturaleza en la vida de los niños. "La vida moderna reduce nuestra atención hasta hacerla principalmente visual, adecuada a la dimensión de una pantalla de computadora o de televisión. En cambio, la naturaleza acentúa todos los sentidos" (Louv, 2005). Louv ofrece pruebas científicas de lo que la mayoría de nosotros sabemos intuitivamente: que el tiempo en la naturaleza es reparador, que nos ayuda a recuperarnos del estrés de la vida diaria y mejora nuestra capacidad de atención. En su complejidad y sensualidad, la naturaleza invita a la exploración, al contacto directo y a la experiencia. Pero también inspira una sensación de asombro, una visión de lo que todavía es "no googleable"... el misterio y la magnitud de la vida.

Para los que viven fuera de la ciudad, el patio suele ser la primera "frontera" de la naturaleza. Ya sea en parques, patios, terrenos baldíos, reservas naturales, parches silvestres dispersos o áreas silvestres bien conservadas, la naturaleza es un entorno ideal para el juego. Una infancia llena de oportunidades y tiempo para explorar la naturaleza es una infancia muy rica. No tenemos que buscar parajes espectaculares. Qué satisfactorio es para un niño encontrar un lugar, por modesto que sea, y conocerlo en profundidad. Explorarlo repetidamente, conocerlo en todas sus facetas estacionales, identificar sus propios rincones y grietas favoritos. También es maravilloso tener una variedad de lugares naturales y rincones que explorar. Los niños se sienten más arraigados al lugar donde viven cuando pueden aprender a identificar algunas de las plantas, pájaros y animales más comunes que ven en sus patios y barrios.

Los niños tienen una profunda necesidad de tener sus propios sitios especiales, ya sean sencillos o más grandes. La todopoderosa caja de cartón responde a esta necesidad, al igual que un fuerte hecho con una mesa y mantas, o una versión más libre hecha con cuerda, telas y pinzas de ropa. Una "cama de verano" con una linterna de campamento en el porche durante las noches estivales, un sótano de almacenamiento barrido y transformado en un nuevo paisaje para juegos. El exterior ofrece maravillosas posibilidades para crear lugares especiales. Una casa en el árbol, o incluso un árbol con una rama para trepar lo suficientemente ancha para ser un soporte. Amy, la hija de una amiga, solía leer y jugar en un lugar lleno de musgo junto a un viejo arbusto de lilas en el lateral de su jardín. Era su lugar especial, un sitio para estar sola. Un lugar para jugar o leer, o simplemente sentarse. Un día, Amy se sorprendió al encontrar una pequeña piel de serpiente perfecta en su lugar especial. Lo tomó como un regalo y un guiño; era la confirmación de que por lo menos otras criaturas se habían fijado en ella.

Interacción social. En una reciente visita a una guardería vi a un grupo de niños sentados en el suelo en semicírculo alrededor de un televisor. El hombre que aparecía en la pantalla estaba dando saltos, cantando una canción que había sido hecha para que los niños se levantaran, dieran patadas y aplaudieran con él. El pobre hombre se esforzaba al máximo; había que darle una excelente calificación por la animación y el esfuerzo. Pero los niños estaban sentados, inmóviles, mirando. No hay vitalidad en una pantalla. Los niños necesitan interactuar con otros seres humanos para desarrollar sus habilidades sociales y su propia individualidad. No hay ningún sustituto, ninguna alternativa "virtual" al poder vital y forjador de identidad de las relaciones. La tecnología no puede estimular las habilidades sociales. En un mundo que depende cada vez más de diversas formas de tecnología, ninguna de las cuales implica el contacto humano, nos encontramos aún más alejados unos de otros.

He aquí otra imagen. Una clienta mía me contó la historia de su hijo Phillip cuando cumplió 16 años. "Le dimos la opción de una fiesta y nos dijo: 'Genial, invitaré a algunos de los chicos'. Alrededor de las nueve de la noche aparecieron unos seis compañeros de clase, cada uno de ellos con una computadora portátil, altavoces o algún otro equipo. Todos se fueron al sótano y, cuando bajé más tarde, estaban repartidos por la habitación, cada uno metido de lleno en algún tipo de juego virtual. Era interesante; parecía que les gustaba estar juntos en la sala, pero todas las miradas y los comentarios se dirigían hacia adelante, a las distintas máquinas".

Hablaremos más sobre las pantallas y la tecnología en el capítulo 6. Las pantallas y los aparatos están aquí para quedarse y formarán parte de la vida de la mayoría de los niños cuando lleguen a la edad de Phillip. Sin embargo, algo que también es cierto, desde la llegada de nuestra especie es que la principal previsión del éxito y la felicidad en la vida es nuestra capacidad para llevarnos bien con los demás. Las pantallas no ayudan. La familia, a la que se pertenece de forma automática y —espero— de por vida, es el primer laboratorio de identidad e interacciones sociales. Los padres que hablan, juegan, abrazan y hacen participar a sus bebés de la vida cotidiana, a menudo y con placer, construyen una base de sentimientos que los preparará para ampliar sus círculos de socialización, como niños pequeños y más allá. En la relación con los demás, el niño aprende a actuar y aprende quién es. Gran parte de la socialización de un niño —años de práctica, de inventar cosas, de representación de papeles, aprendizaje y refinamiento de códigos de conducta— ocurre a través del juego.

Como los campos magnéticos, los bebés atraen a la gente. Los gestos faciales, el contacto visual, los abrazos, los aplausos y los juegos de rima inician una interacción duradera con los demás. A partir de los dos años, un niño pequeño puede establecer un vínculo con un muñeco especial. Es una relación definitoria, una ventana mágica de identidad, en la que se procesan, sienten y aprenden muchas cosas. De nuevo, cuanto más sencilla sea la muñeca, más puede el niño proyectar y extraer de ella. Las muñecas de tela con rasgos sencillos, a menudo hechas a mano, tienden a ser más caras que las de plástico; sin embargo, si tenemos en cuenta lo que pueden hacer y ser para el desarrollo del sentido de sí mismo, puede valer la pena la inversión. Los juegos de té, los animales de madera, los camiones y los bloques, esos encuentros democráticos en el cajón de arena, los columpios, la rayuela o avión, la matatena, los palitos chinos, las marionetas y los rompecabezas, los juegos inventados del escondite y la caza, las cartas y los juegos de mesa, las damas y el ajedrez. Qué alegría descubrir, una y otra vez en la vida, lo imprevisible y expansivo que es el placer cuando se comparte con otros.

Además, es interesante ver, como por una ventana, el desarrollo del niño, lo cerca que quiere estar de la familia mientras juega. Los niños florecen con la cercanía; se sienten más tranquilos y felices si sienten la calidez de la presencia. Los niños pequeños quieren jugar —e incluso si juegan solos— donde puedan ver y estar cerca de los demás. Te habrás dado cuenta de que prefieren estar justo a tus pies. A veces hay que cambiar las habitaciones de la casa para los primeros años de la infancia, de modo que se haga un espacio de juego cerca de la cocina, o donde se encuentre el corazón de la casa. Desde preescolar hasta los dos primeros años de primaria, los niños siguen con el deseo de estar cerca. Los niños de seis a nueve años anhelarán más privacidad en sus juegos, pero siempre "volverán al campamento base" para comprobar lo que ocurre; entran y salen como una bandada de ruidosas gaviotas. A partir de los nueve o diez años, los niños querrán tener su propio espacio, de preferencia con un escritorio o una mesa en la que puedan hacer proyectos, pasatiempos y manualidades. A medida que llega la preadolescencia, su juego refleja el hecho de que su sentido de la identidad está "en construcción", un proceso que requiere más tiempo a solas. Aunque los adolescentes siguen deseando que estés disponible emocionalmente, tienen un trabajo de desarrollo —separarse de ti— que hace más difícil la proximidad física. Seguirán necesitándola, pero cada vez más en sus propios términos.

Movimiento. Los niños necesitan moverse. Necesitan correr, saltar, trepar, brincar y girar; necesitan luchar, rodar, lanzar y atrapar pelotas, sentir que su cuerpo se mueve en el espacio. La ciencia ha demostrado de forma concluyente que los juegos bruscos ayudan a desarrollar el cerebro, podando el exceso de células, ramificaciones y conexiones del córtex prefrontal (Henig, 2008). Sin embargo, los científicos todavía tienen dudas sobre el principal objetivo de desarrollo del juego. ¿Es imprescindible para el crecimiento y la formación neuronal? ¿Ayuda el juego activo a que el niño "practique" los movimientos que necesitará para sobrevivir de adulto? ¿Ayuda a desarrollar la flexibilidad social y de comportamiento?

Mientras los científicos reflexionan, los niños continuarán con sus juegos inventados. A través del movimiento, desarrollarán el equilibrio y la coordinación, sin duda; también desarrollarán la vitalidad y una predisposición a la actividad para toda la vida. La Fundación Kaiser calcula que los niños estadounidenses de seis años o menos que utilizan medios digitales pasan una media de casi dos horas diarias frente a las pantallas (Rideout y Hamel, 2006). El movimiento contrarresta la pasividad de nuestra devoción por la tecnología. Una infancia rica en juegos físicos, con tiempo y espacio para moverse, desarrolla algo más que la fuerza corporal. Amplía el acceso de tu hijo a la diversión, la salud y la conexión con los demás durante toda su vida. Es razón suficiente para moverse. Estos y otros juguetes inspiran el juego activo: bicicletas y pelotas, patines, columpios y patinetas, cuerdas para escalar y saltar, estructuras o arcos para trepar, túneles para atravesar, vigas de equilibrio, hula hulas y canastas de basquetbol, bloques, camiones y juguetes de construcción, trineos, raquetas de nieve, pistas de canicas y rayuela.

Arte y música. La imagen que me viene a la mente cuando pienso en los niños y el arte no es un refrigerador cubierto de dibujos. Es algo más audaz: las piernas regordetas de un niño o niña de un año, enterradas hasta la mitad en un pozo de lodo, con la manguera cerca todavía goteando agua. En su cara se percibe la alegría por el lodo fresco en los dedos de los pies, pero también la conciencia creciente de lo que puede hacer con esa sustancia negra. Los niños necesitan crear. Necesitan hacer arte, sentir, ver y mover sus mundos en nuevas direcciones.

Desde las vasijas de arcilla hasta los recortes de papel, desde el empuje y el golpeteo húmedo de una bola de lana que se está deshilachando hasta la exuberante mancha de color en una página, el arte invita a los sentidos y al movimiento; abre mundos imaginarios; relaja y canaliza la atención de forma conjunta con la fascinación y hace que el propósito y la laboriosidad sean lúdicos. Con o sin herramientas, el arte es esencialmente un juego que nutre.

Maryanne vino a verme por Esme, su hija de seis años, que tenía problemas para dormirse por la noche. Cuando observé varios aspectos de su vida cotidiana, quedó claro que lo que Esme necesitaba era más arte. La falta de ejercicio suele ser el problema principal cuando los niños no pueden dormir, pero la falta de expresión creativa también puede dificultar la transición al sueño. Como hija de padres cuya profesión eran las matemáticas y la ingeniería, la vida de Esme en casa estaba muy organizada y racionalizada. Era una niña dulce, algo tímida y bastante precisa en sus movimientos y en su forma de hablar, pero necesitaba experimentar el flujo de la creatividad para relajar su atención tan centrada y dirigida. El proceso creativo implica dejar ir los pensamientos e ideas conscientes, y estas oportunidades de liberación artística durante el día ayudan a que el niño se entregue al sueño.

En una habitación infantil simplificada, debería haber siempre un lugar para un gran bloc o rollo de papel, crayolas (gruesas para los pequeños), lápices, pinturas, algún tipo de material para modelar, como cera de abeja, arcilla o plastilina, tela, tijeras, pegamento y algún espacio dedicado al arte. A medida que los niños alcanzan la edad escolar, pueden empezar a hacer manualidades sencillas. El tallado y el tejido, por ejemplo, desarrollan las habilidades grafomotoras justo cuando los niños empiezan a escribir. Las cuentas de colores y la costura, la carpintería y la fabricación de velas, el papel maché y la cerámica. Especialmente cuando las escuelas dedican menos tiempo a las actividades artísticas, los padres pueden asegurarse de que el arte, el juego y las manualidades se valoren en casa.

La música, como el arte, es una forma esencial de expresión lúdica. Desde el latido del corazón de la madre en el vientre hasta las cadencias rítmicas de las rimas infantiles y las canciones de cuna, la música rodea incluso a los más pequeños. Puede ayudar a los niños a moverse y a aprender a coordinar sus movimientos, a canalizar la energía, a expresar sus emociones y a conectar con los demás. En el próximo capítulo, dedicado al ritmo en la vida cotidiana, analizaremos la sensación de seguridad y previsibilidad que el ritmo proporciona al niño. En cuanto a la creación de ritmo creativo —música—, estos y otros instrumentos de fabricación propia pueden ser divertidos: sonajas de madera y agitadores de huevos, tambores, campanas de todo tipo, silbatos, armónicas y flautas dulces sencillas, arpas de regazo, agitadores de truenos y palos de lluvia.

Libros

Los mismos principios que utilizaste para simplificar los juguetes pueden aplicarse a otras formas de desorden en la habitación de tu hijo. Los libros suelen ser la segunda forma más importante de exceso, dado que se ven de la misma manera que los juguetes. Como padres, queremos fomentar la lectura (el juego), así que pensamos que cuantos más libros (juguetes) tenga nuestro hijo, más leerá (jugará).

¿Quién podría discutirlo? La premisa parece lógica y se basa, de nuevo, en las generosas intenciones de los padres. La narración de cuentos, que es la actividad precursora, antes de un contexto más amplio ofrecido por los libros, se abordará en el capítulo 4. Veremos cómo los cuentos nutren a los niños y cómo la repetición es una parte muy importante del proceso. Los cuentos pueden ofrecer a los pequeños una gran seguridad y garantía: historias que se escuchan una y otra vez, que se viven, se anticipan y se conocen profundamente. Por ahora, me gustaría hacer algunas sugerencias prácticas sobre los libros, de acuerdo con el objetivo principal de este capítulo: simplificar el ambiente del niño.

Espero que hayas tomado medidas importantes para reducir el número de juguetes de su habitación. Has creado espacio y facilidad visual. También has creado espacio mental y calma, al hacer posible que tu hijo o hija se dedique a los juguetes que tiene, en lugar de verse abrumado por tener demasiados. Puedes hacer lo mismo con los libros.

En el caso de los niños menores de ocho o nueve años, puedes tener uno o dos libros actuales, accesibles en cualquier momento. Una docena o menos de libros queridos pueden encontrar un lugar permanente en la habitación, quizá en una estantería. Se trata de aquellos a los que tu hijo volverá una y otra vez, y puedes optar por irlos rotando dentro y fuera de este grupo de favoritos a medida que el pequeño crezca. A los siete u ocho años puedes añadir libros de referencia sobre temas que le interesan, como los insectos, los caballos o los aviones.

Los libros ofrecen un gran placer y satisfacción a los niños, ya que evocan mundos mágicos y ponen en sus manos la maravilla de los nuestros. ¿Cómo es posible tener "demasiadas" cosas buenas?

MUY SIMPLE
Honramos el valor de algo, como la lectura, en la vida de nuestro hijo si fomentamos una relación profunda —no desechable— con esta actividad.

Es un poco más fácil imaginar el principio de "demasiado de algo bueno" con los libros cuando nuestros hijos han entrado en la sección de series de la biblioteca o de la librería. Un niño que se apresura a leer el número 23 de la serie *Magic Tree House [La casa mágica del árbol]* para adelantarse a su amigo, no lee sino que consume. Cuando el deseo de conseguir lo siguiente está en el corazón de una experiencia, estamos frente a una adicción, no una conexión.

Por desgracia, cualquier cosa puede comercializarse y trivializarse mediante la sobreexposición y el exceso. Al establecer un nivel constante de "suficiente" (simplicidad) en lugar de demasiado (sobrecarga), dejamos espacio para nuestros hijos: espacio para su imaginación e inspiración, para que construyan relaciones con las cosas con las que juegan o leen.

Todos nos hemos dado cuenta del amor de los niños por la repetición. Cuando nos acomodamos para leer a nuestro hijo de tres o cuatro años: "¿Otra vez? Llevamos tres noches leyendo *Curious George [Jorge el curioso]*. ¿Seguro que quieres oírlo otra vez?". Incluso cuando nuestros hijos se convierten en lectores independientes, a menudo nos sorprendemos cuando los vemos leer un libro que sabemos que ya leyeron, o cuando piden escuchar la misma historia familiar que han oído tantas veces que pueden recitarla de memoria.

La repetición es una parte vital de la construcción de relaciones para los niños. Al repetir experiencias y escenarios en el juego, así como en la narración y la lectura, los niños son capaces de incorporar lo que aprenden. La repetición profundiza en la experiencia y la relación para el niño; lo ayuda a reclamarla como propia. A los niños de hasta siete u ocho años se les puede contar y leer un cuento repetidamente durante varios días. La coherencia y la seguridad de esa repetición son muy tranquilizadoras para los niños pequeños.

Al igual que con el juego, los niños no necesitan un libro mágico, el último *bestseller* o un flujo interminable de libros nuevos para fomentar el amor por la lectura. Necesitan tiempo y tranquilidad mental. Necesitan tiempo para leer en profundidad y, a veces, de manera repetida. También necesitan historias que dejen espacio a su imaginación. Puedes evaluar los libros para tu hijo con criterios similares a los que mencioné al evaluar los juguetes.

¿Son apropiados para su desarrollo? En los libros, al igual que en los juguetes, hay mucha "compresión de edad". Lo he observado de varias formas. A veces los libros infantiles están escritos más para el adulto que lee que para el niño que escucha. Están llenos de pequeños chistes y comentarios que no significan nada para el pequeño. Algunos tienen temas muy adultos, especialmente cuando los niños llegan al nivel "lector medio". Como los libros se clasifican por nivel de lectura y no por contenido, los padres de los lectores independientes tienen que controlar si su hijo debe leer determinado libro solo porque puede hacerlo.

Mary, una clienta mía, me contó esta historia sobre su hija Ashley, que era una lectora muy precoz. Cuando tenía once años, Ashley llegó a casa con una novela que había sacado de la biblioteca del colegio. Mary había oído hablar de la novela y sabía que era una historia de madurez muy popular, más apropiada para lectores adolescentes. La leyó esa noche y confirmó sus impresiones. Mary habló con Ashley al día siguiente, antes de ir al colegio. Le dijo que el libro había recibido mucha atención y que entendía que quisiera leerlo. Entonces le dio a elegir. Podían leerlo juntas, ahora, y así poder hablar de él mientras lo leían, o podía esperar un año más para leerlo ella misma. Con gran revuelo, Ashley eligió esperar.

¿El libro está basado en un producto o en un personaje de televisión? Como vimos con los juguetes, los comercializadores de productos tienen a los niños en el punto de mira. La presión para que compren es intensa y omnipresente. Hay libros basados en personajes de televisión, en películas, incluso en productos como las grageas de chocolate M&M o los cereales para el desayuno. Creo que podemos trazar "líneas en la arena" en torno a nuestros hijos. Podemos decir no en nuestros hogares a la comercialización de la infancia. Cuando te imagines leyendo con tus hijos, o ellos leyendo solos, imagina el círculo de luz que los rodea como una "zona libre de anuncios".

¿Cuenta una historia que se desarrolla o que está "por todas partes"? Como un juguete que hace demasiadas cosas, algunos libros están muy fragmentados, son gráficamente intensos y carecen de cohesión. ¿El libro está diseñado para atraer la imaginación del niño o para "estimular"? Esta distinción es importante porque los niños se llevan las imágenes de un libro a la hora de dormir. Un libro leído a la hora de acostarse alimenta los sueños. Las imágenes y los arquetipos de la historia acompañan el sueño y las "prácticas" que se realizan para la vida mientras dormimos.

No estoy sugiriendo que todo lo que un niño lea tenga que ser conceptualmente "neutro", todo conejitos, flores, paz y amor. ¿Puede un niño de siete u ocho años leer un cuento de hadas en el que se corta la cola de un ratoncito o donde un dragón ataca? Sí, creo que un cuento con espacio para que el niño "imagine en él" le permite cierta distancia, cierto poder y calma para manipular las imágenes y la historia en su propia mente. Me preocupan más los libros que son como vallas publicitarias. Algunos están diseñados para provocar una reacción en lugar de atraer la imaginación.

Otra forma de juzgar un libro es por el juego que inspira. Los libros que se leen a un niño, o que ellos leen, a menudo se incorporan a su juego. ¿Es el juego atractivo? ¿La interacción es buena? ¿O el juego es corrosivo y causa más problemas que diversión?

Ropa

A excepción de los adolescentes, cuanto más joven sea el niño, más veces al día se vestirá y desvestirá. ¿Te imaginas una película con el tiempo de los cambios de vestuario de un día para un bebé o un niño activo de tres años? No hay que olvidar el revoltijo de zapatos y chaquetas en la puerta de atrás (multiplicado por diez), los intermedios para la pijama, el juego de camisetas con "¿qué clase de comida es esta?" o (aquí suena la música de *Odisea en el espacio*) los largos, muy largos, larguísimos momentos para vestirse de "vamos a jugar a la nieve".

La ropa es una de las prendas más transitorias de la infancia. Casi tan pronto como les ajusta bien, los niños ya han crecido. Y las transiciones de "entrar y salir de la ropa" marcan cada día.

Cuando se simplifica la ropa, se simplifica la vida cotidiana. Cada una de las transiciones en torno a esta se dificulta por el desorden y el exceso. Al igual que hiciste con los juguetes y los libros, puedes reducir el número de prendas disponibles para tu hijo a un número manejable, accesible y racional. La ropa que hay en el armario o en el buró debe caber, ya, ahora. La ropa que ya no les queda puede regalarse o guardarse, y la que les queda grande debe almacenarse. Toda la ropa, excepto la de la temporada actual, puede etiquetarse y meterse en cajas o bolsas. Yo guardo esos paquetitos de sílice que se usan en los envases (los que a veces están en las cajas de zapatos, o con las vitaminas) y los meto con la ropa para evitar la humedad.

Cuando la única ropa disponible es la que le queda bien a tu hijo, la adecuada para el tiempo actual, el armario deja de ser una jungla a través de la cual es necesario abrirse paso. Incluso un niño de tres años empezará a reconocer el orden de los cajones y será capaz de coger una camisa o un suéter por sí mismo.

En un momento dado, tu hija puede tener algunas prendas que ya no les quedan a los hijos de amigos o familiares. También puede haber regalos y una o dos prendas para ocasiones especiales. Más allá de esto, él o ella estarán bien con una mezcla de artículos bastante básicos. La ropa de tu pequeño no tiene que parecer una "declaración" más allá de las obvias: "Estoy vestido y listo para el colegio" o "Estoy cómodo y listo para jugar". Tu hijo tiene mejores cosas que hacer y ser que un anuncio andante de las tiendas o marcas del centro comercial. Simplifica sus opciones a la hora de comprar. Si encuentras un par de *jeans* que se ajustan a tu hijo, y a tu presupuesto, considera la posibilidad de comprar unos cuantos. Tener menos opciones simplifica vestirse. Los niños pequeños aún pueden adoptar todo tipo de ropa diferente y extravagante, tener *looks*, roles y estilos de moda diferentes para sus juegos de cambio de vestimenta.

MUY SIMPLE

La simplificación de la ropa facilita las transiciones. Evita tener demasiadas elecciones y sobrecarga, a la vez que permite el desarrollo lento y seguro de la expresión personal.

La variedad y el estilo suelen ser mucho más importantes para los padres que para los niños preadolescentes. La "elección" es a menudo una falsa necesidad, cuando en realidad un niño está más interesado en lo que va a hacer, una vez vestido, que en la propia ropa. Como adultos valoramos la individualidad, estamos convencidos de que los niños necesitan variedad y estilo para afirmar su personalidad. Pero la construcción de la identidad que los niños realizan a través del juego es mucho más importante que cualquier aspecto externo que puedan adoptar. Si se limitan las opciones en los primeros años, se da a los niños el tiempo y la libertad para desarrollar su voz interior. La sencillez proporciona la facilidad y el bienestar necesarios para desarrollar un fuerte sentido de sí mismos. Y créeme, no faltará la expresión personal —a través de la moda y de otros medios— cuando ese fuerte sentido de sí llegue a la adolescencia.

Aromas e iluminación

Antes de apagar la luz y cerrar la puerta de la habitación de tu hijo, aquí tienes algunas sugerencias más para simplificar.

La amígdala, la parte más antigua de nuestro cerebro, es el área asociada con el olfato. La mayoría de nosotros ha leído u oído hablar de los efectos nocivos de las sustancias químicas tóxicas, presentes en algunos productos de limpieza y cuidado del hogar. Muchos productos, desde los "ambientadores" hasta las velas, pasando por los jabones y limpiadores, vienen con su propia mezcla de aromas químicos. Así que, en un mundo lleno de intensidad, especialmente para los niños, también hay una cacofonía de olores. Demasiados olores. Todos estos perfumes químicos que compiten entre sí hacen que la amígdala se dispare y que el cortisol y la adrenalina aumenten.

Simplifica los olores y los perfumes en tu casa, especialmente en la habitación de tu hijo. Una de las cosas que calman la amígdala y promueven la sensación de seguridad y bienestar de un niño pequeño es su propio, aunque muy sutil y fino, aroma natural, y el olor de su madre o padre. Cuando nos rodeamos de olores y aromas químicos, perdemos la oportunidad de calmar y conectar con nuestros hijos. Hay que tener cuidado con los perfumes y con esos otros olores químicos, sobre todo en una época en la que tanta adrenalina recorre el sistema de nuestros pequeños.

Yo viajo bastante para dar pláticas y talleres y, cuando estoy fuera, mi mujer se acuesta con nuestras hijas para leer antes de dormir. Una de ellas coge la "almohada de papá" y la añade a la mezcla para que mi olor también esté con ellas mientras escuchan y se relajan antes del sueño. Los pequeños encuentran esta conexión sensorial muy relajante.

MUY SIMPLE:
Demasiada estimulación produce una sobrecarga sensorial. Ajusta el tono y la intensidad no solo de los sonidos, sino también de los olores y la luz de tu casa.

Una forma fácil de minimizar los sonidos en el entorno doméstico es suavizar las superficies reflectantes. Muchas personas tienen suelos y techos de madera, o mucha madera y cristal en sus casas, que ofrecen líneas limpias y una estética natural. Sin embargo, los niños a veces tienen dificultades con el procesamiento auditivo.

Algunos tienen problemas para que las sensaciones auditivas tengan realmente sentido para ellos, tanto a nivel cerebral como a nivel visual y espacial. En otras palabras, los ambientes en los que el ruido rebota mucho pueden confundirlos. Cuando tus hijos son pequeños, puede servir tener alfombras en el suelo y colocar alguna tela en el techo de su habitación. No es necesario que sea así para siempre, pero sobre todo hasta los ocho años puedes tomar medidas para suavizar y simplificar la acústica de tu casa.

Ten en cuenta los diferentes niveles y variedades de luz. Además de la luz natural de las ventanas, podemos tener luces fluorescentes y el brillo parpadeante de las pantallas de computadora y televisión. Los niños en edad escolar pueden pasar una buena parte del día con la iluminación, a menudo dura, del salón de clases. Una vez más, se trata de una simple sugerencia, pero he comprobado que es muy poderoso tener al menos un momento del día que incluya la luz de una vela. Puede ser justo antes de acostarse, como un intermedio entre el día y la noche. Si te da miedo la presencia de velas en la casa, puedes ponerla a la hora del baño, cuando tengas una tina llena de agua cerca. A los niños les encanta la luz de las velas y el círculo mágico de su resplandor.

Los inviernos en el noreste de Estados Unidos son largos y oscuros. A mi hija mayor, que se levanta más temprano para ir al colegio, le encanta bajar por la mañana porque hay una vela encendida para que desayune. De alguna manera, la oscuridad del exterior aumenta la paz de una mañana a la luz de las velas. Como una inhalación, la luz nos invita a unirnos al comenzar el día.

Los niños que tienen problemas para dormir por la noche a veces tienen sistemas de iluminación más elaborados que las pistas de un aeropuerto. Sugiero que se les quiten poco a poco las distintas luces: la del baño, la del pasillo, las tres luces nocturnas y la del buró que se mantiene encendida "mientras se duermen". Deja que la luz natural sea la última que se corte por la noche y la primera que se reciba por la mañana. La mayoría de los niños pequeños pueden dormir perfectamente con los ruidos fuertes, pero son muy sensibles a la luz; sobre todo para los que no tienen miedos nocturnos, quita gradualmente la luz, incluso la nocturna, para que su sueño sea más profundo y reparador.

Cuando cierres las cortinas y apagues la última luz, siéntate un momento en la oscuridad de la habitación simplificada de tu hijo. Imagínatela como un ambiente. Los caminos de su infancia, como líneas de puntos, se extenderán desde aquí… hacia el patio, a las casas de los amigos, a la escuela y al mundo en general, pero estas líneas siempre volverán a girar. Las líneas de puntos vuelven, alrededor del manzano y a través de las ventanas abiertas de una tarde de verano o a través de la oscura cercanía de una fría noche de invierno, al círculo de luz que rodea sus camas. Y de ahí a las historias del día, o al ángulo de un libro abierto compartido en los momentos previos al sueño.

Al simplificar, has dado pasos para frenar el exceso que amenaza los ritmos naturales y el crecimiento de la infancia. Empezando por casa —al privilegiar la experiencia sobre la acumulación de cosas y preferir "lo suficiente" en lugar del "más"—; has hecho sitio. Has despejado el espacio, literal y emocionalmente. Has creado un lugar propicio para la relación y para el lento desarrollo de la infancia. Has dejado espacio para la imaginación de tu hijo y sus exploraciones a través del juego.

Es un ambiente íntimo, un círculo de luz aún más reducido, el que dibujamos alrededor de los que queremos. Pero durante un tiempo, cuando son jóvenes y crecen, los adultos podemos ofrecer protección para que tengan más tiempo y tranquilidad, menos velocidad y desorden. Podemos ser los administradores de su entorno doméstico al poner límites y decir no a demasiadas opciones, a demasiadas cosas. Como veremos en el próximo capítulo, también podemos aumentar la seguridad del medio ambiente que creamos para ellos con ritmo y previsibilidad.

Imagina la habitación de tu hijo...

- ★ despejada y abierta al descanso de los sentidos.
- ★ con luz y colores suaves y una sensación de orden y espacio.
- ★ con lugar para moverse y jugar, para dibujar y construir.
- ★ sin juguetes rotos, olvidados o amontonados.
- ★ con algunos de sus juguetes más queridos a la vista y el resto en una o dos canastas en el suelo, cubiertas con tela.
- ★ con un lugar para un puñado de libros, mientras se guardan otros, listos para regresar una vez que estos se hayan leído y disfrutado completamente.
- ★ como un lugar tranquilo y seguro para dormir, con los aromas naturales del hogar y una iluminación nocturna mínima o nula.

Imagina...

★   a tu hijo creando nuevos mundos y nuevas formas de jugar con sus juguetes, en lugar de que requiera siempre otros nuevos para entretenerse.

★   abrir el cajón del buró o el armario de su habitación y ver el espacio alrededor de unas cuantas prendas que son perfectas para él o ella y la temporada actual.

★   que disponga de verdaderas herramientas y se sienta feliz al trabajar y jugar en la cocina, la limpieza y la jardinería.

★   que sea capaz de vivir profunda y constantemente en el "ahora" de una historia o de su juego, en lugar de estar siempre pendiente de lo que sigue.

Capítulo 4
Ritmo

La vida actual de la mayoría de las familias se caracteriza más por el azar y la improvisación que por el ritmo. ¿Martes de lavado? ¿Galletas y leche después del colegio? ¿Cena de carne asada el domingo? Dado que ambos padres suelen trabajar fuera de casa, este tipo de marcadores semanales pueden parecer más pintorescos que realistas. La vida familiar de hoy suele consistir en lo que nos sobra, en términos de tiempo y energía, cuando el "trabajo" del día está hecho. Siempre que pido a una madre o a un padre que me describan un "día típico" en su casa, nueve de cada diez veces empiezan por decir que no hay nada "típico".

No hay mucha gente cuya vida se caracterice por los ritmos de la tierra, por la luz del sol en un día determinado, las estaciones de barbecho o el ciclo de la cosecha de un cultivo. Sin embargo, nuestra vida sigue influida por los ritmos: académico, laboral, de sueño, festivo y circadiano, por nombrar algunos.

Los horarios de trabajo y desplazamiento pueden regir el reloj, pero son por lo general irregulares. Cambian y evolucionan, se solapan o se quedan cortos, de forma que nos cuesta seguir el ritmo y mantenerlo. Nosotros imponemos los ritmos de la vida de nuestros hijos. Y a medida que esos patrones se vuelven menos naturales, regulares o descifrables —"No te olvides de que vamos a entrar en la temporada de ventas del tercer trimestre, por lo que llegaré tarde toda esta semana"—, rebasan por mucho el mundo sensorial de un niño.

La primera canción de cuna de un bebé es el latido del corazón de su madre en el vientre, un ritmo poderoso que tratamos de recrear con suaves sonidos, al acunarlo en sus primeras semanas, meses e incluso años. Siempre se puede reconocer a una madre o un padre primerizos, incluso cuando están lejos de su bebé. Son los que, en la cola del supermercado o en la parada del autobús, se balancean suave (e inconscientemente) hacia delante y hacia atrás. Ya sean bebés de brazos o niños pequeños sobre las rodillas de sus padres, los pequeños ansían ese movimiento: el movimiento del balanceo. El ritmo se refleja en su respiración y en los latidos de su corazón. El balanceo es también el camino más seguro hacia el sueño, un camino rítmico de armonía y calma.

Al igual que la noche reemplaza al día, los niños aprenden que hay movimientos y cambios que, debido a su regularidad, pueden contarse. Los juegos de escondite refuerzan la noción de que las cosas desaparecen y vuelven a aparecer. La sensación de seguridad del niño se basa en estas previsiones. El movimiento de balanceo continúa en el columpio y el ritmo se retoma en el lenguaje con la repetición y la rima.

El día se convierte en noche; cuando tenemos hambre nos dan de comer; las personas que queremos se van y vuelven. Estos ritmos corresponden a la forma que tiene el niño de conocer su mundo. Con esa seguridad pueden aventurarse a salir; con la promesa de volver pueden explorar, y este ciclo será su patrón de aprendizaje durante toda la vida.

Los niños dependen de la estructura rítmica del día: de su previsibilidad, su regularidad, su pulso. Se benefician de la fiabilidad y la regularidad durante toda su infancia, pero especialmente durante los tres primeros años, cuando se produce el mayor aprendizaje inconsciente. Los niños no solo pueden encontrar seguridad en las pautas de la vida cotidiana, sino que así empiezan a encontrarse a sí mismos. En los ritmos más regulares del día, sus momentos más esperados —las comidas y la hora del baño, los juegos y la hora de acostarse— los niños pequeños empiezan a ver su lugar en las idas y venidas, en la gran canción de la familia.

En charlas o talleres, cuando empiezo a hablar de la importancia del ritmo en la vida cotidiana, siempre hay un rumor en la audiencia: la intranquilidad de los padres. Estoy seguro de que, para algunos, sobre todo para las parejas que han podido venir juntas a la reunión, ha sido necesaria la planificación de toda una operación militar de alto nivel solo para conseguir estar en la misma habitación al mismo tiempo. Y aquí estoy yo, hablando sobre ritmo. ¿Ritmo? Algunas familias mixtas tienen adolescentes y niños pequeños cuyos horarios tienen poco en común con la regularidad armónica. Los horarios de trabajo de algunos padres son tan distintos que no logran emparejarse, o cambian en cuanto la familia se ha adaptado a sus pautas. ¿Ritmo? Imagínate cómo le suena eso a la madre cuyo "día típico" es algo así: empezar a las seis con el desayuno, vestir a los niños y luego preparar los almuerzos, llevar a los niños a la escuela; después, un día de trabajo ajetreado seguido de una importante cena con un cliente, una carrera loca hasta llegar a casa para arropar a los niños, lavar los platos, preparar las mochilas para el día siguiente y, a continuación, a las 10 de la noche, se da cuenta de la hoja escolar que le "recuerda" que mañana es el día del "*lunch* especial de segundo año". ¿Ritmo?

Las comidas, el sueño, el trabajo, la escuela, el juego, los deportes, las tareas, la guardería, las clases, las citas y los amigos: son muchas piezas para encajar en cualquier marco de trabajo. Hacerlo con un sentido del ritmo y la regularidad es mucho pedir. Es pedir más de lo que algunos de nosotros podemos conseguir. De hecho, el mero tema del ritmo puede hacer llorar a algunos padres.

Esta es mi respuesta, buena y mala, a estas frustraciones tan comprensibles: aumentar las rutinas y mejorar el ritmo de la vida en casa *es* una de las formas más poderosas de simplificar la vida de tus hijos. Si lo ves como una mala noticia, esta es la buena: también simplificará —no complicará— la tuya. Y se puede hacer. De verdad se puede hacer.

MUY SIMPLE

Mejorar el ritmo de la vida en el hogar es una de las formas más poderosas de simplificar la vida de tus hijos.

Lo que resulta tan abrumador de la noción de ritmo es que suponemos que tenemos que organizar todas las partes móviles de nuestra vida en una sinfonía a gran escala. La crianza de los hijos ya es de por sí bastante difícil. Aunque la crianza implica mucha "dirección", todo el concepto de ritmo —o cualquier cosa que se aproxime a la música— puede parecer imposible. Para algunas familias va a ser difícil. No hay que preocuparse. Aunque tus horarios y tu estilo de vida desafíen cualquier tipo de control, te mostraré cómo dar a tus hijos una mayor previsibilidad y transparencia. Estas técnicas les proporcionarán una sensación de seguridad y a menudo establecerán un punto de apoyo para una vida hogareña más rítmica, para sorpresa de todos ¡y para su beneficio!

He tenido el privilegio de trabajar con muchas familias y de hablar con muchas más a lo largo de los años. Durante todo este camino, he desarrollado y reunido muchas ideas y técnicas que funcionan, ideas que han sido "probadas" en hogares ocupados. Puedes elegir entre ellas para establecer una mayor consistencia en tu propio hogar. El ritmo principal de este capítulo serán las historias, de las que podrás recoger opciones para tu propia familia. Algunas se quedarán, otras no, y algunas pueden servir de trampolín para nuevas ideas. Sin embargo, conocerás las que se mantienen mejor. Tus hijos las adoptarán y confiarán en ellas, como si la vida no tuviera sentido antes de hacer las "cosas favoritas" en la cena (por ejemplo). Su reacción puede ser más sutil. Al principio te darás cuenta de que todas las preocupaciones que tenías por comprometerte con esta o aquella parte del día, semana o mes, que ahora es habitual, se han desvanecido. Es más —¡sorpresa!— te encuentras esperando este nuevo ritual tanto o más que tus hijos.

Abordaremos los principales aspectos de la vida diaria de un niño: las comidas y la hora de acostarse, y nos extenderemos a partir de ahí, con muchas ideas para establecer "notas" a partir de las cuales tu hijo pueda contar el patrón de sus días. Al dotar al niño de un sentido del ritmo y de los rituales, puedes ayudarlo a ordenar su visión física, emocional e intelectual del mundo. A medida que los pequeños comprenden, con regularidad, que "esto es lo que hacemos", sienten una tierra sólida bajo los pies, una plataforma para el crecimiento. Una base tan estable puede facilitarles la elaboración de mapas: la conexión que están trazando en su cerebro, en relación con otras personas y en su emergente visión del mundo.

El sentido está en la repetición: hacemos esto cada día o cada semana porque es importante. Estamos conectados por esto que hacemos juntos. Nos importamos los unos a los otros. En el tapiz de la infancia, lo que más destaca no es el viaje a Disneylandia, sino los hilos comunes que se repiten: las cenas familiares, los paseos por la naturaleza, la lectura conjunta a la hora de acostarse (con una bolsa de agua caliente a nuestros pies en las noches de invierno), los *hotcakes* del sábado por la mañana.

Una vida doméstica rítmica tiene un patrón y un flujo. Sus cadencias son reconocibles y conocidas incluso por los miembros más jóvenes de la familia. Los patrones primarios —diarios, semanales— están tan bien establecidos que las otras secuencias de la vida —estacionales, anuales— se ajustan sin problemas a los surcos bien trazados.

El tempo de una vida cotidiana rítmica, descrito por un niño, sonaría algo así: "Esto es lo que hacemos en las mañanas de los días de escuela…", "Antes de salir de casa…", "Cuando llego a casa después del colegio, yo…", "Cuando mi madre o mi padre empiezan a cenar, yo…", "Antes de acostarnos en las noches de invierno, nos encanta…", "Lo que más me gusta de las mañanas de sábado es…", "Cuando uno de nosotros está enfermo, siempre…", "Lo que hacemos especialmente cuando se acerca el cumpleaños de alguien es…".

Estamos conectados por las cosas que hacemos juntos. Hay una regularidad, una consistencia en lo que hacemos como familia.

MUY SIMPLE
El ritmo y el ritual son lo que buscamos; la previsibilidad puede ser lo que consigamos.

"Eso está muy bien", puede que pienses, "para una familia que vivía en la pradera hace cien años. Pero mi familia está demasiado ocupada para tener algún tipo de ritmo en nuestros días". Mi respuesta a tu comentario imaginario es la siguiente: cuanto más ajetreada sea tu vida, más necesitarán y se beneficiarán tus hijos del establecimiento de un sentido del ritmo. También te diré que puedes empezar por cualquier momento del día —desde las cenas hasta la hora de cepillarse los dientes— y convertirlo en algo más rítmico. Te mostraré cómo hacerlo, y apuesto a que luego seguirás estableciendo más marcas en el ritmo y regularidad a lo largo del día.

Por último, permíteme que te asegure que, aunque el ritmo sea esquivo, puede proporcionar a tus hijos más seguridad al aumentar la previsibilidad en su vida diaria.

Previsibilidad

Entonces, ¿qué sería este "primo" del ritmo: la previsibilidad? La historia de Justin, un niño de seis años con el que trabajé, ilustra muy bien lo que quiero decir con "mayor previsibilidad" y "transparencia". Sus padres se pusieron en contacto conmigo porque se negaba a salir de la cama por la mañana. Justin estaba involucrado en lo que llegué a llamar "la defensa de la pijama". Su pensamiento —o lógica inconsciente— era algo así: "Si me quedo en pijama, no me puede pasar nada, y desde luego nada malo".

Hay una belleza en la simplicidad de este argumento, ¿no es así? Yo mismo lo consideré, muy brevemente, pero te ahorraré tiempo: a tus hijos les *encantaría* la idea de que tú también te sumaras a la defensa de la pijama, pero seguro que a tu cónyuge *nunca* le parecerá bien.

A medida que iba conociendo a Justin, me di cuenta de que llevaba una vida muy imprevisible. Sus dos padres se dedicaban a las ventas, con horarios extremadamente agitados y flexibles, y con muchos viajes. Cada uno trabajaba para una empresa farmacéutica diferente. Algunas mañanas Justin tomaba el autobús para ir a la escuela, otras veces uno de sus padres lo dejaba en la escuela, otras mañanas lo levantaban temprano para dejarlo en la casa de un amigo para que los padres de este lo llevaran a la escuela.

La recogida del colegio también era errática. Algunas tardes recogían a Justin para una cita de juego que se había concertado mientras estaba en el colegio. A veces, uno de sus padres lo recogía y se enteraba de que el otro se había ido inesperadamente de viaje y estaría fuera unos días. En ocasiones, después de que su madre o su padre lo recogieran en la escuela, tenían que seguir yendo a sus llamadas de ventas, y Justin hacía sus tareas o leía en las salas de espera de los médicos hasta la hora de cenar. Aunque la cena siempre formaba parte de la ecuación diaria, el qué, el dónde y el cuándo eran siempre cambiantes.

Cuanto mejor iba conociendo a Justin y a sus padres, más seguro estaba de que el concepto de ritmo no funcionaba, ni funcionaría, en esta familia. La madre y el padre de Justin cobraban, en parte, por su disposición a adaptarse, a viajar y a tener un horario más conveniente para los médicos a los que atendían que para ellos. También me di cuenta de que (y quizá por eso eran buenos en lo que hacían) ambos eran por naturaleza personas muy flexibles que sabían seguir la corriente. Su hijo era claramente la entidad más "fija" en su vida. Trabajaban en un plan; el padre de Justin aspiraba a un puesto en ventas corporativas que requiriera menos viajes. Mientras tanto, también pude ver que hacían todo lo posible para mantener a Justin "cubierto": seguro y protegido.

Pero había una brecha entre "seguro" y "protegido", y Justin había ideado una manera de llenar esa brecha por sí mismo: se quedaba en pijama hasta nuevo aviso.

Los padres de Justin y yo trabajamos en formas de aumentar la previsibilidad y la transparencia en su vida diaria. La previsibilidad es un concepto comprensible. Por transparencia me refiero a que nosotros, como adultos, tenemos una idea de cómo puede transcurrir nuestro día. Por muy ajetreado que sea, podemos imaginarnos cómo va a transcurrir. Los niños necesitan cierto nivel de claridad. Puede que no tengan el control de su día, pero necesitan tener acceso al "panorama" general, a la comprensión de cómo podría desarrollarse.

Así que cada noche, uno de los padres de Justin se sentaba con él para "prever" el día siguiente. Se trataba de un momento de reunión, no de un apresurado "lo que viene a continuación", sino un resumen de los puntos más destacados del día siguiente. No tiene que ser a la hora de acostarse, ni en la cama, pero sí tiene que haber un periodo de "descompresión" garantizado, relajado y sin prisas. Justin podía hablar de lo que había pasado ese día, o de su teoría actual sobre los ovnis, o de cualquier cosa que tuviera en mente. Su madre o su padre hablarían del día siguiente y de lo que podría ocurrir.

Los niños viven su vida pictóricamente, especialmente cuando son muy jóvenes, con menos de siete años. Necesitan lo "visual". Tu intención aquí es crear una imagen que puedan "vivir" al día siguiente. Esto no significa que tengas que tenerlo todo calculado, pero sí necesitas darles algunos marcadores, algunos elementos con los que puedan contar. La madre o el padre de Justin solían mencionar el tiempo que iba a hacer y señalaban dónde estaba su ropa ("con tus tenis nuevos, porque mañana tienes gimnasia"). Le decían cómo iba a ir al colegio. Incluso le decían: "Mamá o yo te recogeremos después del colegio. Todavía no sabemos quién, pero ahí estarás, esperando en el manzano, y mirarás hacia arriba para ver llegar mi coche rojo o la camioneta azul de mamá".

Es muy útil que los niños lleven esta imagen, esta sensación de claridad, cuando se van a dormir. Pase lo que pase en esos misteriosos procesos curativos del sueño, puedes estar seguro de que, si tu hijo tiene una preocupación, te enterarás de ella a la mañana siguiente. "¿Papá?". "¿Sí?". "Estaba pensando que la camioneta de mamá no es realmente azul".

Lo que hace esta anticipación del día es decir "no hay ninguna agenda oculta aquí". Estás dando a tu hijo marcadores, y así lo incluyes en el proceso de sus días juntos. Es cierto que, como adulto y padre, gobiernas el movimiento entre esos marcadores, pero no impones totalmente tu mundo al suyo. Te estableces como "capitán del barco" de una manera que sería reconfortante para cualquier pequeño, a flote en un gran océano. Así, en lugar de no saber nunca lo que puede ocurrir, el niño puede ver que hay alguien al mando. Esta persona (el "capitán" o los "cocapitanes") no solo controla las cosas, sino que acaba de mostrarle la "bitácora" y entiende cómo encaja en el cuadro.

De esta manera, aunque tu hijo no conozca el patrón de sus días por su consistencia y repetición (ritmo), tú puedes proporcionarle marcadores y vistas previas de su día, y hacerle saber lo que puede esperar (previsibilidad).

MUY SIMPLE
Con la previsibilidad, el niño sabe lo que puede esperar.

Una madre soltera que conocí solía hacer esta previsión con su hija pequeña en el cajón de arena, que en realidad era una especie de mesa de arena, y solía sentarse allí con su hija de cuatro años a hablar de cómo sería el día siguiente. Mientras hablaba, movía un pequeño coche por la arena, parando en la "escuela" o en el "supermercado" de madera.

Tú estableces el estado de ánimo y creas una expectativa para el día no solo con lo que dices, sino con cómo lo dices: un lugar cómodo, un contacto visual reposado, un enfoque relajado y sin prisas. No quieras repasar cada detalle de lo que puede ocurrir en cada momento del día siguiente. ¿Conoces la expresión "demasiada información"? Eso se aplica aquí, ya que ese enfoque seguramente aumentaría la ansiedad de tu hijo en lugar de su seguridad. Deja que el proceso, así como el mensaje, sean reconfortantes.

En general, para lograr una mayor previsibilidad, hay que intentar reducir las formas en las que los niños son sorprendidos. A menudo veo que los niños pequeños son levantados por detrás por su madre o su padre. Por supuesto, si estás en un aparcamiento muy concurrido o en una situación peligrosa, tienes que utilizar cualquier medio que puedas para proteger a tu hijo. Pero, por lo demás, considero que este enfoque es un minichoque, una sorpresa que, cuando se hace habitual, dice "mi mundo manda" en lugar de "lo hacemos juntos". Imagínate, en cambio, esa forma maravillosa en la que los niños doblan las rodillas y saltan hacia arriba para ponerse cara a cara con su madre o su padre mientras los levantan suavemente. Arriba. Esa forma de "trabajar juntos" es reconfortante para el niño y nos da a los padres la ilusión de que todavía podremos cargarlos cuando tengan diez u once años.

Tu hija de tres años está absorta en el juego, pero sabes que tienes que salir dentro de media hora para que puedan ir a recoger a tu marido en la estación de tren. ¿Quizá podrías hablar del horario del tren con Katie y de la probabilidad relativa de que lleguen a tiempo? (¡No, tiene tres años!) ¿O tal vez esperar hasta el último momento, cogerla y salir? (No, tiene tres años; un pequeño aviso le ayudaría.) "Cariño, pronto mamá va a avisarte cuando sea hora de recoger las cosas. Ahora no, pero dentro de unos minutos te lo diré, y entonces tenemos que empezar a guardar los bloques y limpiar. Arreglaremos las cosas y luego iremos a buscar a papá a la estación de tren". Este tipo de "avisos previos" pueden ayudar a aumentar la seguridad y la facilidad.

Si tus hijos son mayores, si se acercan a la adolescencia o están en ella, las reuniones familiares pueden ayudar tanto como los avisos previos para los niños más pequeños. A veces estas reuniones pueden darse después de la cena del domingo, cuando todos se relajan durante quince o veinte minutos antes de empezar a recoger la comida. Ahí se puede revisar lo que se hizo la semana anterior: ¿Qué funcionó? ¿Qué no funcionó? ¿Qué cosas queríamos decirnos antes de que se nos olvidara? A continuación, se discute la semana siguiente y se ponen sobre la mesa los planes de cada uno, así como la logística necesaria. Todo puede ser bastante complicado, pero a medida que las piezas se unen, lo que perdura, con el olor del jabón de la cocina y el último bocado del postre, es esto: estamos juntos en esto.

MUY SIMPLE
Los ritmos en la familia establecen una base de cooperación y conexión.

Una de las formas más simples y puras de estabilidad o previsibilidad en la vida cotidiana es la cortesía. Es un nivel de comunicación e interacción con el que se puede contar, que genera confianza. Cuando me pides algo, dices "por favor"; cuando respondo a tu petición, dices "gracias", y yo digo "de nada". ¿Qué puede ser más predecible? En el flujo de palabras, ruidos, gritos y expresiones diversas del día, este intercambio cortés se vuelve para los niños como una canción infantil, segura y familiar. También es un código. En su regularidad, la cortesía afirma y reafirma nuestra conexión; la forma en que nos tratamos unos a otros.

Algunas personas pueden pensar que la cortesía, sobre todo para los niños pequeños, es una forma de obediencia ciega o de conformidad forzada. Yo opino lo contrario. La cortesía es una de las formas más sencillas de establecer un ritmo básico de previsibilidad en el hogar. Los puntos de cortesía a lo largo del día son como las luces de un puente colgante, que aseguran y conectan.

A los padres nos preocupa mucho la seguridad. (Probablemente has visto a los niños salir a montar en bicicleta o patinar vestidos con tanta ropa acolchada que es un milagro que puedan moverse). La cortesía practicada en el hogar es una forma muy básica y sencilla de transmitir a los niños sentimientos profundos de seguridad. Incluso si tus horarios son inflexibles y tus pensamientos y días están muy llenos de cosas por hacer, una forma de previsibilidad se establece gracias a la cortesía. En un mundo apresurado y con frecuencia bastante rudo, trazas una línea alrededor de tu familia cuando se hablan con respeto. Cuenta con ello; tus hijos lo harán. Lo oyen y lo sienten, como sus latidos. A menudo parece como si lo olvidaran, pero no es así. El ritmo está interiorizado: fíjate en lo rápido que levantan la vista si *tú* olvidas decirles un "por favor" o un "gracias".

Establecer ritmos

Ya hemos hablado de cómo se sienten los niños cuando su vida diaria es rítmica o, al menos, predecible. El ritmo los tranquiliza y les da seguridad, les da raíces en la tierra de la familia para ramificarse y crecer. Lo que implican los ritmos es que hay un "autor" detrás de cómo hacemos las cosas en familia. Gracias a ellos, la autoridad de los padres se ve reforzada; se establece una "autoridad" que es suave y comprensible, "Esto es lo que hacemos", y también dice: "Aquí hay orden y seguridad".

Para los padres, las ventajas del ritmo son igualmente importantes. El ritmo crea los canales necesarios para la disciplina, haciéndola más intrínseca que impuesta. Cuando existen ritmos bien establecidos, hay mucha menos verborrea parental, menos esfuerzo y menos problemas en torno a las transiciones.

Los padres también sufren los efectos de una vida doméstica caótica y arrítmica. Cuando la vida es una serie de improvisaciones y emergencias, cuando cada día es diferente del siguiente, los niños no saben si van o vienen; los padres al menos se dan cuenta. Ustedes saben que van y vienen al mismo tiempo, que están increíblemente ocupados y que, por muy expertos que sean en la "multitarea", se sienten estresados por todo eso. Te sientes agotado, mental y físicamente. Sí, el ritmo hace que los niños se sientan más seguros. Por supuesto. Pero un sentido del ritmo también hace que los adultos estén más tranquilos y se sientan menos acosados por la locura parental. Con unas estructuras coherentes, te sentirás menos como un perro aburrido que pisa los talones de tus hijos.

"Todo esto está muy bien", puedes pensar, "pero ¿cómo se puede poner orden en el caos? Si mi vida fuera más regular, el ritmo sería fácil. Pero no es regular, es una locura".

La buena noticia es que puedes empezar poco a poco, establece pequeñas islas de consistencia en tu vida diaria. Si tu vida familiar es una pieza musical, ¿cómo suena ahora? ¿En qué momentos del día puedes empezar a conectar con los demás, para que surjan trozos y frases de una melodía? Considera un día normal en busca de oportunidades para el ritmo y la regularidad en el camino, pero cualquier nota repetida del día puede hacerse más rítmica.

¿Cuáles son los "puntos álgidos" o los lapsos difíciles de tus hijos? Para muchos niños, las transiciones son las más complicadas: salir por la puerta por la mañana, llegar a cenar. La fluidez del día mejorará cuando se imprima más ritmo a esos momentos. Sin embargo, hay que empezar poco a poco. Elige las actividades básicas que deben ser más consistentes y trabaja a partir de ahí, cambia poco a poco la composición de tus días. Una vez que hayas establecido algunas rutinas y ritmos, podrás dominar más fácilmente los obstáculos más grandes del día.

MUY SIMPLE
Cualquier "nota" o actividad repetida del día puede hacerse más rítmica.

Si construyes ritmos cuando tus hijos son bastante pequeños —entre los dos y los seis años—, los asimilarán con naturalidad y entusiasmo, pues los pequeños ya están muy orientados hacia los procesos, con un reloj corporal desarrollado. Una pequeña inversión de esfuerzo por tu parte dará lugar a hábitos y rituales para toda la vida. Sin embargo, el proceso tendrá que ser enfrentado con resolución, con la cercanía y la interacción de los padres durante un par de semanas, antes de que el niño se adapte a la tarea y la siga en piloto automático. Asegúrate de que tu compromiso es total —en especial en estos primeros intentos— y sentarás las bases para el éxito de esta y otras rutinas futuras.

Ahora utilicemos el ejemplo del cepillado de dientes. Para que sea consistente, tiene que vincularse a otra actividad segura o a una hora específica. Si la hora de irse a la cama es entre las 7 y las 10 de la noche, no puedes usarla como ancla. Acompáñalos en las diferentes etapas, mantente cerca. Asegura cada paso: ¿Dónde está tu cepillo de dientes? Ves, justo al lado del mío. ¿Cuánta pasta de dientes? Así, del tamaño de la uña de tu pulgar. Tenemos que cepillarnos los dientes durante dos minutos. ¿Listos? Vamos a poner el temporizador. Todo listo, bien.

En su libro *Secrets of Discipline [Los secretos de la disciplina]*, Ronald Moorish identificó maravillosamente los pasos que los padres deben dar con su hijo: empezar poco a poco, estar cerca, insistir y seguir adelante.

Para que cualquier actividad sea más rítmica, es útil conectar el proceso con una melodía, especialmente para los niños de cinco años o menos. Los pasos a lo largo del camino pueden ser cantados, sin necesidad de arias, solo con una actitud cantarina. ¿Lavarse las manos antes de cenar? Eso es. "Un poco de jabón, un poco de agua, frotar y frotar hasta que salgan las burbujas". El lavado de manos está ligado (en el tiempo) a la comida, está conectado (en el sentimiento) a las sensaciones físicas, y está relacionado (auditivamente) a una pequeña melodía, escuchada y también cantada. Todas estas pequeñas conexiones ayudan a ritualizar la actividad; ayudan a tu hijo a "archivarla" en su visión de un mundo ordenado.

Si es la primera vez que estableces ritmos con un niño mayor, el proceso puede llevar un poco más de tiempo (un mes), pero el método es el mismo. (Aunque para los niños de siete años o más probablemente debas probar con una actitud menos musical y más hablada). Tu implicación (empezar poco a poco, estar cerca, insistir y seguir) es aún más importante, ya que el cumplimiento de los pasos está menos asegurado a medida que el niño gana edad e independencia. Tienes que estar seguro de que llegue al punto en que el proceso sea automático y no sea cuestionado. Es entonces cuando parece que han alcanzado el éxito.

Con un niño de siete años o más, que rara vez ha hecho la misma cosa de la misma manera y a la misma hora dos días seguidos, querrás empezar de nuevo con algo pequeño. Comienza con una tarea sencilla que les resulte agradable o los ayude de alguna manera, como por ejemplo colgar su gorra de beisbol y su mochila favorita en el mismo lugar todos los días al llegar del colegio. Cuando tu hijo domine ya estas tareas y sienta algún beneficio de ellas ("Al menos ya no tengo que buscar mi gorra, mamá…"), entonces podrás señalar estos avances como inspiración para cambios mayores y más constantes.

En el caso de los niños mayores, tendrás que discutir el cambio de antemano y consultar con ellos la mejor manera de adoptarlo. Especialmente en el caso de los niños que se acercan a la adolescencia, hay que dejar claro "qué les aporta", aunque el principal beneficio sea que tú no les des tanta lata. No es necesario que argumentes el caso, puedes ser breve, pero debes hacerles saber que, además de los beneficios obvios (llegar al autobús a tiempo, avanzar mejor en sus tareas escolares) este cambio también significará que están tomando más control de su propia vida. Y tú lo notarás.

MUY SIMPLE
El ritmo crea islas de consistencia y seguridad a lo largo del día.

Cualquier cosa puede hacerse más segura por medio de la repetición y el cuidado. La necesidad de despertarse por la mañana puede convertirse en un pequeño pero agradable ritual. Cuando te sientas en la cama de un niño pequeño y le cantas o tararareas suavemente durante uno o dos minutos —o simplemente te sientas—, se despierta con una presencia amorosa. Si tienes un niño que se levanta temprano, ¿puedes preparar una charola para él con cosas tranquilas para hacer hasta que los demás se despierten?

Vestirse por la mañana puede ser mucho más fácil con un poco de preparación la noche anterior. Nosotros hacemos "espantapájaros" con la ropa de nuestras hijas para el día y "vestimos" completamente un gancho, rematado con un gorro en invierno. Esto ahorra tiempo, pero también ayuda a impulsar a las niñas en su día al limitar las oportunidades de elección y conflicto. En el caso de los niños con problemas de integración sensorial, es útil tener la ropa preparada para que no haya etiquetas rasposas o trozos de tela.

El desayuno suele ser menos formal que la cena, pero no tiene por qué ser completamente improvisado. Puedes anclar el desayuno con algunos rituales de conexión y seguridad. Es un momento ideal para adelantar el día, guiando verbalmente a tu hijo sobre lo que puede esperar. ¿Te gustaría que tus hijos se abrieran más acerca de su vida cotidiana y lo que les preocupa? Siéntate frente a ellos por la mañana, mientras su nivel de azúcar se repone con el desayuno, y mientras reflexionan sobre lo que han procesado durante el sueño. Nunca se sabe lo que uno puede escuchar.

Para los niños que estudian un instrumento, después del desayuno puede ser un buen momento para practicar. Si no disfrutan practicando, la tarea se acaba a primera hora. Mientras tanto, especialmente para los niños que tienden a estar malhumorados por la mañana, tocar música suele equilibrar su estado de ánimo. Los lleva directamente al centro neuronal de la creatividad o sistema límbico.

Esas islas de consistencia y seguridad que el ritmo construye a lo largo del día son como respiraciones. Estos intervalos permiten al cerebro del niño mantener el equilibrio y fluir a través de sus centros de voluntad, pensamiento y sentimiento. Si el niño está constantemente a la carrera y reacciona siempre a las circunstancias cambiantes, volverá por defecto o irá mentalmente a una forma de secuestro de la amígdala. Ellos funcionan desde la parte del cerebro que es rápida para reaccionar, pero menos capaz de considerar las cosas a fondo o con flexibilidad.

Una vez, en un taller, un padre compartió con nosotros su ingeniosa forma de incorporar un ritmo "de lanzamiento" a las mañanas cotidianas. Él y su mujer tenían problemas para sacar a sus hijos por la puerta. Despertarse, vestirse y el desayuno iban bien, pero luego había un retraso considerable en el movimiento de los pies. Un niño se perdía, los zapatos también se "perdían", ponían excusas... El último empujón se hacía eterno. Es lógico. Cuando la casa es cálida y acogedora, ¿por qué no demorarse? Así que incorporaron un nuevo ritmo a las mañanas. Una vez que cada niño se vestía, tenía una pequeña tarea que hacer antes de salir. Ya fuera sacar el abono, dar de comer al gato o hacer la cama, así que, de alguna manera, la llamada de "¡Vamos! ¡Salgamos!"

era más que bienvenida, cuando venía de la mano (¡o en medio!) de una tarea.

Cuando en la escuela se hace hincapié en los exámenes, las pausas del día a menudo se cortan o se acortan. El recreo, el arte, la música, el movimiento: de nuevo, estos son los intervalos que permiten al cerebro del niño mantener el equilibrio, procesar la información. Cuando el objetivo es enseñar para los exámenes, las escuelas tratan de "insertar" más, pasando por alto los temas y los procesos curriculares que requieren más tiempo, porque fortalecen el ordenamiento y la fragmentación. Un día normal puede incluir "unidades" sobre Egipto, los insectos, la división larga, español y la diagramación de frases. Cuanto más fragmentada sea la jornada escolar, más se beneficiarán los niños de que haya consistencia en casa.

El tiempo que transcurre entre la escuela y la cena es un importante periodo de transición. Algunos niños participan en programas extraescolares, otros pueden tener una sucesión de lecciones o actividades antes de la cena, y otros participan en deportes. Muchos padres creen que sus hijos se benefician de algún tipo de liberación catártica, una forma de "enloquecer" y liberar la energía después de la escuela, por lo que añaden una o dos actividades programadas al final de cada día. Algunos niños realmente necesitan moverse —necesitan correr, trepar un árbol, andar en bicicleta—, sobre todo después de estar sentados en un salón de clases la mayor parte del día. Pero el horario extraescolar también es una gran oportunidad para el tiempo libre no programado. Disponer de tiempo para el juego abierto y dirigido por ellos mismos es un buen equilibrio ante las normas y los horarios que siguen los niños en la escuela. Qué placer es para un niño en edad escolar establecer su propia agenda; y qué bendición puede ser, incluso, aburrirse.

No todas las actividades realizadas con regularidad constituyen un sentido del ritmo. Después de todo, un régimen estricto es rítmico, pero solo en el sentido más árido y sin vida de la palabra. El valor de un ritmo proviene de las intenciones que hay detrás de él. Cuando consideres aumentar los ritmos en tu vida familiar, pregúntate: ¿Hará la vida más fácil, más equilibrada? ¿Nos ayudará a hacer lo que tenemos que hacer? Y lo que es más importante, ¿contribuirá en algo a la forma en que queremos vivir?

En su consistencia, los ritmos establecen confianza. Ofrecen a los niños una sensación de orden, la alegría de la espera y la seguridad de las cosas con las que hay que contar cada día. El ajetreo, el cambio y la improvisación seguirán teniendo las llaves de tu casa, pero no gobernarán por completo. No cuando se respetan los ritmos y se impone la coherencia. Y cuando te plantees añadir nuevos equilibrios a tu vida familiar, recuerda que, además de coherencia, los mejores ritmos de la vida diaria crean una conexión más profunda.

MUY SIMPLE
Los ritmos de la vida familiar proporcionan consistencia; los mejores ritmos también crean una conexión.

No te sugiero que programes pausas de "abrazos en grupo" a lo largo del día. (Aunque puede darte más energía, si logras hacerlo.) Lo que sugiero es que la conexión se establezca a través de pequeños momentos no planificados. Limpiar después de la cena es algo que se hace en familia; no es gran cosa. No es exactamente una maquinaria bien engrasada, pero de alguna manera —con muchos intentos de huida y cada uno con su estilo, con choques ocasionales— el trabajo se hace. Es cuando tu hijo de seis años, ante un público amplio, realizó por primera vez su baile robot de signos. Es cuando el bebé se queda sentado en silencio, absorto en el movimiento que lo rodea.

Créditos relacionales

La música tiene que ver tanto con los espacios entre las notas como con las notas mismas. Como guitarrista (aspirante y frustrado), conozco la importancia de la pausa. Cuando bajas de una nota y te preparas para la siguiente, o mantienes un acorde de séptima suspendida, el espacio es absolutamente crítico para la pieza. También en la crianza de los hijos en los intervalos —los espacios entre las actividades— es donde se construyen las relaciones.

Este ejemplo es el más sencillo: un intercambio que, sobre todo en el caso de los niños, probablemente te resulte familiar. Recoges a tu hijo de la escuela y apenas sube al coche le preguntas: "¿Qué tal la escuela?". "Bien". "¿Solo bien?". "Estuvo bien, regular". "¿Qué ha pasado, qué hiciste?". "Nada". A los padres nos enloquece esta tacañería en la conversación.

Pero espera. Más tarde, esa misma noche, mientras el niño está acostado en la alfombra de la sala, con la cabeza apoyada en el lomo del perro, puede que se sienta más inclinado a dirigirse a ti y compartir más cosas: "Oye, mamá, ¿conoces a mi nuevo profesor de ciencias, el Sr. Elway? Hoy me dijo que puedo hacer mi proyecto sobre los agujeros negros, lo cual es genial, ¡porque es *exactamente* sobre lo que quería hacerlo!".

Esos son los momentos de pausa, cuando no pasa nada. O bien es el paso, el intervalo entre una actividad y la siguiente. Irónicamente, con frecuencia no son las actividades en sí mismas, sino los momentos que preceden a estas, o que se alejan de ellas, los que proporcionan una ventana para saber cómo les va a nuestros hijos. Por desgracia, algunos niños tienen muy pocas pausas en su vida diaria, yendo de una actividad a otra sin poder procesar sus pensamientos o sentimientos. O los padres de un niño pueden estar tan ocupados y con la agenda tan llena que se vuelven un objetivo móvil, no disponible para estos momentos de conexión no planificados.

Un sentido del ritmo en el hogar puede aumentar estos momentos de pausa. Hay algo en el hecho de estar constantemente al lado de los niños que les hace "elegir su sitio" y abrirse a ti cuando no pasa nada, porque te has vuelto familiar, consistente y predecible.

Hay dos puntos que queremos tocar aquí y que están relacionados. Uno de ellos es que al ser un padre que se compromete con la regularidad —libros todas las noches, cenas juntos, el paseo de invierno, las "cosas favoritas", las notas regulares del día y de la semana— te conviertes, por extensión, en un padre con el que los niños pueden estar sin hacer nada. A veces pienso en esto como el "fenómeno del zapato viejo". Al ser ese tipo de madre o padre demuestras que eres constante y digno de confianza. Con esos compromisos habituales estás diciendo: "Sí, puede que sea 'un zapato viejo', pero soy *tu* zapato viejo parental".

MUY SIMPLE
Las relaciones se construyen a menudo en los intervalos, en los espacios entre actividades, cuando no pasa nada.

El otro punto es que estos momentos de no hacer nada son críticos. Recuerdo que una madre mencionó en uno de mis talleres que no podía imaginarse estar a solas con su padre durante ningún periodo de tiempo. Incluso de adulta se preguntaba qué haría si tuviera que hacer un largo viaje en coche con su padre, o si de alguna manera se encontraran juntos en un bote de remos durante un par de horas. Se apresuró a añadir que su padre no tenía nada de aterrador ni de amenazante, pero a pesar de todos esos años de crecimiento en la misma casa, él era un extraño para ella, y no sabía de qué podrían hablar sin otras personas o distracciones a su alrededor.

La simplificación establece un énfasis tácito en la relación. Al evitar algunas de las distracciones que podrían consumir fácilmente nuestro tiempo y atención —medios de comunicación ilimitados, actividades y *cosas*—, dejamos la puerta emocional abierta para nuestros seres queridos. Reconocemos que ya han reclamado nuestra atención. La sencillez establece una conexión "financiable" con nuestros hijos. Con esto quiero decir que tenemos "créditos relacionales". En los momentos difíciles podemos contar con esta conexión y recurrir a ella.

Lo que buscamos en la familia es una profunda comodidad en la compañía del otro; es lo que queremos que sientan nuestros hijos. Una sensación de tranquilidad que no depende de un interés, una actividad o una conversación compartida. Esta conexión reconfortante suele ser fácil cuando son jóvenes. Al fin y al cabo, somos los arquitectos de la familia; construimos sus estructuras y establecemos su clima emocional. Sin embargo, a medida que nuestros hijos crecen y se independizan, hay más oportunidades de que se produzcan desencuentros en nuestras distintas etapas emocionales y también en la conexión de unos con otros. Un padre puede descubrir que no tiene mucho que ofrecer en la profundidad de la "fase del caballo" de su hija, cuando todos sus pensamientos, conversaciones y sueños van hacia el mundo de los equinos. Del mismo modo, el hijo con el que mamá solía jugar a la pelota ahora toca el bajo en el garaje. Si ella abre la puerta para mirar, él y los otros cuatro chicos (uno de ellos con varios *piercings*) se girarán y dirán, al unísono, "¿qué pasa?".

La forma en que tu hijo (y tú como su padre) se desenvuelve durante sus años de adolescencia está determinada por los años que preceden a la primera oleada de hormonas. Se basa, al menos en parte, en esos momentos de pausa que has compartido mientras crecían, en esos créditos relacionales que has acumulado. Esos momentos de seguridad y tranquilidad forman un surco de conexión muy trabajado. Lo que esperas es que la vida relacional que han establecido juntos continúe hasta la adolescencia. El vínculo es habitual, inconsciente. Es la forma de estar juntos y siempre lo ha sido.

¿Haber hecho muchas cosas juntos cuando eran más pequeños hace que su adolescencia sea fácil? Difícilmente. Ni de lejos. La adolescencia es una época de desarrollo turbulento y puede ser intensa, tanto para los adolescentes como para sus padres. Pero los créditos relacionales, el énfasis que has puesto en estar ahí para ellos, y con ellos, pueden hacer las cosas más fáciles para ambos, durante su adolescencia y otros momentos difíciles. He aquí dos ejemplos de mi experiencia reciente.

Un padre y su hija vinieron a verme. La hija tenía algunos problemas académicos, pero mientras hablábamos, surgió un problema completamente diferente. Lily estaba en primero de secundaria. Al parecer, en su pequeña comunidad escolar se habían celebrado recientemente dos fiestas sin presencia de adultos en las que se habían realizado "juegos" sexualmente explícitos. Lily mencionó que ella había sido quien había hablado con su padre sobre estas fiestas, y le había contado lo incómodos que se habían sentido ella y varios otros niños. El padre de Lily se puso en contacto con otros padres y las fiestas dejaron de celebrarse. Se habían mantenido muchas conversaciones entre los niños participantes y sus padres, y todo el asunto se había manejado sin que se dijera que Lily fue quien acudió primero a su padre.

Cuando Lily me lo contó, le dije que me impresionaba que hubiera tenido el valor de hablar así con su padre. "Bueno", dijo Lily, "mi padre y yo estamos muy unidos. Sabía que me escucharía. Sabía que al menos me oiría, pues siempre lo hace. Y pensé que, si podía encontrar una forma de resolver las cosas, me ayudaría". De hecho, el padre de Lily había estado escuchando en silencio mientras ella me contaba todo el incidente. Escuchar —esperar, hacer una pausa— parecía ser algo que se había convertido en un hábito. ¿Siempre sería así entre ellos? No lo sé. Pero *ella* estaba segura de que, pasara lo que pasara, su padre la escucharía. Si tenemos en cuenta lo que puede ocurrirle a una joven en esta época de su vida, esa certeza es algo muy poderoso.

Otro punto sobre Lily y su padre. El padre de Lily, que era carpintero, tenía su taller en el sótano. No siempre estaba ahí cuando Lily y su hermano volvían del colegio, pero siempre que estaba la puerta del sótano estaba abierta. Ambos niños sabían que podían bajar y hablar con él mientras tallaba o lijaba. A veces se detenía, apagaba las máquinas y se sentaba frente a ellos en la vieja mesa de picnic del taller. Pero la mayoría de las veces, la charla fluía con la tarde, tanto como lo hacía el trabajo. Menciono esto porque a veces pensamos que tenemos que crear un "espacio sagrado" (bajar las luces, entonar cantos gregorianos) para comunicarnos con nuestros hijos.

No es así. Cualquier lugar sirve; el aserrín es opcional. La cuestión es crear un espacio de tiempo y atención. Tu intención, y tu compromiso, harán que ese espacio sea sagrado para ti y tus hijos.

MUY SIMPLE
Comprometerse con el ritmo genera confianza y créditos relacionales: una conexión "rentable".

A veces ayuda simplemente recordarles a los niños que ese espacio seguro existe para ellos. Una tarde, hace unas semanas, mi hija mayor volvía a casa después del colegio. Mientras caminaba por el sendero hacia la entrada, empezó a llorar. Cuando mi mujer la alcanzó y la abrazó, las lágrimas y las palabras se desbordaron. "¡Insoportable!", escuché mientras me acercaba a sentarme cerca de ellas. Había sido un día horrible en la escuela. Había tanto ruido en clase que no habían tenido un segundo recreo, ella no había escuchado la historia que la maestra les contó ni había tenido oportunidad de terminar su pintura.

¿Acaso no es tentador intervenir con una solución? Es absolutamente tentador calmar sus pequeñas barbillas temblorosas y secar sus ojos con una solución infalible, que no pueda fallar. Pero hacer eso dice sistemáticamente "tengo el control de tu vida" y "sé cómo te sientes". No lo sabemos. Y no lo sabemos, en realidad. Aunque pueda parecer un pensamiento reconfortante "saber cómo se sienten", también les niega sus propios sentimientos.

Pronto las dos hermanas estaban jugando, retomaron el día un poco a su manera. Pero cuando salió el tema del colegio durante la cena, la mayor seguía claramente apesadumbrada. "Cariño, pase lo que pase en el colegio o en cualquier sitio, tú también, siempre, tienes un lugar aquí, en casa. Estamos aquí, tu madre y yo, y tu hermana". Las lágrimas volvieron a aparecer, pero ella se levantó de un salto para abrazarme, aliviada. No estaba "arreglando" su día, solo le recordé que tenía un lugar seguro, un refugio. Le mencioné que iba a volar al día siguiente a Chicago, "uno de los mayores aeropuertos del país". Le dije que mientras caminaba por ese aeropuerto tan concurrido, lleno de ruido y de gente que se apresuraba de aquí para allá, probablemente pensaría en ella, en su madre y en su hermana en casa. "¿De verdad?", preguntó. "Sí", dije. "Esta foto me acompaña allá donde voy".

La hija de mi amiga Laura, Alison, tiene quince años. Es una chica brillante, maravillosa y muy querida para los que la conocemos. Cuando me encontré con Laura hace poco, hablamos de la adolescencia. A pesar de todo su encanto con los demás, dijo Laura, Alison puede ser bastante insolente y hostil en casa, especialmente con ella. Es decir, ojos en blanco, respuestas monosilábicas, todo lo que está en la lista típica del "comportamiento adolescente". Los comentarios más desagradables de Alison parecían estar reservados para su madre. "¿Sabes lo que es extraño sin embargo?", comentó Laura, bajando la voz a un susurro. "En la cena puede mirarme como si me hubiera salido una segunda cabeza y, aun así, casi todas las noches se deja caer en el sofá frente a la chimenea conmigo, ¡con su cabeza en mi regazo!".

Todo esto no es tan extraño en realidad. El trabajo de tiempo completo de Alison (por su propio desarrollo) ahora es alejar a Laura, pero en su "tiempo libre" hace lo que también es natural para ella. Puede pensar en su madre como una extraterrestre en este instante y, gracias a su amplia y profunda conexión, acurrucarse con ella al siguiente. Los adolescentes también pueden olvidarse de su actual misión en la vida durante el tiempo suficiente para vivir en el profundo surco de su conexión contigo. Y como padres necesitamos esos momentos de conexión para superar el resto. Sus hormonas no pueden reprimir del todo los músculos del corazón; estos se entrenan y ejercitan con años de conexión tranquila y sencilla.

Las relaciones se forjan en las pausas, en los momentos ordinarios e incidentales que tienen un extraordinario poder acumulativo. Cada noche, cuando una familia se reúne para cenar, hace sus "cosas favoritas". Uno por uno, mencionan algo especial del día… algo que hicieron o vieron, algo que destacó entre todo lo demás. Para los niños puede ser el ala de libélula que encontraron en el poste de la valla, el dominio de los zapatos con agujetas, el nuevo gatito de los vecinos. Para los padres, puede ser una oportunidad para hacer un reconocimiento: "Hoy me he dado cuenta de lo bien que han hecho un plan y han limpiado el espacio de juego... y además sin discusiones. Eso ha sido de gran ayuda". Esta simple afirmación —no exagerada ni sentimental— puede ser muy poderosa. Cuando se hace con regularidad, tiene todo el poder de un ritual que marca el flujo del tiempo y centra nuestra atención y nuestro amor. El día se tiñe de este momento vespertino cuando te preguntas: ¿Cuál será la "cosa favorita" de hoy? ¿Qué belleza puedo notar en las acciones de mi hijo hoy?

Los ritmos son como un lugar que se pone en la mesa. Una invitación incuestionable a participar, conectar y pertenecer.

Cena familiar

En mis años como maestro Waldorf me di cuenta de un curioso fenómeno. Una parte habitual de la jornada de los niños en el kínder era la preparación del *lunch*. Este proceso podía incluir el corte de verduras para la sopa, el pelado de manzanas o el amasado de la masa para el pan. Invariablemente, los padres se quedaban mudos al enterarse de que en la escuela su hijo o hija se comía con gusto el *lunch*, ya fuera una sopa de verduras o una papilla caliente.

"¡Imposible! Taylor solo come dos cosas: pasta de moño con mantequilla o waffles". ¿Sopa de verduras? ¿Cómo es posible? A lo largo del año, los padres se las ingeniaban para visitar el salón a la hora del *lunch* en busca del truco, el juego de manos que explicara este milagro. Miraban a las maestras con ojos escrutadores: "Hay algo mágico en ella... pero ¿qué puede ser?".

Resulta que la magia está en el proceso. Los niños que han participado en la preparación de una comida la asumen como propia. Más sencillamente: cuando los niños preparan su propia comida, es menos probable que la tiren o la rechacen. En el maravilloso mundo del jardín de niños Waldorf, el almuerzo no es solo algo que se come, sino un acontecimiento. Hay una reverencia asociada a todo el proceso: la preparación, la comida y la limpieza posterior. Todo el mundo está implicado.

Los científicos sociales han analizado la importancia de la "cena familiar" desde la década de 1980, cuando quedó claro que este ritual, antaño sagrado, estaba en peligro de extinción. Se dedicaron muchos años y estudios a las preguntas del huevo y la gallina: ¿Era la calidad del tiempo que pasaban juntos lo que determinaba los efectos? ¿Era más probable que los niños que iban mejor en la escuela provinieran de familias que cenaban juntas, o era el hecho de comer en familia lo que influía en las mejores calificaciones de los niños?

La respuesta, de nuevo, está en el proceso, no en los detalles. Puede que la cena de esta noche no sea un triunfo gastronómico, que la conversación divague y que se unan a la reunión familiar invitados no deseados: discusiones o tensiones subyacentes del día. Resulta que el proceso permite las malas noches, el mal humor e incluso (Dios no lo quiera) la mala comida. El proceso (o el ritmo) une esas particularidades con los momentos de oro en un vínculo fuerte y unificador. Esto es lo que hacemos juntos y lo que significamos el uno para el otro, ya sea un buen día o no, una buena comida o una mala comida.

MUY SIMPLE
La magia de los ritmos está en el proceso, en la regularidad, no en los detalles.

Los estudios han demostrado que cuanto más a menudo coman las familias juntas, más probable será que los niños vayan bien en la escuela, coman fruta y verdura, y desarrollen su vocabulario; también será menos probable que fumen, beban, se droguen, sufran depresión, asma o desarrollen trastornos alimenticios. El Centro Nacional de Adicción y Abuso de Sustancias (CASA) de la Universidad de Columbia realizó un estudio durante diez años en el que se descubrió, entre otras cosas, que la cena en familia mejora con la práctica. Cuanto menos a menudo se come en familia, más probable es que la televisión esté prendida durante la cena, que la comida sea menos saludable y, según la valoración de los participantes, que la conversación sea más escasa y menos satisfactoria, en general, la experiencia (Gibbs, 2006).

Si se combinan la sabiduría del kínder, los resultados de los científicos sociales y nuestros propios instintos, podemos al menos decir esto: la cena familiar es más que una comida. Reunirse, comprometerse con un tiempo y una experiencia compartidos, intercambiar conversación, comida y atención... todo eso se traduce en algo más que estómagos llenos. El alimento es exponencial. Las historias familiares, las marcas culturales y la información sobre cómo vivimos se van pasando de uno a otro al mismo tiempo que el plato de verduras. El proceso es mucho más que una cena: es lo que viene antes y después. Es la reverencia que se incluye en ella. El proceso de nuevo es más importante que los detalles. No solo es más tolerante, sino que, como cualquier ritmo, mejora con la práctica.

En el capítulo 3 limitamos el desorden y el exceso en el entorno simplificando los juguetes, los libros y la ropa. Piensa en aplicar los mismos principios a la comida. Mi propósito no es solo ordenar la despensa, sino las opciones, los juicios y las cuestiones de poder en torno a la comida, en especial para los niños pequeños. Primero, sin embargo, para seguir con nuestro énfasis actual en el ritmo, veremos formas sencillas de acentuar el proceso en torno a la cena. O, para decirlo de otro modo, miraremos detrás de la cortina mágica del jardín de niños para revelar cómo tú también puedes servir una sopa de verduras que tu hijo comerá.

El ritmo de la cena comienza con su preparación, no con el primer bocado. Sea como sea, involucra a tus hijos. Incluso los niños más pequeños pueden pelar una papa, lavar la lechuga o simplemente poner los tenedores junto a cada plato. Al principio te costará más esfuerzo, pero te servirá para que en el futuro te ayuden con mayor frecuencia y eficacia. Además, los niños se sienten partícipes de la comida, es un "orgullo de autor" que influirá en su alimentación y su comportamiento. "¿Qué te parece?", preguntarán a todos, varias veces.

Implicar a los niños en la preparación de la comida también facilitará la transición a la mesa. Si es necesario apartar a un niño del juego, es más fácil llevarlo a una actividad que a una silla. "¡Vamos, Emma, necesito que laves estos chícharos!". Un niño involucrado en algo, en el flujo de una tarea, lleva su propio ritmo. Al implicarlos en la preparación, se crea una rampa de acceso a la comida.

Hacer la transición más fácil es importante, porque no quieres que las emociones fuertes de tu hijo —el bloqueo de lucha o huida— se agiten con la comida. ¿Qué pueden hacer los niños con las emociones fuertes, cuando a menudo se sienten impotentes? Bueno, hay tres áreas en las que los niños pueden ejercer el control y ganar: comer, hacer caca y dormir. Mejor dicho: no comer, no hacer caca y no dormir. Cuando se les saca del juego, los niños pueden estar preparados para una pelea. Los sientas ante un plato de comida y ya han encontrado una pelea que saben que pueden ganar. No puedes obligarlos a comer, es cierto, pero con un poco de construcción de rampas, involucrándolos en una tarea compartida, puedes igualar las probabilidades.

Es agradable tener una especie de comienzo simbólico antes de la comida. Mi familia guarda un momento de silencio. (Empezamos con diez segundos.) Algunas familias comparten una oración o una bendición; otras encienden una vela. Una vez más, los detalles dependen de ti. Una familia que conozco tiene una cesta con las tarjetas de Navidad que han recibido cerca de la mesa de la cocina. Una noche a la semana se elige una tarjeta del montón y se recuerda al remitente, durante un momento, antes de empezar a comer. Todos estos actos son, en realidad, un aliento colectivo y un agradecimiento, ya sea religioso o laico. Gracias al cocinero o cocinera, a los agricultores que cultivaron los alimentos, a los que amamos, o a la buena suerte que reúne a la familia, sana y salva.

La mesa del comedor es uno de los laboratorios más consistentes para el aprendizaje de habilidades sociales (y el control de impulsos) de un niño; es la democracia en acción. Es cierto que puede ser rara la comida que no te avergüence un poco mientras imaginas cómo un público más amplio interpretaría tu "cena-teatro". Puede que tu familia no esté aún preparada para una audiencia con la reina, pero la mayoría de las "reglas" son principios de equidad y cortesía básicas. Los platos se pasan, los cubiertos se usan o se intenta usarlos lo mejor posible, nadie se levanta de la mesa hasta que todo el mundo haya terminado, nos preguntamos y nos contamos lo que ha pasado a lo largo del día.

Implicar a todos en levantar la mesa es una forma ideal de pasar de la comida a los ritmos y actividades de la noche. De este modo se mantiene la democracia de la comida: si vas a comer, puedes ayudar a preparar la comida y, con seguridad, ayudarás a limpiar después. La conexión creada a través de la comida continúa, pero en movimiento, ya que cada uno asume sus propias tareas al trabajar juntos.

Simplificar los sabores

Para la mayoría de las familias de hoy en día, los pilares del exceso también se aplican sin duda a la comida. En general, consumimos demasiado; estamos abrumados por demasiadas opciones y demasiada información (publicidad y mercadotecnia), y el "demasiado rápido" se

aplica tanto a lo que comemos (comida rápida) como a la forma en que
lo hacemos (sobre la marcha). La sensación de agobio, sobre todo en el
caso de los niños, puede ser la base de los malos hábitos alimenticios y
de los problemas de control en torno a la comida durante toda la vida.

Al igual que los problemas relacionados con los juguetes y el desorden que exploramos en el capítulo 3, la comida es otro aspecto de
nuestra vida cotidiana que se ha inflado con excesos y seudoelecciones.
Aunque no pretendo ser un experto en nutrición, no es necesario tener
conocimientos dietéticos para perder parte del peso que sentimos en
torno a las elecciones alimentarias de nuestra familia. Al igual que hice
con los juguetes y el desorden, ofreceré algunas pautas generales para
simplificar la alimentación.

En lugar de una hipotética "montaña de alimentos" en el centro de
tu cocina, imagina la enorme extensión de un supermercado; muchos
ahora tienen el tamaño de un hangar de aeropuerto, y los alimentos
menos procesados (los que existían hace cincuenta años) se sitúan en
la periferia. Las presiones de la mercadotecnia son intensas en nuestras
compras de alimentos y, al igual que los juguetes, los alimentos se comercializan como entretenimiento, como caprichos que los niños se sirven para disfrutar. ¿Quiénes somos nosotros, como padres, para decir
que no a su placer? También está la presión de grupo. Los vendedores
de alimentos, al igual que los de juguetes, se aprovechan de la noción
de aceptación social o "pertenencia" en torno a la elección de alimentos.
"¡Dile a tus amigos!". La presión vuelve a circular hacia ti, ya que los
comerciantes instan a los niños a que apliquen el poder de molestar a
sus padres. ¿Has perdido el apetito?

Mi primera sugerencia para simplificar la alimentación, al igual que
con los juguetes, es limitar las opciones y la complejidad. Simplifica el
número de opciones alimenticias disponibles para tus hijos, y simplifica los sabores e ingredientes de esas opciones mientras te alejas de los
alimentos altamente procesados y azucarados.

Para simplificar los alimentos podemos seguir muchos de los mismos principios que utilizamos para clasificar el montón de juguetes.
Estas pautas básicas pueden acompañarte por los pasillos de tu supermercado: ¿Este alimento está diseñado para nutrir o para entretener?
¿Tal vez para estimular? Más sencillamente, ¿este alimento está diseñado o se ha cultivado? ¿Existía hace cincuenta años? ¿Es innecesariamen-
te complejo, con ingredientes que no puedes identificar o pronunciar?

Cada año se presentan diecisiete mil "nuevos" productos alimenticios a los compradores de este país (Cohen, 2008). Los alimentos más sencillos, así como los juguetes más sencillos, suelen ser los que perduran. Y cuando se simplifican las opciones alimenticias, como se hizo con los juguetes, liberas a los niños de las presiones de lo excesivo y permites el desarrollo de hábitos saludables para toda la vida.

¿Recuerdas los juguetes de alta estimulación que identificamos en la montaña? Eran los que tenían efectos sonoros chillones, luces parpadeantes y circuitos giratorios, diseñados para poner el sistema nervioso en una sobrecarga inducida por el cortisol. He aquí un paralelismo alimenticio, tomado directamente del sitio web de un fabricante: "Sube el volumen de tus botanas con las especies potenciadas, el queso de altos decibelios y el increíble crujido de los totopos. Los atrevidos sabores de estas botanas son los más ruidosos del mundo".

El problema de estos alimentos, dejando de lado sus efectos sobre la salud, es que secuestran las papilas gustativas de los niños. Ponen el listón de la estimulación tan alto que los niños pierden la capacidad de reconocer y diferenciar sabores más sutiles. Los sabores (gracias a los aditivos) se han hecho cada vez más potentes, más complejos. ¿Cómo puede competir una zanahoria con las alitas de pollo y los totopos de queso azul? Al lado de sabores tan extremos, la mayoría de los alimentos no pueden atraer la atención de tu hijo, y mucho menos su interés.

MUY SIMPLE
La comida está pensada para nutrir, no para entretener o excitar.

Pienso en las frituras y en tantas otras botanas como los sabores de un "éxito rotundo". (Está claro que no soy el único; ¡incluso se promocionan como tales!) Estos sabores de gran impacto (normalmente con aditivos y estimulantes) crean un ciclo adictivo. A medida que nos acostumbramos a los sabores más intensos, deseamos más, necesitamos más para obtener los "efectos" más grandes y más audaces, o las reacciones fisiológicas que esperamos. Los pequeños sistemas de los niños pueden resultar secuestrados y recalibrados por los efectos hiperactivos de los aditivos alimenticios, el azúcar y la cafeína. Estos alimentos son los enemigos del ritmo. No se puede fluir con esos efectos más extremos.

El primer paso, por lo tanto, para simplificar la alimentación de tus hijos es despojarlos de estos alimentos altamente procesados que tienen poco o ningún valor nutricional. Puedes hacer un paro drástico en seco o puedes dejarlos poco a poco. Según lo que he visto y oído de numerosas familias, se necesita alrededor de un mes para limpiar el paladar de los niños de estos sabores tan fuertes. Esto me sorprendió —pensé que tardaría más—, pero un mes parece ser la media. Aunque te alejes de los sabores extremos, ofrece texturas atrevidas en opciones más saludables. Un plátano no será un buen sustituto de las frituras, pero unas crujientes verduras horneadas funcionarán ante un apuro y harán que sus elecciones alimentarias vayan en una mejor dirección.

Para que tu familia deje de consumir refrescos azucarados, crea tu propia "fuente de refrescos" en casa con agua con gas y jugos. Las burbujas ayudarán a tus hijos a abandonar las gaseosas. Incluso puedes empezar con bebidas muy dulces y luego reducir el azúcar. Los refrescos de los que te quieres apartar van en la dirección contraria: según investigaciones recientes, muchos de los *smoothies* y jugos destinados a niños contienen hasta siete cucharaditas de azúcar por porción, que es una cucharadita más que una Coca-Cola normal (Anon, 2015); la lata media de refresco comercial contiene el equivalente a diez cucharaditas de azúcar (Schlosser, 2001). Dejemos atrás el azúcar y la cafeína. Al reducir el azúcar, ¿qué sabores empiezan a atraerles? Puedes dejar claro que no se trata de "alternativas" a las frituras más procesadas; se trata de lo que hay ahora en casa. El proceso de desintoxicación solo va en una dirección: hacia alimentos cada vez más reales (en contra de los procesados), con ingredientes cada vez más sencillos y naturales.

Cuanto más pequeños sean tus hijos, más fácil será simplificar su alimentación. Pero puedes cambiar el rumbo aun cuando tus hijos sean mayores; se puede hacer. No dejes que unas semanas difíciles te impidan establecer un nuevo rumbo. Las quejas serán a corto plazo; los beneficios (y los notarás rápidamente) serán duraderos. Tienes que encarnar este tipo de cambio, comprometerte plenamente con él. No lo presentes como "un experimento" o una "experiencia de aprendizaje interesante".

Si tus hijos son adolescentes, hazles saber que estos cambios han llegado para quedarse. Habrá ojos en blanco, y sí, los gruñidos resonarán por los pasillos. Sin duda, te plantearán un argumento muy persuasivo, algo como esto: "¡Pero eso es ridículo, *todos* beben toneladas de estas cosas! Janet bebe el triple que yo. ¿Y los dulces? ¿Estás *bromeando*? Los padres de Bob tienen *cajas* de ellos y nos los dan. Incluso puedes conseguirlos en la escuela". Escucha todo lo que te diga; no interrumpas. Deja que te aseguren que las mismas cosas que has eliminado en casa están realmente presentes (aceptadas, ofrecidas y disfrutadas) en todos los demás lugares del mundo. Entonces puedes decir, con calma y tranquilidad que, dado que esas cosas están tan disponibles, el hecho de que ya no estén disponibles en casa no debería suponer un gran sacrificio.

No puedes controlar lo que tu hijo o hija adolescente come (o hace) cada minuto del día. Pero puedes ser firme y claro sobre lo que ocurre en casa. Y no lo olvides: con el tiempo, con los ritmos y la previsibilidad, "lo que ocurre en casa" evoluciona de forma natural. Se acepta, se anticipa y se confía en ello.

Cuando los niños —sobre todo los más pequeños— tienen demasiadas opciones antes de desarrollar un buen juicio, pueden desviarse con facilidad: por la mercadotecnia, por sus propios deseos o por su voluntad en desarrollo. Es normal que un niño se sienta atraído por una golosina de color rosa brillante que lanza chispas de sabor cuando se mezcla con los cereales. (Me lo he inventado, pero sin duda saldrá al mercado dentro de un año.) También es normal que un niño pequeño quiera ejercer el control cuando y donde pueda. Pero, como padres, ¿queremos que estas tendencias comprensibles y una legión de anunciantes se apropien de la salud de nuestros hijos? ¿O de su relación con la comida para toda la vida?

Seguro que conoces a niños que han negociado o se han abierto paso en un callejón muy angosto de preferencias alimentarias. Yo los llamo niños de "comida roja y blanca": pan, pasta, dulces y alguna que otra salsa roja. Al vacilar entre los carbohidratos y los azúcares, se mueven de un lado a otro entre la comodidad y la vigilancia: una reacción común en el estrés. El estrés también hace que los niños rechacen la novedad, por lo que se quedan estancados en el callejón mientras este se hace más angosto. Hay más noticias malas: estos problemas de poder en torno a la comida se extenderán con toda seguridad a otras áreas. Pero hay también buenas noticias.

A lo largo de más de veinte años en que ayudo a los padres a simplificar, he llegado a una curiosa conclusión. No lo entendí durante los primeros años, pero los padres mencionaban que, a medida que simplificaban, sus hijos eran cada vez menos exigentes con la comida. El patrón era consistente. Tanto si los padres se limitaban a simplificar la comida como si simplificaban también otras áreas, al aumentar el sentido del ritmo y la regularidad en la vida de sus hijos, los problemas para controlar las comidas disminuían de forma sustancial o incluso desaparecían. ¿Por qué? Porque cuando los niños empiezan a sentirse menos abrumados, cuando su vida se vuelve más predecible y menos descontrolada, sienten menos necesidad de ejercer control sobre lo que comen. La simplificación tiene efectos muy amplios.

MUY SIMPLE
A medida que los padres simplifican, los problemas alimenticios de sus hijos disminuyen o se resuelven de forma natural.

La comida debe ser una fuente de alimento para los niños, no un derecho, un entretenimiento o un poder. Si cedes tu autoridad sobre la comida a los niños pequeños, pueden adoptar hábitos que quizá los afectarán durante toda la vida. En realidad, limitas sus posibilidades al darles demasiadas opciones demasiado jóvenes. Sabemos que las preferencias alimentarias de una persona se forman durante los primeros años de vida. También sabemos que este proceso es principalmente social: los niños prueban y aprenden a disfrutar de los alimentos —ya sean picantes, insípidos, nutritivos o procesados— que ven comer a los demás (Schlosser, 2001). Al simplificar la alimentación en casa se da tiempo a los niños pequeños para que prueben una amplia variedad de alimentos saludables y desarrollen un conjunto de preferencias bien equilibrado.

Otra ventaja de salir del "callejón de la comida roja y blanca" es la siguiente: cuando ampliamos nuestros horizontes alimenticios, también lo hacemos en otros aspectos. Todavía no he conocido a ningún niño con preferencias alimentarias más amplias que no haya dado también un salto intelectual o emocional. La comida es muy importante, y nuestra relación con ella es una marca de agua de nuestra relación con la vida.

Tengo otro punto antes de responder a la vieja pregunta: "¿Qué hay para cenar?". Llevo años transmitiendo este consejo, así que tengo la firme confirmación de que funciona. Si quieres que tu hijo pruebe un nuevo alimento (o grupo de alimentos), tienes que hacerlo al menos ocho veces. Tendemos a abandonar demasiado pronto, dando un rodeo a todas las formas y variedades de la lechuga, por ejemplo, o de los frijoles, tras una sola reacción con el ceño fruncido. Lo que he observado es que hay que empezar con una cantidad muy pequeña (usemos el brócoli como ejemplo) y ofrecerlo con mantequilla y sal. Deberás volver a ofrecerlo —al menos siete veces más, sea cual sea la forma en que lo prepares— mientras disminuyes la cantidad de sal hasta eliminarla, ya que el sabor aparece a medida que la sal se va. El proceso es lo bastante gradual como para casi garantizar la aceptación: ocho intentos y tienes un alimento para toda la vida.

Simplificar la cena

Te he sugerido que te muevas hacia menos opciones y sabores más sencillos y que descartes los alimentos procesados de "éxito rotundo". Mi siguiente sugerencia está diseñada para simplificar la cena familiar y hará que la pregunta "¿Qué hay para cenar?" sea más fácil de responder... y se vuelva incluso una pregunta obsoleta en tu casa. ¿Qué hay para cenar? Fácil: ¿qué día de la semana es hoy?

Las cenas familiares son mucho más sencillas cuando son predecibles: lunes de pasta, martes de arroz, miércoles de sopa, etc. Al sugerir este sistema, ¿tengo en mente a mamá o a papá (o a quien cocine)? Bueno, sí, las comidas regulares facilitan la preparación. Pero recomiendo esta práctica sobre todo porque es muy enriquecedora y afirmativa para los niños.

Espero que a estas alturas aceptes la idea de que el ritmo da seguridad a la vida de los niños y forma una base para su crecimiento. A lo largo de las idas y venidas de la vida, el sueño y la vigilia, el trabajo y el juego, los viajes en coche y más viajes en coche, la cena es un punto rojo con una gran flecha apuntando hacia él: estás aquí. Es una oportunidad crucial para establecer ritmos que se extenderán y se sentirán durante otras partes del día en el comportamiento de nuestros hijos y en nuestra conexión como familia.

Estamos aquí. Esto es ahora. El primer argumento a favor de las comidas regulares en noches regulares es que ayuda a que las cenas en familia se produzcan realmente. En lugar de reunir una enorme energía, inspiración, ingredientes y creatividad cada noche, ciertas decisiones ya están tomadas. Puede haber variaciones en el plato básico; la noche de la pasta puede incluir una serie de posibilidades, pero no se trata de montar una nueva producción de Broadway, desde el concepto hasta la representación, cada noche.

De todos modos, nunca haces una sola comida, ¿verdad? Como cuando a Bobby no le gusta lo crujiente, Sara es alérgica a los alimentos verdes y Maryanne se ha vuelto vegana. Una madre me dijo que se sentía como si estuviera dando vueltas a los platos en el aire para poner la cena en la mesa... corría frenéticamente para cocinar seis platillos al mismo tiempo. Una vez que la cena estaba en la mesa, estaba tan agotada que podía estallar ante el más mínimo comentario que no le cayera bien.

Para los cocineros, la consistencia de las comidas regulares puede evitar ese momento en el que, asomados al refrigerador abierto pero vacío, levantamos las manos y damos por terminado el asunto. La regularidad (y la simplicidad) se extiende hacia atrás: de la comida a la preparación, a la tienda de comestibles y a la lista de la compra.

A estas alturas puede ser que ya te haya perdido, o que empieces a sospechar alguna asociación con una especie de culto raro por mi parte. Después de todo, ¿no es la variedad algo típico del estilo americano? ¿Acaso no he visto cómo los libros de cocina se han ido tragando todas las demás secciones de las librerías? ¿Cómo podría yo sugerir atarte a tal rutina, a tan aburrida regularidad?

La variación es posible con este sistema, tal y como lo he mencionado. La sopa de este miércoles por la noche puede ser muy diferente de la de la semana que viene, dependiendo de lo que haya disponible. Pero hay un punto más amplio aquí, que se relaciona con todos los ritmos de la vida diaria. La descripción de estos puede parecer rutinaria, pero la experiencia no suele serlo. Hay tantas corrientes en la vida cotidiana, tantas modificaciones, permutaciones y variaciones en la ola, que los ritmos tienden a actuar como boyas, no como anclas.

Además, los ritmos hacen que salir de ellos sea un verdadero placer. "¡Sé que es noche de sopa, pero vamos a salir a cenar!". El sentido del ritmo marca una constante regularidad, pero eso permite alcanzar unas maravillosas notas altas. Los niños reaccionan a estos placeres inesperados con un auténtico aprecio. Las notas altas ocasionales son bienvenidas cuando hay un ritmo constante. Muy diferentes son los tonos en constante ascenso. Esa canción, con otro nombre, se vuelve una sensación de tener siempre derecho a todo.

Hace muchos años escuché a una madre que había adoptado esta sugerencia, y la simplificó aún más. Un fin de semana preparó un par de grandes bandejas de lasaña y una gran olla de sopa, y congeló varias cenas. Calculó que con 20% más de recursos (su palabra para referirse a la compra y al trabajo de preparación) había conseguido 80% más de rendimiento en la cena. De profesión, esta mujer era (no bromeo) una experta en eficiencia. Al principio, este nivel de organización me pareció un poco aterrador, pero tiene toda la razón. Puede ser maravilloso, después de un día especialmente ajetreado, poder tener la cena ya preparada. Así que salimos y compramos un viejo congelador de segunda mano para poder hacer lo mismo. Cuando hay más tiempo en torno a una comida, hay una mayor sensación de tranquilidad en todo.

Lo más probable es que haya una noche menos popular en esa organización. No pasa nada. El miércoles por la noche es la noche de la sopa, y tus hijos se la comerán. Si no lo hacen, también es probable que no sufran un daño irreparable. El día de la sopa irá y vendrá. Puede que empiecen a preocuparse de su llegada desde el lunes, puede que se salten la cena de la sopa una o dos veces con una gran muestra de desdén, pero en poco tiempo las objeciones se olvidarán; los sorbos puntuarán la conversación. La coherencia también nos enseña que algunas cosas no cambian, aunque deseemos que lo hagan. No todo se adapta a nuestras preferencias personales.

Si esto parece extremo, es porque ya no estamos acostumbrados a pensar en la cena como un programa de grupo. Lo único que falta es el cartel de neón que diga "Restaurante" y parpadee sobre nuestras casas, ya que cada persona de la familia come lo que quiere, cuando quiere y donde quiere. Los niños comen (algo, lo que sea, normalmente rojo o blanco) frente al televisor, mamá hace una ensalada y papá compra la comida de camino a casa para comerla, leyendo el periódico. No hay reglas, no hay necesidad de cambiar de ninguna manera por nadie. Tampoco hay sensación de que pueda haber algo que ganar al reunirse.

MUY SIMPLE
La coherencia refuerza los valores que van más allá de las preferencias personales.

Mi amigo y colega Jack Petrash (autor de *Navigating the Terrain of Childhood* [*Navegar por el sendero de la niñez*]) ha criado a tres hijos: dos de ellos ya adultos y uno en la preparatoria. Me contó que en su casa las cenas eran sagradas. Esto estuvo bien durante muchos años, pero a medida que sus hijos crecían, intentaban salirse de la costumbre. Tenían lugares a los que ir, cosas que hacer; la cena con la familia tenía competencia. Jack y Carol, su mujer, se mantuvieron firmes. También decidieron que gastarían treinta o cuarenta dólares más cada semana en comida para que los amigos de los chicos pudieran venir a comer con regularidad. Pensaron incluso que las altas facturas de alimentos, comparadas con, por ejemplo, los costos de la terapia familiar, salían ganando. Durante esas comidas se hablaba de muchas cosas. Como padres, Jack y Carol tenían una visión de lo que sus hijos adolescentes pensaban, hacían y cómo eran sus amigos.

Es apropiado que los adolescentes empiecen a irritarse con los ritmos familiares de siempre. Su trabajo, desde el punto de vista del desarrollo, es quejarse. Eso no significa que, como respuesta, debamos empaquetar nuestras tradiciones y darlas por terminadas. La coherencia y la conexión en el hogar dan algunos de sus mayores dividendos durante la adolescencia. CASA descubrió que la mayoría de los adolescentes que comían tres o menos veces a la semana con su familia deseaban hacerlo más a menudo (Gibbs, 2006).

Es posible que tengas dudas sobre si las "comidas básicas" en noches regulares serán una buena idea para tu familia. Una y otra vez he visto lo enriquecedoras que pueden ser para los niños, así que espero que lo intentes. No necesitas hacer ningún anuncio; no son necesarios grandes discursos. Para la tercera semana, los niños ya habrán notado el patrón. Sin embargo, antes de eso, creo que verás que las cenas se han vuelto más sencillas y consistentes.

Sueño y válvulas de presión

Los platos ya están lavados y las sobras se han guardado. ¿Podrías ahora evaluar mentalmente las probabilidades de llegar a tiempo a la cama? ¿Cómo calificarías el nivel de energía de cada niño frente a las posibilidades de que sus luces se apaguen y, eventualmente las tuyas, a una hora razonable? Es imposible que un niño pase de un máximo de energía a un alto total a la hora de acostarse. De hecho, pienso que el proceso de un niño hacia el sueño comienza cuando se despierta por la mañana. ¿Qué tipo de día será? ¿Qué ritmo tendrá? ¿Incluirá actividad y oportunidades para hacer una pausa, para procesar lo que ha sucedido?

Si lo pensamos bien, dormirse implica una especie de salto de fe, un "poder soltar" que requiere confianza. A veces les digo a mis hijas, al apagar la luz: "Está todo bien... déjate caer en los brazos de tu ángel". Los problemas de sueño suelen derivarse de los problemas de ansiedad y confianza; lo que los niños necesitan para "poder soltar" e ir hacia el sueño es un sentimiento de mayor conexión.

Permíteme compartir contigo la idea de las "válvulas de presión", ritmos que puedes incorporar en el día de tu hijo. Las válvulas de presión ofrecen seguridad y conexión (como el mejor de los ritmos). Una válvula de presión permite que el niño se desahogue emocionalmente. Cuando pueden soltar las tensiones durante el día, pueden "soltarse" más fácilmente en el sueño.

Henry había tenido problemas desde que empezó a ir al colegio. Los niños y la escuela no siempre coexisten de forma pacífica. Es una alianza que a menudo hay que acompañar y nutrir. Los problemas de Henry en la escuela se veían agravados por el hecho de que tenía problemas para conciliar el sueño por la noche. Sue era madre soltera. Hasta el día de hoy pienso a menudo en ella, porque aprendí algo maravilloso de su historia. Puede que a ti también te resulte útil.

Sue y yo hablamos de aumentar la previsibilidad y el ritmo de sus días juntos. Cuando le mencioné que podía prever el día siguiente para Henry, me dijo: "¡Eso es lo que he empezado a hacer! Lo llamo 'hacer un sándwich de hastío'". Tuve que verlo. Al final del día, cuando Henry se preparaba para ir a la cama, ella se tumbaba en la cama y empezaba con una pregunta.

"Henry, cariño, ¿qué ha sido lo mejor, lo más valiente del día?". "Bueno", decía Henry, pensando," 'En el recreo, jugando a las cuatro esquinas, Theo dijo que Jerry estaba haciendo trampa... pero es que realmente no había visto el golpe, así que dije: '¡Jerry no ha hecho trampa!'". "¿En verdad? ¿Diste la cara por tu amigo? Muy bien hecho. ¿Y qué fue lo más difícil de hoy?". "Bueno, probablemente cuando tuvimos que hacer esas cosas de contar de nuevo, ¿sabes? Te dije que ahora en matemáticas tenemos que hacer pilas con esas bolitas y luego juntarlas..." "Sí, mencionaste eso el martes". "Sí, bueno, todavía odio esas cosas, pero hoy lo entendí más". "¿Lo entendiste mejor?". "Sí". Las respuestas de Sue eran mínimas. No le estaba dando una sesión de psicoanálisis, ni soluciones o juicios sobre el día, sino la validación silenciosa de ser testigo de su día. Lo escuchaba y se daba cuenta de lo que había hecho.

Henry, por su parte, estaba desempacando su día para ella. Imagina una maleta llena de pensamientos y emociones. Con sus preguntas, Sue abría la maleta y dejaba que Henry sacara cada cosa para mostrársela. A continuación, le preguntaba sobre el día siguiente. "¿Qué crees que será lo más difícil de mañana?". "¡Oh, el voleibol! Vamos a hacer voleibol en educación física y no lo hago bien". "¿Y qué va a ser lo mejor?". "¡El recreo! Porque será genial, ya hemos elegido los equipos para el *kick-ball* y yo estoy en el equipo de Joseph y Lucas, lo que es increíble...".

Ahí todo sale... Los miedos y las decepciones de Henry, sus esperanzas y sus sueños. Al fin y al cabo, los sueños no siempre son enormes. Pueden ser bastante pequeños. Pero iluminan nuestros pensamientos, nuestra perspectiva de la vida. Sue no solo ha desempacado bellamente el día con Henry, sino que ha previsto el día siguiente. Y como Henry tiene algunas dificultades en la escuela, le deja lo que ella llama "un sándwich de hastío". En otras palabras, ha expresado algunas de las cosas con las que tiene problemas, que encuentra fastidiosas, pero ahora están suavizadas, o contenidas (imagen de un pan muy suave) por otros aspectos de su jornada escolar que son agradables y emocionantes para él. A veces, sobre todo con los pequeños más callados, es posible que no recibas una avalancha de respuestas a tus preguntas. Eso también está bien. Mientras tanto, han pensado en su día, a la luz reconfortante de tu atención.

MUY SIMPLE
Dos o tres "válvulas de presión" incorporadas durante el día ayudan a conciliar el sueño a la hora de acostarse.

¿Cómo puedes ayudar a tu hijo a liberar la presión del día? Creo que debería haber al menos dos, o mejor aún, tres o cuatro "válvulas de presión" incorporadas a su rutina.

En el caso de los niños que tienen problemas para conciliar el sueño por la noche, ayuda pensar el día como un espejo de lo que podría ocurrir a la hora de acostarse. ¿Qué tipo de día será para ellos? "Otra forma de verlo", dijo una vez un padre en un taller, "es '¿Voy a poder ver el partido esta noche?'". Si tu hijo o hija no ha tenido oportunidades durante el día para liberar la presión, puede tener problemas a la hora de acostarse. Y si piensas en la presión en términos estrictamente adultos, no estás considerando el hecho de que hoy el cerebro de tu hijo está procesando información y construyendo vías neuronales, mientras su cuerpo crece a un ritmo que hará que lo que tú hagas hoy parezca como si no te movieras ni un centímetro.

Las siestas de un bebé o un niño pequeño son válvulas de presión incorporadas. Un tiempo de descanso tranquilo durante el día es algo a lo que hay que aferrarse el mayor tiempo posible. Incluso un niño de ocho o nueve años puede beneficiarse de una hora de calma en mitad del día, tanto si la dedica a descansar como a alguna actividad tranquila. En realidad, probablemente todos podríamos beneficiarnos, independientemente de la edad, de esta práctica. Una vez que el niño esté en edad escolar, y no tenga un periodo de descanso, aun puedes implementar uno durante los meses de verano o los fines de semana. Mantén vivo el concepto —incluso después de que tus hijos dejen de hacer la siesta del mediodía— de que el tiempo de descanso es algo que hacemos cuando podemos.

¿El sueño durante el día no interfiere con la capacidad de tu hijo para dormirse por la noche? La mayoría de los niños mayores de seis años no se duermen durante el tiempo de descanso y, si lo hacen, es porque realmente necesitan dormir más de lo que durmieron. Así, media hora o una hora de tranquilidad y descanso en solitario durante el día es reconstituyente a cualquier edad y es un hábito que vale la pena cultivar.

Un ritual extraescolar puede servir tanto de válvula de presión como de puente entre el mundo de la escuela y el hogar. El proverbial tentempié después del colegio puede servir. ¿Recuerdas a Marie, del primer capítulo? La madre de Marie había organizado su horario de trabajo de manera que estaba en casa cuando su hija terminaba la escuela. Le sugerí que se acostumbrara a tomar un pequeño refrigerio con Marie como ritual de transición. "Pero no me habla", me dijo al cabo de una semana. ¿Quién dice que tiene que hacerlo? Un momento de conexión puede ser silencioso. A medida que Marie fuera confiando en la presencia de su madre durante este tiempo —sentada allí, moviéndose por la cocina, mirando el correo—, utilizaría esa conexión para satisfacer sus necesidades.

Como ya he dicho, mi familia guarda un momento de silencio justo antes de la cena. Lo considero una válvula de presión. Sinceramente, empezamos con diez segundos de silencio y poco a poco aumentamos hasta llegar a un minuto. Probablemente llegaremos a los dos minutos y ese será nuestro límite. No, no es una hora de meditación todos los días, pero cualquier padre con niños pequeños probablemente quedará impresionado. Sé que yo lo estoy, casi todas las noches. Los niños están al principio un poco intranquilos, pero luego se relajan.

Puede que te preguntes: ¿Qué sentido tiene tener un momento de silencio? Si es así, te reto a que lo pruebes. En nuestra mesa cada noche hay una especie de suspiro colectivo cuando nos relajamos en este momento de silencio. El objetivo es profundizar en la atención. No siempre somos conscientes de la tensión que llevamos encima. Si tienes que estar en silencio un momento, es probable que tus hombros bajen un poco y seas consciente de tu respiración, quizá por primera vez en el día. Para un niño que habla, se mueve o está inquieto continuamente, este momento de quietud será muy notorio. Un momento de silencio no solo libera la tensión del hacer constante, sino que representa una alternativa importante: simplemente ser.

Para algunos chicos con personalidades muy industriosas, el trabajo puede servir como válvula de presión. Este puede consistir en realizar un proyecto: transportar piedras en una carretilla, cavar un agujero, construir con bloques, atrapar lagartijas o trepar a un árbol. Los proyectos en curso a los que los niños están ansiosos por volver justo después de la escuela pueden ser maravillosas válvulas de presión. Cualquier actividad en la que un niño pueda "perderse" le permite liberar tensiones y obtener la tranquilidad mental necesaria para procesar los acontecimientos de su día. Sea cual sea el medio, el juego activo y profundo es una excelente válvula de presión. Cuando los niños llegan a la preadolescencia, a veces los pasatiempos o las colecciones —el inicio de las pasiones profundas— y los deportes organizados pueden servir para el mismo propósito.

Una pequeña sugerencia que tengo para una válvula de presión, que ya mencioné antes, es encender una vela en algún momento del día. Una tradición familiar podría ser encender la vela antes de la cena y dejar que uno de los niños la apague al final. Para los más pequeños, la luz de una vela crea un mundo mágico. Concentra su atención y reduce su enfoque a un pequeño círculo dorado. De nuevo, se trata de algo muy sencillo. Pero te sorprenderá lo poderosamente relajante que puede ser.

Una madre me hizo reír cuando me contó que su hijo parecía equiparar la luz de las velas con una especie de suero de la verdad primitivo. "¿No se tranquilizan la mayoría de los niños con la luz de las velas?", me preguntó. "¡Jared no! Cuando se enciende la vela, abre su corazoncito (y su boca) para contar sus deseos más profundos para la tierra y todas las criaturas conocidas, así como sus pensamientos, esperanzas y sueños para sí mismo, sus amigos, sus mascotas, sus profesores y nuestro cartero. Es muy entrañable, pero sinceramente, al encender la vela, ahora pienso: '¡Agárrate! Nunca sé lo que va a salir'. Eso sí que es una válvula de presión".

No hacen falta artilugios ni efectos especiales. Tenemos todo lo que necesitamos para ayudar a nuestros hijos a equilibrar su vida, sus días y sus energías. Cada pequeña válvula de presión, cada oportunidad de liberación y calma puede ser casi insignificante, pero imagínate arropar a un niño —tu hijo— cuando haya tenido alguno de estos momentos a lo largo del día. Imagina esa gran sensación de tranquilidad y calma en su pequeño cuerpo, en su respiración, cuando te inclinas para darle un beso de buenas noches.

El sueño es el ritmo definitivo. Todo lo que tu hijo haga y sea se verá afectado por su sueño o por la falta de este. ¿Baja autoestima? Dormir poco es una de las primeras cosas que busco. Sin dormir somos reactivos, incapaces de afrontar cosas nuevas o circunstancias cambiantes con fuerza y resistencia. El sueño es el ritmo necesario para un fuerte sentido del "yo soy". Dado que el cerebro de un niño aún está en desarrollo, y gran parte de ese crecimiento y poda neuronal se produce mientras duerme, una deficiencia de incluso una hora puede tener consecuencias intelectuales y conductuales. Según estudios realizados por el doctor Avi Sadeh, de la Universidad de Tel Aviv, la diferencia de rendimiento causada por una hora menos de sueño es equivalente a la diferencia normal entre un alumno de sexto año y uno de cuarto. En otras palabras, el alumno de sexto año que va a la escuela con sueño puede aprender (y comportarse) como uno de cuarto año (Bronson, 2007).

Según mi experiencia, la mayoría de los niños de entre dos y seis años necesitan dormir once horas. De los seis a los once años, algunos niños pueden estar bien con diez horas, pero ese número volverá a subir —a once o incluso doce horas— durante la adolescencia. Por desgracia, la mayoría de los niños no se acercan a estas cifras. La mitad de los adolescentes duermen menos de siete horas entre semana. Según estudios realizados por la Universidad de Kentucky, en el último año de la escuela secundaria, los niños duermen una media de poco más de seis horas y media por noche (Bronson, 2007).

La hora de acostarse debería ser uno de los ritmos más inviolables de la familia. Yo aconsejo una ventana de veinte minutos —diez minutos de gracia antes o después de una hora fija—. Las horas de acostarse que varían o son muy diferentes en las noches de la semana y durante el fin de semana tienen los mismos efectos fisiológicos que el *jet lag*. También puedes recordar que el sueño antes de la medianoche vale más que el de una hora posterior a la medianoche. Sus ritmos internos están programados para que el sueño somático más profundo se produzca más temprano en la noche.

Cuentos para dormir

Los cuentos son maravillosas válvulas de presión. Tanto los acontecimientos del día como las interrogantes que suscitan pueden resolverse a través de las aventuras de criaturas míticas y tierras fantásticas. Los niños se reconocen en los personajes; sienten su propio valor al sentir los miedos de la heroína, al experimentar su valentía, compasión y esperanza. Siguen con la cabeza y el corazón, reconocen las consecuencias de los actos, navegan por el camino del bien y del mal. Cuando se preguntan "¿qué haría yo?" o "¿cómo acabará?", su propio día se libera, lavado por el poder de la imaginación.

Nunca he conocido a un niño al que no le guste una buena historia bien contada. Es posible que ese niño exista, pero nunca lo he conocido. La mayoría de los niños se deleitan con los cuentos, con los mundos imaginarios que se extienden ante ellos mientras se acurrucan junto al narrador o al lector. No se les exige nada; pueden relajarse con su cuerpo y su respiración mientras evocan todos los detalles en el ojo de su mente. Los cuentos tienen su propia riqueza y ritmo, una musicalidad del lenguaje que a los niños les encanta. Seguro que has oído imágenes y frases de los cuentos en sus juegos. Los niños aprenden a conocer el mundo a través de los cuentos y un mundo de posibilidades que se extiende más allá de las paredes de su habitación. Al prestar su corazón y sus emociones a los personajes, los niños forjan su propia identidad y cavan pozos interiores de compasión y empatía.

Los cuentos influyen en el modo en que los niños aprenden a narrar su propia vida e influyen en las historias que se contarán a sí mismos. Einstein dijo una vez: "Si quieres que tus hijos sean inteligentes, léeles cuentos. Si quieres que sean más inteligentes, léeles más cuentos". Todo está ahí, en los cuentos de hadas: la verdad, la belleza, la bondad, las luchas y las segundas oportunidades, los errores, los conflictos, las promesas y la magia; lecciones arquetípicas para toda la vida.

En el capítulo 3 hablamos de cómo los niños pequeños progresan con la repetición, y vale la pena enfatizarlo. La respuesta más común de un niño menor de cuatro años a cualquier historia —leída o contada— suele ser "¡otra vez!". Incluso para los niños mayores, de cuatro a ocho años, puede ser muy reconfortante y relajante releer o volver a contar historias conocidas varias veces. Con la repetición, la historia se vuelve profundamente conocida —no solo saboreada— y asimilada en las experiencias aprendidas del niño.

¿Cuáles son las historias familiares que contamos una y otra vez? Son cuentos con personajes entrañables, historias de humor, de peligro y de miedo, de conflictos y de heroísmo. "¿Recuerdas cuando Ana se cortó la mejilla y le tuvieron que dar unas puntadas? ¿Recuerdas cuando por fin llegamos a casa desde el hospital y cenamos malteadas?". La preocupación y el alivio se transforman en el relato; con la repetición, la historia se convierte en un credo familiar: "¡Mira nuestra fuerza! ¡Mira lo que podemos hacer!". Revivimos los recuerdos, pero también reforzamos lo que creemos de nosotros mismos. ¿Qué es lo que más valora tu hijo de su familia? Se puede saber por las historias que pide escuchar una y otra vez.

Compartir historias y leer con tus hijos es un ritmo que fortalece tu poder como padre. La comida y la vivienda pueden ser necesidades ya cubiertas; la universidad puede parecer una posibilidad remota algún día. Pero ¿puedes proporcionarles una infancia llena de historias? ¡Eso es fantástico! Al hacerlo, ofreces seguridad y conexión, el mejor de los ritmos posibles. También proporcionas magia, con el círculo de luz de su buró como escenario. Con los cuentos abres las puertas a otras tierras, a lo mágico, al pasado y al futuro; subrayas la importancia del ahora mientras dejas entrar al infinito.

Un ritual de cuentos a la hora de dormir puede ser un camino muy valioso de conexión y comunicación. Este punto se ilustra mejor, casualmente, con una historia: la de Amber y Lola.

Amber estaba en su primer año de primaria, con seis años. Le iba muy bien en la escuela, se mostraba impaciente por ir cada día y estaba muy contenta con su mundo ahí. El día que Lola vino a verme me explicó que no había problemas en la escuela, pero que en casa Amber estaba siempre enojada y era muy cortante con ella. Lola me contó que en ese momento su hermano, que vivía en California, estaba gravemente enfermo. Llevaba tiempo enfermo, pero ahora estaba claro que se estaba muriendo. Ella hacía un viaje al oeste cada pocas semanas y se quedaba unos cinco días en cada ocasión. Como madre soltera, Lola había trabajado duro para construir una sólida red de familiares y amigos con los que Amber se sentía como en casa. Sin embargo, Amber estaba terriblemente enfadada con su madre… no solo por irse, sino por estar triste.

"¿Qué le dices a Amber sobre lo que está pasando?", le pregunté. "Soy tan honesta como puedo", respondió. "Ella quiere a su tío y sabe que está muy enfermo. Creo que se merece la verdad. No quería inventarme una historia al respecto". En sus palabras oí el eco de lo que yo quería decirle. "Sí, se merece ambas cosas", dije. "Se merece tanto la verdad como las historias. Pero ahora necesita más historias, para ayudarla con la verdad".

Le sugerí a Lola que hablara con Amber de este momento difícil de forma indirecta, a través de los cuentos que le contaba a la hora de dormir. Le propuse que le contara historias —o una historia, en varias formas y repeticiones— sobre alguien en una situación de miedo que encuentra una salida. Podría estar perdido en un bosque, realmente perdido, en un lugar oscuro y peligroso. Existían peligros y desafíos que superar, pero también había, finalmente, luz y cambio. Al final había una solución, un lugar mejor al que la protagonista (que, con cualquier otro nombre, sería Amber) podría llegar.

Me encontré con Lola mucho tiempo después, posiblemente incluso un año después de aquel día en mi oficina. Me dijo que su hermano había fallecido. También dijo, con una especie de sonrisa avergonzada, que justo después de conocernos se había sentido irritada por mis consejos. "Por favor, comprende", me explicó. "Fue un periodo muy difícil para mí. Me sentí abrumada y me molestó que tu 'receta' fueran los cuentos de hadas. Pero realmente funcionó… Los cuentos la calmaron. Lo superó". "¿Ahora te pide alguna vez ese cuento?". "¡Sí!". Parecía sorprendida por la pregunta. "Sí, me lo pide y se lo sigo contando. No quiere que cambie la historia, pero ahora la siento diferente cuando se la cuento". Y yo sabía por qué. "Ahora te lo crees tú, ¿no?".

Los niños necesitan nutrirse a sí mismos y los cuentos pueden ayudar. Son bálsamos muy poderosos y curativos, que les dan la fuerza y las imágenes que necesitan para dar sentido a su mundo. En el caso de Amber, su madre era su "mundo", su seguridad, y verla sacudida no solo la asustaba, sino que la encolerizaba. ¿Cómo podía ser esto? Entraba en conflicto con el orden correcto de las cosas. Los cuentos le dieron a Amber una salida para sus sentimientos, le brindaron la seguridad y la esperanza de que el "orden" del mundo podría reafirmarse algún día.

La mayoría de las respuestas que busca un niño pequeño se pueden responder a través de un cuento. Este es un buen ejemplo de la diferencia entre nuestros mundos de niños y adultos. Como adultos, a veces asumimos una correspondencia directa entre mundos, así que pensamos que la comunicación en una situación difícil debe ser directa y exhaustiva. Al fin y al cabo, con todos los datos a la mano, todo puede entenderse. Sin embargo, los niños no están completamente inmersos en el mundo de los hechos, ni procesan la información del mismo modo que nosotros. Necesitan verdades sencillas, dichas con claridad, sobre todo en respuesta a sus propias preguntas.

Pero los niños también necesitan espacios para la verdad, para situaciones que pueden ser difíciles de entender para ellos. Con los cuentos tienen un escenario para sus propios sentimientos y preguntas, un lugar para procesar la verdad a través de su imaginación. Con los cuentos, Amber pudo desarrollar una analogía y, a través de ella, enfrentarse a la realidad. Los cuentos dan alas a los niños pequeños, permitiéndoles volar libres de la tiranía de los hechos.

Lola aprendió el poder de los cuentos cuando ella y Amber los necesitaron en medio de una situación difícil. Pero fue una de esas lecciones que, como madre, recordará y volverá a utilizar. A menudo tenemos corazonadas sobre lo que nuestros hijos necesitan, sobre lo que pueden estar enfrentando o con lo que tienen dificultades. A veces un cuento no tiene ningún paralelismo con la realidad de tu hijo, pero puede ser un regalo, un puente hacia una nueva perspectiva. Puede presentar imágenes que crean un estado de ánimo tan palpable como una brisa fresca que entra por la ventana abierta. Las historias pueden hablar de seres y poderes que escapan a nuestro control, de pequeñas bondades con enormes consecuencias, de valor y humor, de la maravilla del hogar y

muchas cosas más. En sus imágenes, su maleabilidad y sus posibilidades, los cuentos ofrecen a los niños un compromiso emocional y una
manera de relajarse. Les ofrecen un sostén.

Al finalizar nuestro análisis del ritmo, espero que hayas encontrado
ejemplos de regularidad y conexión que puedas incorporar a la vida
diaria de tu familia. También deseo que hayas llegado a ver el ritmo
como un regalo extraordinario —sin necesidad de un plan de ahorro—
que proporcionará a tu hijo dividendos para toda la vida.

Imagina...

★   que los días de tu familia adquieren un sentido de orden, ritmo y
    fluidez.

★   que las transiciones difíciles se suavizan con patrones confiables.

★   un creciente sentido de consistencia en tu hogar y con ello la
    alegría de la espera y la seguridad de las cosas con las que pue-
    den contar diariamente.

★   las oportunidades de conexión y los momentos de pausa que
    aumentan a medida que los ritmos se afianzan.

★   la seguridad que sentirá tu hijo al tener una imagen mental de
    cómo será su día.

★   que tu hijo tenga un lugar en las tareas y ritmos de la vida diaria,
    y que sus funciones aumenten a medida que crece, desde la par-
    ticipación hasta una mayor independencia.

★   que las cenas familiares se vuelvan más regulares, que la comida
    sea familiar y reconfortante, que las conexiones evolucionen con
    la repetición.

★   tener una riqueza familiar en las historias que se comparten.

★   que el sentido de identidad de tu familia crece junto con el nú-
    mero de actividades que realizan juntos.

Capítulo 5
Actividades y horarios

Descansa; un campo que ha descansado da una cosecha abundante.

Ovidio

Dylan, de doce años, participa en una liga de futbol a lo largo de todo el año y se prepara para su examen de cinta morada en taekwondo; toca la trompeta en la banda y también en la orquesta de jazz, y tiene, en promedio, entre una y dos horas de tareas cada noche. La madre de Dylan, Carol, una asesora financiera, lo describe como alguien "tranquilo" en comparación con su hermana de nueve años, DeeDee. "Todavía no ha encontrado su verdadera pasión, pero vamos a asegurarnos de que conozca todo tipo de opciones". Hace dos años, Carol se dio cuenta de que, entre las muchas actividades extraescolares de DeeDee, lo que más le interesaba era la gimnasia y los caballos, así que la inició en volteo, una combinación de alto nivel de ambos deportes. "¡Ese era el fin de nuestro tiempo libre!", dice Carol, "pero a DeeDee le encanta, está muy motivada". La mayoría de los fines de semana, Carol o su marido Rob llevan a Dylan a un torneo de futbol mientras DeeDee y su entrenador cargan el remolque de caballos y van hacia una competencia de volteo en un estado vecino.

Carol y Rob son personas inteligentes y ocupadas, dedicadas a su trabajo y a su familia. Están igualmente implicados en el esfuerzo que supone criar a los niños, ayudarlos a conseguir lo que necesitan para tener éxito en la escuela y entregarse a sus intereses. Conocí a Carol después de que me escribiera para discrepar de un comentario que yo había hecho sobre los "niños con un horario sobrecargado" en una entrevista radiofónica. Carol escucha mucho la radio, por supuesto, dado el tiempo que pasa llevando a los niños de un lado a otro.

El factor que no tuve en cuenta, insistió Carol, fue la motivación. Le parece que el término "sobrecarga de trabajo" se utiliza en exceso. Algunos padres presionan a sus hijos para que realicen actividades, impulsados por el deseo de verlos triunfar, o por la necesidad de tenerlos ocupados mientras ellos —los padres— trabajan. "Nosotros no somos así. Rob y yo queremos dar a nuestros hijos las oportunidades que nosotros no tuvimos cuando éramos niños". Reconoce que, para los niños, una actividad que no les interesa puede ser estresante. Pero cuando a los niños les gusta lo que hacen, cuando se motivan a sí mismos, su actividad es productiva, emocionante e incluso energizante.

Carol y yo intercambiamos varias cartas y tuve el placer de conocerla cuando asistió a una conferencia que di cerca de su ciudad. Hemos seguido siendo amigos, lo que me complace. Carol podría haberse sentido ofendida cuando comparé a sus hijos con los cultivos, y sus esfuerzos como madre con la agricultura, pero no fue así. Más adelante hablaré de ello.

En primer lugar, me gustaría dejar claro —como hice con ella— que estoy a favor de que los niños sean activos y participen en todo tipo de actividades interesantes. No creo en la infancia que se pasa en posición de loto: serena, tranquila y sin estrés. Los niños florecen con la actividad. El mayor elogio de mi hija a una tarde bien aprovechada es: "Antes de darnos cuenta, papá, ¡estábamos jugando *en verdad* muchísimo!". A todos nos encanta ver a un niño sonrojado y feliz, con el aliento entrecortado y los rizos húmedos apretados contra la cara, plenamente implicado en algo que le gusta.

No eran solo mis comentarios sobre los "niños excesivamente programados" los que Carol criticaba; respondía a una cuestión que se debate desde hace tiempo en los medios de comunicación. Fue a principios de la década de 1980 cuando el ya clásico libro de David Elkind *The Hurried Child [El niño apresurado]* cuestionó por primera vez si se empujaba a los niños hacia la edad adulta o a la "supercompetencia" porque los padres carecían de interés o tiempo para la crianza. Su libro más reciente, *El poder del juego*, analiza lo que, en su opinión, se ha perdido en la carrera hacia la madurez temprana. En *Children of Fast-Track Parents* [*Hijos de padres acelerados*], la autora Andrée Aelion Brooks observó una tendencia creciente entre los padres de clase media alta que buscaban un programa extracurricular más rico para sus hijos en edad escolar. Brooks vio una competitividad en esta mayor atención a los "logros" de los niños. En 2001, Alvin Rosenfeld y Naomi Wise publicaron su libro *The Over-Scheduled Child: Avoiding the Hyper-Parenting Trap* [*El niño excesivamente ocupado: cómo evitar la trampa de la hiperpaternidad*], donde analizaban la "paternidad como deporte competitivo" y cómo ha conducido, entre otras cosas, a una pérdida de tiempo libre para padres e hijos.

Así pues, estas tendencias y el debate en torno a ellas han estado con nosotros durante casi treinta años. Pero ¿qué tanto han cambiado las cosas en ese tiempo, en prácticamente una generación? ¿Cómo pasan sus días los niños de hoy, comparados con los de sus padres cuando eran niños?

Algunas actividades se han mantenido frecuentes desde principios de la década de 1980: los niños de seis a once años siguen pasando una buena parte de su tiempo semanal viendo la televisión, aunque ahora también pasan cada vez más tiempo frente a la pantalla de la computadora. Van al colegio unas ocho horas más a la semana que en 1981, y el tiempo que dedican a actividades estructuradas (por ejemplo, deportes, arte, clases, religión, actividades sociales) se ha duplicado: de 11% en 1981 a 20-22% en 1997 (Kinney *et al.*, 2000). El tiempo dedicado a las tareas también se ha duplicado. En 1981 se dedicaban 52 minutos a la semana, mientras que en 1997 los niños de seis a ocho años dedicaban un promedio de 128 minutos a realizar tareas extraescolares. Y eso era antes de la ley "Que ningún niño se quede atrás" [No Child Left Behind Act]. Una encuesta dirigida a los padres y realizada en 2006 para America Online y Associated Press reveló que los alumnos de primaria pasaban un promedio de casi una hora y veinte minutos *por noche* ocupados con sus tareas (Wallis, 2006).

Un estudio publicado en 2015 en *The American Journal of Family Therapy* descubrió que los alumnos de los primeros años de la escuela primaria están recibiendo muchas más tareas de las que recomiendan los responsables de la educación —en algunos casos casi tres veces más de las recomendadas— y esto está teniendo efectos muy negativos en el desarrollo social y emocional (Pressman *et al*., 2015).

En general, los niños de hoy tienen menos tiempo libre; hasta doce horas menos a la semana (Elkind, 2007). Según investigadores de la Universidad de Michigan, en 1981 el niño medio en edad escolar disponía de 40% del día para tiempo libre, después de dormir, comer, estudiar y realizar actividades organizadas, pero en 1997 la cifra se redujo a 25% (Kirn y Cole, 2001).

Según un estudio nacional de 3,500 niños de un año o menos, publicado por el Instituto de Investigación Social de la Universidad de Michigan (Scholastic, 2012), los niños de 2015 tenían la mitad de tiempo libre que hace treinta años.

Algunos padres, entre los que se encuentra Carol, creen que se les ha culpado injustamente de estos cambios. ¿Es realmente tan malo estar ocupado? ¿Por qué no se considera que sus hijos ocupados se sienten realizados en lugar de frenéticos? ¿Qué hay de malo en querer que los hijos tengan tantas oportunidades como sea posible? No creo que culpar sea instructivo o productivo aquí. No creo que el problema central de los "niños con un horario sobrecargado" sea la motivación de los padres ni de los niños. La mayoría de los padres tienen buenas intenciones. Muy pocas madres o padres (excepto, quizá, en un mal día) afirmarían que mantienen a sus hijos ocupados solo para que los dejen en paz. Incluso al tener en cuenta las dificultades cotidianas que supone compaginar la familia, el trabajo y las responsabilidades personales, la mayoría de los padres se sentirían ofendidos por la idea de que presionan a sus hijos y los privan de la infancia. También en este caso, los padres actúan con motivaciones generosas al querer proveer a sus hijos. Pero al igual que el exceso de juguetes puede ahogar la creatividad, el exceso de actividades programadas puede limitar la capacidad del niño para saber guiarse a sí mismo, para ocupar su propio tiempo, con el fin de encontrar y seguir su propio camino.

Todos hemos conocido a niños que necesitan una agenda —entre el colegio, las clases, los deportes, los clubes, las reuniones— para saber dónde tienen que estar y cuándo. O a niños pequeños que tienen un horario completo en distintas guarderías durante la semana, que deben desplazarse y adaptarse a diferentes cuidadores y situaciones sociales. O niños cuyos días están tan programados que el tiempo no programado

—incluso un cuarto de hora libre— parece extraño, instantáneamente "aburrido". ¿Son más felices estos niños tan incesantemente ocupados cuando disfrutan de lo que hacen? Por supuesto. Pero ¿hay un énfasis en la alegría o en los logros? ¿Satisfacción o competencia? La motivación es difícil de desentrañar entre padres e hijos. ¿Está el niño motivado por su propio amor a lo que hace, o su motivación está influida por el deseo de agradar? En cualquier caso, no creo que el amor de un niño por una actividad lo proteja del estrés de hacer demasiadas cosas, demasiado pronto. Creo que un interés, si es genuino, es sostenible en el tiempo. Es más, un interés sano requiere tiempo y el lastre del ocio, así como otros intereses, para que se profundice y perdure.

MUY SIMPLE
Demasiadas actividades programadas pueden limitar la capacidad del niño para motivarse y guiarse a sí mismo.

Equilibrio y control. Estas son las palabras que me vienen a la mente cuando pienso en niños con horarios sobrecargados. En realidad, son tres: *equilibrio*, *control* y *abono*. Los niños necesitan tiempo libre y no estructurado. Necesitan tiempo para no hacer "nada"; tiempo para pararse de manos. O para encontrar la manera en la que que el camión de los helados siga recto por la calle sin girar *siempre* en la esquina. O para hacer una buena ruta para el camión de los helados mientras está de cabeza. ¿Qué tan equilibrada puede ser la vida sin tiempo libre? No mucho. Lo entendemos, pero también valoramos la productividad. La infancia y la paternidad se examinan a fondo ahora, mucho más que hace treinta años. Como la infancia se ha convertido en una "cosa" (la preparación para la vida adulta) y la crianza se ha convertido en otra "cosa" (lo que hacemos para no comportarnos como nuestros padres), tratamos de controlar una a través de la otra. Seguro que podemos mejorar estas "cosas". Seguro que podemos añadir más opciones. Y debe haber formas de aumentar la productividad. (Una vez que ha dejado de pararse de manos, ella se acuesta, parte una brizna de hierba y la sopla como un diente de león). Este tiempo —esta tarde, esta infancia, esta niña— podría enriquecerse. Eso es. Enriquecimiento. Como padres, hemos descubierto el abono. Y lo estamos aplicando por toneladas a la infancia.

Rotación de cultivos: horarios equilibrados

Fue a principios de la década de 1950, con la llegada de los fertilizantes químicos, cuando los agricultores pudieron aportar mayor control y productividad a sus campos. Podían enriquecer sus campos, liberados del lento ciclo natural de la fertilidad. Los fertilizantes —la fertilidad en bolsas— permitieron prescindir del ganado y del estiércol, y de los cultivos variados. Los agricultores pudieron especializarse, plantar hectáreas y hectáreas de monocultivos densos. Kilómetros de maíz hasta donde alcanzaba la vista. Los suelos enriquecidos significaban mayor rendimiento en menos tiempo.

La analogía tiene sus límites, estoy de acuerdo. Por ejemplo: ¿Tres entrenamientos de futbol a la semana equivalen a una bolsa de abono? Pero proporciona algunas ideas, y puede ser una buena guía para aumentar el equilibrio en las agendas de tus hijos. ¿Y la motivación? Bueno, la motivación del agricultor —aumentar el rendimiento— es comprensible, sobre todo al tener en cuenta el contexto más amplio. Al fin y al cabo, el agricultor también está presionado: ¿cómo se compararán sus cosechas con las de los campos vecinos? En un mundo competitivo y acelerado, ¿no tiene sentido buscar una ventaja? ¿Intentar ejercer algún tipo de control?

Por desgracia, aplicar los principios industriales a la naturaleza tiene un costo. El precio de la sobrefertilización es un suelo agotado y desgastado. La administración de la tierra implica tiempo; requiere más confianza que control. La agricultura sostenible implica rotar los cultivos, equilibrar los campos cultivados con los que están en barbecho y los que tienen una cobertura de leguminosas. Lo mismo puede decirse de los niños; el control de sus horarios tiene un costo para "sacar más provecho" de sus años de infancia. Llevan una vida superfosfatada, ocupada con actividades desde la mañana hasta la noche. El exceso de "enriquecimiento" no se absorbe, sino que se escapa, y contamina su bienestar. La actividad sin tiempo de inactividad es, en última instancia, como una planta sin raíces: no puede sostenerse.

¿Cómo se aplica la rotación de cultivos a una infancia "sostenible"? Profundicemos un poco más en ella, como una nueva forma de ver los horarios de nuestros hijos para simplificarlos. La rotación de cultivos es un modelo de equilibrio y de interdependencia. La abundancia de la cosecha depende de un suelo que ha descansado y de un suelo que se ha aireado y repuesto por el nitrógeno de los cultivos de cobertura con raíces largas o con legumbres. El descanso alimenta la creatividad, que alimenta la actividad. La actividad alimenta el descanso, que sostiene la creatividad. Cada uno se nutre del otro y contribuye a él.

En lo que respecta a nuestros hijos, el "campo en barbecho" es el ocio y el descanso. Es el tan alabado "tiempo de inactividad", el tiempo de patear el suelo, el tiempo de pasar el rato, el tiempo de hacer cosas. Es el tiempo para la contemplación, para mirar fijamente, para intentar silbar una melodía reconocible cuando solo pueden silbar soplando hacia dentro y no hacia fuera. Es el tiempo que existe más allá del timbre de la escuela, más allá del largo brazo de la tarea. Puede parecer tiempo en un universo paralelo, que existe más allá de la práctica del piano, de las clases de baile e incluso de lavar los platos para la cena.

Pienso en el "campo de legumbres" como un juego profundo, perdiéndose en el flujo de algo totalmente absorbente. Es el tipo de implicación —ya sea con un proyecto de arte o de construcción, o de lectura— en el que el tiempo se detiene. La conciencia de sí mismo y la frustración desaparecen; el niño está concentrado y tiene el control. Está conectado con lo que hace, pero también con lo que es. Esta es la cualidad más arraigada de la creatividad.

Al simplificar los horarios, sugiero a los padres que creen una imagen visual de su hijo en un juego profundo y creativo. Muy a menudo, esta imagen tendrá algo que ver con el arte o la naturaleza. ¿Cuándo tu hijo está completamente concentrado? ¿Cuándo desapareces tú y su entorno más amplio, ya que su atención está del todo centrada en lo que hace?

Este tiempo no es más o menos importante que el ocio y la actividad; todos son interdependientes, pero lo subrayo porque, a veces como padres, al no reconocerlo, sacamos a nuestros hijos de él. Es como si prendiéramos el radio en la iglesia y rompiéramos ese tiempo; no lo respetamos. Este es uno de los momentos más valiosos para que tu hijo procese la estimulación sensorial, y los niños que no lo experimentan pueden estar más nerviosos, ser menos capaces de relajarse y dormir.

Un pequeño punto más sobre este juego profundo o cultivo de legumbres. Como padre, trato de estar atento a cuando mis hijas se involucran plenamente en su juego. Es algo a lo que se puede dar espacio y honrar, pero no se puede "controlar". La confianza supera al control. Como dijo el doctor Spock: "Confía en ti mismo. Sabes más de lo que

crees". No sirve de nada "instigar" el juego profundo. No puedes diri-
girlo, solo puedes dejar tiempo para que se lleve a cabo y confiar en
que el ocio y la actividad alimentarán la creatividad de tu hijo. No sirve
programar decenas de clases de arte para tu hijo, para "impulsar" y "enriquecer" su producción creativa. Tu visión de la "creatividad" puede no
ser la suya. Su creatividad, al igual que su identidad, está en evolución,
pero puedes reconocer y honrar este crucial punto intermedio entre el
"lleno total" y el "punto final".

La actividad —la escuela, las clases, los deportes, las tareas, la socialización— está representada en el "campo de cultivo". Esto implica
el ajetreo normal de la "vida diaria": actividad e interacción. También
incluye el "buen estrés", o la actividad ligeramente eufórica y elevada de
una obra de teatro en clase, una competencia deportiva o un partido, una
actuación musical, las fiestas e incluso los exámenes. Puede ser una tarde
completa y rica o todo un día. Un tiempo de actividad donde se mezclan
muchas cosas.

La actividad y la interacción son cruciales en equilibrio. Así como
el descanso alimenta la acción, la actividad vigorosa alimenta el sueño y
también alimenta la imaginación. Pero un horario con 90% de actividades está desequilibrado. Como padres, no hay necesidad de sacar el cronómetro para dividir el tiempo de tu hijo en tercios. Pero, como hemos
visto en las dos últimas décadas, como sociedad hemos "enriquecido"
los horarios de nuestros hijos, irónicamente, hasta el punto de tenerlos
en exceso ocupados y agotarlos. El niño con horarios sobrecargados es
como la tierra que se ha cultivado de forma constante y exclusiva. Sin
descanso ni reposición, sin las raíces profundas de las legumbres que
airean y arrastran los nutrientes hacia el suelo, este se compacta y se
convierte en un tazón de polvo.

MUY SIMPLE
La actividad sin tiempo de inactividad es, en última instancia, como una planta sin raíces, insostenible.

Entonces, ¿cómo salir del carrusel de la "sobrecarga de trabajo"? ¿Cómo
podemos "oxigenar" los horarios de nuestros hijos y simplificar su
vida cotidiana? Voy a suponer que la mayoría de los padres de hoy no

necesitan ayuda para aumentar los horarios de sus hijos —o los suyos propios—. Hemos inclinado tanto la balanza en esa dirección que a muchos padres les cuesta saber cómo bajar el ritmo. No saben cómo simplificar su propio tiempo y cada vez están más perdidos a la hora de intentar simplificar el de sus hijos.

La concientización es el primer gran paso. Hemos rendido culto al altar de las actividades programadas de forma tan obediente que algunos padres solo piensan en el juego en términos de citas para jugar (un concepto que no existía hace veinte años). Si empezamos a reconocer el valor del tiempo de ocio y el tiempo creativo, les haremos un hueco. Si reconocemos la importancia del tiempo no programado —de los niños que no hacen "nada", pero en su tiempo y en sus condiciones—, estaremos en el buen camino. Abriremos sus horarios y los simplificaremos. Cuando veamos una tarde libre como una oportunidad gloriosa —los niños del vecindario están fuera, los huevos de rana de Jed se están convirtiendo en renacuajos, Mary ha encontrado un lugarcito detrás del arbusto de lilas donde puede colarse sin ser vista en absoluto— entonces lo inesperado tiene un lugar. Las sorpresas agradables pueden echar raíces. Al fin y al cabo, no se trata solo de lo que haces con tu tiempo, sino de si tienes tiempo para hacerlo tuyo. En este capítulo espero aumentar tu conciencia sobre el tiempo equilibrado y sugerirte formas de hacer más sostenibles los horarios de tus hijos, de modo que haya tiempo para que *construyan* recursos internos —energía, preferencias, intereses, capacidad de recuperación—, además de saber cómo usarlos.

En cada sección de este libro —simplificar los juguetes, la ropa, los alimentos— he mencionado que tu vida también se simplificará al simplificar la de tu hijo. Probablemente ni siquiera tenga que mencionarlo aquí, ¿verdad? Seguro que ya se te ha ocurrido la idea. Aquí, quizá más que en cualquier otra faceta del proceso, es cierto: el tenor de la vida diaria de tu familia cambiará —se simplificará— cuando reduzcas la complejidad del horario de tu hijo. Después de todo, ¿quién es el "personal de apoyo", los conductores de todas estas actividades? Si tu hijo tuviera menos entrenamientos, reuniones de clubes, clases, preparación de exámenes, audiciones, citas para jugar, actuaciones, prácticas y encuentros, ¿el horario de quién más se abriría? Y como el tiempo no programado aumenta, ¿qué pasa con las tensiones de manera proporcional? El equilibrio también beneficia a los adultos… incluso si tienen que lograrlo equilibrando primero el horario de sus hijos.

El regalo del aburrimiento

"Me aburro". Seguro que has oído esa expresión. Muchas veces, tal vez. Incluso en el lapso de media hora. He aquí un cambio de conciencia que te ayudará a abrir la agenda de tu hijo: piensa en el aburrimiento como un "regalo". Sigmund Freud pensaba que la frustración era la precursora del aprendizaje. Pido disculpas a Freud, pero me gustaría cambiar ligeramente esa idea para decir que el aburrimiento es a menudo el precursor de la creatividad. Piensa en un puente entre "no hacer nada" y el tipo de juego creativo profundo del que hablamos. El puente está casi siempre pavimentado con (la frustración del) aburrimiento. "Estoy aburrido". Ahora *es* cuando suele ocurrir algo interesante. (No te molestes en explicar esto a los niños porque no se lo creerán y les resultará muy molesto pensar en ello).

En el capítulo 3, cuando simplificamos los juguetes, nos dimos cuenta de que nada de lo que está en medio de un montón de cosas puede ser realmente apreciado. Este principio también es válido para las actividades. Cuando un niño está constantemente ocupado, rebotando de una cosa a otra, es difícil que sepa lo que realmente "quiere hacer". En primer lugar, nadie se lo pide. Su agenda, sus responsabilidades, sus planes y sus padres lo impulsan a ello. Pero la escasez —ese frustrante estado de "nada que hacer"— es como un silencio en la multitud. El silencio. ¿Qué voz susurrada puede empezar a escucharse? La voz interior del niño. Apártate. Todo puede suceder. Al buscar algo que hacer, en lugar de estar programados o entretenidos, los niños se vuelven creativos. Empiezan a construir un mundo propio.

De acuerdo, el "regalo" del aburrimiento no es un regalo para ti si tu hijo continúa con sus lamentos de "¡estoy aburrido!". Mi sugerencia es: neutralízalo. Supera su aburrimiento con una respuesta única y plana: "Hay algo que hacer a la vuelta de la esquina". "¡Pero, papá, me aburro!". Aquí te conviertes en un disco rayado. Te conviertes en lo más aburrido del universo. "¿De verdad? Hay algo que hacer a la vuelta de la esquina". "¿Eh?"...

"Hay algo que hacer a la vuelta de la esquina". Hmmm. Les quedará claro que no solo *no* los vas a rescatar, sino que *tampoco* los vas a entretener y que no eres nada interesante después de todo. Eres aburrido. Y se irán. A algunos padres les resulta difícil hacerlo. Al fin y al cabo, como sociedad, los padres hemos firmado para ser los "comités de entretenimiento" de nuestros hijos de por vida. Somos artistas no remunerados, pero artistas al fin y al cabo. Y nos lo tomamos en serio. Como tales, estamos acostumbrados a ver el aburrimiento de nuestros hijos como un fracaso personal. Desde sus primeros días, colgamos móviles sobre sus cunas y nunca dejamos de hacerlo. Una pausa en las festividades (o en la sucesión de clases y citas de juego) y somos capaces de saltar y bailar. No es de extrañar que estemos agotados.

Deja que tus hijos se aburran. Deja que así sea. A veces, en mis conferencias, escribo una "receta" para los padres: "Aburrimiento. Permítase tres veces al día, preferiblemente antes de las comidas". Es ridículo, lo sé. Pero a veces es más fácil dar un salto con algún tipo de "visto bueno" oficial, y yo estoy dispuesto a ofrecer el visto bueno, aunque sea con cierto humor.

Una vez, cuando describí mi enfoque de "línea plana" ante el canto de "me aburro" de un niño, una madre mencionó que ella hace algo diferente. Ella creció en una granja, donde había tanto que hacer que estar "aburrido" era una responsabilidad peligrosa. Si alguno de sus hermanos mencionaba la palabra "aburrido", tenía una tarea que hacer en treinta segundos. "Esta táctica también funciona en la ciudad —dice—.Si mis hijos se aburren alguna vez, ¡seguro que no me lo dicen!".

Entre la exaltación y la calma: equilibrar los horarios

Siempre aprendo valiosas lecciones de los padres que acuden a mis conferencias y talleres. Una madre, Sarah, me mostró cómo cambió de manera muy beneficiosa la conciencia que tenía sobre el horario de su hija.

También ha sido útil para muchos otros, y con su bendición, me gustaría compartirlo con ustedes. Comenzó con la fiesta judía de la Pascua. Sarah se dio cuenta de que las fiestas volvían loca a su hija.

La gran y acogedora granja de Sarah parecía ampliarse para dar cabida a toda la gente que se presentara. Esa era la buena noticia: las fiestas familiares, en todo su ajetreado, desordenado, feliz y ruidoso esplendor, siempre se celebraban en casa de Sarah. La mala noticia era que la hija de Sarah, Emily, de nueve años, se derrumbaba en algún momento durante esas visitas. Había muchas cosas programadas, con lugares a los que ir, gente por todas partes, grandes comidas y una cosa que se encadenaba con la siguiente.

Aunque Emily afirmaba que le encantaban estas reuniones, después del primer día completo su comportamiento empezaba a desintegrarse, pasando de la picardía a la agresividad, dando portazos y portándose mal. La vergüenza llevó a Sarah a descubrir cómo podía hacer más fáciles estas fiestas para Emily. Un día, durante el largo fin de semana de Pascua, en el que Emily se mostraba bastante desagradable, Sarah quiso sacarla de casa, lejos de las preguntas y los comentarios bien intencionados de todo el mundo sobre su comportamiento. Llevó a Emily a dar un largo paseo en bicicleta, las dos solas. Esa pausa —una bocanada de paz en un día tan ajetreado— realmente marcó la diferencia para Emily. Cuando volvieron, estaba mucho más tranquila y había recuperado el equilibrio. Después de eso, Sarah se aseguró de incluir un descanso en cada día. Ella y Emily llevaban al perro al parque durante una hora o daban un paseo a solas.

Sarah se dio cuenta de que estas grandes fiestas familiares eran demasiado intensas, demasiado excitantes para Emily si no se equilibraban con algunas actividades más tranquilas. Como hija única, con una vida diaria bastante predecible, le costó acostumbrarse a tener la casa llena de gente y actividad. En lugar de adaptarse, Emily se comportaba mal. Sin embargo, con más equilibrio, Emily lo hizo muy bien. Se sintió más en control y se sintió atendida en lugar de perdida en medio del bullicio.

MUY SIMPLE
Si planeas los horarios de tus hijos de manera más consciente y equilibrada, entonces podrás satisfacer mejor sus necesidades.

Sarah empezó a ser más consciente —buscando el equilibrio entre la exaltación y la calma— a la hora de planear los horarios. Veía la semana que tenía por delante y, con base en lo que estaba programado, calificaba si ese día iba a ser un día "A", muy agitado y activo, o un día "C", bastante predecible, más relajado y calmado. Su intención no era tanto controlar los días de Emily como crear mayor equilibrio cuando las cosas iban hacia el caos. Así, si el viernes era la gran obra de teatro de la clase, un día A, Sarah tomaba nota para equilibrarlo con un fin de semana tranquilo, o dos días C.

La idea no es alejarse de los estímulos. La obra de teatro de la clase, con toda la preparación y la emoción de la actuación, es sin duda maravillosa. Al igual que las vacaciones, la obra de teatro de la clase es un gran acontecimiento. Estos momentos presentan contrapuntos fantásticos, o "notas altas" a la melodía o ritmo normal de los días de un niño. El propósito de ser consciente, o de reconocer lo que los rodea y los tranquiliza, es evitar la sobrestimulación que puede cansarlos o descarrilarlos de la misma manera que una gran dosis de azúcar y cafeína a corto plazo. Al trabajar para conseguir cierto equilibrio en el horario de Emily, Sarah no trataba de evitar la estimulación, sino la sobrestimulación.

He aquí un buen ejemplo de esta distinción. Recibí una divertida carta de una madre, Eleanor, cuyo marido era un fanático de los *monster trucks* (esas camionetas con llantas enormes). A Eleanor no le entusiasmaban los circuitos: el ruido, las multitudes, las promociones enloquecidas, la comida rápida. A su marido le gustaba llevar a su hijo de ocho años. Esto solucionaba un problema para Eleanor —"Si no vuelvo a ir a un *rally* de *monster trucks*, seré la mujer más feliz del mundo"—, pero a la vez creaba otro: "¡Frankie llega a casa fuera de control! Hace chocar todos sus juguetes y describe *todo* con una voz de locutor muy fuerte. Y además se pone a rebotar en las paredes". A Frankie también le encantaban esos días con su padre, pero, sinceramente, Eleanor se preguntaba si valía la pena. A ella le parecía irreconocible por lo menos hasta el día siguiente, y se quedaba emocionalmente tocado durante algún tiempo.

Basándose en el balance de A y C, Eleanor hizo un trato con su marido: podía llevar a Frankie a un *rally*, pero ese día se consideraría un día "triple A" y tendría que equilibrarse (bien después, o bien intercalado) con tres días C. Su marido estuvo de acuerdo y también vio que el sistema funcionaba. Aunque le encantaban los *rallies*, sabía que eran exagerados, especialmente para un niño de ocho años. Al incorporar conscientemente algunos días más tranquilos después, ambos vieron cómo Frankie se calmaba y volvía a ser él mismo. Lo más divertido fue que Eleanor terminó su carta diciendo que había un gran *rally* nacional de *monster trucks* de tres días de duración en Atlanta. Su marido ni siquiera sugirió llevar a Frankie; iba a ir solo. "Como me dijo, mirando con emoción la página web: *no hay manera* de que podamos programar suficientes días 'C' para equilibrar *esta* cosa".

Momentos de descanso

En cuanto a la forma en que los niños pasan su tiempo, hemos visto la diferencia que una generación puede marcar. Esto llega a las casas de otra manera. A veces pregunto a los padres si recuerdan un día de descanso o una sensación de domingo en sus hogares. No me refiero a si cumplían con los rituales o si iban a una celebración religiosa. Algunos de ellos lo hacían. Pero al plantear la pregunta, quería saber si había un día de la semana que les pareciera "diferente". Un día que les pareciera más lento, más tranquilo que el resto.

¿Existe un momento —no un día, sino un momento— en el que no puedes ser contactado? La mera idea nos pone nerviosos a muchos. Piensa en la explosión de los métodos de comunicación en las últimas dos generaciones. La evolución de los teléfonos fijos a los celulares supuso un gran cambio y ahora, con los correos electrónicos, los buscadores y todos los aparatos telefónicos imaginables, cada uno de nosotros es un campo de comunicación andante, siempre localizable, disponible y fácil de distraer. Sin embargo, al tener en cuenta lo localizables y lo propensos a la distracción que somos, cabe preguntarse hasta qué punto estamos realmente "disponibles" en cualquier momento. Seguramente, si estás disponible para la persona que habla por teléfono, no puedes estarlo para aquellos con los que estás, y viceversa.

¿Qué es lo que ha disminuido a medida que la frecuencia y la comodidad de nuestras comunicaciones han aumentado? Los momentos de descanso. Como señala mi amigo y colega de la Universidad de Antioquía, Torin Finser, los momentos de paz se han erosionado a medida que han aumentado nuestras diversas formas de comunicación e interrupción.

Obviamente, el día de descanso, como el Sabbat, significa cosas diferentes para cada persona. Pero más allá del componente espiritual, la "sensación" del domingo solía ser de mayor tranquilidad. A menudo era un "día de familia", tanto si se trataba de la familia inmediata como de una familia más extensa que se reunía para cenar. Tradicionalmente ese día se evitaba hacer tratos comerciales y se dejaba de lado el trabajo de la semana. (¡Eso si no se cuenta como *trabajo* cocinar esa cena familiar para cuatro o para veinticuatro personas!).

Independientemente de lo que sientan los padres al recordar los días de su juventud, la mayoría está de acuerdo en que esos días de descanso tenían una tranquilidad que es difícil encontrar hoy. Los médicos están acostumbrados a estar "de guardia", pero ahora todos lo estamos: veinticuatro horas al día, siete días a la semana. Como resultado, la mayoría de nosotros estamos en un estado ligeramente ansioso y en suspenso la mayor parte del tiempo. Por eso, cuando nuestro teléfono celular suena justo cuando intentamos entrar en el carril de salida de la autopista ("¡Puede ser el colegio!"), fisiológicamente pasamos de un estado moderado a uno de hiperactividad con bastante rapidez y nos cuesta volver a un estado de calma. Lamentablemente, este es un síntoma de alto estrés. A todos nos vendría bien más de esa sensación de domingo en nuestra vida.

Algunos padres sienten que hay una separación —una zona de seguridad— entre su propia vida y la de sus hijos. Algunos creen que su "capacidad de ser contactado" es lo que permite a su familia estar tranquila. Pero en realidad, es mucho más que eso, ¿no es así? Estar localizable por teléfono celular puede permitir a una madre asistir al partido de futbol de su hija, pero también significa que lleva la oficina consigo. En un artículo de *The Wall Street Journal* se detallaban las distintas formas en que algunos padres tenían que esconder sus teléfonos inteligentes (se escondían en el baño o salían a pasear) cuando los cónyuges o los hijos intentaban limitar su uso en casa (Rosman, 2006). Todo el mundo se distrae cuando un miembro de la familia se distrae. Aunque los niños no tengan sus propios celulares, entienden cuándo tienen la atención de alguien y cuándo no.

Los momentos de descanso son "zonas libres de distracciones". No son muchas las familias que pueden reservar un día entero de la semana para pasarlo tranquilo en familia, pero sí podemos dedicar algunos momentos a esa tranquilidad. Hacerlo añade equilibrio a los días ajetreados y establece límites. Si te niegas a contestar el teléfono durante la cena, el mensaje que reciben tus hijos es: "Ahora mismo estamos juntos, compartiendo esta comida". Algunas familias pueden ir más allá, reservan medio día para ir de excursión cada semana o establecen un "domingo de no manejar" para quedarse en casa, un gesto simbólico para la familia y el medio ambiente.

Para otros, un pequeño comienzo puede suponer un gran esfuerzo. Un padre me dijo que apaga el contestador automático en cuanto llega a casa por la noche. "Para mí fue un gran paso. Y lo hice como una elección consciente. No quería estar 'filtrando llamadas' con una oreja mientras estoy con mis hijos". Una madre me contó que dejó de revisar su correo electrónico después de la cena. "Me di cuenta de que uno o dos momentos robados tenían una gran repercusión. Sin esa interrupción, podía utilizar la cercanía que habíamos establecido en la cena y pasar directamente al ritual de la hora de acostarse. Era tan fácil y sencillo. Pero si me iba a consultar el correo electrónico, y tal vez respondía uno o dos, para cuando volvía, mis pequeños ya estaban corriendo por ahí, metidos en algo y entonces era difícil volver a la corriente de la hora de dormir".

Si la vida es una frase leída de corrido, entonces estos momentos de descanso son las pausas, la puntuación. Una madre mencionó que estaba tan ocupada que se dio cuenta de que no solo tenía que aprender a relajarse, sino que tenía que crear el modelo de la "relajación" para sus hijos. "Encarnaba el modelo de la competencia y la eficiencia, ¡pero casi nunca me veían sentada y quieta!". Decidió leer durante veinte o treinta minutos por la noche, cuando y donde sus hijos pudieran verla. Una de sus hijas siempre cogía algo para leer y se sentaba a su lado. Ahora leen juntas tres noches a la semana. Sin interrupciones, sin televisión, con un tiempo de lectura completamente desconectado. "No tenía esto en mente cuando empecé, y nunca habría pensado que podría hacerlo, pero ahora me encanta este tiempo que tenemos. Me da mucha ilusión".

Expectativa

La mayoría de las familias ha aumentado la velocidad de su vida y la cantidad de sus actividades de forma gradual —incluso inconsciente— con el paso del tiempo. Son conscientes de los costos que conlleva un ritmo de vida rápido y agitado, pero se han adaptado. Y si miramos a nuestro alrededor, parece que siempre hay otra familia que hace todo lo que tú haces y más, y que se las ingenia para hacer esquí, o un campamento espacial, o clases de corno francés, además de todo lo demás. ¿Cómo lo hacen?

Lo hacen sin preguntarse "¿por qué?". ¿Por qué nuestros hijos necesitan estar ocupados todo el tiempo? ¿Por qué nuestro hijo, a los doce años, necesita explorar la posibilidad de viajar al espacio? ¿Por qué sentimos que debemos ofrecer todo? ¿Por qué todo debe ocurrir ahora? ¿Por qué mañana siempre parece un poco tarde? ¿Por qué preferimos meter más cosas en nuestras agendas que ver lo que ocurre con el tiempo? ¿Qué ocurre cuando nos detenemos, cuando tenemos tiempo libre?

Como los motores que han sido calibrados a una velocidad acelerada, nos hemos ajustado a una "norma" de alto estrés. Por eso, puede parecer difícil abandonar la rutina de "demasiadas actividades, todo el tiempo". En el capítulo 3, al contemplar la posibilidad de reducir el montón de juguetes que crecía en las habitaciones de tus hijos, al principio era difícil imaginar qué se ganaría realmente al desecharlos. ¿No sería una pérdida neta? ¿Una pérdida que, como mínimo, sería molesta para los niños? Hablamos del extraordinario poder de tener menos, de cómo una cantidad menor de juguetes permite al niño concentrar su atención, comprometerse en lugar de sentirse abrumado.

Imaginemos esa transformación en dos simples gestos. En la primera imagen, no podemos ver al niño; está escondido detrás de una montaña de juguetes que él observa paralizado. La segunda imagen es sencilla: sin el montón de cosas, es nada más un niño que toma un juguete.

En la segunda imagen hay algo que falta en la primera. Incluso con esa gigantesca montaña de juguetes, falta algo. No es exactamente el último y mejor juguete, el mejor de todos, ese que realmente le va a gustar. Si uno se aparta del carrusel excesivamente programado de actividades, algo tiene la oportunidad de desarrollarse. Es lo mismo que falta en la primera imagen y es evidente en la segunda: la expectativa.

Cuando abrimos los horarios de nuestros hijos, dejamos espacio para la expectativa. Al igual que es difícil apreciar un juguete que está enterrado en medio de una montaña, es difícil anticipar algo cuando estamos siempre ocupados, o cuando intentamos hacerlo todo ahora.

Es cierto que, como adultos, siempre buscamos la rapidez y la comodidad. Puedes nombrar cualquier cosa —módems, coches, comida, operaciones bancarias, desplazamientos— y lo haremos más rápido (sí, por favor) si nos dan la opción. También queremos lo que queremos cuando lo queremos: a la carta. Nos atiborramos de más, en previsión de la pausa que nunca llega, o de la ventaja que nos permitirá tal vez, un día, tomar un descanso.

Cuando permitimos que esta mentalidad de todo "a la carta" coloree las perspectivas y los horarios de nuestros hijos, entonces ellos pierden el don de la expectación. La alegría de la espera. La pasión de la expectativa. ¿Recuerdas haber anhelado el verano? ¿Contado literalmente los días? Cuando se abandona el bucle de actividades planificadas, se deja espacio para las pausas, se deja tiempo para la anticipación y la reflexión. En el capítulo 4 hablamos del ritmo y los rituales, de cómo estos crean consistencia y una sensación de seguridad en la vida de un niño. En su regularidad, los *hot cakes* de los domingos por la mañana son habituales. Pero también son especiales: un rico olor que el niño anticipa, pero que lo toma por sorpresa cuando de un salto se levanta de la cama y se dirige a la cocina. El tiempo no programado tiene el mismo efecto: crea profundidad —una capa de significado y sentimiento— alrededor de las actividades. Parece que ofrecemos "aquí está el mundo" cuando llevamos a nuestros hijos de una actividad a otra. En lugar de crear entusiasmo, la sobrecarga en la agenda de un niño crea grandes expectativas. "¿Cuál es la próxima gran cosa?", preguntan a su vez. Si nos retraemos en la programación, el niño puede ver algo que está por venir; puede literalmente "esperarlo con ansias". Esto permite que la expectación aumente. Y esa espera es más que un simple placer. Es la construcción de la identidad.

Anticipar la gratificación, en lugar de esperarla o exigirla, refuerza la voluntad del niño. La impulsividad, querer todo ahora, deja la voluntad débil, blanda. A medida que un niño vive con la expectativa de algo nuevo, a medida que se fortalece con el tiempo, también lo hace su sentido de sí mismo, su ego. Es irónico, ¿no? En nuestra cultura de la demanda es fácil olvidar el tremendo poder que puede desarrollarse a través de la espera. Veamos qué más se desarrolla con la expectación.

MUY SIMPLE
Más que un simple placer, la expectación construye la identidad.

Cuando un niño tiene tiempo para esperar algo —un campamento, por ejemplo—, pone en marcha su imaginación. Comienza a crear imágenes mentales del viaje: lo que sabe sobre acampar, lo que imagina que es, lo que espera que ocurra, lo que planea que ocurra. Hace sus propias fotos mentales por adelantado. "¡Apuesto a que cuando esté asando bombones alrededor de la hoguera vendrá un oso y se sentará a mi lado!". No importa que la realidad del viaje difiera de sus imágenes. La riqueza se acumula, ir de campamento es ya más que un acontecimiento; se convierte en una experiencia que acumula capas de significado y sentimientos para el niño.

¿Conoces la expresión "de esto están hechos los recuerdos"? Estas capas de significado son las que conforman los recuerdos, las que los anclan en nuestra mente.

Esperar algo con ilusión forja el carácter del niño. Le muestra que tiene poderes iguales a los de sus propios deseos. Le muestra su fuerza interior, la fuerza de la espera poderosa. Sin control, nuestras voluntades son como malas hierbas, que amenazan con apoderarse de todo nuestro espíritu; enredaderas invasoras del deseo de lo que queremos (todo) cuando lo queremos (ahora). La expectación frena la voluntad; contrarresta la gratificación instantánea. Es la base del desarrollo y el crecimiento del niño y construye su vida interior. Un padre me escuchó una vez expresar estas ideas y añadió: "Sí, además, ¡cualquier actividad que tu hijo espere con ansia tiene automáticamente más 'rentabilidad'!". Más rentabilidad por tu dinero, exactamente.

Semillas de adicción

Creo que hay algo que falta en el debate de nuestra sociedad en torno a los niños con exceso de actividades. La cuestión va más allá de la motivación de los padres: ¿Actúan los padres por el deseo de proveer a sus hijos, o por el deseo de obtener una ventaja competitiva para ellos? Va más allá de los efectos obvios en los niños: ¿Cuánto estrés experimentan con su enriquecimiento? Sin duda, son preguntas importantes, que merecen nuestra consideración. Sin embargo, lo que más me preocupa del exceso de programación —al igual que otros efectos del "demasiado, demasiado pronto y demasiado rápido"— son sus efectos en el desarrollo y en la formación de la identidad de un niño pequeño.

Imaginemos a un niño con un horario muy apretado que parece un "campo de cultivo", con hileras de actividades, clases y deportes, lugares a los que ir y cosas por hacer. Me preocupa que una vida cotidiana así pueda sembrar semillas inesperadas. Puede establecer patrones de comportamiento y expectativas arraigadas, difíciles de alterar. Tanta actividad puede crear una dependencia de los estímulos externos, una cultura de la compulsión y la gratificación instantánea. ¿Qué es lo que también crece en una cultura así? Los comportamientos adictivos. Se puede ver la sombra de la sobrecarga de trabajo en esta definición de *adicción* de mi colega Felicitas Vogt: "una tendencia creciente y compulsiva a evitar el dolor o el aburrimiento y a reemplazar el desarrollo interior con la estimulación exterior".

Yo lo he visto. He visto cómo cargar los días de un niño o niña con actividades y eventos desde la mañana hasta la noche puede cavar un surco de desarrollo en su ser. Puede establecer una dependencia, porque favorece la estimulación externa sobre la actividad emocional o interior. Un niño con una habitación llena de juguetes está programado para sentirse insatisfecho. Está programado para imaginar que el placer depende de los juguetes y que el siguiente puede ser mejor que el resto. Del mismo modo, un niño que no experimenta el ocio —o mejor aún, el aburrimiento— siempre buscará la estimulación externa, la actividad o el entretenimiento.

¿Qué es lo que sigue? El ritmo de sus días será principalmente de notas altas, un ritmo difícil de mantener. Sin pausa, tiene pocas posibilidades de actividad interior, pocas posibilidades de procesar sus experiencias y pocas posibilidades de profundizar en una actividad con lo que ellos mismos le aportan: deseo, imaginación o reflexión. Sin pausa, no hay espacio para la expectación.

Días normales

¿Acaso no son la mayor parte de tus días bastante normales? Parece un sacrilegio admitirlo, sobre todo cuando siempre nos animamos y alentamos a los demás a "¡tener un gran día!". Sin embargo, he descubierto que abrazar la belleza de un día normal, un día promedio, es muy útil para simplificar los horarios de nuestros hijos.

Hay mucha presión en los "días sobrecargados" tanto para los niños como para sus padres. Para los niños están las exigencias de participar, actuar y competir. Para los padres (conductores, choferes) está toda esa programación. La responsabilidad de llegar a la clase de violonchelo a tiempo, con el niño y con el violonchelo, el dinero para la clase y —milagro— también el libro de música. Pero la mayor presión que conlleva todo este enriquecimiento es la presión de la excepcionalidad.

No todo el mundo va a ser excepcional en todo lo que hace. Es cierto, la mayoría de los padres estarían de acuerdo. Contamos con suficiente tiempo en este mundo y mucha experiencia personal para atestiguarlo. Sueños de ballet abandonados. Un camino profesional que se ha desviado o se ha torcido un poco; oportunidades perdidas. Sin embargo, tendemos a subir nuestras apuestas en el caso de nuestros hijos. ¿Quién sabe? Mira a Tiger Woods. Ya jugaba al golf a los dos años. ¿Quizá con algunas lecciones adicionales, o empezando un poco más joven, nuestro hijo podría ser la excepción a esa regla? Podría ser realmente excepcional. De la liga infantil a las grandes ligas. Es posible. ¿No es demasiado poco pedir menos?

¿Pero cuántos aspirantes a violonchelista rivalizarán con el arte de Yo-Yo Ma? Si nos aferramos a lo excepcional, si nuestros hijos adoptan eso como medida de éxito, la mayoría fracasará y casi todos se sentirán frustrados. Hay libertad en abrazar lo normal: libertad y posibilidades. Porque en la mayoría de las cosas, lo excepcional no es realmente lo que queremos para ellos. Lo que queremos para nuestros hijos, realmente, es el compromiso. Queremos que su amor por el violonchelo crezca, que evolucione y perdure a lo largo de su vida, tanto si se presentan en un recital como si no, tanto si son violonchelistas excepcionales como si no.

Al fin y al cabo, lo normal permite lo excepcional, pero no al revés. Si se les ofrece una oportunidad y un estímulo normales, surgirá un talento verdaderamente excepcional. Pero los intereses —incluso los intereses fuertes y las habilidades— a menudo se agotan cuando se les presiona demasiado, demasiado rápido, demasiado joven. El impulso hacia lo excepcional deja muchos amores y pasiones a su paso. Amar algo por sí mismo —no por su potencial de fama, gloria o becas musicales— está lejos de ser algo ordinario o normal. Es una bendición extraordinaria, una fuerza de carácter que cualquier padre desearía para su hijo.

MUY SIMPLE
Apreciar por completo lo "ordinario" es un don extraordinario.

La presión de la excepcionalidad tiene otra faceta, que muchos padres asumen de buen grado. Es la presión de ofrecer días excepcionales. Nos esforzamos al máximo, con tantas actividades, con tanta estimulación y entretenimiento a la carta, para proporcionar a nuestros hijos una serie de momentos de felicidad. ¿No es maravilloso? ¿Qué tal todo esto? ¿No es aún mejor? Esperamos que estos momentos extraordinarios se unan, brillando, en días de color de rosa, cada uno más lleno y emocionante que el anterior. Una infancia verdaderamente excepcional.

Estoy exagerando un poco para que quede claro. Pero solo un poco. Esta presión es real y nos impulsa. Nos impulsa de maneras grandes y pequeñas, y afecta a nuestros hijos de formas que preferiríamos no reconocer. Si nosotros estamos agotados por nuestras tareas diarias de "planificación de actividades", seguramente ellos también se sienten presionados, obligados a responder con un entusiasmo y un agradecimiento cada vez mayores. Más aún, cuando los "momentos color de rosa" son la norma, los niños pueden acostumbrarse a una experiencia cumbre tras otra. Sus sentimientos y respuestas se silencian. Cuando cada nota es una nota alta, los niños pierden la capacidad de participar plenamente en el presente y de regular su propio tiempo. "¿Cómo te fue el día?". Cuando tu hijo responde "regular" o "normal", ¿tienes la sensación de que el día ha ido bien?

Cuando tu hijo responde "regular" o "normal", ¿te sientes decepcionado? ¿Incluso si tu día también fue bastante ordinario? Los días ordinarios son las notas que sostienen la vida cotidiana. Son las notas que permiten que las notas altas sean altas y las notas bajas sean bajas; proporcionan tono y textura. Si la felicidad de un niño no depende de las notas altas —no depende de eventos excepcionales o de tener talentos excepcionales—, entonces tiene un verdadero don. Un carácter excepcional. Puede vivir su vida apreciando el momento, los simples placeres de un día normal. ¿Te puedes imaginar algo mejor?

Deportes

Cada año, más de cincuenta y dos millones de niños estadounidenses participan en ligas deportivas organizadas, según el Consejo Nacional de Deportes Juveniles (Arango, 2008). Esta cifra ha aumentado considerablemente en las últimas décadas. En casi todos los deportes ha habido un aumento. Y los niños empiezan más jóvenes que nunca. La Organización Americana de Futbol Juvenil, un grupo sin ánimo de lucro que patrocina programas de futbol, cambió su edad de inicio a los cuatro años en lugar de los cinco. Muchos programas deportivos organizados —futbol, basquetbol, t-ball y otros— patrocinan ahora equipos y ligas para niños de tan solo dieciocho meses (Stein, 2007).

Con ligas itinerantes, de verano y de todo el año, los deportes organizados para niños son cada vez más complicados, competitivos y exigentes. Esto es lo que se conoce como la "profesionalización" de los deportes infantiles, y con ella suele venir la especialización prematura. Antes, si los niños eran deportistas, podían practicar varios deportes algunos meses del año. Ahora, cada vez más, los niños se concentran en un solo deporte, se ejercitan y se inscriben en ligas itinerantes fuera de temporada, y perfeccionan sus habilidades en campamentos especializados y ligas adicionales en verano.

"Hay estudios bastante buenos que dicen que se necesitan unos diez años y 10000 horas de práctica para ser realmente experto en un deporte", comenta Dan Gould, director del Instituto para el Estudio de los Deportes Juveniles de la Universidad Estatal de Michigan. "El problema es que los padres oyen este tipo de cosas y tratan de conseguirlo todo en los dos primeros años" (Hilgers, 2006).

En todo el país, los pediatras ven hoy lesiones que nunca antes habían visto en los niños. Según el doctor James Andrews, un destacado ortopedista deportivo nacional, "cuando pones a un niño en la mesa de operaciones te dices: 'Es imposible que un niño de trece años tenga este tipo de desgaste'". "El *New York Times* informó que, en entrevistas con más de dos docenas de médicos y especialistas en medicina deportiva, el factor que se mencionó repetidamente como causa principal del fuerte aumento de las lesiones por sobrecarga entre los jóvenes atletas fue 'la especialización en un deporte a una edad temprana y el entrenamiento durante todo el año, casi frenético, que a menudo le sigue'" (Pennington, 2005).

El resultado comprensible de este impulso hacia el profesionalismo —o el "demasiado, demasiado rápido y demasiado joven" de los deportes— es el agotamiento. Los medios de comunicación han prestado mucha atención al creciente número de niños que practican deportes organizados en clubes o ligas y a la forma en que los deportes juveniles imitan cada vez más a los deportes profesionales. Pero se ha prestado menos atención a la cantidad de niños que se retiran anticipadamente de los mismos. Los datos indican que la participación en los deportes alcanza su punto máximo a los once años y sigue una disminución constante durante el resto de la adolescencia. Según estudios publicados en el *Journal of Physical Education, Recreation & Dance*, 35% de los participantes se retira cada año del deporte organizado en clubes, mientras que hasta 67% de los participantes abandona el deporte entre los siete y los dieciocho años (Brady, 2004). El *Journal of Sport Behavior* informó que, para el primero de preparatoria, más de 90% de los estudiantes habían abandonado un deporte en el que habían comenzado a entrenarse (Butcher *et al.*, 2002).

Hay muchos motivos para preocuparse: desde los niños con horarios sobrecargados hasta los padres demasiado entusiastas, desde las lesiones por un desgaste extraordinario hasta el énfasis excesivo en la competencia, que deja a algunos niños sentados en el banquillo. El Instituto de Ética Josephson descubrió en su encuesta sobre deportes que 72% de los chicos y chicas dicen que preferirían jugar en un equipo con un récord perdedor que sentarse en el banquillo de un equipo ganador (Josephson Institute, 2006). Una encuesta realizada por Liberty Mutual a 2000 padres y entrenadores arrojó unos resultados decepcionantes: 50% de los padres y entrenadores creían que el deportismo había empeorado desde que ellos eran más jóvenes, y 60% presenciaba o participaba en comportamientos negativos o abusivos. Veintiséis por ciento de los padres dijo haber presenciado un enfrentamiento físico entre ellos. Alrededor de 55% de los entrenadores había sido testigo de cómo los padres se dirigían agresivamente a los árbitros o a sus propios hijos, y dos de cada cinco habían visto cómo los padres le gritaban también a otros niños (*US Youth Soccer eNews*, 2018).

Los niños solo quieren jugar. Es sencillo, ¿no? Al menos, suele empezar así. Muchas familias se involucran en las ligas juveniles —cambian sus horarios, renuncian a las cenas familiares, a las tardes y los fines de semana— porque creen que los programas deportivos son lugares de juego seguros, regulados, arbitrados y que fomentan las habilidades. Pero con tantos adultos implicados, desde los entrenadores hasta los árbitros y los padres, el juego —el juego activo en aras de la diversión— también se puede quedar en el banquillo, sin jugar.

Quiero aclarar que no estoy en contra de los deportes organizados ni de las artes marciales para los niños; estoy en contra de la forma excesiva y dirigida que hemos adoptado para chicos cada vez más jóvenes. Cuando hablo de los problemas del deporte precoz me refiero a los niños menores de diez u once años que practican deportes formales de equipo o artes marciales y entrenan más de dos veces por semana. Mi preocupación se agrava si la naturaleza del entrenamiento es contundente o agresiva y si la competencia se antepone a la creación de amistades y a la diversión.

En este contexto —del exceso y la excesiva juventud— sitúo las artes marciales junto a los deportes organizados. Esta es una posición muy impopular, lo entiendo, y me imagino a miles de niños vestidos con uniformes blancos, con los codos levantados y en guardia frente a mí. No estoy en contra de las artes marciales en sí, como tampoco estoy en contra de los deportes… ni de los juguetes. Estoy en contra de la forma en la que hemos traspuesto los esfuerzos de los adultos —con un sentido adulto de la competencia, el fanatismo y el consumismo— a la vida de los niños. Para ello, separamos en gran medida estas disciplinas de sus contextos culturales y espirituales. Una forma de arte diseñada para entrenar mente, cuerpo y espíritu se convierte en un pasatiempo. Las cintas se convierten en trofeos, y los niños más pequeños están equipados con "habilidades" mucho antes de que tengan la madurez para usarlas sabiamente.

Es evidente que son los problemas de desarrollo los que más me preocupan de nuestra historia de amor con los deportes organizados y las artes marciales. Algo falla en ambos extremos del espectro de edad. Cuando los niños menores de diez u once años se dedican a competir en deportes organizados, sobre todo en detrimento del tiempo para el juego libre y no estructurado, esa implicación puede cortar bruscamente su progresión a través de una serie de etapas de juego que son de vital importancia para su desarrollo. Igual de descorazonador es el hecho de que tantos niños abandonen el deporte cuando se acercan a la adolescencia, justo cuando la estructura y el rigor de los deportes organizados y de las artes marciales tienen tanto que ofrecerles en su búsqueda de la individualidad, la independencia y la madurez.

Veamos las diferencias fundamentales entre los deportes organizados y el juego, diferencias que me gustaría abordar girando nuestra atención de uno a otro, como una pelota que se lanza de un lado a otro.

A un lado de la red están los deportes organizados (ligas de futbol, ligas menores, etc.) o las clases de karate, y al otro el juego no estructurado (correr por ahí, o un partido de lo que sea en la calle o en el parque). En primer lugar, no creo que se trate de una competencia de elegir uno u otro tipo. Tampoco creo que estemos ante un juego que ya se haya jugado. Algunos padres creen que el deporte ha ocupado el lugar del juego no estructurado hoy en día; que el juego libre ya no es posible, una cosa del pasado. En el capítulo 6 hablaremos un poco más sobre el "peligro de los extraños" y otros temores que llevan a los padres y a los niños a meterse en sus coches y a salir del barrio para ir a juegos o clases formales. Mantengamos nuestro enfoque actual en los horarios, veamos los deportes organizados y los juegos no estructurados en términos de lo que ofrecen a tu hijo en términos de desarrollo.

Tres niños pequeños, de entre cinco y siete años, están jugando con coches pequeños y una rampa improvisada al lado de la entrada de la casa. Hay mucha discusión. "No, pero me dijo que podía usar el coche rojo primero y que mi turno incluye cuatro saltos, pero en mi último salto se cayó de lado, así que eso no cuenta". De hecho, los coches suelen quedar al margen o en el taller mientras discuten, se arreglan, se ignoran y se vuelven a arreglar estos importantes detalles. En el juego, los niños negocian libremente las reglas, participan activamente en el proceso social y aprenden mientras se abren camino. En el deporte, las reglas ya existen, por lo que los niños aprenden a jugar dentro de unos límites predeterminados.

Con estos elementos —un espacio (un patio o un parque), algunos niños y posiblemente algunas cosas para trepar o esconderse— la diversión puede desarrollarse cuando se ejercita la imaginación. El punto de partida puede ser el conocido "¿a qué jugamos?", pero a partir de ahí todo se desarrolla de manera espontánea. La progresión de hoy hacia la diversión puede repetirse, ampliarse o cambiarse mañana, o puede "archivarse" y resucitarse otro día. En el deporte, la imagen de lo que se necesita —en términos de equipamiento y la naturaleza del juego— ya está determinada. La forma en que se desarrolla el juego puede variar, pero el juego en sí está definido.

Gran parte de la imaginación es la creación de imágenes mentales. El juego libre requiere que se forme una "imagen" de lo que es posible, una respuesta pictórica a la proverbial pregunta "¿a qué jugamos?". Pero en el juego también hay muchos resultados posibles. "Íbamos a celebrar nuestra preciosa fiesta del té para las muñecas, pero entonces Emily se deslizó por la colina junto a la conejera y todos empezamos a resbalar. Al principio me enojé por no tomar el té, pero luego agarramos cartones y nos deslizamos muy rápido con ellos, y después hicimos trineos para las muñecas también, ¡y fue tan divertido verlas bajar a toda velocidad por la colina!". Esta multiplicidad de resultados —más allá de ganar o perder en los deportes— construye la flexibilidad interior. En general, los niños aprenden, a través de la práctica del juego, a no estar demasiado apegados a su visión de lo que hay que hacer o de lo que podría ocurrir.

MUY SIMPLE
El "desorden" del juego libre, con sus muchos cambios y
posibilidades, construye la flexibilidad interior.

En el juego libre, los niños tienen que resolver activamente los problemas y tener en cuenta los sentimientos de los demás para que el juego
tenga éxito. El éxito en el juego libre significa simplemente que este
continúa y sigue siendo divertido. A veces esta resolución de problemas
es externa, otras veces interna. "¿Qué debo hacer si este es el juego más
genial de la historia, pero Alex no quiere estrellar los coches? No es divertido sin él y, además, se llevaría el coche rojo si se va". Cuando todos
participan y contribuyen de alguna manera en el juego, hay que tener
en cuenta los sentimientos. En el deporte, la resolución de problemas es
en gran medida extrínseca, facilitada por los entrenadores, los árbitros
o los padres.

Como el juego se crea y motiva por sí mismo, tiene una gran flexibilidad. Hay roles y posiciones en el juego de cualquier "tipo" que un
niño crea o quiere ser. ¿Por qué? Porque los niños crean el juego sobre
la marcha, se proyectan a sí mismos y sus deseos. Como ellos crean los
roles y las posiciones del juego, todo está al servicio de sus necesidades,
sean estas profundas o del momento. En el deporte, se asigna un papel
o una posición predeterminada para jugar. Irónicamente, esa posición
puede volverse aún más restrictiva ("¡Pero María *tiene* que ser portera!")
cuanto mejor te vuelvas en ella.

El juego no estructurado suele ser muy variado a largo plazo, impulsado por los intereses cambiantes del niño y sus compañeros de juego.
Proporciona una base de movimiento amplia y multidimensional para
una posterior especialización. En el deporte, se hace más hincapié en la
especialización temprana, con los riesgos físicos inherentes a un conjunto reducido de movimientos repetitivos. Hablando de movimientos
repetitivos, otra diferencia es que el juego es portátil; la participación
en los deportes organizados, en cambio, suele implicar un servicio de
transporte paterno comprometido de ida y vuelta.

Algunos creen que los deportes organizados son una preparación
vital para un mundo cada vez más competitivo: los niños deben adquirir habilidades y aprender a "jugar el juego", y cuanto antes mejor. Sin

embargo, los niños construyen su visión del mundo a través del juego. Los deportes organizados pueden presentar a los niños muy pequeños un mundo "empaquetado" de reglas y procedimientos establecidos, en lugar de uno creado por ellos mismos. Hemos subestimado la importancia del juego libre y no estructurado. Como sociedad, también hemos descartado la riqueza del desarrollo que supone lo que los niños hacen de forma natural. El juego autodirigido desarrolla las múltiples inteligencias y también las emociones. Fomenta las habilidades necesarias para desenvolverse en un mundo incierto, que exigirá cada vez más flexibilidad y creatividad en la resolución de problemas. El juego no es una cosa anticuada del pasado. El juego no estructurado —y tanto como sea posible— es una necesidad para el desarrollo de los niños. Algunos dirían que ahora más que nunca.

Para las familias con niños menores de ocho o nueve años, los horarios pueden simplificarse enormemente con solo hacer hincapié en el juego libre por encima de los deportes organizados y las artes marciales. En primer lugar, piensa en el tiempo que dedicas a la semana a manejar y asistir a los entrenamientos, las prácticas, los encuentros y los partidos. Imagina que dedicas una cantidad de tiempo similar en el parque, o en cualquier lugar donde los niños se reúnan para jugar cerca de tu casa. A menudo es el mismo parque que frecuentabas hace unos años, cuando tus hijos eran niños pequeños, antes del éxodo masivo hacia el taekwondo y el t-ball cuando los niños cumplieron cuatro y cinco años. Puede que ahora no haya muchos niños en edad escolar en el parque, pero piensa que es un recurso —para tus hijos y la comunidad— que estás ayudando a desarrollar. Se correrá la voz a través del vecindario y los niños volverán. Planea llevar el periódico o un libro. Planea hacer algo o leer mientras eres una presencia parental benigna: fácil de ignorar, pero disponible si surge la necesidad. El resto evolucionará por sí solo en la democracia del terreno de juego, con sus participantes y juegos siempre cambiantes.

A medida que el niño se acerca a los dos dígitos —ocho, nueve y diez años—, sale de la etapa de juego de "vamos a imaginar" y entra en la de "jugar a". Se trata de un momento delicado del desarrollo. Es de esperar que hayan superado las etapas de juego de la primera infancia: solitario, paralelo y de "vamos a imaginar". Están dejando de lado los roles imaginarios y empiezan a forjar sus propias reglas, a crear sus propios juegos. Este periodo es una fundición para la inteligencia emocional; en la interacción social dinámica, el niño aprende mucho sobre el control de los impulsos y la cooperación. Al haber tenido tiempo para explorar plenamente el mundo imaginario, el niño puede empezar a unir su visión de lo posible con lo que es. Al tener libertad para la imaginación, el niño puede empezar a canalizar ese poder en construcciones más establecidas. A esta edad empiezan a estar realmente preparados para aprender a "jugar a".

Los confines de los deportes organizados pueden imponer demasiada estructura a una edad demasiado temprana y obstaculizar el progreso del niño a través de las etapas de desarrollo del juego. Esto es especialmente lamentable si un niño "abandona" los deportes cuando se acerca a la adolescencia, justo cuando estos tienen tanto que ofrecer a su desarrollo. Algunas personas lo ven en estos términos de fondo: ¿No preferirías que tu hijo adolescente estuviera involucrado en el deporte, mejor que en otras actividades "populares" de la adolescencia? Es cierto. Pero más allá de esta ecuación, los deportes organizados ofrecen a los adolescentes una intensidad que rivaliza con la suya propia a esta edad. Al igual que sus impulsos emocionales se vuelven hacia el interior, un gesto externo como el deporte (o el teatro o el servicio a la comunidad) puede ser un contrapeso excelente para la habitual introspección, característica de este periodo. Con los deportes, los niños pueden ampliar y profundizar su sentido de identidad, ver sus propios esfuerzos como un papel individual y dentro de un grupo o equipo.

Nada puede complicar o encarrilar la agenda de toda una familia como la participación activa de un niño en una liga deportiva o en dos ligas o la participación de dos hermanos en dos ligas diferentes durante la misma temporada, o la de uno en dos deportes diferentes al mismo tiempo. Las posibilidades son infinitas, pero el resultado común es un estado de movimiento perpetuo para toda la familia. Sea cual sea el deporte elegido, el equipo de casa de un niño es su familia. El equipo de casa puede desviarse, puede adaptarse; pero no puede sacrificarse. El equilibrio, donde no existe, debe imponerse.

Trabajé con una familia de cinco hijos, tres de ellos con una gran inclinación deportiva. Había una gran diferencia de edad entre los hermanos: el más pequeño tenía tres y los dos mayores estaban en la secundaria. La madre de este hermoso grupo, Joelle, se sentía como una conductora de autobús que nunca llegaba. Las necesidades de sus hijos más pequeños —de una conexión estrecha, con tiempo para jugar y explorar— se veían forzadas a ceder ante las necesidades de sus hijos mayores —apoyo y transporte a los distintos entrenamientos y encuentros—. El marido de Joelle viajaba mucho por trabajo, por lo que a menudo no estaba disponible. Joelle se puso en contacto conmigo cuando se dio cuenta de que llevaba dos años pensando en que "todo esto se acabaría la próxima temporada" sin éxito. Le sugerí que estacionara la camioneta, planeara una reunión familiar y trabajaran juntos en un horario que incluyera más equilibrio.

El equilibrio, como el balance perfecto, es difícil de alcanzar. Hay que trabajar en él y, con mucha frecuencia, los padres tienen que imponerlo. Cuando Joelle se dio cuenta de que el horario de toda la familia giraba, durante todo el año, en torno al deporte, supo que era demasiado. Estas son las pautas que adoptó su familia para programar —sin sobrecargar— el deporte. Los niños mayores, de doce años en adelante, podían elegir dos deportes para el año: uno "mayor" y otro "menor". Por ejemplo, David, el segundo hijo mayor, eligió jugar futbol en el colegio, pero basquetbol, su primera pasión, en una liga. Cada uno de ellos tenía que tomarse una temporada entera —otoño, invierno, primavera o verano— libre, sin participar en ningún deporte durante ese tiempo y cada niño era responsable de investigar y crear una red de apoyo para ir en coche compartido durante la temporada de su deporte.

Se pueden hacer ajustes similares con cualquier situación que amenace las necesidades de otros miembros de la familia, incluidos los padres-choferes; es decir, una situación que amenace el equilibrio general que la familia necesita entre el tiempo programado y el no programado. Míralo desde varias perspectivas —anual, estacional, mensual y semanal—, para ver dónde puedes retroceder uno o dos niveles. Cuanto más joven es el niño, más tiempo libre necesita. Es posible que los propios niños no perciban estas necesidades, sobre todo los que se han acostumbrado a días muy programados, pero el equilibrio, al igual que el ritmo y la resistencia, son esenciales a largo plazo.

En algunos niveles, reconocemos que los niños pequeños necesitan ayuda para controlar su ritmo, para equilibrar su tiempo y su energía. Podemos advertirles: "¡Despacio! ¡No te olvides de la colina que está más adelante!". O bien cuando un niño, entusiasmado por una pijamada esa noche, está girando como un minitornado desde antes del mediodía, sabemos que necesitará un descanso o no llegará entero a la noche. En el plano inmediato, es fácil ver cuándo hay que frenar y conservar la energía y los deseos de un niño; sin embargo, en el plano de los horarios —diarios, semanales, mensuales—, muchos padres parecen haber tirado la toalla, incapaces de imponer el equilibrio o por no estar dispuestos a hacerlo. "¡A ella le encanta!" o "¡A él le encanta!" son los gritos de guerra de la sobreprogramación.

En lo que respecta a los niños y su entusiasmo, parece que pensamos que el interés por sí solo los protegerá de los efectos nocivos del demasiado, demasiado pronto y demasiado rápido. Sin embargo, cuando la participación en los deportes alcanza su punto máximo a los once años, es evidente que algunos intereses se están sacrificando, en lugar de desarrollarse, al fomentarse a una edad demasiado temprana y con demasiada intensidad.

MUY SIMPLE
El amor de un niño por una actividad no es suficiente para protegerlo de los efectos de practicarla demasiado y demasiado pronto.

¿Qué pasa con los niños mayores que quieren controlar sus propios horarios y actividades? ¿Y los adolescentes cuya energía está más alineada con sus intereses? Ciertamente, el ritmo de los padres es menos importante cuando los niños llegan a la adolescencia. Sin embargo, tal como aprendió el hijo mayor de Joelle, a veces las pasiones se hacen más fuertes en un terreno rocoso.

En general, la familia de Joelle se sintió aliviada y tranquila con su nuevo y menos frenético horario. Pero no fue así con Tom, que en ese momento estaba en la secundaria. Cada centímetro de la habitación de Tom estaba cubierto de pósters de Beckham y Ronaldo; cada minuto que podía, Tom estaba jugando al futbol o pensando en ello. Y tenía mucho talento, era uno de los jugadores estrella de su liga itinerante. A estas alturas de su desarrollo, Tom no necesitaba más tiempo libre y no programado. Tenía una pasión. Joelle me dijo, citando e imitando el sarcasmo en la voz de su hijo: "Por cierto, mamá… las pasiones no están equilibradas".

Es cierto. Pero tampoco son frágiles. Las reglas impuestas sirvieron de contrapeso al deseo de Tom, y a medida que su voluntad y resolución se fortalecían, también lo hacía su pasión. Por muy desafortunado que le pareciera entonces, Tom seguía jugando para el equipo de casa, su familia. Su pasión se vio amenazada y puesta a prueba por las reglas que adoptaron. Sus necesidades se vieron atemperadas por los deseos de los demás "miembros del equipo", incluidos los novatos más jóvenes y los directores del equipo. Tuvo que esforzarse mucho más para poder jugar, compartir viajes y "pagar" los partidos fuera de casa con eventos familiares. Tuvo que tomarse una temporada entera de descanso, lo que al principio le pareció ridículo, pero sus recurrentes dolores de espinilla, todavía leves, acabaron por curarse.

Al final, resultó que Tom era un jugador de equipo. Y su pasión —apoyada pero no consentida— sobrevivió. Y creció.

El equilibrio —como el ritmo y la resistencia— es esencial a largo plazo, y esto no solo es cierto para los niños pequeños, sino también para los adultos (y los adolescentes), y en especial para los atletas.

El equilibrio es lo que buscamos al simplificar los horarios de nuestra familia. Una vez que tachamos los nombres de nuestros hijos del formulario de inscripción de la "carrera de la infancia", el tiempo se abre en beneficio de la familia.

Tiempo para el descanso y la creatividad, para equilibrar la actividad, para la contemplación y la estimulación, momentos de calma en días ajetreados, energías conservadas y gastadas, tiempo para el juego libre y no programado, para los días ordinarios, para los intereses que se profundizan con el tiempo, tiempo para el aburrimiento y para la alegría, y la pasión infinita de la expectación.

La tierra rica y fértil necesita tiempo y equilibrio para desarrollarse. Lo mismo ocurre con la infancia. De hecho, a la hora de simplificar el horario de tu familia puede ser útil escribir una lista de cosas que requieren tiempo. Cosas que no se pueden apresurar, cosas que se profundizan con el tiempo. (Lo ideal es que esa lista la escribas tumbado en una hamaca, o sentado en el parque, mientras tus hijos juegan).

Mantén la lista abierta y tenla a mano; con el tiempo añadirás cosas. Los intereses de tu hijo, sus habilidades, su sentido de la libertad, su sentido del humor y su sentido de sí mismo estarán incluidos en la lista; todo esto lleva tiempo.

La fuerza de la conexión familiar también requiere tiempo y equilibrio. Así que empieza con horarios equilibrados. Siembra las semillas de una infancia equilibrada. Lo que desarrollará, con el tiempo, individuos fuertes y completos, resistentes y equilibrados.

Imagina...

★ que tu hijo tiene tiempo todos los días, sin horario, para soñar y jugar.

★ lo que tu hijo podría hacer con el "regalo" ocasional del aburrimiento.

★ lo que puede desarrollarse cuando un niño tiene tiempo para soñar: la alegría de la expectación y una mayor profundidad de significado y sentimiento.

★ equilibrar conscientemente algunos de los días más frenéticos de tu hijo con otros más tranquilos.

★ apreciar el placer de lo ordinario.

★ la visión del mundo de tu hijo, que se construye a partir de una fuente profunda de juego libre, no regulado, improvisado y flexible.

★ lo bien que le vendrán esos años de actividad física general a tu hijo cuando pase a los deportes organizados.

★ apreciar que los intereses y las habilidades genuinas tardan en formarse y que las que se desarrollan con el tiempo (las cosas que no se empujan ni se apresuran) tienen más probabilidades de convertirse en placeres para toda la vida.

★ el regalo de por vida que le darás al insistir, con suavidad, en la importancia del tiempo de inactividad y el equilibrio en la vida diaria.

Capítulo 6
Filtrar el mundo de los adultos

Después de un desastre, los niños aprenden de los adultos cómo afrontar esas situaciones. No puedes esperar que enfrenten sentimientos difíciles si no hay un modelo a seguir.

Academia Americana de Pediatría

El sol de la tarde de verano entraba por la ventana de mi oficina cuando me encontré con Annmarie. Habíamos conversado durante algún tiempo cuando le pedí que eligiera la palabra que mejor describiera su experiencia de la maternidad. Me miró extrañada, con una sonrisa casi culpable. "¿En verdad?", preguntó. "¿Solo una palabra?". Qué petición más extraña, en realidad, cuando todas las madres y padres tienen un río de emociones sobre su papel como padres, una corriente constante de pensamientos y sentimientos sobre su conexión con sus hijos. Si uno se acerca a cualquier punto de la orilla con intención de sumergirse, se produce una cascada de recuerdos, sentimientos, preguntas y esperanzas. Annmarie estaba claramente dedicada a sus cuates de ocho años, Peter y Krista. Quería ver cuáles de sus emociones saldrían a la superficie, con la exigencia de ser reconocidas. En realidad, no le resultó difícil elegir: "Preocupación".

La palabra quedó suspendida en el aire entre nosotros, honesta y profundamente sentida. Annmarie dijo que podría hablar durante horas de su amor por sus dos hermosos hijos. Podría pasar fácilmente una tarde tratando de explicar la bendición que eran y lo mucho que significaban para ella. Pero como le había pedido que describiera la *experiencia* de la maternidad con una sola palabra, dijo que tenía que reconocer lo que más sentía todos los días: preocupación. "Antes de tener hijos, nadie mencionaba esto... cómo mi corazón se rompería, como madre, y se llenaría de preocupación".

Creo que la mayoría de los padres pueden empatizar con Annmarie. La preocupación y la inquietud nos acompañan en la crianza desde los primeros días de nuestros hijos. La vulnerabilidad de un bebé es extraordinaria. Nada de lo que nos digan, nada de lo que leamos, nos prepara para los sentimientos que tenemos como padres primerizos al sostener a nuestro bebé y saber que también tenemos su vida en la balanza. ¿Recuerdas en esas primeras semanas de paternidad el haberte despertado con sobresalto de un sueño en el que habías dejado a tu bebé en el autobús? ¿O en el jardín, olvidado bajo las grandes hojas verdes de una calabaza? Nadie tiene que decirle a un padre primerizo lo vulnerable que es su bebé; lo sentimos profundamente. Pero al apegarse a ti, el bebé construye una escalera de relaciones y apegos que lo ayudarán a ascender a la madurez.

Como padre, puede parecer que tu vulnerabilidad emocional acaba de empezar y que solo aumentará a medida que lo haga tu amor, con el tiempo. Amar algo tanto: ¡qué riesgo tan colosal!

Cuando vino a verme, Annmarie estaba preocupada por la profesora de tercero de primaria de sus hijos, que parecía estar más pendiente de las habilidades de Krista que de las de Peter. Annmarie creía que a la profesora "le agradaba más Krista que Peter", y le preocupaban las ramificaciones que esto podría tener. También le preocupaba el entrenador de Peter, que claramente no le daba las oportunidades que merecía para jugar y brillar. Peter necesitaba "sentirse bien" con sus habilidades deportivas, y eso no iba a suceder si se quedaba tanto tiempo en la banca. Se preocupaba por su seguridad, por el hecho de que simplemente no podía "vigilarlos a ambos, todo el tiempo". Annmarie estaba preocupada por Peter. Él y Krista estaban tan unidos, ¿qué pasaría si Krista lo superaba académicamente, y tal vez también socialmente? ¿Qué clase de carrera tendría Peter si no fuera excelente ahora?

MUY SIMPLE
La preocupación es un aspecto de la paternidad, pero no
debería definirla.

La preocupación y la inquietud están cosidas a la tela de la paternidad;
son partes integrales de la experiencia. Nuestra vida se tambalea cuando
nos convertimos en padres y se modifica para siempre por el cambio
sísmico que hacemos al despejar suficiente espacio en nuestro corazón,
intenciones y prioridades para anteponer el bienestar de los demás al
nuestro. Una gran parte de lo que les ofrecemos es nuestro cuidado y preocupación hasta que puedan cuidar de sí mismos. Pero en este momento
con Annmarie (y en muchos momentos similares con otros padres), lo
que más me llamó la atención fue la sensación de que algo estaba desequilibrado. La preocupación puede ser un aspecto de la paternidad, pero
no debería definirla. Cuando se eleva a la cima de nuestras emociones y
colorea las aguas de nuestra relación con nuestros hijos, algo no está bien.

Criada en Michigan, Annmarie venía de una familia de ocho hijos.
Sus gemelos compartían su pelo rubio, casi blanco, testimonio de su
origen noruego. Le pregunté si creía que su madre había experimentado las mismas preocupaciones por ella y sus hermanos cuando eran
pequeños. "¡Ni hablar!", respondió Annmarie, y la risa la iluminó. "Mis
padres son buenas personas y nunca dudamos de su amor. Pero éramos
tantos niños y mis padres estaban tan ocupados que estábamos en gran
medida solos. Y las cosas eran diferentes entonces. La casa nunca estaba
cerrada. No había tanto de qué preocuparse".

¿Ser padre o ser madre era muy diferente hace una generación? ¿Hay
realmente mucho más de lo que preocuparse hoy en día? ¿Hay muchos
más riesgos para la seguridad y el bienestar de los niños? Veamos los
riesgos y nuestra percepción de estos con más detalle. Lo que me llama
la atención ahora es cómo nuestros miedos y preocupaciones por nuestros hijos han eclipsado nuestras esperanzas respecto a ellos y nuestra
confianza. Las ansiedades se intercambian a menudo como moneda de
cambio. En el panorama actual de la crianza de los hijos, el miedo ha
ensombrecido la confianza: la confianza en el sentido de sí mismos que
nuestros hijos van a definir poco a poco, la confianza en su mundo,
en su trayectoria de desarrollo... y en nuestros propios instintos como
padres.

Creo que simplificar la vida cotidiana de un niño es una de las mejores maneras de restablecer el sentido del equilibrio en la crianza. Al simplificar sus juguetes y su entorno, sus horarios y el sentido del ritmo, y la regularidad en el hogar, le concedes la posibilidad de ser un niño. Dejas que tu conexión y tus valores se impongan, que se eleven por encima del ruido de la aceleración y el exceso, más allá del impulso de "la próxima gran cosa" que hay por hacer, tener o conseguir. La simplificación reconoce la forma en la que el niño llega a entender el mundo: a través del juego y la interacción, no a través de las preocupaciones y la información de los adultos. La presión desaparece cuando la infancia ya no se ve como una "oportunidad de enriquecimiento", sino como una experiencia que se desarrolla —una ecología— con su propio ritmo y sistemas naturales. Al retirar conscientemente el sentido adulto de "¡más!", "¡más rápido!" y "¡más temprano!", los padres se alejan del mundo del niño, lo protegen sin tratar de controlarlo.

En este capítulo veremos formas importantes de continuar con el proceso de simplificación, al establecer filtros para evitar que el mundo del niño se vea afectado por la información, las presiones y las preocupaciones de los adultos. Aprenderemos el valor de no compartir, de la libertad que ganan cuando no están al tanto de nuestros miedos, impulsos, ambiciones ni del ritmo acelerado de nuestra vida. Cuando no se permite que la ansiedad contamine la atmósfera de nuestros hogares, nosotros también respiramos mejor. Nuestro control, como padres, se relaja. Consideraremos el panorama general de nuestra implicación como padres con nuestros hijos. Veremos las enormes presiones que la sociedad ejerce sobre los padres hoy en día, presiones que han convertido la paternidad en un deporte competitivo. Presiones que han convertido a muchos padres en "helicópteros" que revolotean sobre sus hijos, siempre vigilantes, sostenidos por el combustible de la ansiedad.

Recuerdo el silencio de aquella tarde de verano mientras Annmarie y yo reflexionábamos sobre lo que acababa de decir. Como madre, lo que sentía la mayor parte del tiempo, y lo que pesaba más, era la preocupación. Sabía tan bien como yo que algo estaba desequilibrado y que necesitaba encontrar más facilidad y alegría, más fluidez en las aguas de su vida cotidiana con Krista y Peter. Por el bien de nuestros hijos, veamos cómo simplificar aún más, cómo filtrar algunas de las presiones y ansiedades de la vida adulta que se vierten en la conciencia de nuestros hijos. Pensemos cómo simplificar nuestra participación en su vida, cómo construir un "campamento base" de seguridad que les permita aventurarse a explorar el mundo, y que nos permita aterrizar el helicóptero —para estacionarlo de forma permanente, sin gasolina.

Huéspedes de la casa

Imagina que el hermano de tu cónyuge, Andy, acaba de mudarse con tu familia. Es una persona muy querida, un buen tipo, pero bastante afecto a los monólogos, por lo que estar con él tiende a ser una ocupación más bien "pasiva". Los niños lo adoran. Lo encuentran fascinante y pasan todo el tiempo posible con él. Por eso, no salen mucho, no juegan con los amigos, no leen, ni andan en bicicleta como antes, pero crees que eso se equilibrará con el tiempo.

Andy es entretenido y, como sabe mucho, también puede ser muy informativo. Pero, sinceramente, a veces se pasa de la raya y comparte con los niños historias e imágenes que dan miedo, que pueden incluso resultar brutales o provocadoras. Es más, parece que cada vez que te das la vuelta les habla de alguna novedad genial para comer o jugar… algo que no tienen, pero que ahora quieren. Algo de lo que desearías no haber oído hablar nunca. Tal vez consigas que deje de hacerlo y cambie de rumbo, pero mientras tanto requiere una vigilancia casi constante por tu parte o la de tu cónyuge. Como ahora está siempre cerca, y los niños están tan enganchados con él, a menudo es más fácil (y se logra más) cuando dejas las cosas como están. Es mejor aceptar lo malo con lo bueno; ninguno de ustedes puede imaginar ahora la vida sin Andy.

Si sumas el tiempo, tus hijos mayores pasan al menos tres horas al día con su tío. Incluso tu hija menor (de dos años) se ha dado cuenta de lo entretenido que es y ahora pasa más tiempo con él cada día de lo que solía pasar afuera. Tú no eres una excepción. Después de un largo día, a menudo te sientas y dejas que él también te entretenga. Y él sabe cómo llamar tu atención. A menudo te encuentras inclinada hacia delante, absorta por las malas noticias que te cuenta —que van desde la culpabilidad a lo espantoso— que tienen que ver con los niños. ¿De dónde las saca? Sabe que te angustian, pero también sabe que lo escucharás, no le dirás que se calle.

Tú y tu cónyuge han hecho mucho para simplificar la vida de la familia, de tus hijos. Andy definitivamente no entiende lo que estás tratando de hacer. Han limpiado las habitaciones de tus hijos, para que no se sientan agobiados por los juguetes. (Ahora, por su culpa, no paran de oír hablar acerca de otros nuevos). Has racionalizado su alimentación, al deshacerte de muchos de los tentempiés azucarados que secuestran el sistema nervioso de tus hijos y la cintura de toda la familia. (Desgraciadamente, tu cuñado no deja de tentarlos con algún nuevo seudoalimento. Tú mantienes la línea, pero es mucho trabajo). Las comidas en común solían ser momentos maravillosos para compartir, pero a veces los niños prefieren estar con su tío antes que comer. (E incluso cuando come con la familia, tiende a tener una posición dominante). Has simplificado los horarios de tus hijos y reducido algunas de las clases y actividades que les robaban tiempo libre. (Sin embargo, el tiempo libre que han ganado lo dedican ahora a escuchar a su tío).

En cuanto a la simplificación, Andy no la "entiende". Tampoco se da cuenta de la frecuencia con la que trabaja en tu contra. No tiene hijos y, por muy divertido que pueda ser a veces, no se guía por los intereses de los tuyos. Algunos de tus amigos tampoco lo ven; son poco comprensivos. "¿Cuál es el problema? Nosotros también tenemos invitados. ¿No puedes controlarlo?". Es una discusión interminable; parece que no se puede ganar. Si vinieras a mí con este problema, mi consejo sería inequívoco. Puede que Andy sea un buen tío, pero te sugeriría que lo echaras, sobre todo si tus hijos tienen menos de siete años.

Andy no es un tío. "Andy" es una televisión. Lo habría dicho desde el principio, para dejar claro que el agujero negro del huésped que describía era realmente la caja todopoderosa. Lo habría hecho, pero me preocupaba que no siguieras con la lectura.

Simplificar las pantallas

La expresión verbal de simplificar es "no, gracias". No hay que ser un ente antitecnológico para querer algo de espacio y armonía en los primeros años de un niño. Para decir "no, gracias" a algunas de las presiones sociales que los empujan —listos o no— a la edad adulta. Nuestros sueños para ellos incluyen el éxito como adultos, el éxito en un futuro tecnológicamente complejo que seguramente será más avanzado que nuestra propia época. Sin embargo, para muchos padres (y expertos en la primera infancia) existe una conexión, no una contradicción, entre esa visión del éxito futuro y un comienzo de la vida menos orientado a la tecnología y más centrado en el ser humano.

Un paso fundamental para simplificar la vida cotidiana de los niños es simplificar las "pantallas" de la casa: la televisión (que sigue monopolizando la mayor parte de nuestro tiempo libre), las computadoras, los videojuegos y los dispositivos electrónicos de mano y los *smartphones*. "Si tus hijos están despiertos, lo más probable es que estén conectados a internet". Este fue un artículo importante que salió en *The New York Times*, el cual informaba sobre un estudio de la Kaiser Family Foundation en el que se constataba que el niño medio de entre ocho y dieciocho años pasaba siete horas y media al día en línea (Lewin, 2010). Como las pantallas están tan presentes en nuestra vida, este paso de simplificación no es el mejor para empezar, sobre todo si eres un adicto empedernido a las noticias o si las pantallas están por todas partes en tu casa. Pero una vez que hayas empezado a simplificar, una vez que hayas visto cómo tus hijos se relajan al no estar sobrecargados, estarás ansioso por dar este paso tan efectivo y liberador. Es uno de los cambios más importantes que puedes hacer para salvaguardar su infancia y aliviar tus ansiedades. Y es una de las formas más gratificantes de simplificar la vida cotidiana.

Cuando simplificas las pantallas, instalas válvulas para detener la avalancha de información y estímulos que entra en tu casa todos los días. Para tus hijos, la importancia de este paso es bastante obvia, y creo que sus efectos se extenderán mucho más allá de lo que imaginas o esperas. Si has simplificado de otras maneras con éxito, podrías pensar en esto como una póliza de seguro para el trabajo que ya has hecho y una expansión de los cambios positivos que has visto.

Al fin y al cabo, la televisión es una fuerza contraria a la simplificación, y es más fuerte que el más poderoso de los padres armado de buenas intenciones. La televisión funciona con anuncios, el canto de sirena de las "cosas". Es el altar de la publicidad y el conducto más eficaz para el desorden en el hogar. La televisión puede absorber fácilmente todo el tiempo libre y desestructurado que hayas ganado al simplificar los horarios. Entre 1965 y 1995, los estadounidenses ganaron una media de seis horas semanales de tiempo libre; entonces, dedicamos todo el tiempo, salvo unos pocos minutos, a ver la televisión (Putnam, 2000). La oficina de estadísticas de la Unión Europea descubrió que la gente en Gran Bretaña pasaba cerca de 45% de su tiempo libre viendo la televisión (ONS, 2016).

Además, la televisión parece ser el medio de comunicación más influyente en el hogar. La Henry J. Kaiser Family Foundation, que ha realizado varios estudios de referencia sobre el uso de los medios de comunicación por parte de los estadounidenses, descubrió que los niños de los hogares con "alta orientación televisiva" (aquellos que tienen un acceso fácil y sin restricciones al aparato) declaran tener casi dos horas y media más de exposición al día (Rideout *et al.*, 2005). En otras palabras, la televisión parece ser el eje de la relación de una familia con los medios de comunicación en el hogar y el parámetro para predecir la exposición general a los medios de comunicación que tendrá un niño a lo largo de su infancia.

En general, la gente pasa más tiempo que nunca viendo algo por televisión o internet; los medios de comunicación ocupan toda su atención, pero la televisión tradicional sigue teniendo el lugar central. Sin embargo, la diferencia entre las horas de consumo televisivo y las de contenido *online* se está reduciendo. Una persona media en el Reino Unido solía pasar 456 minutos frente a los medios de comunicación en 2016, y la televisión seguía siendo el más utilizado. La gente pasaba un promedio de 170 minutos al día viendo la televisión; pero internet no estaba muy lejos, con un promedio de 140 minutos al día. Dadas las tendencias actuales, ambos medios seguirán convergiendo hasta el punto de que la diferencia entre ambos podría reducirse a solo siete minutos en 2018. Después de eso, parece muy probable que en poco tiempo la televisión pierda el primer puesto que ha tenido hasta ahora (Dunn, 2017).

MUY SIMPLE
Es posible decir "no, gracias", para minimizar los efectos de las pantallas en nuestros hogares, al menos mientras nuestros hijos son pequeños.

Se trata de un viejo debate que seguirá librándose a medida que las "pantallas" tecnológicas compitan por el tiempo y la atención de nuestros hijos. También es una cuestión que puede dividir a las parejas más cercanas. ¿Los riesgos de la televisión son mayores que los beneficios? ¿Cuánto es demasiado? Sabemos que "la tele" no tiene en cuenta los intereses de nuestra familia ni de nuestros hijos. Es más bien un medio de comunicación diseñado para entretener y vender productos. Como tal, no es un "tío", no es un amigo o un miembro de la familia, sino un extraño, y sin embargo su lugar (normalmente en el centro de la casa) es incuestionable y aparentemente irrevocable.

Simplificar las pantallas aligerará tu corazón y aportará más equilibrio a la crianza, quizá más que cualquiera de los pasos anteriores. El sensacionalismo, el alarmismo y la violencia sostienen los márgenes de beneficio de muchos medios de comunicación e industrias del entretenimiento. Y dado que su alcance es omnipresente en nuestra cultura, es liberador saber que podemos trazar una pequeña línea en la arena: la línea que rodea nuestro hogar. Podemos decir "no" a una parte de ella, al menos mientras nuestros hijos son muy jóvenes.

A la cuestión de los riesgos y las recompensas de la televisión, la ciencia del neurodesarrollo proporciona algunas respuestas claras, al menos en lo que respecta a los niños muy pequeños. El cerebro humano es el menos desarrollado de nuestros sistemas orgánicos al nacer. La mayor parte de su desarrollo, incluida su arquitectura neuronal fundamental, se produce durante los dos primeros años de vida, en relación con los estímulos ambientales y en interacción con ellos. Los neurólogos han identificado tres tipos de estímulos o interacciones que optimizan el crecimiento del cerebro. (Cualquier padre que haya pasado mucho tiempo con un bebé en el regazo o en el suelo probablemente pueda enumerarlos también, en términos sencillos). Los bebés necesitan interactuar con sus padres y con otros seres humanos; necesitan manipular su entorno (tocar cosas, sentirlas y moverlas) y necesitan realizar actividades de "resolución de problemas" (como el eterno "¿adónde se fue?" del cucú) (Schmidt, 2005).

De estas tres formas fundamentales de interacción, la televisión no ofrece ninguna. Para los más pequeños, desde el punto de vista del neurodesarrollo, el lado de las "recompensas" que ofrecería la televisión parece estar en blanco. Desde 1999, la Academia Americana de Pediatría (AAP) recomienda que los niños menores de dos años no vean la televisión, y que los mayores de dos años limiten su estancia frente a la pantalla (AAP, 1999). En 2008, Francia prohibió a sus cadenas la emisión de programas de televisión dirigidos a niños menores de tres años con la declaración siguiente: "Ver la televisión perjudica el desarrollo de los niños menores de tres años y plantea cierta cantidad de riesgos, fomenta la pasividad, la lentitud en la adquisición del lenguaje, la sobreexcitación, los problemas de sueño y concentración, así como la dependencia de las pantallas" (Ollivier, 2008). Incluso las grandes empresas tecnológicas, como Apple, ofrecen aplicaciones que pueden rastrear, emitir advertencias y limitar el tiempo de pantalla.

Ahora ha surgido un nuevo diagnóstico del síndrome de la pantalla de visualización (SPV) que está ganando mucha atención por parte de los profesionales médicos y asistenciales, al estar directamente relacionado con la exposición a las pantallas digitales. El SPV es esencialmente un trastorno de desregulación en el que el niño es incapaz de modular su estado de ánimo, su atención o su nivel de excitación de forma adecuada a su entorno. La interacción con las pantallas hace que el sistema nervioso entre en modo de lucha o huida, lo que conduce a la desregulación y desorganización de varios sistemas biológicos. A veces, esta respuesta de estrés es inmediata y pronunciada (por ejemplo, mientras se juega a un videojuego de acción), y otras veces la respuesta es más sutil y puede ocurrir solo después de una cierta cantidad de repeticiones (por ejemplo, mientras se envían mensajes de texto). Interactuar con dispositivos de pantalla básicamente hace que el niño se sobreestimule y se "acelere".

Los signos y síntomas típicos imitan el estrés crónico y se pueden leer como la lista de todo aquello que los padres y profesores tanto temen. Esto incluye grandes cambios de humor, irritabilidad, berrinches reprimidos o excesivos, baja tolerancia a la frustración, escasa autorregulación, comportamientos oposicionistas-desafiantes, comportamiento desorganizado, poco espíritu deportivo, inmadurez social, poco contacto visual, insomnio/sueño no reparador, dificultades de aprendizaje y mala memoria a corto plazo (Dunckley, 2015).

Por si todo esto no fuera suficiente, el uso de los medios sociales por parte de los niños y los adolescentes está desempeñando un papel importante en los efectos devastadores del ciberacoso. Un reciente estudio longitudinal realizado en el Reino Unido relaciona claramente el hecho de ser víctima de ciberacoso con el riesgo de depresión y ansiedad (Fahy et al., 2016).

Dado que solo 6% de los padres estadounidenses conocen las recomendaciones de la AAP, empresas como Disney, Warner Bros. y Fisher-Price no tienen obstáculos a la hora de comercializar una explosión de programas llamados "educativos" —como Baby Einstein y Brainy Baby— diseñados específicamente para bebés y niños pequeños. En

2018, Facebook lanzó una plataforma para niños de entre cuatro y once años, lo que ha suscitado la indignación de muchos expertos en salud, quienes están haciendo una campaña activa contra esta y otras plataformas similares, dirigidas a un grupo de edad tan joven y vulnerable. Las promesas implícitas en los títulos de los videos, esbozadas en las campañas de mercadotecnia —"¡Juntos podemos ayudar a convertir a tu hijo en el próximo bebé prodigio!"—, son mucho más convincentes que la conclusión de la AAP de que ver estos videos no solo es inútil, sino perjudicial para los niños de edad preescolar y para niños más pequeños. La ciencia que subyace a estas afirmaciones de *marketing* puede ser engañosa, pero la atracción emocional es fuerte: aprovechan las aspiraciones de los padres para sus hijos y sus temores de que la "ventana de oportunidad" intelectual de un niño se cierre después de los tres años. Baby Einstein salió al mercado en 1997; en 2003, uno de cada tres niños estadounidenses había visto un video de Baby Einstein (Quart, 2006). Una demanda judicial colectiva hizo que Disney reembolsara el precio de compra del programa y retirara todos los DVD. Múltiples estudios han llegado a la conclusión de que ver la televisión, incluso programas educativos como Plaza Sésamo, en realidad retrasa el desarrollo del lenguaje en lugar de promoverlo (Park, 2007).

De hecho, numerosos estudios realizados antes y después de la recomendación de la AAP han indicado que los más pequeños de entre nosotros —los bebés y los niños por debajo de la edad escolar— pueden ser los más vulnerables a los efectos negativos de la televisión (Schmidt *et al.*, 2005). Sin embargo, en 2006, los investigadores descubrieron que a los tres meses, 40% de los bebés son espectadores habituales de DVD, videos o televisión; a los dos años, ese porcentaje se eleva a 90% (Vandewater *et al.*, 2007). Así que, a pesar de todos los datos sobre los "riesgos" de la televisión, permitimos e incluso alentamos a nuestros hijos más pequeños a utilizar los medios electrónicos, y establecemos hábitos y dependencias que pueden continuar, y aumentar, a medida que crecen.

Los niños y adolescentes —de ocho a dieciocho años— pasan una media de algo más de tres horas al día viendo la televisión, aunque eso no incluye el tiempo que emplean en ver videos o jugar con videojuegos. Si se tiene en cuenta todo el uso de los medios de comunicación (televisión, computadoras, prensa, audio, videos o películas, videojuegos), el promedio es de algo menos de seis horas y media al día (Rideout *et al.*, 2005). La televisión es aún el componente más importante.

MUY SIMPLE

Para cuando una persona llegue a los setenta años, habrá pasado entre siete y diez años frente a la televisión (AAP, 2001).

Los padres bromean sobre cómo sus hijos parecen "hipnotizados" frente al televisor. En *Scientific American*, Robert Kubey y Mihaly Csikszentmihalyi analizaron las formas en que "la adicción a la televisión no es una mera metáfora" y señalaron que los electroencefalogramas indican menor actividad mental durante el tiempo de ver la televisión en comparación con otras actividades. Los espectadores se describen a sí mismos como "relajados" y "pasivos" mientras ven la televisión, pero —aunque la sensación de relajación termina cuando se apaga el televisor—, los sentimientos de pasividad y disminución del estado de alerta continúan. Los participantes en la encuesta solían reflejar que la televisión había "absorbido o chupado de algún modo su energía y los dejaba agotados", con "más dificultad para concentrarse después de verla que antes". Kubey y Csikszentmihalyi (2002) equiparan este efecto con la primera ley de la física: "Un cuerpo en reposo tiende a permanecer en reposo". Otra corroboración de este hecho son los estudios que relacionan el alarmante aumento de la obesidad infantil con el incremento del tiempo dedicado a ver la televisión.

Un estudio titulado "La exposición a los medios de pantalla y la obesidad en los niños y adolescentes", publicado en la revista *Pediatrics* en 2017, encontró verdaderos motivos de preocupación. Decía: "La obesidad es uno de los resultados mejor documentados de la exposición a los medios de comunicación de pantalla. Muchos estudios observacionales encuentran relaciones entre la exposición a los medios de comunicación de pantalla y un mayor riesgo de obesidad. Los ensayos controlados aleatorios sobre la reducción del tiempo frente a la pantalla en entornos comunitarios han reducido el aumento de peso en los niños, demostrando una relación de causa y efecto". (Robinson *et al.*, 2017).

Investigadores como Dmitri Christakis, del Hospital Infantil de Seattle, y Jane Healy, autora de *Your Child's Growing Mind [El desarrollo de la mente de tu hijo]*, han cuestionado los efectos de las técnicas de programación televisiva en la química del cerebro. El "reflejo de orientación" o RO es una técnica utilizada en los programas infantiles para captar la atención del niño. En esencia, si un niño ve o escucha algo que el cerebro no reconoce como correcto o normal —figuras animadas que parpadean, *zooms* y panorámicas rápidas, letras que bailan— se centrará en eso hasta que el cerebro determine que no es una amenaza. "Creemos que, con la exposición continuada a acciones irreales de alta intensidad, la mente se condiciona a esperar ese nivel de entrada", explica Christakis. En comparación con la alta estimulación que ofrece la televisión, la vida real puede parecer lenta, y los niños pueden responder a ella con aburrimiento y falta de atención (Clayton, 2004).

La combinación de hiperestimulación neuronal y pasividad física total que ofrece la televisión no estimula el desarrollo del cerebro del mismo modo que la interacción con el mundo. Aunque esto es especialmente cierto en los tres primeros años de vida, sigue así durante todo el periodo de crecimiento del cerebro hasta la adolescencia. Michael Gurian, autor de *The Minds of Boys [La mente de los niños]*, ha señalado cómo la pasividad de la televisión es especialmente preocupante para los niños pequeños, cuyo crecimiento cerebral depende sobre todo del movimiento físico (Gurian y Stevens, 2005).

También son muy preocupantes los efectos de la violencia televisiva —y de los videojuegos— en los niños. En el 2000, en una conferencia en el Capitolio, la Asociación Médica Estadounidense, la Asociación Estadounidense de Psicología, la Academia Americana de Pediatría y la Academia Americana de Psiquiatría Infantil y Adolescente emitieron esta declaración conjunta: "La visión de la violencia en el entretenimiento puede conducir a un aumento de las actitudes, valores y comportamientos agresivos, especialmente en los niños. Sus efectos son medibles y duraderos" (AAP, 2000).

Tanto la Asociación Estadounidense de Psicología como la Academia Americana de Pediatría se posicionan firmemente en contra de que los niños y adolescentes jueguen a videojuegos violentos. Estas son las cifras que manejan: 90% de los niños de Estados Unidos juegan videojuegos. En el caso de los jóvenes de entre doce y diecisiete años, la cifra se eleva a 97%. Y lo que es más importante, 85% o más de los videojuegos que se comercializan contienen alguna forma de violencia. Los títulos parecen decirlo todo: *Manhunt, Thrill Kill, Gears of War* y *Mortal Kombat*. Sin embargo, incluso el aparentemente benigno *Pokémon Go* requiere que los jugadores vayan a la batalla. Algunas de las franquicias de videojuegos más vendidos incluyen los más violentos.

La Asociación Estadounidense de Psicología observó en una declaración política de agosto de 2015 que la investigación demostró un vínculo "entre el uso de videojuegos violentos y el aumento de la conducta agresiva... y la disminución de la conducta prosocial, la empatía y el compromiso moral" (APA, 2015).

En sus directrices de julio de 2016 sobre la violencia en los medios de comunicación, la Academia Americana de Pediatría advirtió que los medios de comunicación violentos son un mal ejemplo para los niños. Los videojuegos, señaló, "no deberían utilizar objetivos humanos u otros seres vivos ni conceder puntos por matar, porque esto enseña a los niños a asociar el placer y el éxito con su capacidad de causar dolor y sufrimiento a otros" (AAP, 2016).

Las franquicias *Grand Theft Auto* y *Call of Duty* han vendido cada una más de cien millones de copias de sus juegos. Estas series cuentan con juegos clasificados como "para adultos", e incluyen lo que el Entertainment Ratings Safety Board [la comisión de seguridad para la clasificación del entretenimiento] denomina "sangre y *gore*" y "violencia intensa". Sin embargo, la propia encuesta de *Call of Duty* reveló que 25% de los jugadores son menores de 16 años (Bodkin, 2017).

Quizás el hecho más revelador de los últimos tiempos sea que, tras un estudio en profundidad, la Organización Mundial de la Salud (OMS) añadió en 2018 los trastornos relacionados con el juego, entre ellos los videojuegos, a su lista oficial de trastornos adictivos. En un patrón sorprendentemente similar al de la adicción a las apuestas, la OMS descubrió que la adicción a los (video) juegos tiene tres síntomas principales: deterioro del control sobre el juego, aumento de la prioridad otorgada al juego y aumento del juego a pesar de las consecuencias negativas (ICD-11, 2018).

Los niños pequeños no ven la violencia de la misma manera que los adultos: hasta los seis o siete años, los niños son incapaces, desde el punto de vista del desarrollo y de la psicología, de diferenciar entre la realidad y la fantasía (Grossman y Degaetano, 1999), por eso cuando ven actos brutales en la televisión, los ven como "reales". Es más, al ver la violencia —asesinatos, violaciones o agresiones— desde la comodidad y la seguridad de su hogar, acurrucados en el sofá con sus seres queridos, mientras quizá comen un sándwich o la cena, los niños (y los adultos también, en realidad) se insensibilizan ante la violencia y aprenden a equipararla con el placer.

La misma desconexión entre la violencia y la realidad existe con los videojuegos; jugar videojuegos violentos puede insensibilizar a los individuos frente a la violencia real, al hacerla menos impresionante, más aceptable (Carnagey et al., 2007). La insensibilización se refuerza aún más cuando la recompensa para el jugador son actos violentos. En un estudio titulado "Cuando muero me siento pequeño", los participantes de primero y segundo año de secundaria informaron que la persona que querían ser "era muy parecida a su personaje de videojuego favorito". Más allá de los efectos fisiológicos y morales implicados, más allá de lo que un niño siente o deja de sentir en relación con la acción de un juego, cuando se identifican de forma tan intensa con los personajes, su propia concepción e identidad también se ven afectadas (McDonald y Kim, 2001).

¿Alguna vez has querido leer un libro antes de ver la versión cinematográfica del mismo? Has elegido imaginar cómo serían los personajes, conjurar un mundo en la mente mientras leías, antes de que se presentara en la gran pantalla. Esta imagen interna conduce a la imaginación creativa y a formas superiores de aprendizaje. Al simplificar las pantallas, se da tiempo a los niños para que creen sus propios mundos —no solo a través de la lectura, sino en términos de juego activo e imaginario— antes de que se conviertan en consumidores pasivos de "mundos" de entretenimiento y sus productos auxiliares.

El mismo argumento puede aplicarse a las computadoras. Un alto grado de conocimientos informáticos será esencial para los niños que crecen en la actualidad; sin embargo, estoy convencido de que las computadoras, como cualquier otra herramienta, solo son útiles cuando son apropiadas para su edad. No creo que estén pensadas para niños menores de siete u ocho años, ni que sean beneficiosas para ellos. Además, como sabe cualquier adulto poco experto en tecnología, la mayoría de los niños adquiere el dominio de las computadoras con bastante rapidez y naturalidad. En Failure to Connect [Sin conexión], la psicóloga Jane Healy (1998) señala que los niños que no empiezan a utilizar las computadoras hasta la adolescencia adquieren en pocos meses una competencia igual a la de los niños que las usan desde que eran pequeños.

El antiguo profesor del Instituto Tecnológico de Massachusetts (MIT) y pionero de la inteligencia artificial Joseph Weizenbaum llegó a preguntarse si la tecnología informática era adecuada para los niños. Se preguntaba si queríamos exponer a nuestros hijos pequeños a mentes artificiales sin valores humanos o incluso sin sentido común. Weizen-baum creía que hay cualidades trascendentales en la interacción huma-na que nunca pueden ser duplicadas por las máquinas; utilizó como ejemplo "la mirada sin palabras que un padre y una madre comparten sobre la cama de su hijo dormido" (Markoff, 2008).

Si se utiliza demasiado pronto, ¿interfiere la pantalla bidimensional de las computadoras en los complejos sistemas de aprendizaje de los niños de corta edad en cuanto a relaciones y exploración sensorial? Yo también me lo pregunto. No creo que las computadoras deban formar parte de la vida diaria de un niño pequeño (de siete años o menos). ¿Cuánta curiosidad tendrá un niño, cuánta agilidad mental, creatividad y persistencia en la búsqueda de respuestas a sus preguntas si, desde pequeño, aprende a buscar en Google primero y a preguntar después (o incluso no hacerlo)?

"¡Más!" "¡Más rápido!" y "¡Antes!" es el ritmo de fondo de las indus-trias de la tecnología, los medios de comunicación y el entretenimiento. Como adultos, en nuestro trabajo y en nuestro ocio, podemos estar al día en todo, siempre atentos y agradecidos a las innovaciones. Sin embargo, como padres, podemos elegir un camino más lento y sencillo para nuestros hijos pequeños. Nuestra relación con los medios de co-municación y la tecnología no es una propuesta de "todo o nada" o de "talla única", pues nuestras necesidades —como niños y adultos— va-rían enormemente. Como padres, podemos controlar el lugar que ocu-pan los medios en nuestros hogares y en la vida cotidiana de nuestros hijos. Podemos prescindir de ellos; podemos establecer y hacer cumplir los límites. Podemos aprovechar el poder del menos.

MUY SIMPLE
La "saturación mediática" caracteriza nuestra época, pero no tiene por qué inundar la infancia de nuestros hijos.

Para las familias con niños de siete años o menos, aconsejo prescindir de la televisión. Lo hago por tres razones: *1)* porque creo firmemente que sus efectos negativos y duraderos superan con creces sus beneficios para los niños pequeños; *2)* su ausencia apoya en gran medida los obje-tivos de simplificación (menos agobio, consumismo y sentido de tener derechos) y 3) con base en mi experiencia, prescindir de la televisión no es tan difícil como la mayoría de las familias temen.

El periodo inicial para retirarla suele ser de dos o tres semanas, durante las cuales la inquietud y las quejas de "¡me aburro!" se disipan gradualmente y una serie de otras actividades sustituyen la de "ver la tele". La mayoría de los padres afirman que no tener televisión es mucho más fácil para sus hijos de lo que pensaban, y para ellos es mucho menos trabajo que el que implica vigilar y limitar constantemente el "tiempo de conexión". (Las familias que han prescindido de la televisión suelen decir que lo más difícil es lidiar con los comentarios y las "donaciones" no solicitadas de televisores que hacen amigos y familiares).

Decir "no, gracias" no siempre es la opción más popular, ya sea a los ojos de nuestros hijos: "¡Pero, mamá! *Todo el mundo* tiene una", o ante nuestros compañeros: "¿No hay televisión? ¿Es una especie de culto?". Decidir no tener televisión, al menos mientras tus hijos son pequeños, no quiere decir "La televisión es un mal sin igual" o "Queremos volver a la vida de la década de 1940". Sencillamente expresa, en conjunto, "no, gracias". Se trata de elegir el compromiso (con las personas y el mundo tridimensional) en lugar de la estimulación, y la actividad en lugar de la pasividad, sobre todo cuando los niños son pequeños. Si optas por desterrar "la caja", en un solo paso reducirás la exposición de tus hijos a situaciones de la vida adulta, como la violencia y el consumismo, entre otras, y además ampliarás —a casi el doble, en promedio— el tiempo libre de tu familia.

El efecto "niñera" de la televisión y de los videojuegos es importante, lo reconozco, sobre todo cuando supone la diferencia entre un baño o poner una lavadora que de otro modo no se haría. ("¡Sí! ¡Por fin *tiene* sentido lo que dice!", dirás tú). Pero la realidad a largo plazo es esta: la riqueza y variedad de hábitos que tus hijos desarrollarán sin la televisión les servirá durante toda la vida. Además, simplificará enormemente la crianza de tus hijos a largo plazo. Sin "sintonizar" automáticamente algo que hacer (o buscar en Google la respuesta a cualquier pregunta), tus hijos encontrarán profundas fuentes internas de creatividad e ingenio. No existen niñeras mejores y más confiables.

Desterrar las computadoras, las tabletas y la televisión (el "tío Andy") mientras los niños son muy pequeños es la más controvertida de mis recomendaciones para simplificar las pantallas. He visto de primera mano lo extraordinariamente eficaz que puede ser para honrar el tremendo crecimiento y la creatividad de la primera infancia, así como su ritmo más sencillo y lento. Mi experiencia no me ha dejado ninguna duda de que, para la mayoría de las familias, los beneficios de este paso superan con creces su dificultad. También recomiendo que los niños menores de siete años no pasen su tiempo con computadoras, videojuegos o dispositivos electrónicos de mano. Además, no creo que la televisión deba formar parte del cuarto del niño (los niños que tienen un televisor en su habitación pasan casi noventa minutos más al día viendo la televisión que los que no tienen un aparato en su habitación) (Rideout *et al.*, 2005). Después de los siete años o en la edad escolar, el enfoque principal de un niño se desplaza más allá del hogar, en consecuencia, su exposición a los medios de comunicación, la televisión y las computadoras aumentará sin duda. A medida que esto ocurre, los padres pueden empezar a encontrar un mayor equilibrio para las pantallas en la vida de sus hijos.

Reconozco que mis recomendaciones no sirven para todo el mundo. Una madre me dijo: "Mi marido no cree que pueda *vivir* sin los deportes por televisión en casa. Creo que sí podría, pero no creo que yo pudiera vivir *con* él si se niega". En una lista de los "diez principales" peligros para un niño en desarrollo, los "padres infelices" ciertamente tienen que estar incluidos. Así que, a falta de deshacerse de la televisión (y las computadoras), sugiero sacarla de casa, pero sobre todo de los dormitorios de los niños y de las áreas comunes, y ponerla en el cuarto de los padres o en un estudio o despacho familiar. Esto ayuda a las familias a equiparar la "habitación familiar" con actividades compartidas distintas de la televisión. Supone una diferencia real y simbólica, al desplazar la televisión del centro a los márgenes de la vida cotidiana. Algunas familias que limitan la televisión también dicen beneficiarse de "vacaciones" intermitentes sin ella durante una semana o un fin de semana. Estos "descansos" los ayudan a simplificar y a ser más conscientes de la cantidad de televisión que ven realmente. También los ayuda a desarrollar nuevos hábitos de ocio.

Sea cual sea la forma en que decidas limitar el uso del televisor en tu familia (tanto en términos de tiempo dedicado como de calidad de los programas vistos), debes saber que eso marca la diferencia: ayudas a paliar algunos de sus efectos negativos. Menos de la mitad de los niños estadounidenses de entre ocho y dieciocho años afirman tener alguna norma relacionada con su forma de ver la televisión (Rideout *et al.*, 2005). Los estudios, sin embargo, corroboran lo que he descubierto:

cuando los padres establecen y aplican normas para limitar el tiempo de la tele, los niños pasan más tiempo dedicados a leer y menos horas expuestos a medios electrónicos de todo tipo (Rideout *et al.*, 2005). Si los límites en el uso de la pantalla son un "hecho" en tu hogar, los detalles específicos que funcionan mejor para tu familia evolucionarán a medida que tus hijos crezcan y sus necesidades cambien. Simplificar las pantallas y el uso de los medios de comunicación requiere creatividad y compromiso, al igual que todo lo que implica ser una familia.

Cómo tener dispositivos sin favorecer la división

No es que yo sea simplemente "antipantalla" en lo que se refiere a los niños, más bien estoy apasionadamente "a favor de la conexión" con todo lo importante en sus vidas, y cualquier cosa que se interponga en el camino de esta relación me parece seriamente sospechosa. Cuando sale a la luz tanta información fiable sobre los efectos nocivos del uso de las pantallas en el desarrollo social, emocional y cerebral de nuestros hijos, ¿no deberíamos dejar de exponerlos a estos peligros? Pero veamos esto desde otro punto de vista. Parece que hay dos respuestas principales que tenemos como padres y educadores respecto a estos artículos, a menudo bien investigados.

1. *Elevar el nivel de preocupación*

   Podemos estar un poco sorprendidos por lo perjudicial que puede ser el uso de las pantallas. Esto puede llevarnos a sentirnos aún más ansiosos por la forma en que estamos educando a nuestros hijos, y nos culpamos por todos los errores que estamos cometiendo. El problema es que, como padres, somos perfectamente capaces de alcanzar estados extremos de duda personal sin necesidad de la ayuda de la investigación sobre el uso de las pantallas.

2. *La nueva normalidad*

   Si los niños de todo el mundo lo hacen, ¿puede ser realmente tan malo? Además, hay investigaciones contradictorias que muestran que las pantallas y los juegos pueden ser buenos para la coordinación manual y visual, y que un acceso moderado a las redes sociales podría ser aceptable.

La nueva normalidad, ¿realmente lo es?

Aquí está la conexión entre estos dos puntos. No hacer algo por culpa de la ansiedad dura tanto o tan poco como el miedo que provoca. Es incómodo y agotador permanecer en este estado, así que buscamos formas de calmarnos. Esto no es tan difícil de hacer cuando vemos que muchos otros padres cuidadosos permiten a sus hijos usar o tener un *smartphone* u otros dispositivos. Cuando entregamos el teléfono a nuestro hijo, nos relajamos y sentimos que volvemos a la corriente de la vida. Después de todo, un poco de culpa puede ser mejor que mucho miedo. ¿Verdad? El problema, sin embargo, es que el alivio es solo temporal, porque ese pequeño picor de conciencia se desata de nuevo la siguiente vez que oímos o leemos algo sobre los peligros de los medios digitales que nos araña y choca con nuestro instinto humano básico de proteger a nuestros hijos. Como dijo una madre de tres hijos, al tratar de averiguar cómo lidiar con las pantallas: "Esto parece un experimento social no regulado desde hace veinticinco años, que se está llevando a cabo a gran escala, y se diría que no va muy bien; pero ¿qué se puede hacer?".

Lo que puede sacarnos de este ciclo de alarma-normalización es hacer un cambio en nuestro razonamiento, pasando de los temores impulsados por que podamos estar dañando de algún modo a nuestros hijos a las esperanzas y valores orientados al futuro, basados en lo que queremos que sea nuestra vida familiar.

"Solo quiero que estén bien" es un deseo bastante humilde pero profundo que la mayoría de los padres tienen para sus hijos a medida que crecen hasta la edad adulta y más allá. Todo lo que sea más que "estar bien" es un extra y, aunque sería bueno, no es esencial. Lo único que podemos hacer como padres para dar a nuestros hijos la oportunidad de enfrentarse bien a lo que la vida les depara no es complicado; se hace construyendo poco a poco la conexión.

Los cuatro círculos de conexión y los efectos de las pantallas

1. *Conexión con la naturaleza y el aire libre*
   El primero es la relación del niño con la naturaleza, el aire libre. Esto significa permitir que el niño tenga tiempo para husmear en

el patio, en el parque o en el campo, y perderse en la maravilla de todo lo que esto es. Si te aseguras de que tu hijo o adolescente pase tiempo en la naturaleza, es probable que se dedique a un juego creativo eterno en el que haga cosas, practique algo que le guste o que se tumbe en la rama de un árbol y simplemente "sea".

2. *Conexión con los amigos y el juego*
Un niño que llega a casa después de estar con sus amigos y dice con toda seriedad: "Papá, hoy hemos jugado mucho", o el emocionado abrazo de grupo de unos adolescentes cuando se reúnen antes de su largamente planeado viaje de acampada (o de exploración del centro comercial), son cosas tan básicas y a la vez tan satisfactorias para cualquier padre que las escuche o las vea.

Un niño o adolescente necesita tiempo para desarrollar amistades verdaderas. Cuando pasan gran parte de su tiempo libre en internet, "haciendo amigos" y siguiendo a desconocidos en múltiples redes sociales, se les priva de la oportunidad de interactuar con personas reales, lo que es fundamental para el desarrollo de su inteligencia social y emocional. Las amistades pueden ser divertidas y desafiantes. Mantener una amistad sana requiere trabajo. Las "amistades" en línea son artificiales y superficiales: si alguien no le gusta a tu hijo, puede dejar de ser su amigo con un solo clic. No hay que preocuparse, ni esforzarse, ni desarrollarse socialmente. El uso excesivo de las pantallas y de las redes sociales puede engendrar una falsa sensación de tener derechos a la hora de relacionarse. Nadie quiere esto para su hijo, ya sea niño o adolescente.

3. *Conexión con la familia y el hogar*
Sabemos que vamos por buen camino cuando, por ejemplo, un preadolescente entra por la puerta después de un largo y difícil día en el colegio, suelta su increíblemente pesada mochila en el suelo, se deja caer en el sofá y, en un enorme exabrupto, simplemente dice: "Por fin".

Asegúrate de que tu hijo tenga tiempo simplemente para pasar el rato contigo y con sus hermanos. Todos esos actos y conversaciones cotidianas dan identidad a tu familia. Cuando pasamos tiempo juntos, acumulamos "créditos de relación". Así, cuando las relaciones se ponen tensas, puedes emprender una retirada y evitar que la situación se convierta en una espiral. Cuando evitas las omnipresentes imágenes de la vida familiar disfuncional generadas por los medios de comunicación, en las que se presenta a los adultos como ingenuos, desconectados, egoístas y emocionalmente inmaduros, te haces un gran favor a ti mismo y a tus hijos, porque los niños absorben lo que ven, sobre todo si lo ven mucho.

4. *Conexión con uno mismo*
Lo más cercano al núcleo de las cosas es la conexión con uno mismo y los valores que cada quien elige para guiar su vida. Se trata de nuestro verdadero sentido de norte interior, que emerge lentamente, en lugar del norte magnético de la cultura popular y de lo que las fuerzas del mercado le dicen a un niño que debe tener para ser alguien y ser aceptado.

Todos los padres quieren que sus hijos crezcan con valores morales fuertes. Todos los niños quieren ser fieles a sí mismos, sobre todo cuando se acercan a la adolescencia. Sin embargo, las pantallas son un poderoso vehículo para los vendedores que tratan de jalar en la dirección contraria. Intentan convencer a nuestros hijos de que compren sus productos para que tengan un aspecto determinado para ser *cool*, populares y aceptados. Dar a nuestros hijos e hijas un fuerte sentido del verdadero norte de las decisiones guiadas por la moral, frente al norte magnético de la cultura popular congestionada e impulsada por las modas, es uno de los regalos más valiosos de discernimiento ético que podemos dar como padres.

La conexión requiere tiempo

¿Te has dado cuenta de que en todos los ejemplos sencillos y cotidianos que la mayoría de nosotros reconoceríamos hay una cualidad recurrente? El tiempo. La conexión requiere tiempo. ¿Recuerdas esos días mágicos de la infancia en los que nos tirábamos en la hierba mirando las nubes pasar, o un juego lleno de risas con los amigos o la familia que parecía durar una eternidad? Lo que me preocupa es que las pantallas son bandidos del tiempo y caminan con pasos afelpados para que no nos demos cuenta de su incursión diaria hasta que salimos de nuestro estupor y decimos: "¿Dónde ha ido a parar ese tiempo?". Como he mencionado antes, según el estudio de la Kaiser Family Foundation (Lewin, 2010), el joven medio de ocho a dieciocho años tiene más de siete horas y media de pantallas al día; y en un estudio más reciente de Common Sense Media (2018), la cifra había aumentado a casi nueve horas diarias. Si hacemos una simple operación aritmética, está bastante claro que añadir esta cantidad de horas diarias frente a una pantalla a la vida de un niño es bastante grave. Significa que cada minuto que está enchufado al mundo virtual, no está conectando con el mundo real de la naturaleza, los amigos, la familia y sí mismo.

Ahora bien, muchos de nosotros diremos: "Bueno, tanto tiempo de pantalla no se aplica a mi familia". Bien si es así, porque dada la media nacional, debemos haber tomado algunas decisiones difíciles para limitar el tiempo que nuestros hijos pasan en estos dispositivos. Pero lo que aún debería preocuparnos es que la mayoría de nosotros llevamos un estilo de vida muy ajetreado, y el tiempo que estamos con nuestros hijos pasando el rato y haciendo cosas normales en familia es precioso. Incluso un par de horas al día en las pantallas nos está quitando tiempo vital para estar con nuestros hijos. Las pantallas están interrumpiendo algunas de las cualidades que necesitamos desarrollar para ser seres humanos amables, solidarios y conectados entre sí, y eso sin duda debe hacernos reflexionar.

Por otra parte, estas cuatro conexiones construyen un campamento base duradero desde el que un niño puede salir al mundo y volver para descansar, reagruparse y volver a salir. La próxima vez sus exploraciones lo llevarán un poco más lejos. Esta pauta de lanzarse y volver se repetirá a lo largo de los años, desde la conquista de las escaleras como niño pequeño y su regreso corriendo para enseñarte lo que ha hecho hasta la primera exploración valiente del barrio en su bicicleta y las historias de a quién ha conocido, que salen a la luz en la mesa a la hora de la cena; o el primer amor y el primer corazón roto que le cuenta a una amiga de gran confianza.

A medida que nuestros hijos se convierten en adultos, sabemos que no siempre estaremos cerca de ellos. Pero podemos saber que nuestra valentía para eliminar las barreras de conexión con el mundo natural, los amigos en los que pueden confiar y una familia cariñosa cuando crecían les han dado lo que necesitaban para desarrollar su propio campamento base interior, uno que va con ellos dondequiera que estén y que nunca nadie les podrá quitar.

Involucrarse

¿Recuerdas aquellas películas un poco borrosas de las clases de ciencias sobre la fecundación del óvulo y la división celular, mientras el feto crece en el útero? Más allá de todo el milagro de una nueva vida, también hay una belleza matemática en ella: la unión y la separación, cómo dos hacen uno, cómo la división requiere primero la unión. A veces imagino la paternidad del mismo modo, como una serie de movimientos de unión y separación. También hay formas geométricas, como la unidad definitiva de una mujer embarazada. Me imagino a un nuevo padre acunando a su recién nacido, visto desde arriba, como una especie de símbolo de yinyang. ¿Cuál es la imagen contraria a la de la mujer embarazada? ¿Podría ser la de los padres en la entrada de la casa, con su hijo o hija, mientras cargan el coche para la gran mudanza a la universidad? ¿Cuáles son los lazos que nos unen, a través del tiempo y la distancia? ¿Los lazos que, como una membrana, deben estirarse sin romperse, mientras un niño sale y vuelve, sale y vuelve, hacia la independencia?

La biología nos da las pautas sobre el movimiento de la vida y el impulso hacia la independencia. Mientras el feto se desarrolla en el útero, las células se dividen en una compleja danza coreografiada por el ADN único del bebé. Seis años más tarde, te duele la espalda mientras corres detrás de tu hija en su primera bicicleta. Has subido y bajado este tramo unas diez veces, ella se ha tambaleado, pero ahora se da la vuelta sonrojada y feliz grita: "¡Está bien! ¡Ya puedes soltarme!". Y así es. Está bien: ya puedes soltarla.

Está bien porque realmente quiere andar en dos ruedas, como su amiga Ellie. Está bien porque no hay término medio; una mano detrás de su sillín es casi lo mismo que una tercera rueda. No hay trucos ni ayuda; al final solo está ella, en equilibrio. Está bien porque está preparada y es fuerte. Está bien porque has estado ahí, para ella y con ella, de forma tan constante que ha interiorizado tu apoyo. Por eso está preparada. Y por eso es fuerte. Por eso puedes dejarla ir.

Los primeros pasos de un niño, sus primeros amigos, el comienzo de la escuela: todo está impulsado por su necesidad de explorar, conocer y dominar lo que hace. Con un poco de suerte, su impulso biológico hacia la independencia estará apoyado por tu necesidad biológica de protegerlo, cuidarlo y de encontrar deleite en él. El éxito de su eventual división depende de la fuerza y el apoyo de tu unión. Si el proceso fuera totalmente biológico e inconsciente, quizá sería tan suave y geométrico como las células que se dividen en una placa de Petri. Pero los movimientos que hay detrás de estos dos impulsos —el tuyo de proteger y nutrir, el de ellos de explorar y separarse— no siempre son fluidos, no siempre están coordinados. De hecho, a menudo se enfrentan, con muchas oportunidades para dar pasos en falso y no llegar a tiempo. Por suerte, no solo la biología acciona esta danza entre padres e hijos. También existe la poderosa fuerza del amor. El amor puede ser complicado ("¿Qué quieres decir con que quieres sacar la licencia de manejo?"), pero es la única fuerza lo suficientemente fuerte como para contener y mediar estas dos fuerzas biológicas con algún sentido de ritmo y belleza. Con algo que se acerque a la gracia.

Veamos esta danza de la implicación de padres e hijos, y cómo simplificarla.

Campamento base

La seguridad que construimos para un niño será su "campamento base", al cual volverá, con suerte, durante toda su vida. Es la mano en el respaldo del sillín de la bicicleta —al principio real y esencial, y con el tiempo metafórica—, siempre tranquilizadora, de apoyo.

Ningún padre necesita convencerse del tremendo crecimiento que se produce en los tres primeros años de vida. Un bebé suele alcanzar un peso cuatro o cinco veces superior al de su nacimiento y duplica su longitud. Al final de su segundo año, el cerebro de un bebé pesa tres cuartas partes del cerebro de un adulto, aunque es dos veces más activo que el de un adulto y seguirá siéndolo hasta la pubertad. Las neuronas del bebé se hacen más grandes y más potentes, y crecen los axones y las dendritas, de modo que cuando el niño llega a los tres años, cada neurona ha formado hasta diez mil conexiones. Eso es alrededor de un cuatrillón —más o menos— o aproximadamente el doble del número de conexiones que se ven en un cerebro adulto.

A medida que el bebé crece y explora profundamente su mundo sensorial, le proporcionamos lo que necesita para su extraordinario crecimiento: seguridad y conexión. Un bebé de tres meses se aferra al dedo de su madre y aspira su olor mientras ella lo amamanta; ella lo tiene arropado, seguro y libre de demasiadas distracciones. Mientras él explora, ella lo protege; mientras él se apega a ella, ella se apega a él; la conexión se fortalece, la danza está en pleno desarrollo.

Una forma de proteger a nuestros hijos, especialmente en sus primeros años, es actuar como un filtro. Para nuestros pequeños, recién llegados al mundo, intentamos filtrar parte del ruido del mundo, sus frenéticas embestidas sensoriales. Y lo hacemos por una buena razón, biológicamente hablando. El hipocampo, que regula la entrada sensorial en el cerebro y actúa como una especie de filtro neurológico, es bastante lento en su formación. Hacemos lo que el hipocampo aún no puede. Al mediar la entrada sensorial, reducimos el estrés, lo que permite al bebé interactuar libremente con su mundo. Erik Erikson llamó a este periodo crítico el de la "confianza frente a la desconfianza". Cuando calmamos al bebé que llora, cuando su hambre se satisface con comida, la confianza gana a la desconfianza. Rudolf Steiner lo equiparó con la respiración: el niño "respira" en el entorno y se "respira" a sí mismo en el mundo. Si esta "respiración", que es tan importante como comer, no se ve obstaculizada, el niño puede seguir explorando con seguridad. Seguridad y esperanza.

A los tres o cuatro meses, incluso firmemente conectado al pecho, el bebé explora su mundo. Con su atención, se aleja y vuelve; observa el juego de la luz a través de la ventana y luego devuelve su mirada, con consuelo, al rostro de su madre. Los primeros pasos del niño pueden ser hacia ti, mientras te sientas y le haces señas con los brazos extendidos. Pero, como bípedo semirrígido, se alejará rápidamente —para ver esto, para tocar aquello— y luego volverá a acurrucarse, o simplemente a acercarse a ti.

Con la confianza, las exploraciones pueden continuar; pueden alargarse en el tiempo y en la distancia. La seguridad del apego de tu hijo, y la fuerza de su vínculo, serán su campamento base para toda una infancia de exploración.

Esta lucha entre la confianza y la desconfianza es fundamental para el desarrollo del niño. Si no se responde a las necesidades de un bebé, si su apego primario a la persona que lo cuida es débil o inconsistente —si gana la desconfianza—, entonces tendrá problemas para formar vínculos y empatizar con los demás. Aferrado y ansioso, responderá al mundo como si fuera una plataforma colocada sobre el agua: resbaladiza, inestable. Sin un apego firme a un cuidador afectuoso, el niño puede sufrir niveles crónicamente elevados de cortisol, la hormona del estrés.

El cortisol es un secuestrador neuronal, que acosa el aprendizaje y otras funciones para dar pie a sus inundaciones.

Sin embargo, cuando un niño puede explorar desde una base de conexión amorosa y segura —cuando gana la confianza—, gana la libertad de crecer. Sin niveles elevados de cortisol, puede regular sus emociones. Libre del ciclo de estrés y retroceso, es más capaz de aprender. Seguro en su apego a sus padres (progenitor o cuidador cariñoso), tiene un campamento base. Inamovible, es el lugar seguro que abandona para explorar y el lugar seguro al que regresa, la base desde la que asciende. Puede desarrollar su voluntad, explorar y abrirse camino hacia un sentido de sí mismo y de independencia.

Este es un paradigma que nos define también a nosotros: la confianza frente a la desconfianza. Es fundamental para nuestro desarrollo como padres, para nuestro papel en la danza padres-hijo. Sin embargo, para algunos de nosotros, la confianza nunca gana. Aun "al ver" a un niño que puede caminar y correr, nos quedamos atascados en un estado de desarrollo detenido. Nuestros miedos y preocupaciones eclipsan nuestra confianza en el mundo y nuestra confianza en ellos y, sobre todo, nuestros miedos eclipsan nuestra confianza en nuestros propios instintos.

¿Recuerdas a Annmarie? Cuando sintió que la preocupación era lo que mejor describía su experiencia como madre, algo iba mal. Su desarrollo como madre estaba secuestrado. Atrapada en un ciclo de estrés y de marcha atrás, Annmarie estaba atrapada en el profundo impulso primario de proteger a sus hijos. Aun cuando le decían "¡Está bien! Puedes soltarlos", ella no podía escucharlo.

Cuando dejamos que nuestros miedos eclipsen nuestra confianza, abandonamos el campamento base e intentamos "ir con" nuestros hijos. Levantamos nuestro campamento y subimos al helicóptero, desmantelando lo que realmente necesitan, porque los campamentos base no son transitorios, no son portátiles.

La crianza tipo helicóptero

Annmarie tiene mucha compañía en sus temores: Miri Scharf y Sofie Rousseau, psicólogas de la Universidad de Haifa (Israel), han analizado por qué algunas personas ejercen de padres tipo helicóptero. He aquí algunas de sus razones (Rousseau y Scharf, 2017):

1. *El enfoque de la prevención para llegar a sus objetivos.* Las personas centradas en la prevención tienden a evitar el fracaso y la decepción. Ven las dificultades y las experiencias negativas como una señal de su falta de habilidad, en lugar de como una oportunidad para aprender algo y crecer como persona.

2. *El enfoque de la promoción para llegar a sus objetivos.* Las personas centradas en la promoción hacen hincapié en los logros y el progreso. Ven el fracaso como una parte necesaria de la vida y una forma de aprender de los errores. Estas personas están dispuestas a asumir riesgos y a resolver problemas cuando las cosas van mal.

3. *Arrepentimiento de las decisiones que han tomado en su vida.* Esto es especialmente cierto para las madres. Cuando las madres piensan que habrían tenido una vida mejor si hubieran hecho otras elecciones cuando eran más jóvenes, es más probable que se comporten como madres tipo helicóptero. Los padres son diferentes. Cuando los padres dicen arrepentirse de sus elecciones en la vida, en realidad ejercen menos la paternidad tipo helicóptero.

¿Han aumentado las amenazas hacia nuestros hijos en comparación con una o dos generaciones atrás? ¿Han aumentado las "influencias sociales negativas", o es el alcance y la influencia de los medios de comunicación —en nuestros hogares y nuestra vida— lo que se ha ampliado de forma espectacular? La noticia principal de cualquier noticiero local —un niño desaparecido, un pederasta convicto que sale de la cárcel— confirma que las buenas noticias no venden. En cambio, avivar la ansiedad de los padres sí vende. Detalles a las once. En 1985, el *Denver Post* ganó un premio Pulitzer por una serie de artículos que analizaban el miedo a los secuestros de niños que se extendía por todo el país. El artículo documentaba que 95% de los niños desaparecidos son fugitivos (la mayoría de los cuales vuelven a casa a los tres días) y que, del resto de los desaparecidos, la mayoría corresponde a aquellos con problemas de custodia (Livingstone, 2017).

La madre de Annmarie, con la puerta de su casa abierta y ocho niños que entraban y salían, probablemente no se preocupaba demasiado por posibles secuestradores. ¿Qué ha cambiado? El miedo a la seguridad física de nuestros hijos ha contribuido a alimentar el éxodo de los patios y parques de los barrios. Según un estudio, más de 90% de los padres menciona la seguridad como su mayor preocupación a la hora de decidir si permiten a sus hijos jugar al aire libre (Veitch *et al.*, 2005). Según el Departamento de Justicia, el número de secuestros de niños por parte de desconocidos no ha aumentado en los últimos veinte años (Szalavitz, 2006). En 2016, de los 1435 secuestros, solo 205 fueron de extraños o "secuestros no familiares" (NCIC, 2016).

Sin embargo, un solo incidente puede parecer una ola de crímenes cuando se analiza y se le da un carácter sensacionalista.

Los medios de comunicación, omnipresentes e implacables, desempeñan un papel importante en la ansiedad de los padres. Cuando los detalles gráficos de una misma historia desafortunada se difunden a través de innumerables medios de comunicación —desde las noticias de la red y el cable hasta las de internet y del *smartphone*— su efecto emocional es exponencial. La sensación de peligro se agudiza y se convierte en algo personal cuando los horrores llegan directamente a nuestra sala, cuando nos siguen a lo largo del día, vayamos donde vayamos.

Cuando una mujer que acaba de ser madre está amamantando, empieza a notar cómo su dieta —la sopa de cebolla de ayer o el puré de papa con mucho ajo— afecta su leche. Una mañana con un bebé inquieto y con cólicos hará que se lo piense dos veces antes de sacar las sobras para el almuerzo. Una dieta emocional rica en miedo y sensacionalismo también puede transmitirse a nuestros hijos. Mucho después de que los bebés dejan el pecho o el biberón, siguen alimentándose de las emociones de sus padres. A veces aumentamos nuestra vigilancia y absorbemos cualquier indicio de peligro, y nos alimentamos de nuestras preocupaciones, con la creencia errónea de que esto aumenta la protección de nuestros hijos.

Sin embargo, en realidad solo aumenta nuestra ansiedad. No solo contamina nuestro bienestar como padres, sino que afecta nuestra forma de ver el mundo y la de nuestros hijos. Alarga y amplía esa sombra del miedo, de modo que vemos el peligro antes de ver la alegría o las posibilidades de una situación.

MUY SIMPLE
Los niños se alimentan de las emociones de sus padres.

Al igual que un auxiliar de vuelo recuerda a los padres que "aseguren su máscara de oxígeno antes de ayudar a su hijo con la suya", los padres tienen que relajarse para transmitir tranquilidad a sus hijos. Me gustaría hacer una recomendación directamente a los padres, especialmente a aquellos que, como Annmarie, suelen estar intranquilos: reduzcan su exposición a los medios de comunicación y, en particular, a las noticias.

Esto puede parecer un sacrilegio en nuestra era de la información, pero permítanme aclarar: no sugiero que los padres se metan debajo de las piedras a prueba de noticias o de cualquier conexión con el mundo. No tengo ningún problema en que los padres tengan el acceso a los medios que necesitan para estar informados y conectados. Lo que sugiero, sin embargo, es que los padres digan conscientemente no a la sobreexposición a los medios. Limiten o reduzcan el uso de aquellos medios que alarman en lugar de informar. Puede suponer una diferencia dramática en su vida emocional y en el clima emocional de su hogar cuando se niegan a permitir que el miedo sea provocado, avivado e incitado varias veces al día.

Sí, la vida diaria en Estados Unidos (o en cualquier otro país) implica riesgos y peligros para los niños. Quizá haya incluso más riesgos ahora que cuando nosotros crecíamos. No lo sé. Pero lo que sí sé es que Annmarie y muchos otros padres de hoy están mejor "informados" de lo que estaban sus padres, aunque también están mucho más nerviosos. Los medios de comunicación erosionan su bienestar emocional porque pueden saturar fácilmente la vida; medios que explotan nuestro impulso más profundo y primario de proteger a nuestros hijos.

Como padres, no obstante, tenemos que ir más allá que nuestro deseo de proteger, por muy noble e importante que sea. Necesitamos vivir con confianza, ser padres con un sentido de fuerza y apertura, y quizá, sobre todo, con sentido del humor. El impulso primario de proteger es nuestra válvula de cortisol; sugiero que no la invitemos a girar tan fácilmente y tan a menudo.

Lucy, una madre y profesora que asistió a uno de mis talleres, me contó una historia sobre una de sus amistades que afectaba su bienestar como madre. Rena tenía un hijo de la misma edad que el de Lucy; las dos mujeres se conocieron en el salón de preescolar de sus hijos. Sin embargo, Lucy me contó que empezó a darse cuenta de que casi siempre se sentía mal después de hablar o pasar un rato con Rena. Con frecuencia Rena hablaba de algo aterrador que había leído o visto en la televisión en relación con los niños. Además, solía hablar de lo inadecuadas que eran las escuelas, de cómo le iba a su hijo con respecto a otros niños, de su preocupación por si su hijo tendría las oportunidades que merecía. Lucy me dijo que, aunque podía entender las preocupaciones de su amiga, le parecía que el peso implacable de estas era muy agobiante para ella y que no había ni humor ni alegría. Se dio cuenta de que necesitaba diversión, algo de inspiración y risas con sus amigos, no un baño de estrés. Lucy tomó un poco de distancia de su amistad con Rena, con cierta tristeza, pero también con una mayor sensación de alivio.

No podemos culpar únicamente a los medios de comunicación por ponernos más nerviosos como padres. Hay muchas razones por las que nos hemos acostumbrado a este revoloteo inquieto. El término "crianza tipo helicóptero" se acuñó a principios de la década de 1990. Desde entonces se ha convertido en un término y en un fenómeno cultural tan omnipresente que se han observado diferentes grados de control —según un estudio de la Universidad de Texas en Austin, los "padres Halcón Negro" son los más impetuosos y extremos— (Randall, 2007). A principios de la década del 2000, las universidades empezaron a denunciar hasta qué punto los padres ejercían el control sobre las decisiones —desde los compañeros de cuarto hasta los profesores de sus cursos— de sus hijos, ya jóvenes adultos, pero esa era la punta del iceberg. La sobreimplicación parental, o "hiperpaternidad", no es exclusiva de los padres de un determinado nivel de ingresos, raza o educación. Tampoco es exclusiva de los estadounidenses. Y los niños de todas las edades —no solo en edad universitaria— sienten sus efectos. Las exigencias y ansiedades de los padres se oyen desde el salón de preescolar; flotan por encima de la alumna de segundo de secundaria que recibe clases particulares para los exámenes de entrada a la universidad, que no hará hasta dentro de tres años.

Tiene sentido que muchos padres de hoy hayan conseguido su licencia de piloto de helicóptero. En comparación con una o dos generaciones atrás, tenemos menos hijos y somos padres más tardíamente. Como resultado, nuestra atención paterna, nuestra energía mental y física, y nuestras expectativas están más concentradas en menos hijos, y no se dispersan entre una prole más numerosa. Con frecuencia, los padres de hoy, tanto las madres como los padres, tienen una experiencia profesional considerable antes de que nazca su primer hijo e incorporan

los valores del mundo empresarial —la ética del trabajo y el sentido de
la competencia— a su labor de crianza.

MUY SIMPLE
La tecnología ha contribuido a borrar los límites entre la
privacidad y la independencia, entre la participación y el
exceso de ella.

También hay un elemento importante del "porque puedo" en el hecho
de que esta generación de padres preste una atención tan extraordinaria
a todos los movimientos de sus hijos. Con los teléfonos celulares (los
cordones umbilicales más largos del mundo), el correo electrónico, la
mensajería instantánea, el GPS y otros programas de navegación, podemos
estar en contacto casi constante con nuestros hijos. Con algunos programas informáticos, podemos seguir todas las fluctuaciones de las calificaciones de nuestros hijos, controlar sus conversaciones en el chat y recibir
copias de sus correos electrónicos y mensajes directamente en nuestra
computadora. La tecnología ha facilitado nuestra excesiva implicación en
la vida de nuestros hijos hasta el punto en el que es muy sencillo cruzar la
línea que separa la implicación de la sobreimplicación. Para muchos padres, los límites aceptados de la privacidad y la independencia, tan obvios
incluso hace una generación, parecen haberse borrado.

Algunos apuntan a los efectos del 11-S y a tragedias como los tiroteos en las escuelas como factores que han contribuido al aumento de la
vigilancia de los padres. Otros lo equiparan a un alejamiento del péndulo con respecto a lo que la generación X (los nacidos entre 1965 y 1981)
experimentó en su niñez. Uno de cada seis miembros de esa generación
(muchos de los cuales son padres en la actualidad) creció con un solo
progenitor, y más de 40% fueron niños que se quedaron solos. Estos
factores en sí mismos no son indicadores de abuso o dificultad, pero en
conjunto, el estilo de crianza de la época era bastante indiferente. Así
que el péndulo se ha movido hacia el otro lado.

Muchos factores se combinan para formar una tendencia, un modo
de pensamiento y comportamiento característico de una época concreta. Sin duda, la sobreimplicación, en sus múltiples formas, es el *zeitgeist*
de la crianza de nuestros días. Si la imagen del padre que se cierne sobre
el niño es descriptiva de esta tendencia, yo señalaría que la ansiedad y
las presiones de la competencia son los combustibles que mantienen

nuestros helicópteros en el aire. La crianza de los hijos, la educación e incluso la infancia se ven ahora como formas de competencia. Los padres sienten una enorme presión, tanto cultural como autoinducida, para enriquecer, mejorar y encumbrar los primeros años de sus hijos. Con el pretexto de proteger y proveer, controlamos y atendemos mucho más a nuestros hijos. Si la infancia es una "ventana de oportunidad" para el crecimiento, suponemos que esta es una "oportunidad de tiempo limitado". En una vena competitiva, en la que más y más rápido es siempre mejor, nuestros métodos y nuestro objetivo son claros: "meter más" antes de que la ventana imaginaria se cierre.

La cultura puede verse como el fondo de colaboración del que todos nos nutrimos en nuestra vida diaria. Lo que vemos, los métodos y las experiencias de otras personas cercanas nos influyen. Esto es especialmente cierto entre los padres, que comparan notas sobre casi todo con otros padres. La hiperpaternidad es una parte importante de la norma cultural actual en todo el mundo. Navega por las aguas de la paternidad en las que nadamos. Voy a compartir con ustedes algunas de las formas más comunes de sobreimplicación que suelo ver; les presentaré una especie de "galería de bribones" en la que la mayoría de los padres se verán a sí mismos. La mayoría de nosotros hacemos algunas de estas cosas, a veces. Más adelante, y lo que es más importante, estudiaremos cómo retirarnos de la sobreimplicación, cómo aterrizar ese helicóptero.

En mi trabajo y en mis viajes veo a menudo un tipo de padre que yo llamo "cronista deportivo". Básicamente, un padre "cronista deportivo" ahoga a su hijo con palabras. En tiempo real (es decir, golpe a golpe) transmiten todo lo que el niño toca, hace, lleva puesto, o incluso lo que puede estar pensando en ese momento. "¡Mira esto! Peter, querido, ¡mírate! Con tus zapatos rojos brillantes estás haciendo un baile tan increíblemente chistoso. Mira tus brazos. Pareces un molino de viento. O un elefante. ¡Y mira, ahora! ¡Mira cómo te agachas del todo como un gran babuino peludo! ¿Es eso lo que tratas de ser? ¿Es ese el baile de un babuino, cariño?" (Esta es una versión abreviada, en verdad, pero se entiende la idea).

El "padre corporativo" tiene una imagen metafórica de su familia como una corporación o equipo corporativo. Las decisiones se toman sobre la base de un mítico "resultado final". ¿Cuánto hay que gastar para obtener los resultados deseados? ¿Y cuáles son los resultados deseados? El objetivo final es el "lanzamiento del producto": el lanzamiento de su hijo al mundo. Pero hasta ese momento, la vida puede parecer una serie de "reuniones de lanzamiento". Los padres corporativos intentan entusiasmar a los niños con su propio "envoltorio", con su "perfil" y sus ventajas sobre los demás niños.

El "padre amiguito" (que se transforma, a medida que el niño crece, en el "padre mejor amigo") no ve ninguna separación entre su mundo —conversaciones y actividades de adulto— y el de sus hijos. Invitan a sus hijos a participar en las decisiones; dedican mucho tiempo y muchas palabras a las justificaciones, principalmente para evitar una palabra: no. A menudo, esta falta de límites habla de una especie de soledad. Algunos padres están tan centrados en sus hijos, y aislados de los amigos adultos, que buscan una relación más igualitaria y basada en la amistad con sus hijos. Los padres quieren que sus hijos sean adultos o, mejor aún, quieren volver a ser niños. No es nada nuevo, y ciertamente nada particular, anhelar la "fuente de la juventud". La única novedad es que ahora hay industrias multimillonarias que se dedican a estas fantasías: venden chanclas con adornos de pedrería a los preadolescentes de siete años y jeans "gangsta" de tiro bajo a los adultos.

El "padre payaso" siente la necesidad de ser un animador. Cree que la infancia, de hecho, tiene que ser una especie de carnaval de delicias en constante expansión. Hay un gran amor detrás de esta imagen, pero también agotamiento. Mi imagen mental de este padre ("¡Honk! ¡Honk!") no es la de uno que se entretiene y habla con entusiasmo y animación. Los imagino agotados, como una marioneta en el piso. Este tipo de crianza a menudo conduce a la decepción: para el niño, obviamente, pues sus expectativas se elevan cada día, pero también para el padre, que se queda con la sensación de que nunca puede hacer lo suficiente.

Este es un punto crítico: detrás de todas estas formas de sobreimplicación hay un amor tremendo. La hiperpaternidad puede surgir de un amor excesivo, que no respeta del todo (o a veces no reconoce) la independencia del niño. Sin embargo, también podemos elegir, por amor, *dejar de involucrarnos* en exceso. El amor es también la salida. Es posible cambiar de dirección y variar los pasos en nuestro baile de padres e hijos. Podemos aprender a permitir que nuestros hijos tengan sus propias tareas, decisiones, conflictos, relaciones y vidas emocionales. También podemos proporcionarles el tipo de estabilidad y seguridad que van a interiorizar, un campamento base que no se mueve, arquetípico, el cual, una vez interiorizado, será su propia fuerza de carácter, su propia resiliencia.

Dar un paso atrás y hablar menos

A veces, cuando doy conferencias y talleres a comunidades escolares, se solicitan preguntas para hacérmelas de antemano. Así que, cuando llego, me entregan una cesta de preguntas que intento abordar durante el transcurso del día, ya sea en mi conferencia o en pequeños grupos después de ella. Hay una pregunta que siempre me ha gustado, aunque cuando la leí por primera vez, me desconcertó. Ahora la considero un pequeño y encantador símbolo, o analogía, de lo que debemos hacer para simplificar el exceso de implicación de los padres.

Esta es la pregunta: "¿Por qué Laura y Mary hicieron lo que les dijo Pa?".

Si tus hijos tienen siete años o más, puede que reconozcas la referencia: los libros de *La casita de la pradera* de Laura Ingalls Wilder. Esta serie, basada en los recuerdos de la propia autora, cuenta la historia de una familia —Ma, Pa, Laura, Mary y la pequeña Carrie— de granjeros en Kansas. La suya era una vida dura, con enormes amenazas como el fuego y las cosechas fallidas, pero también con placeres sencillos. La historia, que se extiende a lo largo de cinco libros, tiene muchos altibajos, pero a través de todos ellos se puede afirmar de manera rotunda que sí, que las niñas hicieron realmente lo que Pa dijo. Sin duda alguna.

¿Por qué Laura y Mary hicieron lo que les dijo Pa? La respuesta corta es: porque Pa no dijo casi nada.

El foco de esta pregunta era realmente la disciplina. Pero la disciplina y cuánto se involucran los padres en la vida de sus hijos son dos cosas que están imbricadas. Puede que esto te sorprenda, pero varias de las sugerencias y consejos que ofrezco para ayudar a los padres a dejar de involucrarse demasiado se reducen a esto: decir menos.

A menudo ahogamos a nuestros hijos con palabras. Al comentar todo lo que hacen, queremos asegurarles que nos damos cuenta. Sin embargo, cuanto más hablamos, menos nos damos cuenta nosotros de las cosas. Hace poco, mi hija menor y yo paseábamos por un prado y ella señaló un tallo de trigo más alto que el resto, que se estaba arqueando maravillosamente. "Mira, papá, ¿ves eso?", preguntó, mientras jalaba mi manga y señalaba. "Sí", dije, y ambos nos detuvimos a mirarlo un momento antes de continuar.

Ahora bien, yo soy un tipo parlanchín. Ofrezco esta instantánea no para sugerir que soy siempre un maestro de la calma zen y el silencio.

La utilizo para mostrar las posibilidades doradas que hay en un momento ordinario. Podría haber respondido a mi hija con una animada charla sobre las plantas autóctonas, sobre la simetría de los granos de trigo y sobre por qué este tallo en particular había crecido más que el resto. Podría haberla alabado por su hermosa visión, su perspicacia y su reconocimiento de la belleza en su forma más pura. De hecho, podría seguir allí, hablando... aunque ella ya no seguiría escuchando.

MUY SIMPLE
Cuanto más dices, menos escuchas.

Mi hija había hecho una simple observación. Señaló algo que le llamó la atención de alguna manera, algo que quería compartir. No necesitaba tomar ese momento y "convertirlo en algo mío". No tenía que enriquecer su observación, ni empaquetarla con un montón de información, elogios o palabrería, devolvérsela con mi sello o atada con moñitos. Como su padre, no tengo que hacer de cada momento un "momento de enseñanza" o incluso un "momento especial". A menudo puedo limitarme a notar algo y punto.

Cuando hablamos por encima, por debajo y alrededor de un niño —cuando hablamos demasiado— hay menos espacio para sus pensamientos, para lo que tiene que decir. La curiosidad y la creatividad de un niño se ahogan cuando cree que algo no es "real" a menos que, o hasta que, se hable de ello. Es difícil que un niño profundice en su juego cuando alguien se dedica a retransmitir todos sus movimientos. La información procesada es como la comida procesada: rápida y fácil. A menudo nos lanzamos en soliloquios, explicamos en exceso y predigerimos cada experiencia para nuestros hijos.

¿Debemos entonces emular a Pa, un hombre duro y rudo de las llanuras, que trabajaba sin cesar y no decía casi nada? No lo creo. Pero cuando nos involucramos demasiado, cuando somos hiperpaternales, solemos hablar demasiado. Solemos asaltar la mayoría de las experiencias y la mayoría de los silencios con una ofrenda verbal. Nuestra intención puede ser reconocer algo, pero a menudo lo describimos, lo elogiamos, lo instruimos y lo embellecemos. Como una persona que baila y dirige al otro demasiado, perdemos la oportunidad de ver cómo responde la otra persona. Al cabo de un tiempo, puede que simplemente se deje llevar por nosotros, sin que sus pequeños pies toquen el suelo.

Imagina que tu hijo de cinco años corre a enseñarte el dibujo que acaba de hacer de ti. ¿Puedes agradecérselo sin hablar? ¿Puedes aceptarlo, mirarlo de verdad y devolvérselo? O, si tienes que hablar, ¿puedes hacer una observación, sin juzgar ni elogiar? "Mmm, sí, has usado mucho rojo". ¿O puedes hacer una simple pregunta? "¿Cómo has hecho el pie de papá así?". Y se pondrán en marcha, hablándote del pie o del rojo, o de que les encanta cómo han hecho que tu cabeza parezca un melón, o de que quieren volver a intentarlo, esta vez dibujando con la mano izquierda. Están en pleno proceso creativo, su atención está totalmente comprometida y lo que necesitan de ti suele ser una rápida conexión, más que una crítica o un elogio.

Como somos multitarea, esta puede ser una de nuestras tareas más difíciles: limitarnos a observar, a ser testigos en silencio. Ser padre o madre es tener nuestra atención dividida en varias direcciones en cualquier situación y a menudo tratamos de darle la vuelta a nuestro enfoque fracturado con palabras, por eso tiene más fuerza cuando somos capaces de reconocer algo en silencio y no llenamos el espacio con comentarios, ni tratamos de modificar, reforzar o embellecer. Es decir, apartarnos del correo electrónico, el teléfono o la siguiente cosa importante y ofrecer —aunque sea brevemente— nuestra atención plena y silenciosa.

¿Debemos hacer esto siempre? Sería poco realista e innecesario. No estoy diciendo que los padres dejen de hablar con sus hijos. Sugiero que los padres hablen menos. En un mundo ruidoso, la atención silenciosa habla más fuerte que las palabras y da al niño más espacio para desarrollar sus propios pensamientos y sentimientos.

Hablar menos es una forma fundamental de simplificar nuestra relación con los niños. He aquí algunos filtros de conversación que pueden ayudarte a limitar el desorden verbal.

Temas para adultos

En su libro y sus monólogos sobre el lago Wobegon (1985), Garrison Keillor menciona las cenas luteranas y las reuniones de la iglesia a las que asistía de niño. Sus recuerdos captan la sensación de que existen dos mundos sociales distintos en una misma sala: el mundo de los adultos, con el zumbido de sus conversaciones, en la parte superior, y el mundo de los niños, que se arremolinaba y circulaba en la parte inferior, siempre listo para escapar y jugar. Según Keillor, lo que más les llamaba la atención a los niños sobre los adultos era lo grandes que eran sus pies. Los niños no miraban hacia arriba, ni intentaban participar en las conversaciones de sus padres (eso solo prolongaría su "desplazamiento" en el mundo de los adultos). Preferían su propio mundo de hacer antes que el aburrido mundo de los adultos de hablar.

Una de las formas de "hablar menos" es ser más consciente de la santidad de estos dos mundos —el de los adultos y el de los niños— en la conversación. Eso no significa que los dos mundos no se crucen nunca, pero sí que hay y debe haber conversaciones y temas solo para adultos. Hay varios puntos aquí. La forma más obvia de comprenderlo es que un "tema para adultos" es uno no apto para oídos jóvenes o inmaduros. Mamá y papá no hablan de su vida sexual con sus hijos, y las conversaciones de mamá con su hermana sobre los pormenores del divorcio de esta, mamá las mantiene en privado. Estos son ejemplos claros de límites en la conversación.

Sin embargo, esos límites pueden ser muy difusos y a menudo desaparecen por completo. Muchos padres "bombardean" a sus hijos con demasiadas de sus propias preocupaciones de adultos, sus propios pensamientos y sentimientos no procesados. A veces me preocupa que, como sociedad, hayamos bajado la guardia y hablemos con los niños abiertamente de demasiadas cosas. Cuando dejamos que los niños reciban demasiada información —de la acumulación verbal y emocional de los adultos—, los apresuramos, empujándolos hacia adelante sin una base. "Con un poco de suerte, amiguito, podré hacer este viaje sin que venga Jasper, el jefe de ventas". "Vamos a cambiar a la persona que te recoge, cariño, porque no puedo soportar más que la madre de Lizzie siempre llegue tarde". "¿Un trampolín? Corazón, apenas si llegamos a fin de mes, a menos que mamá consiga su ascenso". "Oh, me gustaría que no tuviéramos que pasar siempre las fiestas con tus abuelos... ¡pero no se lo digas a Nana!".

Algunos padres quieren ser un libro abierto para sus hijos; equiparan la honestidad con la revelación total. Sin embargo, por su propia naturaleza, el respeto requiere cierta distancia y separación. Todos caemos en esto y vamos a veces más allá de esas fronteras. Esto puede ser verdaderamente difícil para los padres solteros, especialmente para aquellos que no tienen muchas posibilidades de procesar verbalmente las cosas, lo cual es una parte necesaria de la vida diaria. A menudo, cuando estamos cansados, cuando nuestras reservas físicas o emocionales son escasas, podemos confundir a nuestro hijo con una especie de caja de resonancia o un oído comprensivo para cualquier problema o dilema que nos planteemos.

Sin embargo, a pesar de sus preguntas y su curiosidad, los niños necesitan límites para sentirse seguros y libres. Necesitan saber, y que se les recuerde, que algunas cosas son para que las discutan los adultos; no son para que las escuchen los niños, ni para que las comenten. Los niños necesitan ver tu autocontrol, tu confianza para conocer su propio mundo. Con seguridad y libertad pueden empezar a encontrar su propia voz interior. Pueden empezar a desarrollar su propia capacidad de autodirección, de resolver las cosas internamente. Esta es la génesis del *yo* y de la moral: el desarrollo de una voz interior. Y para que se desarrolle, para que se fortalezca y se escuche, la voz interior del niño no puede estar ahogada por los pensamientos, sentimientos y preocupaciones que no han procesado los adultos.

MUY SIMPLE
Aumentar el ritmo de la vida cotidiana en casa es una de las formas más poderosas de simplificar la vida de tus hijos.

¿Tienes algún recuerdo de niño de estar en el asiento trasero del coche por la noche, quizá medio dormido, mientras tus padres conducían bajo la lluvia o la nieve, hablando tranquilamente en el asiento delantero? Tal vez estuvieras de vacaciones, o regresando a casa después de una cena tardía, pero la sensación era de seguridad, de estar arropado y vigilado en la oscuridad. Había preocupaciones lejanas por la oscuridad y el tiempo, preocupaciones quizá presentes en lo que sea que estuvieran diciendo, pero todo estaba bien. Qué maravilloso es que supieran dónde ir y cómo llegar. Qué reconfortante que te llevaran a través de la noche oscura, sin importar lo que esta pudiera traer. Y cuando llegabas a casa (si creían que estabas dormido) incluso podían llevarte cargado hasta la cama.

Es un error pensar que estamos "compartiendo" con nuestros hijos cuando los incluimos en conversaciones de adultos sobre preocupaciones de adultos. Compartir sugiere un intercambio equitativo y mutuo, algo imposible que un niño pueda ofrecer y algo injusto que un adulto pueda esperar. El niño que va en el asiento trasero tiene una gran sensación de seguridad, en parte porque sabe que su madre o su padre no van a darse la vuelta y pedirle que conduzca. Si aceptas las responsabilidades y respetas los límites de tu mundo de adulto, regalas a tus hijos la libertad de su propio mundo. Además, hay algo que se "comparte": ambos mundos prosperan en la atmósfera de la familia y el amor.

Un punto más al respecto: cuando hay temas que no se tratan con el niño, este se lleva una imagen de ti y de la edad adulta que conserva un elemento de misterio. Cuando tienes una vida interior, tus hijos tienen un modelo de ser a la vez amoroso y único, el de un verdadero individuo. Se darán cuenta de que hay cosas sobre ti que no conocen, cosas que pueden aprender con el tiempo.

¿Amas los tiempos en los que vives?

Como adultos, nuestra respuesta a esta pregunta es complicada y podría depender fácilmente del día en que nos preguntaran. Podríamos tener una o dos cosas que decir sobre la administración actual o el estado de la economía. Al igual que Annmarie, podemos sentir que la crianza de los hijos es más difícil (o al menos diferente) hoy de lo que fue para las generaciones anteriores. Pero al igual que nuestra opinión puede ser compleja y matizada, también lo es nuestra capacidad de análisis. Hemos visto cómo evolucionan y se resuelven los problemas; hemos visto cómo la historia reconfigura el panorama social y político. Como adultos, tenemos formas de priorizar nuestras preocupaciones, de ver "los tiempos que vivimos" bajo distintas luces y a través de diversos contextos.

Los niños no tienen las facultades mentales para procesar mucha información de esa manera, especialmente sobre temas y cosas que están más allá de su ámbito de referencia. El exceso de información no "prepara" al niño para un mundo complicado, sino que lo paraliza. ¿Recuerdan la primera etapa del desarrollo que Erik Erikson denominó la lucha de la confianza frente a la desconfianza? Cuando la confianza "gana", cuando las necesidades del bebé se satisfacen de forma consistente por un cuidador cariñoso, se establece una base de seguridad que hace posible la exploración posterior. En un sentido fundamental, esto sigue siendo así —la confianza debe ganar— durante toda la infancia.

MUY SIMPLE

Los niños necesitan saber que tienen un lugar en un mundo bueno y prometedor.

Esto no significa que debamos equipar a nuestros hijos con lentes de color de rosa. No digo que debamos evitar cualquier debate sobre los desafíos de nuestro tiempo. Tampoco significa que los niños no puedan recuperarse, y crecer en fuerza y resistencia, de las dificultades que experimentan en sus primeros años. Pero nuestras angustias y preocupaciones de adultos no deben ser su atmósfera, una especie de neblina con demasiada información que ellos respiran. Los niños necesitan saber que el suyo es un mundo bueno. Necesitan sentir que, arropados por sus seres queridos, están donde deben estar. Tienen un lugar, en un tiempo y un mundo de promesas y esperanzas.

Los niños desde el kínder oyen hablar, por encima de los jugos y las galletas, de la disminución de las selvas tropicales y de las reservas de petróleo. En su preocupación, y en su notable capacidad para absorber información, muchos niños muy pequeños tienen una conciencia precoz de los grandes problemas. Pero ¿es eso útil para ellos o para el medio ambiente? Este tipo de información debe equilibrarse con la acción. Los niños se preparan para los problemas del mundo a su manera, al interactuar con energía con su entorno sensorial inmediato, su mundo infantil. A través del juego, con su ingeniería y resolución de problemas, reúnen la flexibilidad mental que necesitarán para marcar la diferencia en el mundo más amplio.

Me recuerda a la señal de tráfico: PRECAUCIÓN: EL PUENTE SE CONGELA ANTES QUE LA CARRETERA. El puente es más vulnerable a las heladas porque carece de cimientos. La tierra que hay debajo de la carretera es la que le proporciona calor y conexión. Del mismo modo, demasiada información puede congelar a un niño. No solo les falta el contexto para la información, sino que les falta la base que la infancia proporciona lentamente: la base de años de observación, interacción y exploración relativamente seguras.

Mi amiga Kathy mencionó que su hijo de nueve años, Sam, tenía algunos problemas en la escuela. De manera casual describió una llamada telefónica de su profesora, con una voz que revelaba más emoción que sus palabras. Evidentemente, Sam cuestionaba la autoridad de su maestra al hacer comentarios sarcásticos en voz alta o baja y ponía los ojos en blanco en respuesta a lo que ella decía. "Ese no es Sam", dijo Kathy. "Quizá no", pensé, "al menos no del todo", pero sonaba muy parecido a Eddie, el padre de Sam.

Analista financiero de profesión, la pasión de Eddie es la política. Es uno de los hombres más brillantes y divertidos que conozco. Pero su ingenio es mordaz y áspero, y no ahorra golpes verbales a algunos de los políticos en funciones. El blanco de los comentarios más cáusticos y cínicos de Eddie fue un presidente estadounidense cuyo mandato inició con el siglo xxi y se extendió durante la mayor parte de la vida de Sam. Me pareció bastante comprensible que a Sam le costara respetar a una figura de autoridad en su propia vida, después de años de oír a su padre llamar al presidente de diversas maneras (con "idiota" a la cabeza de la lista). Sam no escuchaba el razonamiento o las políticas detrás de las opiniones de su padre, pero sí la burla. No entendía la política de los partidos ni las promesas de campaña, pero captó el cinismo y la falta de respeto de su padre. La versión de nueve años de Sam de las mismas cosas —sarcasmo y falta de respeto— no le servían en cuarto año de primaria en lo más mínimo.

Uno de los aspectos de hablar menos es darse cuenta de que lo que los niños escuchan principalmente en tu torrente de palabras es la corriente de emoción que las atraviesa. Y lo que entienden, más que los detalles, o cualquier palabra que podamos utilizar, son nuestras acciones. Cuando hablamos de los demás con respeto —ya sea de nuestra madre, el conductor del autobús, el presidente o la cajera— no son necesarias explicaciones ni distinciones.

¿Amas la época en la que vives? Proyectamos en los niños una sensación general de optimismo cuando hablamos menos (con ellos) de cosas que tal vez no entiendan y que definitivamente no tienen poder para enfrentar. A menudo se pierden los detalles, pero la forma en que nos movemos en el mundo determina su visión. Puede que no nos entusiasme tal o cual político, o la política en nuestro lugar de trabajo, pero como adultos sabemos que las cosas cambian. Sabemos que tenemos el recurso de nuestras acciones y de nuestro voto.

Cuando hablamos menos, transmitimos una sensación de confianza y posibilidad que se refleja en el mundo, un mundo en el que la gente se esfuerza por ser justa. Hay menos necesidad de explicar, exponer, justificar, aclarar o matizar —y nuestro significado es más claro— cuando prestamos más atención (como hacen los niños) al tono de nuestras palabras y de nuestras acciones. Cuando me acuerdo de "hablar menos", a veces pienso en el personaje Atticus Finch de *Matar a un ruiseñor*. En medio de una situación difícil, incluso aterradora, fue su calma y coherencia, más que sus palabras, lo que escucharon sus hijos. Esa seguridad no tiene precio. Es una base sólida que ayuda a tu hijo en esas noches oscuras en las que, con su disfraz de jamón,[1] no puede ver con claridad.

Ayúdalo a mirar hacia adelante, hacia la promesa de un día mejor.

Cierto, amable, necesario, seguro

Casi todas las tradiciones de sabiduría advierten sobre el buen uso de las palabras, y reconocen su tremendo poder para inspirar y herir. Esto puede ser más obvio en el escenario mundial, donde las palabras de alguien como Martin Luther King Jr. pueden resonar a través de la historia, capturar una era e impulsar el cambio. Pero veo que el poder se ejerce mucho más comúnmente en la familia. En medio del ruido y el ajetreo de la vida cotidiana, las palabras de un compañero pueden ayudar a moldear la forma en que un niño ve el mundo y, lo que es más importante, cómo se ve a sí mismo. En nuestra época de giros y contragiros, en la que las palabras se analizan y se dividen, en la que las noticias se sitúan al lado de las opiniones y los blogs, a menudo se pierde el significado. Al igual que es difícil apreciar un juguete perdido en medio de una montaña de juguetes, cuando decimos menos, nuestras palabras significan más.

Uno de los mejores filtros que conozco para hablar menos se ha atribuido (entre otros) al gurú del siglo XIX Sai Baba, a Sócrates, a la Biblia, a los cuáqueros, a los rotarios, a la poeta Beth Day, a los sufíes y

---

[1] El personaje de Scout llevaba un disfraz de jamón para la fiesta de Halloween que, aunque no le permitía ver bien, también la protegió de ser apuñalada en la novela *Matar a un ruiseñor* de Harper Lee. [N. de la T.]

a los sermones unitarios de principios del siglo xx. Se conoce con varios nombres, incluido el filtro de los tres pilares, y constituye la base del "discurso correcto", uno de los pilares del Noble Camino Óctuple budista. Probablemente se podría encontrar un eco de este principio en todas las religiones y culturas, y como la mayoría de las verdades básicas, es más fácil de recordar que de poner en práctica. Me parece que este filtro funciona de maravilla para los padres, dondequiera y cuando sea que se acuerden de usarlo, pues los ayudará a hablar menos y de manera más consciente.

Antes de decir algo, hazte estas tres preguntas: ¿Es cierto? ¿Es amable? ¿Es necesario? Y añadiría, además: ¿Le hará al niño sentirse seguro?

Cierto. Los chismes y las habladurías no pasan el primer filtro. Solo este filtro vale su peso en oro. Al preguntarnos si algo es cierto antes de decirlo, también nos damos cuenta de la frecuencia con que hacemos pasar por verdades las exageraciones, las opiniones y las suposiciones. Imagina la "carga verbal" de tu casa: todas las palabras que se arremolinan en torno a ella, tanto si proceden directamente de los miembros de la familia como si las traen de fuera. Ahora imagina una canasta en la puerta de entrada para los rechazos sufridos y las palabras que no pueden entrar; en esta están todas las cosas infundadas, desagradables, hirientes y mezquinas que la gente dice de los demás. Con el filtro puesto, ¿hay más aire, más silencio en el hogar? Al filtrar tu propio discurso, predicas con el ejemplo, pero también puedes utilizarlo como guía para lo que vas a escuchar. "Oye mamá, ¿te has enterado de los Anderson y de lo que ha hecho su madre?". "No, pero primero, Kiki, ¿es verdad?". "Creo que sí… Amy me lo contó, y creo que su padre es su contador o algo así, o al menos lo era, así que probablemente debería saberlo". "No, cariño, eso no me parece que sea verdad. No quiero escucharlo".

Amable. Si lo que vas a decir ha pasado el primer filtro —es cierto—, aún debe pasar una prueba de compasión: ¿Es amable? Hay cosas que son verdaderas que no es necesario decir, si lo hacemos sería hiriente. El acoso escolar no existiría si los niños utilizaran este filtro, pero los adultos deben modelarlo y reforzarlo primero. Si las armas más comunes de un acosador son los desprecios, las burlas o las críticas, los padres a veces se involucran en el mismo comportamiento —a través de las palabras y el lenguaje corporal— bajo el pretexto de inculcar o motivar a un niño. Cuando veo que los padres se involucran demasiado, a menudo veo que a los niños se les reprime.

A veces, en mi trabajo, ya sea en terapia familiar o en un entorno escolar en el que hay problemas de acoso, desafío a los padres a hacer una dieta autoimpuesta de tres semanas contra la desaprobación. Al ser más consciente de cómo desaprueban a sus hijos —los juicios, los nombres y las caracterizaciones ("Tú siempre..." y "Tú eres tan...")— empiezan a ver cómo "amonestar" y "desafiar" puede parecerse mucho al acoso escolar. "¿Es amable?" es un filtro crítico, y el hogar es un lugar maravilloso para ponerlo en práctica. ¿Qué mejor lugar para establecer una norma de amabilidad con los demás y entre nosotros? Cuando tenemos que instruir a nuestros hijos, como padres, ayuda recordar que incluso las verdades difíciles pueden decirse amablemente. ¿Es amable?

Necesario. Pienso en esto como el filtro de "acumulación" verbal. ¿Es necesario lo que voy a decir? ¿Es la sexta vez que doy una explicación y mis hijos han dejado de escuchar a partir de la tercera? No considero necesario que todo lo que digamos tenga que ser instructivo o contener un propósito educativo o inspiracional. Por el contrario, pienso que necesario significa "más importante que el silencio". Es lo que nos permite leer una palabra gracias al espacio en blanco que la rodea, y sin un poco de silencio intermedio no podríamos escuchar nada. El silencio es importante, especialmente en una familia ruidosa en un mundo ruidoso. El ruido se autoperpetúa, así que, si tus hijos crecen acostumbrados a una "norma ruidosa", siempre intentarán crear y mantener ese nivel de clamor. Ya está, te he asustado. Convengamos en lo obvio: el silencio es importante, donde y cuando podamos encontrarlo. Dada su importancia, el filtro para evitar la acumulación es "¿Es necesario lo que voy a decir?", lo que debería despejar aún más el aire de tu casa.

Preguntártelo será muy útil para guiar tu propio discurso. Cuando tus hijos empiecen a notar que dices menos, te escucharán más. Pero es difícil utilizar esta pregunta como un filtro para lo que vas a escuchar de tus hijos. ¿Es necesario? "Papá, estaba pensando en los viajes espaciales y me he dado cuenta de que las mochilas propulsoras podrían funcionar mejor en los zapatos que en la espalda". "¡Mamá! ¡Rápido! ¡Hay una catarina en el baño y es la *misma* que vi cuando tenía cinco años! Está exactamente en el mismo sitio, ¡solo que ahora no recuerdo su nombre!". ¿Necesario? Sí, de hecho, probablemente todas estas cosas sean "necesarias". "Por favor, por favor, papá, ¿puedo tenerlo?". "Mitch, he dicho que no. Ya me lo has pedido dos veces; una tercera vez es innecesaria".

Seguro. Hay tantas cosas que ocurren en el mundo de las que podríamos hablar delante de nuestros hijos, pero ¿ayudaría eso a que se sientan seguros? Ciertamente no podemos protegerlos de las tragedias allá afuera, pero podemos filtrar lo que compartimos con ellos para que lo que digamos los haga sentir que tienen una base segura con nosotros, sus padres.

Este filtro de cuatro partes es maravilloso en su simplicidad. A veces apunto las palabras —*verdadero, necesario, amable, seguro*— en mi agenda o cuaderno para poder llevarlas a lo largo del día. Como todo lo que merece la pena, se necesita práctica para poner conscientemente estos filtros en algún lugar entre nuestra mente y nuestra boca. Por suerte, como padres, tenemos muchas oportunidades al día, todos los días, para hacerlo.

Dar un paso atrás para trabajar juntos

He aquí otra "ecuación matemática" que he observado en la danza de la implicación de padres e hijos. Muy a menudo, en los hogares biparentales, cuando uno de los padres se involucra demasiado en la vida de su hijo, el otro padre se involucra poco. Debo reiterar que no siempre es así. A veces, ambos padres se implican en exceso por igual. Como si se tratara de una afición compartida, ambos se involucran en todos los aspectos de la vida de su hijo.

Sin embargo, por lo que he visto en mi trabajo con familias durante los últimos veinte años, la balanza de la implicación suele inclinarse hacia las madres. Los padres hiperpaternales tienden a centrarse más en los logros, a comprometerse más en los estudios o el deporte que sus hijos practican o en ambos. Sin embargo, a menudo es la madre la que se involucra en exceso, y sus preocupaciones suelen ser generalizadas, aunque quizá giran más en torno a cuestiones de desarrollo social. La preocupación suele eclipsar la alegría, como en el caso de Annmarie, cuando la implicación de la pareja en las tareas y preocupaciones de la crianza de los hijos se vuelve cada vez más desequilibrada.

¿Qué podría decir el marido de Annmarie sobre su experiencia de la paternidad? La palabra que escucho a menudo de los padres es calma. Una sensación de calma es lo que intentan aportar a la tarea conjunta de criar a los hijos. Dar un paso atrás, estar más "relajado", intentar "tener una visión de largo plazo"; estas expresiones surgen con frecuencia cuando los hombres explican lo que perciben como su papel en la dinámica de la crianza.

Su objetivo es lograr un equilibrio, pero muy a menudo el resultado es una falta de implicación y un aumento del aislamiento y de la ansiedad de su cónyuge.

Se han escrito numerosos libros sobre los roles de género en la crianza de los hijos. A pesar de todas las diferencias entre las experiencias de crianza de Annmarie y de su madre, a menudo ni siquiera se menciona la mayor, dado lo extendido que está el cambio. Además de asumir la responsabilidad principal del cuidado de los niños, Annmarie también tiene un trabajo, mientras que su madre no lo tenía. Con un cambio tan radical entre entonces y ahora, se han producido numerosas réplicas no solo en las relaciones de género sino también en la división del trabajo al interior de casa.

Estas cuestiones van más allá del alcance de este libro. Las teorías sociológicas se desarrollan mientras que, en casi cualquier entorno en el que se reúnen los padres, se intercambian y comparan experiencias e ideas. El equilibrio de poder y responsabilidad en el hogar está en estado de cambio y ajuste.

Lo que he observado, y lo que me siento obligado a mencionar, es que la escala de experiencia de la crianza —ansiedad frente a alegría— está ligada a la "escala de implicación" entre los cónyuges.

Según mi experiencia, lo más habitual es que la madre se involucre en exceso. Lo que he visto, sin embargo, es que cuando el padre da un paso hacia adelante, muchas veces las madres son capaces de dar un muy bienvenido paso hacia atrás. Estos ajustes llevan tiempo, ya que los hábitos de trabajo y las responsabilidades están arraigados, pero los resultados suelen merecer el esfuerzo. Un mayor equilibrio en la participación beneficia a la pareja. También simplifica la implicación de los padres en la vida de los hijos, lo que resulta en menos ansiedad, ya que los deberes y las preocupaciones de la crianza se reparten sobre una base más amplia y sólida.

MUY SIMPLE
Una colaboración más equilibrada en la crianza de los hijos tiene beneficios para todos: una relación fortalecida y con menos fluctuaciones.

He comprobado que los ajustes más eficaces para el equilibrio de la participación parental se deben hacer en pequeños pasos prácticos. Se pueden entablar debates y redactar manifiestos filosóficos, pero muy a menudo acaban detrás del canasto de la ropa sucia; un documento ganado con mucho esfuerzo que ahora está cubierto de polvo. En los casos en los que se han producido cambios positivos y duraderos, he observado que el comienzo suele darse en la encimera de la cocina o la tina. De las muchas tareas de crianza que hay que realizar cada día, son los papás los que tienen que poner algunas más en su lista.

Todos los días, si hay que preparar el *lunch*, será papá quien lo haga. La hora del baño es la hora de papá. Y cuando las actividades en la vida del niño o de los niños se crucen con otros grupos (una niñera, la escuela, un grupo de juego), papá puede encontrar un papel constante. Los territorios tienen que ser exclusivos (o casi exclusivos) de papá, para que sus esfuerzos formen parte del "hacer" y no del "ayudar". Esto es para que, a los ojos de los hijos, papá sea la persona "a la que hay que acudir" para esa parcela de la vida cotidiana, sin que sea el "sustituto" ocasional y para que la confianza y la facilidad se abran paso cada día para mamá. Entonces su control se relajará.

Algunas parejas se esfuerzan por llegar a un reparto a la mitad; aunque, para la mayoría, los porcentajes cambian según una serie de factores. Sin embargo, lo que me ha sorprendido a lo largo del tiempo es la importancia, para las parejas y los hijos, de que cada uno de los padres asuma una responsabilidad bastante exclusiva en varios aspectos de la vida cotidiana. Eso no significa que los padres no deban tener algunas áreas de responsabilidad compartida y pasar tiempo juntos en las tareas de la vida diaria; pero el trabajo del cuidado de los niños puede ampliarse hasta llenar casi todos los huecos y para que una de las personas tenga un descanso, para que realmente se desprenda de una tarea mental y físicamente, la otra debe realizarla en todos los casos, sin necesidad de peticiones o recordatorios.

Cuando un miembro de la pareja asume un papel en varios aspectos de la vida del niño, su comprensión de este se amplía y profundiza. Con la coherencia y la exclusividad de cada uno, hay mucho más ritmo en la casa. Se establecen anclajes, se garantizan oportunidades de conexión.

Los hombres suelen sentir que cuando asumen una responsabilidad que antes tenía su mujer, sus esfuerzos están condenados a ser insuficientes. Se sienten como si hablaran un idioma común —ya sea el dialecto del baño, de la hora de acostarse o vestirse, de las reuniones escolares, el coche compartido o los desayunos— pero con un acento extranjero. Sus versiones de la tarea se perciben como "menos que", además de "diferentes".

El éxito implica un esfuerzo y cierto grado de incomodidad a corto plazo por parte de ambos miembros de la pareja. Hasta que el cambio se sienta natural, hay que hacer adaptaciones, cambiar los métodos y reajustar las normas. Para la mayoría de las mujeres, la alternativa a hacer *todo* es hacer las cosas de forma *diferente*, lo que se convierte en una transformación bienvenida. Como en el baile en pareja, una persona no puede dar un paso adelante si su pareja no da un paso atrás. He comprobado que los dominios exclusivos ayudan a ambos miembros de la pareja a alejarse de los extremos de la sobreimplicación o la infraimplicación, y a acercarse el uno al otro.

Un paso atrás implica menos control emocional

No es frecuente reflexionar sobre los méritos del camino de entrada de tu casa, pero sí puedes hacerlo cuando tu hijo está aprendiendo a andar en bicicleta. El verano en que mi hija cumplió siete años, iba de un lado a otro, de un lado a otro. Aunque es bastante largo y bastante recto, nuestro camino de entrada es seguro, pero no lo suficientemente largo. Cuando iba a recoger el correo, me daba cuenta de que, justo cuando mi hija tomaba mayor velocidad con la bici, ya era el momento de dar la vuelta. Un día caluroso de ese verano, estuvo canturreando una canción mientras iba de un lado a otro, de un lado a otro, con el ceño fruncido. La canción decía algo así: "Tengo tanto miedo como un gato asustado".

Al entrar para comer un refrigerio, anunció que se iba a la aventura. Cogió una mochila y metió un sombrero, un libro y una botella de agua. La puerta, al salir, se cerró de golpe, con decisión. Sin embargo, veinticinco minutos más tarde, seguía subiendo y bajando por el camino de entrada, mientras cantaba "Soy tan valiente como un gran león" cuando se alejaba de la casa y "Tengo tanto miedo como un gato asustado" cuando volvía.

Está claro que el problema no era solo la longitud del camino de entrada. Estaba oscilando entre querer y no querer, aunque en realidad sí quería ir más allá del círculo del hogar. Con la mochila preparada y la vista puesta en el camino del campo que había fuera de nuestra valla, ansiaba irse, cuando no estaba deseando quedarse. Oímos la bicicleta caer al suelo y ella entró, esta vez con lágrimas en los ojos. Su madre se inclinó y le preguntó: "¿Qué necesitas para hacerlo?". En medio de las lágrimas, nuestra hija levantó la vista, sorprendida y esperanzada, y dijo: "¿Crees que podrías ir conmigo hasta el establo?".

Así que Katharine se subió a su bicicleta y bajaron por la carretera, por el atajo hacia el camino de tierra junto al establo. Cuando volvió a dar una vuelta hacia el arroyo, Katharine le dio un beso a nuestra hija y se volvió a casa. Recuerdo que cuando volvió, Katharine y yo compartimos una pequeña risa, aliviados y satisfechos de que nuestra dulce niña hubiera sido capaz de cruzar ese umbral tormentoso, tan claramente importante para ella.

Sin embargo, también debo señalar que una hora y quince minutos más tarde, cuando aún no había regresado, su madre y yo compartimos unos cuantos momentos menos alegres y más nerviosos. Recuperamos —o eso espero— un aire de tranquila confianza cuando nuestra hija entró por la puerta, con una sonrisa triunfante en la cara. Resulta que el umbral también fue un poco tormentoso para la pareja de temerosos gatos adultos.

¿Recuerdas el alivio que supuso que tu hijo pequeño te dijera por primera vez dónde le dolía cuando estaba enfermo? Cuando son bebés, a veces nos sentimos como aprendices de criptología en busca de varias pistas: ¿tiene fiebre?, ¿se jala las orejas?, ¿está demasiado rojo?, para descifrar el código de cómo se sienten. Aun así, nuestros instintos se afinan. Aprendimos a reconocer las señales: las variaciones en el aspecto, el sonido o el comportamiento de los niños, para determinar si algo iba mal. Esos instintos son importantes y pueden seguir sirviéndonos durante los primeros años de nuestros hijos. En lo que respecta a la vida emocional de tu hijo, y a su fiebre del alma, esos instintos parentales son más importantes que las palabras.

MUY SIMPLE
A los niños de nueve años o menos es mejor no hablarles demasiado sobre sus sentimientos.

Muchos padres tomamos la "temperatura emocional" de nuestros hijos varias veces al día. Controlamos sus sentimientos, pidiéndoles que los describan, que los expresen y que hablen de ellos. Esperamos que nuestros hijos tengan una conciencia compleja de sus propias emociones, con la visión y el vocabulario necesarios para transmitir esa conciencia. Aunque nuestras intenciones son buenas: "Cariño, ¿crees que el enojo con tu hermana podría ser también un poco de celos? ¿Puedes decirle cómo te sientes por dentro?", este control emocional tiene un efecto inesperado. Acelera a los niños, empujándolos a una adolescencia prematura.

Los niños menores de nueve años tienen ciertamente sentimientos, pero la mayor parte del tiempo son inconscientes, indiferenciados. En cualquier tipo de conflicto o disgusto, si se les pregunta cómo se sienten, la mayoría dirá, muy honestamente, "mal". Se sienten mal. Diseccionar y analizar eso, presionar y presionar, imaginar que están ocultando un sentimiento o una respuesta mucho más sutil y matizada, es algo invasivo. También suele ser improductivo, salvo quizá para poner nervioso al niño. Aunque los niños pequeños tienen sentimientos, solo son conscientes de ellos lentamente. Hasta los diez años, aproximadamente, su conciencia emocional y su vocabulario son demasiado prematuros para soportar lo que les pedimos con nuestra supervisión y vigilancia emocional.

Gracias en parte al trabajo pionero de Howard Gardner, Daniel Goleman y otros, nuestra visión de lo que constituye la inteligencia se ha ampliado en las últimas décadas para incluir la inteligencia emocional. Está claro que el éxito y la felicidad de una persona en la vida dependen de algo más que su caligrafía, su dominio de las lenguas extranjeras o su capacidad para trazar complejos algoritmos. Lo que marca una gran diferencia a la hora en que una persona logra sus objetivos y conecta con los demás es un conjunto de habilidades, percepciones y capacidades que Goleman denominó "inteligencia emocional". La inteligencia emocional incluye una conciencia de sí que le permite a uno reconocer y manejar sus estados de ánimo, y motivarse hacia un objetivo. Implica sentir empatía hacia los demás, ser consciente de sus sentimientos y ser capaz de relacionarse con ellos mediante la interacción, la resolución de conflictos y las negociaciones.

A medida que maduramos, nos damos cuenta de que las personas con una gran inteligencia emocional destacan en las relaciones comerciales y personales, e incluso en las transacciones cotidianas. Qué agradable es conocer a alguien que te sonríe y te ofrece su ayuda sintiendo que le importas. Con qué frecuencia nos damos cuenta de que un conflicto podría haberse evitado si hubiéramos sido más conscientes de los sentimientos del otro, o si hubiéramos controlado más los nuestros.

En nuestras esperanzas y sueños para nuestros hijos, la inteligencia emocional probablemente debería darle un codazo a esa beca de futbol, o a la gira de conciertos de viola, o incluso a las calificaciones estelares. La inteligencia emocional les servirá todos los días y en todos los entornos sociales que encuentren como adultos. La inteligencia emocional, un sistema GPS del corazón, es lo que buscamos en nuestra vida y lo que queremos para nuestros hijos.

Sin embargo, la inteligencia emocional no puede comprarse ni apresurarse. Se desarrolla con la lenta aparición de la identidad y la acumulación gradual de experiencias vitales. Cuando empujamos a un niño pequeño hacia una conciencia que aún no tiene, trasponemos nuestras propias emociones, y nuestra propia voz, sobre las suyas. Los abrumamos. Durante los primeros nueve o diez años, los niños aprenden principalmente por imitación. Tus emociones, y la forma en que las gestionas, son el modelo que se queda "impreso", más que lo que dices o explicas sobre ellas.

Una forma de alejarse del exceso de implicación de los padres es dar al niño más libertad de acción y privacidad con respecto a sus propios sentimientos. Al imponerles menos nuestras emociones, permitimos que nuestros hijos desarrollen las suyas propias y que sean conscientes de ellas. En lugar de tomarles la temperatura emocional a menudo con preguntas inquisitivas, podemos dejar que nuestros instintos nos guíen, sobre todo cuando son bastante jóvenes. Podemos estar disponibles y dispuestos a escuchar. Seguir sus indicaciones sobre qué y cuánto quieren expresar. Confiar en que nuestro instinto nos dirá cuándo hay mucho más implicado emocionalmente de lo que ellos pueden o quieren decir. Por lo general, lo que necesitan es tu voluntad constante de escuchar. Ofrece tanto la ayuda como la confianza que necesitan para *sentir* sus emociones, para que poco a poco tomen conciencia de ellas, y empiecen a reconocerlas como una parte de sí mismos. El *yo* en el que se convierten poco a poco (con libertad y soltura).

Cuando tus hijos son pequeños, deja que el mundo del *hacer* sea su dominio principal. No había ninguna ayuda real ni necesaria para el dilema de mi hija Sofía, excepto esperar que el león dejara al gato temeroso en la entrada. Tenía que andar en la bicicleta; las palabras no habrían servido de nada. A menudo, cuando los niños pequeños se sienten emocionados por algo —cuando están enfadados o heridos o tristes—, necesitan arreglarlo haciendo algo. Necesitan recibir un abrazo o dar uno, cavar un hoyo o buscar al perro, necesitan hacer un dibujo con mucho verde, o hacer algo más. Necesitan solucionarlo haciendo cosas. Si lo que necesitan es hablar, les ayuda saber que los vas a escuchar. O puede que necesiten lanzar algo (espero que no a su hermana), lanzarlo una y otra vez hasta que hayan hecho un juego en el que un rebote es una victoria, pero dos golpes significan que te caíste en la lava. Ellos necesitan comprometerse con el mundo, poner el sentimiento en orden de alguna manera física. Y con eso, a veces, pueden necesitar un poco de ayuda.

Dar un paso atrás hacia el sueño

¿Existe una prueba estandarizada que mida los momentos inesperados y notables? ¿Una proporción, una pauta de cuántos momentos ordinarios en un día deben brillar y destacarse? ¿Hay un número que se nos asigna, según la edad, la altura o el cumpleaños de cada niño? Mira los ojos de tu hija, asombrada y alegre, cuando ve los huevos de petirrojo azul pálido en el nido que ha encontrado. O a tu hijo de tres años, tan brillante y audaz como el sol del verano, que parece decidido a saludar a todos los que se cruza en una playa abarrotada. Afortunadamente, no hay una forma de cuantificar estos momentos, ni una gráfica para trazar su frecuencia, calidad o duración. No hay forma de compararlos o calificarlos.

MUY SIMPLE
La maravilla de ser padre o madre —y la alegría de serlo— es imprevisible. Se trata de algo absolutamente notable e inesperado.

Cuando la madre de Annmarie estaba criando a sus hijos, la "paternidad" aún no era una "ciencia". Todavía no se había estudiado desde todos los ángulos, desde todas las perspectivas académicas posibles, ni era objeto de innumerables libros y teorías. La paternidad no era el estante más concurrido de la librería; antes de Benjamin Spock, no había gurús sobre este tema. La madre de Annmarie probablemente podía compararla con su hermano cuando era un bebé, pero no habría podido decir que a los dieciocho meses Annmarie estaba en el percentil 90 de altura y en el percentil 95 de peso en comparación con todos los bebés de su edad.

Para bien o para mal, la nuestra es una época de paternidad consciente —algunos dirán que hiperconsciente—. Por supuesto, es útil saber cuándo los niños deben alcanzar los hitos del desarrollo; las directrices son importantes para determinar cuándo pueden necesitar ayuda o intervención. Pero con demasiada frecuencia la ansiedad es el resultado de todas las gráficas y comparaciones que hacemos, los porcentajes, los puntos de referencia, los estándares y los criterios que ahora influyen en la visión que tenemos de nuestros propios hijos. Como madre, Annmarie puede tener más información que su madre, pero ¿disfruta más de sus hijos o se preocupa más por ellos? A pesar de todas las medidas que tenemos a nuestro alcance, en general los niños las desafían al ser más "normales" y más extraordinarios que cualquier medida científica o medio de cuantificarlos.

Si una imagen del exceso de implicación es la del helicóptero o la del sobrevuelo constante, otra imagen —que se me ocurre a menudo— es la de un padre que mira a su hijo con lupa. Armados con este o aquel estudio, este criterio de rendimiento o aquella medida de normalidad o de "superdotado", vigilamos su comportamiento de cerca. Pero la lupa no es útil; su visión es demasiado cercana para ser bonita o incluso representativa del niño.

Mi última sugerencia para evitar el exceso de implicación es muy sencilla; sin embargo, he visto que marca una profunda diferencia en las actitudes de algunos padres y en el clima emocional de su crianza. Se trata de una meditación, un ejercicio mental para el final del día que solo te llevará uno o dos minutos. Antes de caer en el sueño, recuerda los momentos ordinarios del día, los momentos con tus hijos que significaron algo para ti. Este sencillo ejercicio es como una lente correctora espiritual. Esta visión de tus hijos te ayudará a restaurar el protagonismo de "lo que son" sobre "lo que tienen que hacer" o "lo que tienen que trabajar".

Repasa las imágenes; vuelve a ver la cosa graciosa pero extrañamente perspicaz que dijo tu hija, el gesto que hizo tu hijo y que te sorprendió. Piensa en cómo tu pequeña se subió al banco junto a la ventana a las tres de la tarde, al intuir de algún modo que el autobús de su hermana llegaría pronto. Recuerda el aspecto de tus mellizos en el parque, las nuevas pecas en sus mejillas, su orgullo por dominar los aros del gimnasio. Recuerda el aspecto que tenía tu hija hace unos minutos cuando la viste: horizontal en la cama con el brazo echado hacia atrás sobre la cabeza, como si hubiera intentado huir del sueño. Revive esos momentos y dales la atención que merecen. Deja que las imágenes suban a la superficie de tu día. Deja que te llenen las aguas emocionales que te arrullarán, en olas de aprecio y asombro, hasta el sueño.

Cuando una tragedia mundial llega al mundo de un niño o adolescente, no hay respuesta sencilla y continua

En los últimos años han ocurrido muchos acontecimientos trágicos que han sacudido a nuestras comunidades hasta el fondo. Desde los tiroteos en las escuelas hasta el terrorismo de todo tipo, nuestros hijos no pueden esperar navegar por sus días sin escuchar algo sobre lo que está ocurriendo. En respuesta a este estado de cosas, mi querida y cercana colaboradora Davina Muse, consejera de salud mental y la coordinadora principal de nuestra formación de entrenadores de crianza con simplicidad, pensó que sería de gran importancia dar los siguientes consejos, que tocan los temas que acabamos de mencionar, sobre cómo manejar noticias muy perturbadoras. También verás la aplicación práctica de los cuatro pilares de la crianza con simplicidad que ya hemos trabajado antes en este libro.

Tus hijos, preadolescentes o adolescentes, pueden encontrarse con otras personas que saben más que ellos sobre los detalles de una tragedia mundial o regional, por la exposición directa a los medios de comunicación o por escuchar en exceso las conversaciones de los adultos, o bien, a través de otros niños del colegio o de sus grupos de amigos. En el caso de las catástrofes naturales, los niños pueden haber tenido alguna experiencia directa; aunque no comprendan todavía el alcance de las cosas, pueden sentirse abrumados por lo que oyen y experimentan.

Los niños más pequeños pueden acudir a ti para que les proporciones más información, explicaciones y aclaraciones, mientras que los mayores pueden necesitar que se les inste a hablar de lo que han oído y visto. Esta búsqueda de comprensión e integración de la información puede llevar algún tiempo y es una oportunidad para que los padres y los profesores ofrezcan una presencia sabia y cariñosa que atienda a cada niño como necesita ser atendido. Por favor, ten en cuenta la edad de tu hijo y el impacto que esta información puede tener sobre él. Como padres, serán los mejores expertos en cómo proteger y fortalecer a sus hijos y su familia. Independientemente de su edad, hay un factor que es constante: necesitan que les aseguremos que la mayoría de la gente es buena, que incluso en un desastre mayor, siempre hay gente buena que ayuda a los necesitados. Nuestra presencia cariñosa y nuestra escucha profunda y silenciosa pueden ser más útiles que un montón de explicaciones. Los niños pueden, y de hecho lo hacen, resolver las cosas por sí mismos según sus propias capacidades, con el tiempo, y con la calidez y la calma de la presencia adulta.

Sin embargo, si tu hijo no ha experimentado u oído hablar de un suceso terrible, o se trata de algo que no ha asimilado, puede ser mejor "dejarlo estar", sabiendo que cuando quiera tocar el tema, estarás preparado. Es posible que te preguntes si ha escuchado algo que lo perturbó y luego no ha querido hablar sobre eso. Para el niño más pequeño, te animamos a que observes su juego con mucha atención. En el preadolescente o el adolescente, los signos a los que hay que prestar más atención están normalmente en su comportamiento y actitud. Tanto el juego como el comportamiento pueden ser una guía de lo que sucede en el interior de tu hijo.

Orientación

La crianza con simplicidad tiene, en su esencia, caminos que le dan un sentido a la vida familiar cotidiana. Sin embargo, en momentos desconcertantes como estos también proporciona una orientación clara y profunda para un niño que puede necesitar una calidez y seguridad tranquilizadoras, mientras procesa la experiencia.

Fiebre del alma

Los padres querrán observar a sus hijos con más cariño y atención de lo habitual si los niños han estado expuestos a mucha información sobre una tragedia concreta. Algunas veces pueden venir con preguntas difíciles; otros niños pueden "actuar" a través del juego lo que no pueden integrar. En la medida de lo posible, debes permitirlo, siempre que sea seguro. Deberás ajustar tu vida familiar —simplificando— si tu hijo parece estresado o ansioso, nervioso o está pasando por una fiebre del alma.

Comportamiento

Algunos niños pueden volverse un poco más desafiantes en cuanto a su comportamiento. Lo más probable es que busquen límites cálidos pero firmes. Es tentador "darles un poco más de margen" en este momento. Sin embargo, los límites cariñosos, aplicados quizá con un poco más de suavidad, los ayudarán a sentirse seguros, ya que estos refuerzan la forma en que tu familia se define a sí misma. Además, una nota especial sobre las transiciones que pueden ser complicadas en estos momentos, como levantarse y vestirse, o salir para ir a la escuela, o jugar o tener tiempo libre hasta la cena es que, a pesar de las complicaciones, en días potencialmente ansiosos, intenta darles un tiempo extra para estas transiciones. También puede ser útil prever con antelación cómo se va a producir la transición y lo que esperas.

En general, en el caso de los niños más extrovertidos, es posible que "actúen" peor de lo habitual y que sobrepasen los límites de la familia. Pueden provocar más a los padres y a los hermanos. En el caso de los niños introvertidos, es posible que se replieguen sobre sí mismos y se vuelvan un poco más callados, o que se queden estancados en lo que les preocupa.

Filtrar las preocupaciones de los adultos

Recomendamos —e insistimos— que los niños más pequeños no estén expuestos a las noticias que aparecen en las pantallas o en la radio, ni a las conversaciones de los adultos sobre el evento.

Los niños pequeños no comprenden realmente que los anuncios repetidos se refieren a un único suceso, que casi siempre es violento. Cada vez que oyen un reportaje o escuchan una conversación adulta, el riesgo es el de desencadenar una "cascada" cerebral de hormonas de lucha o huida que puede retrasar considerablemente el que se sientan mejor.

Aunque los preadolescentes y adolescentes pueden entender intelectualmente que estos informes, a menudo sensacionalistas, se refieren al mismo acontecimiento, el "secuestro de la amígdala", la respuesta de lucha o huida, se produce a un nivel más profundo.

Más aún, hay un conjunto de investigaciones convincentes que indican que los niños que ven imágenes repetidas de los sucesos en los medios de comunicación pueden sufrir síntomas similares a los de las personas que estuvieron involucradas en el incidente.

¿Qué filtrar alternativamente? Busca en tu repertorio de historias familiares favoritas. Puedes contar esas historias del abuelo o de la abuela, o quizá alguna de cuando eras pequeño (especialmente aquellas en las que fuiste bastante travieso). Estas viejas historias resultan familiares y profundamente seguras para un niño de cualquier edad.

El mantra de la filtración externa se aplica aquí más que nunca. Antes de decir algo delante de tu hijo, hazte cuatro sencillas preguntas:

1. ¿Es cierto?
2. ¿Es amable?
3. ¿Es necesario?
4. ¿Los ayudará a sentirse seguros?

A menos que tu instinto te dé un "sí" muy claro a cada una de estas preguntas, lo más probable es que sea mejor aplazar el comentario hasta que tu hijo no esté presente.

En el caso de los preadolescentes y adolescentes, quédate con ellos "pasando el rato". El simple hecho de sentarte cerca mientras hacen la tarea o escuchan música es una parte sutil pero importante de estar presente y disponible.

La metáfora de tomarse un respiro de las aguas turbulentas de los acontecimientos mundiales y amarrar tu canoa junto a tu hijo preadolescente o adolescente en una orilla más tranquila de la vida familiar parece encajar perfectamente aquí.

Ritmo

Puede ser útil encender una vela o hacer algún otro ritual sencillo para que los niños y adolescentes comprendan que pueden enviar sus pensamientos u oraciones a las personas que están sufriendo. Asegúrate de que la hora de acostarse sea especialmente regular, lenta y tranquila, para que los niños y adolescentes tengan un sueño profundo que los ayude a procesar lo que ha ocurrido durante el día. Y, por último, considera la posibilidad de reforzar los ritmos que ya tienen en la vida familiar. En este tipo de situaciones, la familiaridad aporta seguridad. El ritmo dice de manera silenciosa e invisible a un niño: "Hay cosas con las que puedo contar. Todo va bien en esta familia".

Programación

Los niños pueden necesitar más tiempo con sus padres, y más tiempo de descanso, en los siguientes días y semanas. Si tu hijo parece alterado por la tragedia, prepárate para simplificar tu horario, sin dar muchas explicaciones, a favor de más tiempo de descanso y reunión. Tú estás a cargo de la seguridad, la salud y la tranquilidad de tu familia. Los niños de todas las edades no procesan fácilmente el malestar emocional cuando están muy ocupados. Esto puede parecer contrario a la intuición, pero al distraer y desviar a un niño del malestar se corre el riesgo de que vuelva al origen del problema y puede, con el tiempo, crearse un bucle de sentimientos prolongados de ansiedad e incluso de mayor perturbación.

Entorno

Un dormitorio y un hogar sencillos, bonitos y tranquilos ayudarán a los niños a jugar, relajarse o relacionarse más profundamente, y a estar en paz. Jugar y pasar tiempo al aire libre en contacto con la naturaleza puede ser especialmente útil. Intenta mantener los juguetes, los libros y la ropa un poco más ordenados de lo habitual. En un nivel más profundo, esto ayuda al niño o al adolescente a tener una sensación de orden en su mundo, justo en el momento en que este es más necesario.

¿Cómo responder a sus preguntas?

Unas respuestas muy sencillas a las preguntas de los niños, que sean sinceras, sin entrar en detalles, pueden ayudarlos a integrar mejor experiencias difíciles de forma saludable.

Aquí tienes algunas pautas que pueden ayudarte en caso de que no sepas cómo empezar.

- Al hablar, asegúrate de utilizar un lenguaje y unas palabras que sepas que tu hijo está preparado para entender, de modo que pueda absorber fácilmente lo que dices. Habla con un tono de voz normal y familiar.
- Si te hacen una pregunta que no estás seguro de cómo responder, date tiempo: "Esa es una gran pregunta, cariño. Lo pensaré". A medida que avance el día, valora si el niño sigue necesitando una respuesta. Muchas de las preguntas de los niños tienden a ir y venir, así que puede que no necesiten que les respondamos. A menudo, el mero hecho de hacerte la pregunta o el comentario, y saber que lo has escuchado, es suficiente para tu hijo. A veces puede encontrar respuestas satisfactorias en su propio juego.

Un enfoque especial para preadolescentes y adolescentes

Si un preadolescente o adolescente pregunta por qué alguien querría hacer algo tan horrible, o qué van a hacer todas las personas que han perdido sus casas, comparte su dolor y sus interrogantes. Indaga qué es lo que hay detrás de su pregunta y abre tus oídos y tu corazón para ellos.

Los preadolescentes y los adolescentes suelen querer colaborar de alguna manera, además de mantener a las personas que sufren en sus pensamientos y oraciones, lo cual puede ser algo muy conveniente. Esto puede ayudarlos a sentir que tienen capacidad de acción y que pueden aportar algo a un mundo herido.

Tal vez puedan recoger unos cuantos juguetes o ropa cuidadosamente seleccionados para una familia que lo ha perdido todo en un incendio, o hacer sándwiches, o embolsar comida o kits sanitarios para personas desplazadas por una inundación o un incendio. Los padres pueden informarse de lo que hacen las organizaciones locales e internacionales, y de cómo y dónde pueden ayudar. Por lo general, los adolescentes (no los niños pequeños) suelen ser bienvenidos a participar en las colectas. A veces, los grupos de jóvenes de las iglesias tienen vínculos con organizaciones locales que necesitan ayuda. Los padres pueden ayudar a investigar las opciones y determinar qué sería útil, sin que resulte abrumador para los hijos. Es bueno que también puedan estar ahí y colaborar, para apoyar en todo el proceso. Si se trata de una catástrofe internacional, es bueno averiguar cómo la familia puede acercarse a organizaciones de ayuda acreditadas.

Lo que podrías decir...

- "A veces —casi nunca— ocurren cosas malas. Todo el mundo se siente mal por esto que ha ocurrido y hay mucha gente solidaria ayudando a esas familias en este momento".
- "Es difícil para cualquiera entender esto y podemos ayudar enviando nuestros pensamientos cariñosos y oraciones a esas familias".
- "Me pregunto si hay algo que te gustaría hacer, o que nosotros pudiéramos hacer como familia".
- Para el niño más pequeño: "Lo entenderás mejor cuando seas mayor. Ahora mismo, podemos enviar nuestros pensamientos de amor a esas familias. Encenderemos una vela por ellos esta noche".

Muchas comunidades religiosas ofrecen orientación a los padres y a las familias con base en su particular sistema de creencias. Puedes pedir apoyo a tus líderes religiosos si tienes preguntas relacionadas con la fe u otros aspectos que ellos puedan responder.

Imagina...

- ★ sentirte más tranquilo, más seguro y menos ansioso como padre.
- ★ mantener tu bienestar emocional como un objetivo importante y tomar medidas para reducir tu exposición a los medios de comunicación (prensa, televisión, internet) que se aprovechan del miedo y el sensacionalismo.

★ los primeros años de tu hijo, sin televisión.

★ cómo el compromiso y la conexión —en lugar de un "entreteni-miento" pasivo— alimentarán la imaginación de tu hijo y enrique-cerán su juego.

★ que tu hijo no esté expuesto a miles de anuncios y programas de televisión violentos mientras es pequeño.

★ que tu hijo no esté al tanto de los problemas de los adultos ni se involucre en ellos.

★ que la sensación de calma aumenta en tu hogar.

★ que, al reforzar la conexión y aumentar la regularidad de la vida diaria mientras tu hijo es pequeño, construyes un "campamento base" de seguridad que le servirá en la edad adulta.

★ que aumentas tus posibilidades de ser escuchado cuando hablas menos.

★ ser capaz de reducir el exceso de implicación parental a medida que tu pareja aumenta su participación en las tareas diarias de la crianza, o dar un paso adelante e implicarte más, para que tu pareja pueda estar más tranquila y tener una mejor experiencia como padre o madre.

★ que lo que se dice en casa es más amable, verdadero y necesario.

★ alimentar tus sueños con una rica apreciación del presente.

Capítulo 7
Liderazgo familiar centrado en los valores

Todos queremos desempeñar un papel clave en la vida de nuestros hijos. Hacemos todo lo posible para crear un terreno firme y darles una idea de lo que valoramos como familia. Intentamos ser cariñosos, pero también rectos y claros. También queremos que nuestros hijos se sientan seguros dentro de nuestra familia y que puedan relajarse sabiendo que están en buenas manos. Durante generaciones, muchos de nosotros hemos tratado de dar este regalo de seguridad a nuestros hijos, protegiéndolos de las influencias que pudieran perjudicarlos. Hemos hecho todo lo posible por ser centinelas que deciden qué influencias entran en nuestra vida familiar y cuáles no. Algunos lo hemos hecho mejor que otros, pero este profundo instinto de dar y proteger está arraigado en lo más profundo de nosotros como seres humanos.

Hace poco discutí esta idea en un taller para padres y, para ejemplificarla, les pedí que hicieran dos dibujos sencillos. Uno debía representar cómo se sentían cuando ejercían un buen liderazgo en sus familias y el otro cuando no lo hacían. Un padre presentó dos dibujos que llamaban la atención por su claridad. Sus dibujos eran de dos faros. Paso seguido, nos hizo la descripción diciéndonos que cuando se sentía bien con su liderazgo era como un cuidador de faro, encaramado en lo alto, que ilumina de manera tranquila y vigilante los mares con el fin de que los barcos puedan evitar las rocas peligrosas y encontrar el camino seguro hacia el puerto. Una bella imagen. Su segundo dibujo era muy parecido al primero, pero no había ningún rayo de luz brillando hacia el mar y había una figura al borde del agua. Explicó que, cuando no se sentía bien, era como si la puerta del faro estuviera cerrada y él anduviera a toda prisa en la oscuridad, agitando una pequeña linterna que se apagaba continuamente, intentando indicar a los barcos hacia dónde ir, solo que estos no le hacían ningún caso. Muchos de los padres del grupo se sintieron muy identificados con esta imagen.

Está claro que somos conscientes de que los niños necesitan saber que una mano segura guía a la familia y también quién está al mando; sabemos que el trabajo de nuestros hijos es ser niños y el nuestro es ser padres. Pero hay varios factores sociales y culturales que erosionan nuestra capacidad parental para liderar de esta manera. Entender cuáles son es el primer paso para volver a ganar nuestro terreno.

Cómo se aparta a los padres del camino

"Tienes que asistir a esta conferencia en línea", me dijo una madre durante un descanso en un taller. "Se trata de la comercialización dirigida a los niños, y las tácticas que esta gente está proponiendo son tan oscuras y manipuladoras que merece la pena conocerlas si queremos proteger a nuestros hijos". Sonaba a la vez inquietante e intrigante, así que me registré y me inscribí a la siguiente videoconferencia. Esencialmente, estaba de incógnito entre las filas del enemigo para observar desde allí a los "genios" del *marketing* de botanas y cereales para el desayuno, de las empresas de automóviles y tecnología y, por supuesto, de las agencias comerciales de televisión.

El costo del boleto —que era ridículamente caro— valió la pena, aun cuando solo fuera para descubrir un nuevo término: "fricción de compra". Aunque sea difícil de creer, así es como quienes comercializan cosas para nuestros hijos nos ven a nosotros, los padres. Somos lo que se interpone entre estas empresas y el aumento de sus ventas, y su objetivo colectivo es eliminarnos de la ecuación de compra.

La franqueza de sus objetivos no fue lo más sorprendente. También me asombró el tono abierto y festivo, además de los agradecimientos entusiastas que se dieron a los presentadores. El hecho de que muchos de los vendedores que presentaban, así como un buen número de miembros del jubiloso público, fueran padres, añadía una mórbida ironía a la situación. En su esfuerzo por inventar formas de eludir la autoridad paterna, a muchos se les escapó que su trabajo podría acabar socavando también la suya.

Por supuesto, los vendedores y anunciantes siempre han tenido el objetivo de vender cada vez más productos y hacer que los productos sean "geniales". Sin embargo, las técnicas actuales muestran un mayor énfasis en disolver la influencia de los adultos en las decisiones de compra.

He aquí algunas de las principales estrategias y mensajes de comercialización dirigidos a nuestros hijos que corroen la dinámica familiar.

Ser aceptado y popular entre tus amigos es lo más importante en tu vida

Ahora bien, podría parecer que esto no es tan revelador, ya que ha sido desde hace tiempo un mensaje básico en la publicidad, pero los mercadólogos modernos están intensificando el mensaje al sugerir, en última instancia, que formar parte de la multitud es más importante para la felicidad que formar parte de tu familia. Esto es algo poderoso.

Los adultos son inmaduros

Otra forma clave de poner a los niños al mando es presentar en repetidas ocasiones a los adultos como negligentes, distantes, egoístas y emocionalmente atrofiados. En este tipo de escena aparece el niño o el adolescente que se lanza con audacia y resuelve la situación, al hacer una buena elección de... ya lo has adivinado, de compra o de asociación con el producto deseado.

Los adultos son compañeros y seudohermanos

Todo niño sabe que no tiene que hacer lo que su hermano o hermana le dice. Lo mismo ocurre con los amigos. Los hermanos y los amigos son compañeros y, aunque puedan ejercer ciertas presiones sobre los niños, también se sabe que no son autoridades cuya palabra es la ley. Entonces, ¿qué mejor manera de eliminar las "fricciones de compra" que presentar a tu padre como tu hermano o uno de tus amigos? Tu padre puede decirte que no quiere que tengas ese juguete o *smartphone*, pero eso no significa que debas aceptar su opinión. Todo se puede polemizar, y ese es precisamente el objetivo de esta técnica publicitaria: que los niños discutan una y otra vez, pues esta respuesta es la que se reactiva cada vez que ven una escena que les enseña a rebatir y a cuestionar la autoridad paterna.

La adulación te llevará a todas partes

Este tipo de anuncio envía el mensaje de que si tú, el padre, compras el material adecuado para tu hijo, serás muy *cool*, serás aceptado y te ganarás la adoración de tu hijo, aunque sea brevemente. Que tire la primera piedra cualquier padre que no haya sentido el impulso de comprarle a su hijo algo que, a pesar de no ser necesario, se traducirá en un emocionado abrazo de agradecimiento. Están jugando con nosotros y en cierto modo lo sabemos, pero aun así es difícil resistirse.

Observar la programación infantil y juvenil con estos nuevos ojos revela la forma en que se transmiten estos mensajes dañinos para la vida familiar. Todas estas técnicas se utilizan —y son más evidentes— en los anuncios de televisión e internet y a través de la inserción de ciertos productos en los programas favoritos de nuestros hijos (utilizados por sus personajes preferidos). La televisión sigue siendo un medio poderoso, pero, como todos sabemos, el uso de la pantalla ha migrado ahora a las tabletas y los teléfonos que nos siguen a todas partes desde el bolsillo. No es una gran novedad, pero lo que es más sutil es que esto se lleva a cabo no solo mediante las "viejas" pausas publicitarias de la televisión, sino colocando productos y sus imágenes de marca en planos o secuencias clave con el objetivo de asociar esos productos con los personajes divertidos o poderosos de los programas.

Como dicen los antiguos informerciales, casi entrañablemente transparentes: "Espera, ¡todavía hay más!". Ahora hay otra capa en el proceso de despojar a los adultos de nuestro papel central en la vida de nuestros hijos: los "niños *influencers*". La forma en que esto funciona es magnífica e inquietantemente sencilla. Cualquiera que tenga un canal, un nombre de usuario o una cuenta en las redes sociales puede convertirse en un *influencer*: alguien que comenta, valora o elogia de algún modo los productos y solicita (o atrae) seguidores. Las marcas —desde los fabricantes de juguetes hasta las grandes tiendas— a veces ofrecen lucrativos contratos de patrocinio a los niños que hablan de sus productos o servicios en términos elogiosos o muy positivos. ¿Por qué? Porque saben que este tipo de influencia funciona para vender sus productos a otros niños, sobre todo si los límites de los padres se han debilitado o se han roto. También, en este caso, es irónico que a menudo sean los padres los que están detrás de su propia pérdida de control: algunos tratan de sortear la ley (que prohíbe a los niños menores de 13 años tener sus propias redes sociales) y crean derivaciones en sus cuentas para cederlas a sus hijos pequeños.

Además de todo esto, ahora tenemos empresas gigantes de medios de comunicación que son cada vez más populares entre los niños y los adolescentes —YouTube, Facebook e Instagram— que rastrean los clics o la actividad de los niños y, a veces, venden esa información a las empresas, que luego reajustan e individualizan su manipulación de *marketing*. Cuando éramos niños, la mayoría de nosotros veíamos los anuncios durante las caricaturas del sábado por la mañana, pero todo esto se lleva hoy a un nivel completamente nuevo. El difunto tío de mi mujer era maestro de primaria en la década de 1980, y recuerdo que se lamentaba de que no podía "competir con Abelardo de Plaza Sésamo". Me pregunto qué diría ahora sobre el alud de los medios de comunicación diseñados para atraer a los niños a su muy apropiadamente llamada World Wide Web.

Redes sociales precoces

Parece que hay otro frente poderoso en la bien calculada tormenta de influencias que buscan el debilitamiento parental. Se trata de otro efecto que hace tambalear la autoridad y la orientación amorosa de los adultos. Antes de que los medios de comunicación (y las redes sociales) penetraran tanto en la vida familiar, la mayoría de los niños pequeños estaban influidos principalmente por los valores de su propia familia. Cuando entraban en la escuela, los niños aprendían nuevas normas y valores comunes —tanto expresados como tácitos— de sus profesores y sus comunidades. Luego, en la adolescencia, la influencia de los compañeros empezaba a tener peso en sus decisiones, aunque incluso entonces el peso que tenían los compañeros y la comunidad estaba atenuado por los profundos cimientos de las normas familiares. Ahora, dado que muchos niños tienen acceso a los medios de pantalla (y, en particular, a las redes sociales) a una edad temprana, son bombardeados con mensajes que no provienen de sus padres, líderes de la comunidad o profesores, sino que provienen de otros niños pequeños (¡véanse los niños *influencers* mencionados arriba!). No me malinterpretes: es apropiado que los adolescentes desafíen los límites de los adultos y quieran cambiar, es una parte saludable de esta etapa de desarrollo; sin embargo, cuando los niños de cuatro, cinco o seis años están expuestos al mismo tipo de mensajes que sus hermanos adolescentes, empiezan a agitarse en busca de cambios y a desafiar a la autoridad, sin que esto beneficie a nadie. En esencia, se convierten en adolescentes prematuros, una etapa para la que no están preparados desde el punto de vista del desarrollo y que hace el trabajo de crianza mucho más difícil.

Puede parecer "simpático" y normal que los niños pequeños estén en las redes sociales, teniendo en cuenta todas las formas ahora disponibles para comunicarnos. Después de todo, ¿no son estos niños "nativos digitales"? No obstante, el hecho de que podamos no significa que *debamos* hacerlo. Las redes sociales deben considerarse como el helado: se puede consumir después de doce o más años de una comida sana de valores familiares, escolares y comunitarios, sencillos y nutritivos. De hecho, conozco a un número cada vez mayor de padres que "han recuperado a sus familias" desenchufando a sus hijos pequeños de las pantallas en general, pero especialmente de las redes sociales.

Apego horizontal

Nuestros hijos tienen su mundo de "conexiones infantiles". Pueden tener mejores amigos y compañeros de juego ocasionales, algunos de los cuales les parecen muy graciosos; están los que frecuentan en la escuela, pero con los que no tendrían una cita para jugar, luego están los que no les caen bien, aquellos que les parecen raros, groseros o que incluso odian, y también algunos que admiran en silencio. Dado que en su mayoría están con niños de su misma edad, los considero "vínculos horizontales". Estos vínculos horizontales rara vez son constantes, porque a medida que nuestros hijos se adaptan al crecimiento, las relaciones cambian, incluso con sus mejores amigos. Una buena parte de la forma en que nuestro hijo se ve a sí mismo estará basada en estas conexiones. Son una parte esencial de la autoestima y de la definición personal. Esta gama y fluctuación de relaciones horizontales es, por supuesto, normal, natural y buena.

Sin embargo, por desgracia, muchos padres se encuentran ahora en una especie de relación horizontal con sus hijos. La dinámica surge del hecho de que queremos tener una relación afectuosa y amable con nuestros hijos, pero a veces los límites entre nuestra edad adulta y su infancia parecen difuminarse. ¿Cómo y dónde empieza esto, y dónde sigue apareciendo? Considera los escenarios siguientes.

Una madre lleva a su hija de dos años al parque. No han estado allí antes, pero, a juzgar por lo que ha observado cuando pasaba cerca recientemente, espera que haya otros niños pequeños para que su niña pueda jugar con ellos. Y tiene razón. Cuando llegan, el parque está lleno de niños que corren, se columpian, escarban y emiten uno de los sonidos más alegres que un padre pueda imaginar: la encantadora y animada música del juego feliz. La madre encuentra un hueco en una banca y deposita con alivio sus diversas bolsas de indispensables para descubrir un nuevo bulto en su regazo, que en realidad es su hija, quien acaba de subirse para esconderse tímidamente tras la cortina de su pelo. La madre intenta animar a la niña y hacerla bajar al suelo para que pueda ir a jugar, pero su hija se agarra a ella. El modo en que la niña se aferra dispara la alarma de la madre, que sabe que socializar es bueno para el desarrollo del cerebro y la inteligencia emocional de su hija. La niña, con ese extraño sexto sentido que poseen, sobre todo en momentos como este, parece percibir la narrativa interna de la madre y se obstina cada vez más. "Oh, no, por favor, sé normal y ve a jugar, por favor, sé sociable, ¡eso es muy importante!", piensa su madre. Está claro que esto no va a salir según lo previsto, así que la mujer respira profundamente y se relaja. Al fin y al cabo, se trata de un parque totalmente nuevo y desconocido, y tienen tiempo esta tarde para estar ahí. Tal vez quedarse sentadas juntas en la banca esté bien. Vuelve a tener razón. Está bien. De hecho, es justo lo que la niña necesita hacer para observar la escena desde la seguridad de la presencia de su madre. Al cabo de unos minutos, la niña empieza a bajar de su regazo. La madre sigue abrazándola y acurrucándola hasta que su hija hace ese movimiento que todos los padres conocen, el de "déjame ir". Se sienta unos instantes junto a ella y luego baja de un salto de la banca y se aleja unos pasos. La sonrisa de alivio de la madre solo dura un segundo, ya que la niña se acerca de nuevo a la banca; coge el vestido de su madre y lo sujeta sin apretarlo mientras sigue mirando a los demás niños del parque. Pasa un minuto y ahora la niña se acerca al borde del cajón de arena para observar a unos niños que están cavando. Se queda allí un rato, no participa activamente, pero está muy pendiente, y luego vuelve corriendo hacia su madre, pero con una sonrisa en su cara. Ahora la madre tiene una idea y mete la mano en su "bolsa de Mary Poppins", que todos los padres parecen poseer mágicamente; saca un recipiente metálico para el almuerzo, sin nada dentro y lo pone en el asiento. La niña lo coge y corre hacia el cajón de arena con su "pala" especial y se une alegremente a la excavación. De vez en cuando levanta la vista para comprobar que su madre sigue en el banco.

Cuando llega la hora de volver a casa, la madre se acerca al borde del cajón de arena y se sienta tranquilamente. Su hija le muestra todas las cosas que ha hecho. La madre sonríe y le dice que termine lo que está haciendo mientras ella recoge sus pertenencias. Es la "hora de ir a casa a comer". No hubo un final abrupto del juego, ni una explicación excesiva, sino un mensaje claro de que estaban en transición. Cuando pasaron junto a mí, oí a la niña decir con convicción: "¡Mamá, hoy he jugado mucho!".

La escena demuestra lo que yo llamo la danza de la conexión, y esta madre la manejó con sabiduría intuitiva. Aunque le preocupaba que su hija no saliera corriendo inmediatamente a jugar tal como esperaba, se dio cuenta de que era una situación nueva, a la que su hija no estaba acostumbrada. Así que ella le dio tiempo y no intentó forzar a la niña a jugar. Aunque, sobre todo, se convirtió en un pilar de seguridad en un lugar desconocido para la niña. Esto permitió que su hija se fuera y volviera, solo un poco al principio, pero a una distancia cada vez mayor hasta que tuvo la suficiente confianza para unirse al juego. La dinámica inconfundible era que la madre se sentaba en silencio y con toda la calma que podía, y esto permitía a la niña alejarse y explorar, y volver cuando lo necesitaba a donde sabía que la seguridad, con la figura de su madre, la estaría esperando.

¿Y si, por el contrario, la madre hubiera cedido a sus ansiedades y hubiera intentado engatusar a su hija para que jugara de inmediato? Tal vez hubiera usado una "voz feliz" ligeramente aguda y le diera una larga explicación sobre lo bonito que era estar en el parque y lo bien que se lo iban a pasar juntas. Tal vez entonces hubiera llevado a la niña al cajón de arena y empezara a enseñarle a cavar y a hacer un castillo de arena, hasta el punto de que lo hubiera hecho todo ella misma. Todo mientras narraba lo que estaba haciendo en un flujo de entusiasmo de conversación tipo monólogo. La niña se hubiera aferrado a ella. Si hubiera visto que eso no funcionaba, tal vez hubiera llevado a su hija a los columpios y la hubiera dejado en uno de ellos mientras le enseñaba, sentada en otro, cómo funcionaba el juego. La niña hubiera corrido hacia ella y se hubiera agarrado con más fuerza. Entonces la madre se acercaría al sube y baja con la esperanza de que eso pudiera interesarle a su hija, pero la niña hubiera empezado a llorar.

MUY SIMPLE
Somos el puerto seguro desde el que nuestros hijos se lanzan al mundo y vuelven a la seguridad, a la recuperación y el reabastecimiento, listos para salir de nuevo.

¿Qué padre no ha experimentado alguna versión de estas dos situaciones? Todos hemos pasado por ellas; pero lo que hace que la primera historia sea cálida y reconfortante es que instintivamente no solo se siente más relajada, sino que se siente como si fuera la mejor. ¿Por qué? La clave para responder es que la madre fue un "pilar" alrededor del cual la niña pudo orbitar en círculos cada vez mayores y más seguros. Su hija podía alejarse, explorando el mundo, sabiendo que tenía un lugar al cual volver que era seguro y acogedor. Compáralo con la segunda historia imaginada, en la que la madre se convertía en la compañera de juegos de la niña y la acompañaba a cada sitio del patio. Es muy comprensible que esto pueda parecer una buena idea, pero no da a la niña ningún espacio ni le permite hacer esa antigua "danza de la conexión" en la que los niños utilizan la presencia constante de los padres como un puerto seguro desde el que pueden zarpar hacia el mundo que los rodea, hacia mares potencialmente desconocidos o incluso turbulentos de relaciones sociales, y volver de nuevo para recuperarse y descansar. Cuando la madre estaba con ella en cada actividad, la niña no tenía un punto al que volver, ni posibilidad de volver en absoluto, porque no se le había permitido ir a ningún sitio. La madre bienintencionada se había convertido en una compañera de juegos en lugar de ser una presencia firme y vigilante, pero adulta. Por supuesto, no hay nada malo en que los padres jueguen con los niños, pero también tenemos que ser sensibles para saber cuándo se cruza la línea y no se permite a un niño hacer sus propios viajes de descubrimiento y volver a nosotros con sus burbujeantes historias de proezas.

Crianza entre iguales

El término "crianza entre iguales" es complicado de utilizar. Con facilidad puede parecer que tiene un trasfondo de vergüenza y culpa de los padres, porque implica que nos permitimos ser compañeros de nuestros hijos en lugar de adultos. Sin embargo, ningún padre o madre se levanta por la mañana pensando: "Me pregunto cómo puedo prepararme hoy para que mis hijos no me tomen en cuenta". Nos esforzamos al máximo por establecer buenas relaciones con ellos. Solo que, debido a las influencias ahora en boga, podemos encontrarnos en una posición de ser los amigos de nuestros hijos en lugar de sus padres. El problema es difícil de detectar, ya que se ha convertido en la nueva normalidad generalizada. Lo único que saben muchos padres es que algo no parece ir en la dirección correcta y se sienten incómodos. Como me dijo una madre: "Me encantaba la cercanía que tenía con mi hija, solía pensar en ella como mi alma gemela, y muchas otras madres decían que envidiaban nuestra relación. Pero se hizo casi imposible funcionar como familia cuando teníamos que tomar decisiones. Acabábamos gritándonos la una a la otra o no nos hablábamos durante días. Me di cuenta de que me había convertido en su hermana y de que actuábamos como huérfanas perdidas que no se sentían bien".

He aquí una historia que, aunque más sutil, parece ir en esta misma dirección difícil.

Estaba frente a un colegio de Nueva York con un grupo de padres, manteniendo una interesante conversación con uno de ellos mientras esperaba para recoger a su hijo de segundo de primaria. Tenía un gran sentido del humor y nos confesamos con toda libertad nuestros momentos de desconcierto compartidos como padres, y nos reímos mucho al respecto. Me dijo que era el propietario de una pequeña empresa de éxito y bromeaba diciendo que la relación con sus empleados era a veces como volver al kínder, "solo que mi calificación apenas si llega a un seis". Me quedé perplejo. "De acuerdo, no es que pongan calificaciones, pero esa es la que me habrían dado en un buen día". Más risas. Estaba deseando volver a su lugar de trabajo, "antes de que haya una disputa sobre a quién le toca el turno en el columpio".

Las grandes puertas de la escuela se abrieron de golpe y los alumnos de segundo salieron a la banqueta. Antes de saludar a sus padres, los niños se apiñaron como un equipo de futbol que planea una nueva jugada. Los padres se miraron entre sí con una especie de expectación nerviosa. Ya lo habían visto antes y comenzaron a prepararse para el impacto. Después de que los chicos parecieran haber decidido su plan de acción, cada uno se dirigió directamente a su padre. Muchos de ellos saludaron a sus hijos con un "¡Hola, amiguito!". Hubo algunos apretones de manos muy complicados. El hijo de mi nuevo amigo lo saludó con un "¡Hola, cuate!", seguido de un choque de manos. Hubo pocos abrazos, si es que hubo alguno, y tampoco hubo mucho contacto visual. Muchos niños dejaron sus mochilas a los pies de sus padres. Entonces empezaron en masa a dar vueltas a la historia que claramente se había acordado de antemano en aquel apiñamiento. Su lógica era algo así: como habían tenido que ir a ver una estúpida representación teatral, les habían cortado la hora del recreo y no habían podido terminar su juego de pelota. Así que ahora iban a bajar al parque para continuarlo y de paso visitarían la heladería. Esto lo anunciaron con seguridad y, desde luego, sin pedir permiso. Y sin esperar una respuesta de sus padres, la mayoría de los niños salieron en tropel por la banqueta en dirección al parque. El padre del niño con el que acababa de hablar, me miró, recogió la mochila de su hijo como un valet de hotel y, encogiéndose de hombros con resignación, salió tras su hijo en dirección de la heladería. Alrededor de una docena de otros padres siguieron igualmente a sus hijos como si fueran arrastrados por la estela de un cometa de segundo grado. "Estupendo, habrá un subidón de azúcar", murmuró una madre al pasar.

Sin embargo, no todos los padres participaron en este descarrilamiento colectivo y espontáneo de sus planes de la tarde. Oí a una madre decir: "Me gustaría que me pidieras lo que te gustaría hacer y no que me digas lo que vas a hacer". El niño lo hizo bastante bien y pasó a pedirlo. La madre respondió: "Sí, ya sé que habría sido divertido, y quizá podamos hacerlo otro día cuando tengamos tiempo, pero hoy tenemos planes. Recuerda que hemos hablado de eso esta mañana". El niño dio esa especie de gran exhalación que es la señal universal del lenguaje corporal para decir: "De acuerdo". Mientras se ponían en marcha, vi cómo su mano se deslizaba hacia la de su madre. Empezó a contarle todos los triunfos del día. Lo más importante es que aún llevaba la mochila. No la había tirado al suelo, e intuyo que si lo hubiera hecho, su madre seguramente no la habría recogido. Mientras se movían entre el mar de gente de la calle, ella parecía ser una tranquila pero segura capitana del barco a toda vela, y el niño no solo lo aceptaba, sino que parecía perfectamente satisfecho.

Por supuesto, al igual que cuando juegas con tu hijo en un parque infantil, no hay ningún problema en que los niños vayan a buscar un helado y que jueguen juntos, pero la cuestión es que casi todos los padres que estaban allí ese día probablemente tenían planes y cosas que hacer. Está bien —y a menudo es bueno— ser flexible, pero para el grupo que se dirigía al parque y a la heladería, lo que evidenciaba que había una pieza faltante era que los niños habían adquirido la costumbre de anunciar sus planes y no preguntar. Hubo poco espacio para que los adultos se detuvieran y dieran ejemplo de juicio sobre el momento, acerca de la idoneidad de las cosas y de la importancia de tomar en consideración las necesidades de los demás.

Apego vertical

Antes hemos visto la apacible sabiduría de una madre que comprendió intuitivamente que debía dejar que su hija explorara el mundo del patio de recreo sin unirse a ella ni convertirse en su compañera de juegos. Justo arriba, vimos la lucha de un padre por mantenerse en la edad adulta y, al contrario, la voluntad de otra madre de ocupar ese espacio. Ambas historias ilustran la lucha moderna con el apego horizontal, que puede hacer que los adultos se conviertan en parte del tejido de relaciones del niño con sus compañeros. Sin embargo, en ambos casos también vimos ejemplos de lo que podría llamarse "apego vertical". Esto significa que la madre o el padre seguían relacionándose y estableciendo vínculos con su hijo, pero sin renunciar a ser un adulto. ¿Recuerdas la descripción en este capítulo del dibujo del faro que hizo un padre, y de lo bien que se sentía cuando tomaba en ese papel? Escucharlo hablar de esta

imagen de una torre alta desde la cual podía capotear las duras tormen-
tas, como un centinela capaz de tener claro el papel que desempeña en
la señalización y la protección, me hizo pensar en el apego vertical. Las
palabras que seguían surgiendo en mí mientras reflexionaba sobre su
imagen eran "arriba" y "recto". La torre era fuerte y recta, y el guardián
también era recto respecto a lo que tenía que hacer. No hay confusión
ni justificación, solo una claridad visible para todos.

MUY SIMPLE

Es en la intersección de los deseos infantiles con nuestra
dirección y guía adulta en donde tiene lugar la importantísima formación del carácter de un niño.

Cuando seamos capaces de mantener nuestro sentido de la verticalidad
amorosa, habrá una tensión inevitable con las peticiones de nuestros
hijos, sobre todo cuando están bajo influencias horizontales (es decir, es
lo que "todo el mundo está haciendo, mamá"). Por supuesto que quieren ir con sus amigos a la heladería, igual que desean ir al parque a jugar
con el grupo, tener el último teléfono, asistir a múltiples citas de juego...
todo en la misma tarde de escuela. Es bastante comprensible y está bien
que un niño o adolescente quiera esto. Sin embargo, algo muy especial
ocurre cuando estos dos mundos se encuentran: justo en la intersección
entre los deseos de un niño y la dirección y orientación de los adultos se
produce la importantísima formación del carácter del niño.

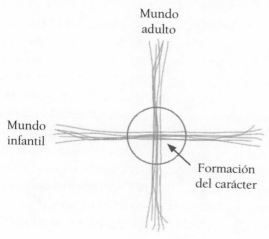

Al ofrecerles la resistencia y la reorientación que requieren muchos de sus deseos, construimos su madurez social y emocional. Les hacemos saber que los demás también tienen necesidades y que, aunque los escuchemos, nuestro trabajo consiste en mantener la visión de conjunto y, como un vigilante de faro familiar, iluminar y orientar a todos.

Piensa en algunas de las personas más admirables que conoces. A menudo han vivido tiempos difíciles; han estado dispuestas a enfrentarse a dilemas morales y éticos; han tenido que aprender a ser independientes, pero también a trabajar con los demás, y han salido adelante ya "probadas" y con mayor compasión. A menudo decimos de estas personas que tienen un carácter fuerte o que poseen una clara brújula moral. Esto es lo que todos queremos para nuestros hijos y es poco probable que lo consigamos si no ponemos en su vida límites y fronteras cariñosas que puedan mantenerse firmes. Con cuidado, sabemos bien que al hacerlo estamos, día tras día, construyendo su ser y sus capacidades fundamentales.

Compartiré una última anécdota sobre la necesidad del apego vertical que me hizo sonreír. Una vez me pidieron que diera una plática sobre por qué los niños parecen comportarse de forma más desafiante hoy en día. Hablé un rato con los organizadores sobre el título del programa, pero parece que las sugerencias que hacía eran demasiado "blandas". Dijeron que trabajarían en ello y se pondrían en contacto conmigo. No me contestaron, así que no tenía ni idea de lo que habían decidido hasta que entré en el vestíbulo del auditorio y eché un vistazo al brillante cartel promocional. Allí vi, por primera vez, en letras muy grandes y destacadas, el título que habían puesto a mi conferencia: "Los monstruos que reclaman derechos y los padres que lo permiten". Preparándome entre bastidores, empecé a formular mi humilde disculpa a las pocas personas que pudieran estar por ahí en el público. Me equivoqué en dos aspectos. La sala estaba repleta, y no había necesidad alguna de disculparse por el título. Los padres que habían acudido se identificaron como personas que tienen monstruos que reclaman derechos en casa, y que probablemente eran ellos mismos los que se los permitían. Lo que quedó muy claro a partir de los comentarios y las preguntas de las buenas y valientes personas que acudieron a un acto con un nombre tan provocador fue que el reto al que nos enfrentábamos era el resultado de una crianza demasiado horizontal entre iguales. Era necesario ser mucho más conscientes de cuándo nos deslizábamos demasiado hacia las prácticas de crianza entre iguales y cuándo necesitábamos pasar a la forma vertical, amable, clara y directa de los adultos que se relacionan con sus hijos.

Autoridad vs. autoritarismo

Las palabras importan, y cómo las usamos importa aún más. Es interesante que la palabra "autoridad" provenga del latín (y más tarde del francés antiguo) *auctoritas*, que significa "quien hace crecer"; pero hoy muchos padres reaccionan con cautela ante la palabra "autoridad". Quieren una relación afectuosa y conectada con sus hijos, y su interpretación de la autoridad no parece encajar bien con esta intención. ¿Por qué una palabra que en principio significa ayudar a crecer a los demás ha adquirido este significado más bien negativo?

La respuesta suele estar en nuestra propia infancia. Algunos de nosotros crecimos en hogares o hemos asistido a escuelas en las que estábamos sometidos a normas y métodos que podían ser duros e intransigentes. En aquella época, los adultos no siempre tenían en cuenta las situaciones individuales, sino que había una ley de hierro para todos y se aplicaba con mano dura. Los que recibíamos este tipo de "autoridad" a menudo nos sentíamos incomprendidos e injustamente juzgados y, desde luego, no abríamos nuestros corazones ni nuestra mente a los que impartían esa "justicia". Este tipo de paternidad es autoritaria, y tiene por objeto seguir apoyando la estructura de las instituciones y las viejas tradiciones, que prestan muy poca atención al individuo. El lado más oscuro del autoritarismo tiene que ver con el poder personal, el control, la supresión y el dominio. Como padres, tenemos razón al rechazar completamente esta forma de educar a nuestros hijos.

MUY SIMPLE

Un padre autoritario es frío, distante e inflexible. Un padre con autoridad es cariñoso, claro y está en conexión con su hijo.

Entonces, ¿significa esto que debemos rechazar otras formas de autoridad? En un taller sobre paternidad, en un remoto pueblo de montaña, conocí a un padre muy reflexivo cuyos abuelos eran supervivientes del Holocausto. Dijo que, debido a las terribles experiencias de su familia, tenía claro que quería criar a sus hijos para que "cuestionaran la autoridad" y se defendieran de ella. Todos estamos formados por nuestras biografías y la suya era especialmente perturbadora y poderosa; sus motivos eran claros y sólidos. Sin embargo, no pude evitar darme cuenta de que este padre tenía tres niños pequeños "de espíritu libre" que no dejaban de correr por la sala donde estábamos reunidos. Se lo pasaban bien mientras se daban de tumbos por todas partes. Parecían prestar poca atención a los adultos o a lo que ocurría a su alrededor. Eran los hijos del padre convencido de criar niños que fueran "espíritus libres". Dándose cuenta de que los niños eran una distracción, este padre consciente los echaba de la sala cada vez que entraban en ella. Al final optó por abandonar la sesión para hacer lo posible por calmar las cosas. Estos chicos parecían sanos y enérgicos; no había nada de malo en que se divirtieran, pero estaba claro que tenían problemas para ajustar sus acciones al lugar en el que se encontraban. Su juego era el correcto, pero estaba ocurriendo exactamente en el momento y el lugar equivocados.

Aquí es donde los padres pueden ayudar y entrenar a los niños en la empatía y en cómo ser conscientes de las necesidades de los demás. Por desgracia, esta habilidad vital se está dejando de lado en favor de ser unos padres "estupendos" que, de alguna manera, siempre se divierten con sus hijos sin necesidad de poner límites ni fronteras (lo que, sin duda, es un meme de las redes sociales y el *marketing* actual). Si lo hacen, parece algo tonto y poco entusiasta, ya que los niños los sortean con facilidad y acaban poniendo a sus padres en el camino "correcto". Reacios a volver a caer en la paternidad autoritaria que tantos de nosotros experimentamos en el pasado, podemos estar tentados a pensar: "De acuerdo, tal vez sea bueno que los tiempos hayan avanzado y que los niños sean mucho más despiertos e inteligentes hoy en día. Tenemos que relajarnos un poco más y aceptar que nuestros hijos tienen su propia sabiduría interior y que ellos resolverán las cosas".

En un descanso del taller, hablé con el padre en cuestión. Me dijo tranquilamente que sus dos hijos mayores se habían metido en problemas en la escuela. Aunque eso le preocupaba, le molestaba especialmente que no tuvieran amigos. Pensaba que su comportamiento fuerte y de espíritu libre haría que otros niños quisieran unirse a ellos o seguirlos en su dinámica, pero esto no funcionaba así, y sabía que un montón de padres evitaban que sus hijos salieran a jugar con ellos porque los niños les decían que el juego daba miedo y no era divertido. El padre estaba en conflicto. Le pregunté si estaba dispuesto a replantearse la forma en que había visto la disciplina y la autoridad hasta ahora. Sí que lo estaba.

A medida que surgía su historia personal, quedó claro que no solo habían influido en él las terribles experiencias de sus abuelos. Sus propios padres lo habían criado en un hogar en el que su padre era claramente un "dictador" autoritario, cuya presencia, muy severa e inflexible, estaba siempre presente, aunque trabajara muchas horas. Su madre, que cuidaba de su hijo y era un "alma bondadosa", también tenía miedo de enfrentarse a su marido. En ese entonces "odiaba" a su padre, no solo por su comportamiento rígido y aparentemente indiferente, sino también porque hacía que a su madre le preocupara mucho ser "demasiado blanda" con él por si su marido se enteraba, lo que le hacía "racionar su amor". Salió a relucir que, aunque este padre quería que sus hijos se defendieran por sí mismos, su motivación más profunda era tener una conexión amorosa, estrecha y divertida con ellos. Estas dos corrientes de biografía e intención se habían combinado para influir fuertemente en su paternidad.

Cuando volvimos a reunirnos más tarde, sugerí que había otra forma de ver la autoridad: a través de la lente de ser una autoridad en lugar de ser autoritario. Hablamos de cómo esta manera creaba una cercanía cálida y no una dictadura fría y acerada. Por el contrario, le expliqué que ser una autoridad le permitiría poner límites y guiar a sus hijos cuando su comportamiento pasara a ser descuidado, agresivo e hiriente, tanto física como emocionalmente. Como hijo considerado que era, me escuchó sin hacer muchos comentarios y me agradeció que le diera mi punto de vista. Pasaron unos meses y recibí este correo electrónico, parte del cual, con su permiso, por supuesto, voy a compartir con ustedes:

Gracias por aguantarme a mí y a mis revoltosos chicos en el taller. Pensé mucho en nuestra conversación y lo que se me quedó grabado fue la diferencia entre ser una autoridad y ser autoritario. Las cosas han cambiado aquí. He intervenido y trabajado en las disputas con mis hijos (había muchas) y les ha gustado mucho. Mi hijo de seis años incluso me pidió que siguiera haciéndolo, ya que era mucho mejor así. Esto me dio la confianza para hacer lo mismo con otras cosas, como la hora de acostarse, e incluso me encargué de limitar el uso de las pantallas, lo cual, tengo que admitir, me había estado molestando durante un tiempo. Mi propia madre se quedó con nosotros una semana hace poco y dijo que estaba orgullosa de mí por haber hecho estos cambios, que le daban ganas de volver más a menudo para ayudar, lo cual es nuevo y maravilloso, ya que a todos nos encanta que esté aquí, pero sobre todo dijo que yo parecía mucho más feliz y que me he convertido en el padre que ella deseaba haberme dado. ¿Qué más puedo decir?

Esta historia y muchas otras arrojan una luz suave pero clara sobre la realidad de que nuestros niños y adolescentes necesitan que los ayudemos a saber convivir bien con los demás, al tiempo que se mantienen fieles a su sentido del *yo* que surge poco a poco. Hay una danza diaria en la que el "yo soy" de la individualidad de nuestros hijos se mueve con el "nosotros somos" de la vida familiar. Los padres debemos ser como los "capitanes" del *square dance*, que evitan los enredos y las colisiones en la pista de baile mientras guían los patrones de la compleja danza; esta es la sagrada tarea de la crianza.

Centrado en los valores en lugar de centrado en el niño

¿Qué hay de malo en tener una familia centrada en los niños? Suena a algo cariñoso, a la vez que se siente bien poner las necesidades de nuestro hijo por encima de las nuestras. El problema es que el término "centrado en el niño", con demasiada frecuencia, significa realmente "dirigido por el niño", y los padres bienintencionados crean involuntariamente una situación en la que pierden el control, y las exigencias del niño pueden proyectar una larga y profunda sombra sobre toda la familia. Muchos padres se han encontrado en una situación en la que se sienten como criados no remunerados, damas de compañía, taxistas o consejeros cortesanos del joven príncipe.

MUY SIMPLE
Son los valores los que deben estar en el centro de nuestra familia, no los niños.

Por muy atractivo que pueda parecer (para el niño) ser un príncipe o una princesa en la jerarquía familiar, tener una dinámica centrada en el niño es en realidad estresante para nuestros hijos. Ellos saben intuitivamente que no tienen la madurez ni los recursos necesarios para ser líderes, pero tratarán de desempeñar ese papel, ya que tienen el temor inconsciente de que, si no lo hacen, el mundo que los rodea será inseguro. Sin embargo, como no tienen la madurez necesaria para desempeñar este "trabajo", sus intentos de liderazgo se traducen en exigencias desmesuradas para sus padres y hermanos. Cuando la familia no responde bien a las exigencias irrazonables —los hermanos se defienden, los padres gritan—, el niño se agita mucho. Se trata de un ciclo de comportamiento perjudicial para toda la familia, y hasta que el adulto no dé un paso adelante y asuma llevar la carga del liderazgo, el ciclo continuará. El punto de ruptura —o quizá del despertar— de una madre llegó cuando recogía a su hijo del entrenamiento de beisbol. Me contó que su hijo la vio caminar hacia él, dejó su pesada mochila en el suelo y se dirigió al coche sin más. El significado era claro: su madre debía recoger la mochila y llevarla al coche por él. En este crudo momento, se sintió avergonzada y disgustada a la vez. Se quedó totalmente inmóvil al darse cuenta de que había hecho esto muchas veces y de muchas maneras, y que no era que su hijo estuviese siendo muy irrespetuoso, sino que simplemente estaba actuando de la manera a la que estaba acostumbrado. Más tarde comentó: "Fue en ese momento en el que me di cuenta de que no solo me había alejado de mis valores como madre, sino de lo que significaba estar en cualquier tipo de relación humana. A mi hermoso hijo le pareció perfectamente normal hacer algo tan desagradable, y ni siquiera se daba cuenta de ello". Son los valores los que deben estar en el centro de nuestra familia, no los niños. Es hora de dejar de centrarnos en nuestros hijos y de atender a su mínimo deseo, y pasar a ser fuertes y claros en lo que defendemos como familia. Cuando nuestra ética fundamental ocupe este lugar central, nuestros hijos no solo serán más fáciles en la convivencia, sino que se sentirán seguros y tranquilos, y descansarán en este campo de ética práctica en la vida cotidiana.

Cuando tenemos valores fundamentales en las interacciones familiares cotidianas, establecemos un campamento base al que todos pueden volver sabiendo que van a descansar y reunirse en torno a la hoguera. Tener ese campamento base también los ayuda a tener el valor de salir cuando es necesario y les permitirá mantenerse firmes cuando las inevitables tentaciones de la vida y los dilemas éticos les salgan al paso; podrán sacar fuerzas cuando un grupo de chicos esté haciendo algo de lo que ellos no quieren formar parte.

Me viene a la mente a menudo una situación de mi propia vida sobre los valores familiares y cómo suelen entrar en acción en momentos inesperados. Volvía a casa después de un entrenamiento de futbol de la escuela. No éramos un gran equipo. La escuela era pequeña y la única forma de competir era estar muy unidos y apoyarnos mutuamente. Nuestro entrenador hacía hincapié en esto en todo lo que hacíamos.

Cansado, lleno de lodo y con muchas magulladuras, estaba deseando llegar a casa, remojarme en la tina y comer todo lo que pudiera encontrar. En eso, un gran coche deportivo vino a toda velocidad por la carretera y se detuvo de forma espectacular justo a mi lado. La ventanilla polarizada bajó y en el interior del coche pude ver a un grupo muy apiñado de mis amigos. Desde dentro salía un suave olor a mota mezclada con alcohol. Mi amigo Jeremy le había "sustraído" el coche a su tío y era él quien ahora conducía y estaba muy emocionado por llevar este vehículo de tanta potencia. "¡Sube, amigo!", gritó el grupo. "Vamos a dar algunas vueltas por la escuela. Será increíble". Esto significaba que iban a conducir por el recinto escolar haciendo girar el coche en pequeños círculos y probablemente entrando en el campo de futbol y destrozando el pasto. Me di cuenta de que había una chica en el coche que me gustaba mucho, pero con la que no había conseguido reunir el valor para hablar. Tal vez esta era mi oportunidad. Sin embargo, no pude evitar escuchar dos voces en mi interior mientras me mantenía tambaleante al borde de tomar una decisión. La primera era la de mi entrenador y su frase favorita (que decía mucho): "Un equipo campeón siempre vencerá a un equipo de campeones". Incluso lo tenía escrito encima de la puerta del vestuario. Significaba mucho para mí, y supongo que subir al coche y destrozar nuestro campo no parecía encajar con la responsabilidad que nos había inculcado. La otra voz, que provenía de un lugar aún más profundo, era la de mi padre: "Nosotros no hacemos cosas así. Eres mejor que esto".

Debí de verme raro al quedarme parado allí mientras "escuchaba mis voces", porque la ventanilla se deslizó hacia arriba (en aquella época era muy *cool* tener ventanillas eléctricas) y, en una lluvia de grava que levantaron las llantas al girar, el coche salió rugiendo. Ya no había nada más por hacer que subir la colina hasta casa (es extraño que "casa" esté siempre en la colina en estas historias) llevando mi gran maleta de deportes. Al entrar en la puerta pude oler la comida, algo muy bueno para un adolescente. Arrojé mi uniforme en el lavadero con la ropa sucia para que se remojara y me dirigí al baño. La familia ya había terminado de cenar, así que cuando estaba tomando mi tan esperada cena en solitario, mi padre se unió a mí para preguntarme sobre el entrenamiento y cómo iba el equipo. Hablamos un buen rato; le dije que estaba un poco nervioso por un gran partido que teníamos próximamente, que si ganábamos nos llevaría a clasificarnos por primera vez en la historia de nuestro equipo. Me contó una anécdota sobre su época de futbolista, cuando tenía que mantenerse concentrado jugando en un equipo de una gran ciudad enfrente de miles de espectadores y lo duro que podía ser para un "chico del campo". Rara vez se perdía uno de nuestros partidos y me encantaba que se interesara de verdad. Más tarde, aquella noche, cuando pensaba en que no había subido al coche y esperaba que la chica que me gustaba no pensara que yo era demasiado aburrido, me alegré de haber vuelto a casa y de haber pasado tiempo con mi padre.

Al día siguiente era sábado y me dirigí a la casa de un buen amigo mío. Algunos chicos de nuestro grupo ya estaban allí, lo cual era un poco inusual, pero en cuanto entré supe que algo iba mal. Había habido un accidente muy grave con el coche que conducía Jeremy. Él había muerto, y otros dos de los ocupantes estaban en el hospital en estado crítico. Todos estábamos aturdidos y nos mantuvimos unidos durante todo el día.

Hasta el día de hoy sigo pensando en mis amigos de aquel coche; en los que sobrevivieron y, por supuesto, en el que no lo hizo. También sé que fueron los valores, simple y llanamente, los que me dio mi entrenador y sobre todo mi padre, los que me salvaron. Ahora como padre de hijas que ya son jóvenes adultas, no me cabe la menor duda de que son los valores que damos a nuestros hijos los que vendrán en su ayuda cuando más lo necesiten.

Cuidarse a uno mismo

Dar prioridad a las necesidades de los niños tiene sentido, ya que son vulnerables y dependen de nosotros, pero ¿qué ocurre cuando eso se traduce en descuidar nuestras propias necesidades? A menudo encuentro que existe una relación entre los hogares "centrados en los niños" y aquellos padres y madres que parecen estar desbordados por tratar de satisfacer todas las demandas de sus hijos. El riesgo que corren estos adultos es perder la noción de quiénes son como personas por derecho propio. Tiendo a mirar este fenómeno a través de la lente de lo que es mejor en última instancia para toda la familia: si los adultos vivimos nuestra vida y permanecemos cerca de lo que nos nutre y nos da sentido, es más fácil definir los valores personales que nos importa mucho mantener y ponerlos en práctica por el bien de nuestros hijos.

Una de las notas más reveladoras que he recibido sobre este tema vino de una joven madre de veintitantos años:

Mi propia madre lo intentó, pero sinceramente, su carrera empresarial era muy importante para ella. Trabajaba muchas horas, a menudo desde casa, lo cual estaba bien, pero eso significaba que yo podía verla, pero no tocarla, ya sabes lo que quiero decir. Era como si estuviera al otro lado de una pared de cristal. Cuando tuve a mi bebé, estaba decidida a estar siempre disponible para él. Lo hice anteponiendo siempre sus necesidades. Me anticipaba a todo lo que pudiera necesitar y me apresuraba cuando podía hacer algo por él. Al principio me sentía bien, pero muy pronto comencé a cansarme, no solo el cansancio normal de la madre de un bebé, sino que estaba muy agotada. Cuando una amiga se acercó y se dio cuenta de lo cansada que estaba, pero también de lo exigente que se estaba volviendo mi hijo, me sugirió que buscase alguna orientación. Fui al médico y me sorprendió que, además de decirme que tenía que cuidarme mejor físicamente, me preguntara qué era lo que más me gustaba hacer. Le dije que ser madre, pero quería saber qué otras cosas "me hacían ser quien soy". Le hablé brevemente de mi afición a pasar tiempo en la naturaleza y, sobre todo, a escribir. "Bien", dijo. "Haz todo lo que puedas, a diario si es posible". Puse cara de sorpresa y me dijo con una sonrisa: "Puedo escribir una receta si eso ayuda". Así que hice lo que me sugirió. Cada día, hiciera el tiempo que hiciera, mi hijo y yo nos abrigábamos y caminábamos hasta una pequeña reserva natural que tenía unos arroyos muy pequeños. A los dos nos encantaba. Además, escribía una o dos páginas en mi diario, mientras él jugaba, que se han convertido en algunos relatos cortos y poemas sobre la maternidad. Nada publicable, son solo para mí; pero cuanto más tiempo dedico a escribir, más me descubro a mí misma. Ahora antepongo sus necesidades como niño que es, pero también antepongo mis necesidades como adulta. Es tan obvio, casi vergonzoso, escribir todo esto y luego leerlo, pero, por favor, transmítelo a los demás. Es muy importante.

Lo esperanzador de la experiencia de esta mujer es que encontró el equilibrio entre la tendencia de su propia madre a estar excesivamente dedicada a su trabajo y la forma en que ella se comportaba descuidando sus necesidades y su sentido del *yo*.

Mantenerte fiel a tu diseño

Hay momentos en los que todos los padres saben que tienen que sentarse y hablar de verdad con su hijo. Suele ser cuando el niño ha cruzado un límite de manera importante, y la mayoría de estas conversaciones buscan volver a un valor familiar que ha sido forzado o incluso ignorado. Sin embargo, creo firmemente que no debemos esperar a que se dé la "gran" o flagrante transgresión de los límites. Hay infinidad de pequeños momentos en los que esa línea todavía no se ha cruzado, pero se ha puesto un dedo del pie o incluso un pie entero en el lado que se considera inaceptable. Esos son los momentos en los que recordamos al niño nuestros valores familiares sin la presión ni la urgencia de un momento de "urgente disciplina".

En mi libro *El alma de la disciplina* (2021), cuento la historia de la creación de la estatua de *El David* de Miguel Ángel. Al parecer, el artista dijo que no la esculpió, sino que solo quitó el mármol que no era de la figura. Además, se dice que tuvo que adaptarse a los contornos y al grano de la piedra; el mármol le hablaba. En otras palabras, tenía una imagen clara de lo que sería la estatua y trabajó largas y pacientes horas para revelar la imagen interior que tenía, pero también tuvo que tener en cuenta la composición de la piedra.

Entendí este concepto de primera mano en un estudio de escultura cuando una artista me mostró el "grano" real del mármol. Sacó unos dibujos originales que había hecho de su proyecto y luego me mostró dónde tuvo que adaptar su proyecto debido al "carácter" de la piedra. "Sí, tienes una idea general, y luego tienes que escuchar hacia dónde quiere ir el mármol". Continuó diciendo: "Ahí es donde se pone interesante, porque en mis primeros días rompí algunas piezas porque me esforzaba demasiado. Después pasé años siguiendo la dirección de la piedra y los resultados...". Ella se rio y dijo: "Digamos que no eran de calidad". Agitando la mano con una exagerada floritura de artista, continuó: "Estaban llenas de expresión y todo eso, pero nadie las compró y siguen esperando en la parte de atrás con un aspecto solitario". Luego continuó describiendo cómo hay que tener en cuenta los contornos naturales de la piedra, pero hay que darles forma continuamente y "no perder de vista el diseño". Le dije que su trabajo como escultora se parecía mucho a mi papel de padre.

Mis hijas tenían ciertamente su propio carácter y temperamento, y querían que las cosas fueran a su manera, y era tentador dejar que eso me guiara, pero lo que me salvó una y otra vez era volver a nuestros valores familiares. Ella también tenía hijos y estaba de acuerdo con lo que yo decía. Estábamos convencidos de que tener un "diseño familiar" era crucial. Ella se rio y dijo pensativa: "Sí, tienes que dar un paso adelante y creer en lo que haces y hacerlo un poco cada día".

La seguridad de conocer tu lugar en el orden familiar

Tener un lugar al que podemos llamar hogar es fundamental para todos los seres humanos. Algunos pocos pueden elegir renunciar a él conscientemente, pero para la mayoría de nosotros es una necesidad profunda. Para un niño o adolescente, es quizás más pronunciada, y por eso los padres nos esforzamos por darles un buen hogar.

Sin embargo, más allá de cuatro paredes y un lugar donde aterrizar al final de cada día, los niños también necesitan un sentido emocional de su lugar en el orden familiar. Esto no quiere decir que debamos mantenerlos allí o subyugarlos o disminuirlos de algún modo. Más bien, y utilizando una analogía náutica, quiero decir que para aventurarse en el mundo necesitan haber salido de un barco ordenado. No se puede esperar que sean, a su edad, el capitán o el oficial de navegación. Como jóvenes, son un miembro de la tripulación que ascenderá en el escalafón, al adquirir poco a poco las habilidades para tomar un día el timón de su propia vida. En mi libro *El alma de la disciplina* doy un ejemplo sencillo de este principio: cómo manejar a un niño que interrumpe. Sugiero que no permitamos que los niños interrumpan la conversación de los adultos. En su lugar, propongo levantar una mano haciendo la señal universal de "alto, espera", sin establecer contacto visual con el niño, mientras completas la frase que estabas diciendo o escuchando. Si en la familia hay un interruptor en serie, nos vendrá bien dejar la conversación después de, por ejemplo, cinco o diez segundos. Entonces podemos dirigirnos al niño y agradecerle sinceramente su "buena espera", y luego prestarle toda nuestra atención para preguntarle lo que necesita. La próxima vez que quieran interrumpir, y seguramente no tendremos que esperar mucho para esta oportunidad, podemos hacer que el niño espere de quince a veinte segundos. Cuando vuelva a suceder, repítelo, pero amplía el tiempo de espera un poco más cada vez que sea necesario. No se trata de sugerir en modo alguno que "los niños deben ser vistos y no escuchados"; es mucho más una cuestión de cómo y cuándo. Esta práctica ayuda a que los niños controlen sus impulsos, pero también es una sutil forma diaria de indicarles su lugar como miembros (muy queridos) de la tripulación y no como el almirante de la flota.

Los valores viajan bien

Ser consciente de comunicar el lugar de cada uno —con el padre o la madre como líder y responsable de la toma de decisiones— también te proporcionará un buen punto de apoyo cuando visites a amigos y familiares que pueden no compartir tus mismos valores. Si, por ejemplo, tu propia madre o padre cuestionan alguna vez cómo estás educando a tus hijos —especialmente si intentas que las cosas vayan más despacio y que la simplicidad y el equilibrio sean el centro de tu toma de decisiones—, puedes dirigirte a ellos y decirles: "Aprecio tu punto de vista, pero me criaste para ser una persona que defiende aquello en lo que cree. Gracias. La forma en que estoy educando a mis hijos es exactamente en lo yo que creo". Tal vez podrías añadir con una sonrisa: "Así que, en realidad, la culpa es tuya".

Estar firmemente arraigado en tu forma de hacer las cosas no significa ser severo o rígido, pero añade ese tono de autenticidad a tu voz cuando hablas a los demás de por qué manejas las cosas de una manera determinada. Por ejemplo, tu hijo puede estar junto a ti en una fiesta cuando tu conversación deriva hacia contenidos orientados a los adultos, como los recientes acontecimientos violentos del mundo. Sabes que esto es inapropiado y que le da miedo a tu hijo, pero tu hermana parece no darse cuenta. Con un tono tranquilo pero claro, puedes reconocer y reconducir la conversación diciendo algo como: "Sí, los adultos tenemos que ser conscientes de que este tipo de cosas complicadas ocurren en otros lugares y de que nuestros hijos están seguros en nuestras familias con nosotros. Vamos a hablar un poco más de esto esta noche". Este liderazgo silencioso transmite a tus hijos el mensaje de que estás siendo "real", manteniéndote fiel a tus creencias y a lo que ellos conocen. Sabrán que no cederás porque estás "en compañía", y aunque, hasta cierto punto, probablemente les encantaría beber montones de refrescos, jugar videojuegos violentos, ir gritando por toda la casa e irse a la cama muy tarde, en el fondo les tranquiliza que te mantengas en las cosas que les son familiares. También tendrán menos discusiones agitadas con los primos y simplemente se divertirán más. No es para nada un "sermón", pero les muestra una situación clara y tus hijos dormirán mejor esa noche gracias a ello.

Llenar el vacío del liderazgo

Los niños necesitan saber quién manda; miles de años de evolución los han "programado" así. De hecho, el niño de las cavernas respondía rápidamente y sin preguntar a un adulto que escapaba de un animal peligroso que los acechaba. Del mismo modo, el niño que evitó morir envenenado por plantas tóxicas fue el que se ciñó estrictamente a las indicaciones del adulto que recogía hierbas, hongos y bayas. En el primer caso, el adulto era físicamente más fuerte que el niño a la hora de defenderse del peligro y, en el segundo, el padre era más sabio y experimentado. Desde hace muy poco tiempo, en términos de desarrollo humano, la existencia de un joven no depende tanto de los adultos de la tribu. Ahora, al menos en algunos países, tenemos una red de seguridad social. Sin embargo, el cerebro y el sistema nervioso de un niño siguen funcionando prácticamente igual que siempre. Por mucho que algunas tendencias modernas de la sociedad y el *marketing* deseen que sea diferente, en el fondo de cada niño y niña está la necesidad instintiva de saber quién los mantiene a salvo.

Hay dos desenlaces principales si esta necesidad básica es ambigua o está ausente en la vida de un niño.

En primer lugar, mostrará ansiedad, miedo y nerviosismo. Volverá a adoptar una respuesta de lucha, huida, parálisis o supervivencia en tropel. Esto significa que su comportamiento será desafiante (lucha), hiperreactivo (huida), obstinado u obsesivo (parálisis) y con tendencias a la camaradería o al agrupamiento (tropel). Alrededor de 25% de todos los jóvenes de 13 a 18 años tienen una ansiedad que va de leve a moderada. Y el problema parece manifestarse a una edad cada vez más temprana.

En algunos colegios, en los primeros años de primaria se organizan "clubes para calmar la ansiedad". En un colegio, asistieron más de la mitad de los niños de segundo año de primaria. Aunque esto puede parecer un paso necesario para que los niños sean capaces de funcionar adecuadamente en el entorno escolar, en cierta medida es una manera de tratar el síntoma y no la causa. Estos niños pueden aprender ejercicios de respiración profunda, no hay nada malo en ello, pero lo que también necesitan es que los adultos que los rodean, especialmente los padres, entren más plenamente en un espacio de autoridad en su vida. Puede que esta no sea la única respuesta para calmar la ansiedad, pero es una parte muy importante.

En segundo lugar, si un niño, preadolescente o adolescente siente que nadie está claramente a cargo de la familia, se pone en marcha un reflejo de supervivencia social muy básico. Entrará en el espacio vacío e intentará tomar el control. Esto puede provocar todo tipo de tensiones. El niño, e incluso el adolescente, no tiene ni debe tener aún la madurez emocional para desempeñar este tipo de papel. Es demasiada responsabilidad y el chico o la chica suele sufrir niveles crecientes de estrés por no ser capaz de afrontarlo. A esto se añade la confusión que pueden sentir si un padre reacciona con fuerza cuando el comportamiento del niño parece irrespetuoso y mandón. Por un lado, una necesidad muy primitiva de seguridad los impulsa a dar un paso para intentar que alguien tenga el control, mientras que, por otro lado, su padre puede estar diciéndole que ese comportamiento es inaceptable. Esto solo sirve para aumentar los sentimientos de inseguridad y de incomprensión, y puede erosionar el vínculo, el apego y la conexión entre padres e hijos.

Está claro que tenemos que evaluar cómo estamos proporcionando esta necesidad fundamental del liderazgo adulto. En *El alma de la disciplina* utilizo una analogía de los padres como el gobernador, luego el jardinero y después el guía. En los primeros años, hasta alrededor de los nueve, los padres desempeñan el papel de gobernador. Somos el gobernante benévolo de nuestro territorio familiar. Este es el momento en el que sugiero a los padres que utilicen la técnica que he mencionado antes para cuando un niño interrumpe una conversación. Cuando un niño entra en la edad preadolescente, entre los nueve y los trece años aproximadamente, hacemos bien en cambiar a la posición de jardinero, en la que observamos y escuchamos atentamente al niño, atendiendo sus necesidades, pero fortaleciendo su independencia paulatinamente. En el terreno de la conversación, el jardinero entrena al niño para que hable con respeto, con consideración hacia los demás miembros de la familia y en el momento adecuado.

No se trata de que la madre o el padre sean demasiado exigentes al pedir que el preadolescente sea más consciente de su forma de comunicarse. Lo correcto es que un padre diga con honestidad: "No estoy siendo para nada absurdo. Así es como funciona el mundo si quieres que te escuchen". Cuando el preadolescente haya hecho su petición o dado su punto de vista, el progenitor puede pedir algo de tiempo para considerar las cosas y luego tomar la decisión final.

Ahora bien, todos sabemos que los adolescentes pueden estar increíblemente desinteresados en nuestras opiniones, pero sí están muy interesados en la dirección que quieren tomar y en sus necesidades sociales. Así que en esta etapa podemos adoptar la forma de ser del guía con nuestro adolescente. Escuchamos atentamente lo que quieren hacer y hablamos con ellos sobre la mejor manera de lograrlo. Un buen guía conoce el terreno y ofrecerá ayuda, pero también intervendrá con firmeza cuando algo vaya mal.

He aquí una historia que es un gran ejemplo del resultado cuando un adulto pasa a gobernar y guiar con más autoridad a su familia.

Un padre de tres hijos, de entre cuatro y diez años, me llamó en busca de apoyo para poderlos manejar mejor, pues parecían estar siempre peleándose entre ellos. Le empezaban a molestar mucho las "constantes peleas y el costo que tenían para todos". Está claro que se trata de una situación habitual, y yo ya había tenido experiencia tratando de llegar al fondo de estos asuntos; le sugerí que diéramos un paso atrás y exploráramos la dinámica de la autoridad en esta familia. Quedó claro que tanto él como su pareja daban a los niños muchas opciones abiertas ("¿Qué van a querer desayunar?") y hacían peticiones en lugar de directrices ("¿Qué tal si entramos todos en el coche ahora?"). Lo hacían porque, comprensiblemente, querían dar un modelo de respeto a sus hijos. Por eso les resultaba tan desconcertante que ellos se trataran tan mal entre sí.

Les sugerí que, al adoptar este tipo de estilo de crianza, habían creado inadvertidamente un vacío de liderazgo que los niños intentaban llenar. "¿Así que todos intentan ser el jefe porque sienten que nosotros no lo somos?". Parecía un poco asustado. Le expliqué que gran parte de sus intensas discusiones se debían probablemente a la lucha por ser el verdadero jefe. "Sí, ya lo veo", dijo. "Son como cachorros que se pelean para ver quién va a ser el jefe". Ya estaba comprendiendo la idea, así que le planteé una cuestión fundamental: "Pero los verdaderos jefes tienen que ser...". Terminó la frase con voz resuelta: "Mi mujer y yo".

Nos volvimos más específicos para convertir las peticiones que hacían a sus hijos en instrucciones amables pero claras. También hablamos del principio de ser el gobernador del estado familiar, y de cómo debían dar opciones limitadas: "Pueden elegir entre los tres cereales de desayuno que he puesto en la mesa de la cocina". Si los niños se oponían a esas posibilidades, por ejemplo, le expliqué que les podían responder: "Sí, ya veo lo que quieres, pero esa no es una de tus opciones". Cuando los niños se enzarzaban en luchas de poder entre ellos, le sugerí una frase muy sencilla para que empezaran a cooperar: "¿Necesitan mi ayuda o lo están solucionando?".

El padre estaba dispuesto a empezar. Esta forma de ver las cosas tenía mucho sentido para él, aunque suponía un cambio en la forma en la que él y su mujer se relacionaban con sus hijos. Le dije que admiraba su apertura al cambio y colgamos el teléfono. Al cabo de tres semanas llegó un correo electrónico:

Tengo que admitir que mi disposición a aceptar la idea de tomar mayor control se debía más a mi necesidad de volver a la cordura en casa que a la de ser un buen padre. Pensé que mi mujer necesitaba todavía más tiempo para convencerse de esto, porque ella es un encanto con los niños y tomé yo la iniciativa con ella sobre darles demasiadas opciones, pero reconoció que teníamos que hacer algo diferente.

Así que empezamos a ser más claros y firmes con todas las cosas que, en el pasado, habíamos dejado pasar o intentado expresar como opciones. Al cabo de un par de semanas, mi hija de diez años habló con mi mujer y le dijo que su hermano pequeño, de siete años, la molestaba mucho menos ahora que "éramos estrictos". Le preguntó si habíamos estado hablando con su profesor, que a ella le caía muy bien, porque esta era la manera como él "mantenía a los chicos bajo control". Mi mujer y yo nos reímos mucho de esa suposición. Definitivamente, hemos notado un cambio. Podría seguir hablando de todas las diferencias que ha supuesto estar más presente y al mando, pero una cosa que parece resumirlo todo es que ahora juegan juntos durante más tiempo porque intervenimos antes, y les damos la oportunidad de resolverlo ellos o nosotros. A menudo intentan solucionar las cosas, mientras nosotros nos quedamos cerca y escuchamos. Si vuelven a pelearse, intervenimos y declaramos "tregua" e insistimos en que vayan a jugar por separado un rato y se calmen antes de que lo solucionemos. Hacen lo que se les dice casi sin rechistar, porque saben que este sistema funciona, y hemos podido poner las cosas en orden para que puedan volver a jugar si quieren. Eso es un GRAN cambio.

Mi mujer quería que le dijera que ya no siente que la pisotean. Se siente que está más en control y, en general, está más sana de lo que ha estado en mucho tiempo. Esto ha hecho que mi mujer y yo tengamos más tiempo para estar juntos sin tener que interrumpir constantemente alguna pelea. No me di cuenta de esto hasta que ella dijo que se sentía un poco como cuando solíamos pasar el rato en los cafés cuando estábamos en la universidad. Es cierto, pero también me encanta porque ahora, incluso cuando los niños están en casa, la casa se queda en silencio a ratos. Bien, eso es todo por ahora.

PD: Ah, se me olvidaba mencionar que la semana pasada incluso pudimos hacer un viaje de una hora en el coche sin demasiados problemas. Todos sonriendo.

Amistad vs. amigos

Parece que existe una confusión generalizada y genuina sobre la diferencia entre ser cercano, cálido y amistoso con un niño o adolescente, y la necesidad de ser amigos.

Cuando era niño, mi padre me llamaba por mi nombre de pila o "hijo" y mi abuelo me llamaba "chico". No tenían ninguna intención de condescendencia, ya que lo decían de una manera que me hacía sentir que estaba incluido en una parte de algo que era más grande que yo. Yo los llamaba "papá" y "abuelo" o "pa". Aunque esta forma de dirigirse se daba en los "viejos tiempos", cuando oigo que un padre llama a su hijo "amiguito" y que el niño llama a su padre algo así como "cuate", debo confesar que siento una pequeña punzada de tristeza por la dirección que puede tomar esa relación. No es que llamar a un niño "amiguito" signifique que haya un problema, pero a menudo estos nombres sugieren que el niño puede estar tratando al adulto como a un hermano y sentirse libre de aceptar o ignorar sus sugerencias.

Asimismo, cuando los padres utilizan los apodos que el niño ha recibido de sus amigos, para mí también es una señal de que la línea entre amistoso y amigo se está borrando. Por ejemplo, hace poco vi a un padre que recogía a su hijo en la escuela. El apodo del niño en la escuela procedía de un movimiento de patineta que había realizado: Shifty. "¡Eh, Shifty, por aquí, es hora de irse!", dijo el padre. Otros niños cercanos pusieron los ojos en blanco; el propio Shifty estaba avergonzado de que su padre adoptara el mote que le habían puesto sus compañeros. No es por los nombres en sí mismos —amiguito o Shifty—, sino simplemente porque este tipo de relación se hace audible y visible.

Es importante señalar que, por supuesto, muchas familias ponen a los niños apodos bonitos y entrañables que utilizan principalmente los miembros de la familia, en la intimidad y el calor del hogar. Una vez oí a una madre llamar a su hija "Smudge". Me pregunté si era porque le gustaba jugar en el barro, o quizá se embadurnaba con pinturas, pero todos parecían contentos con su uso silencioso. La chica estaba en la adolescencia, así que supongo que cuando sus amigos venían a casa, su madre volvía a utilizar su nombre completo para evitar recibir esa mirada de ojos escandalizados que las adolescentes parecen haber convertido en una forma de arte.

El mismo tipo de problema surge cuando los padres adoptan una forma de vestir y hablar para parecerse a su hijo o hija adolescente. Una vez escuché a un grupo de chicas de dieciséis años sentadas juntas durante el recreo (hablaban con un volumen un poco alto). "¡Ya lo sé! Tienes que hacer algo completamente escandaloso para que no te copien". "Sí, ¿quizá deberíamos hacernos todas un *piercing* en la lengua?". Otra chica del grupo dijo: "No, eso nunca funcionará porque ella también se lo hará". Risas descontroladas. Dentro de esta estridente conversación, otra del grupo que hablaba rápidamente dijo: "Esto es TAN extraño, porque siempre que me compro ropa, tengo que pensar en el aspecto que tendrá mi madre cuando se compre lo mismo. Así que tengo mucho cuidado con lo que escojo porque eso es mejor que avergonzarse cuando se ponga algo que le quede raro". Aunque esto pueda parecer despiadado, las chicas no intentaban menospreciar a sus madres, sino que parecían compartir una experiencia que las hacía sentirse muy incómodas, y aunque las madres probablemente intentaban establecer una buena relación y estar cerca de sus hijas, parecía ocurrir lo contrario, ya que estas niñas intentaban desvincularse y distanciarse de sus madres.

De nuevo, quiero añadir que no parece haber nada malo en, por ejemplo, que una adolescente comparta algo de ropa con su madre; eso puede ser divertido y también ahorrar dinero. A lo que se referían estas chicas era a cuando se cruza esa línea y el espacio que cualquier adolescente necesita para expresarse se llena de las necesidades de un padre bien intencionado. Es un tema delicado para todos, y si somos conscientes de lo que funciona y lo que no, creamos un terreno mucho más sólido para que todos los miembros de la familia tengan el espacio... y la conexión que necesitan.

Éxito en la escuela y en casa

En un taller sobre la clarificación de los valores y el liderazgo familiar, una profesora de sexto año de primaria me dijo: "Normalmente no digo cosas como esta, pero los maestros tampoco pueden hacer lo de la relación horizontal. Es espantoso, nadie aprende mucho y termina todo en el caos". Me reí de su franqueza, pero continuó: "Si no me pongo en plan de broma y soy amiga, los niños piensan que soy mala y se lo dicen a sus padres". Necesitaba soltarlo. "Entonces el padre me llama diciendo que está muy descontento porque no entiendo a su hijo, y cuando le explico la situación, lo mucho que me esforcé y que el niño tuvo un comportamiento bastante irrespetuoso, el padre cree la versión de su hijo y no la mía. Perfecto, ya he terminado de desahogarme", dijo con un toque de exasperación.

Esta mujer se estaba refiriendo a algo que parece ocurrir en los salones de clase de todo el mundo: existe un choque entre los profesores, que tienen que ser la autoridad (para crear un entorno de aprendizaje para la veintena de niños del grupo), y los niños, que han sido educados para considerar la dirección de un adulto como algo opcional. Le pregunté a esta profesora si creía que era posible que esos niños no fueran irrespetuosos voluntariamente, sino que el problema fuera que no reconocían fácilmente la presencia de autoridad de un adulto. Me contestó: "Oh, Dios mío, eso es exactamente lo que es. Son niños encantadores, pero es que a menudo sienten que sus conversaciones individuales y lo que cada uno de ellos quiere hacer es tan importante como la instrucción del profesor y las necesidades de los demás en la clase. Y cuando tienes un montón de estos niños, llega a ser imposible". Le pregunté qué sentía personalmente como profesora. Se rio y dijo: "Tengo un sueño recurrente en el que estoy en el salón, intentando enseñar, pero cuando abro la boca para hablar no sale nada. No tengo voz".

Una de las razones más convincentes para enseñar a los niños a respetar el liderazgo de los adultos (cuando es cálido, justo y claro) es que no solo aprenderán más en la escuela, sino que les servirá en años posteriores en el trabajo, y con los amigos y compañeros de vida. Esto no significa, desde luego, que nunca deban defenderse cuando sea necesario, pero incluso en ese caso se trata de entrenarlos para que digan lo correcto en el momento adecuado, de manera que tenga el máximo efecto si se trata de una injusticia. Ser capaz de reconocer las necesidades de los demás, y que hay cosas buenas que aprender de la gente buena, es el punto central de la empatía. La empatía tiene mucho que ver con la eficacia, el éxito y la felicidad futuros.

Los padres se ponen de acuerdo

El mundo sería incoloro, soso y aburrido si todos pensáramos exactamente igual. Es maravilloso que cada persona tenga sus propias peculiaridades y formas de ver las cosas, tanto los padres como los hijos. Pero cuando se trata de ser el gobernador, el jardinero o el guía, los padres tienen que "ponerse de acuerdo". Es importante reconocer que cada persona, como niño, va a tener sus propias peculiaridades y formas de ver las cosas, y los padres somos iguales. Entonces, ¿cómo aceptamos e incluso celebramos nuestras diferencias como dos adultos que guían a sus hijos sin que se convierta en algo problemático?

Este es un punto importante porque los niños han enfrentado a un padre contra el otro desde que existen las familias, y eso es mucho tiempo. Parece que forma parte de su naturaleza. Es un talento nato y tienen muy dominada esta técnica. Si hay una grieta en la consistencia de nuestros enfoques educativos, los niños tienen una forma de aprovecharla, de modo que, si no tenemos cuidado, puede abrirse hasta crear un verdadero cisma. Pero examinar esas grietas también nos ofrece una forma de saber en qué áreas tenemos que trabajar en nuestras relaciones de pareja o de coparentalidad, incluso en la situación de dos hogares separados.

Hace poco observé divertido cómo una niña muy pequeña arrebataba un trozo de manzana de la mano de su madre, la miraba fijamente y, dulce como un ángel, le entregaba la manzana a su padre. "Así es como comienza", pensé, mientras los padres se reían a carcajadas. Entonces el padre hizo algo tan brillante que debería formar parte del salón de la fama de la paternidad. Fingió una gran cara de tristeza, se metió parte de la rodaja de manzana en la boca y dejó un poco fuera. Acercó la cara a su mujer o pareja y la movió en señal de invitación a morderla. Ella, captando el mensaje, mordió el trozo que se le ofrecía. La pequeña dio un chillido de risa. Ajusté mi narrativa interior a... "y que sea así por mucho tiempo". Este sencillo intercambio lo decía todo porque, de las pequeñas cosas, se crean las grandes y, con el tiempo, si estos dos padres pueden mantener ese tipo de mensaje tácito de unión, a través de todos los altibajos de la vida familiar, es muy probable que esta niña crezca con la seguridad de que "todo está bien en mi mundo".

No hay duda de que, incluso entre los equipos de padres más conectados y mejor coordinados, habrá momentos en los que las relaciones entre ellos sean tensas. Y eso está bien. Tenemos que tener cuidado de no definir el éxito parental como una foto de revista en la que aparecen dos padres vestidos con camisas blancas inmaculadamente planchadas, con dientes blancos perfectos, jugando con sus dos hijos de comportamiento impecable, en una habitación que parece tan limpia, organizada y minimalista que sugiere que un maestro zen danés es nada menos que la (muy discreta) chica de la limpieza.

Los niños tienen una capacidad desconcertante para leer nuestras emociones. Perciben cuando estamos disgustados y están especialmente atentos a las tensiones entre los padres. ¿Por qué? Porque los niños viven en el delicado espacio que hay entre nosotros. Ese es el aire que respiran y la fuente de su nutrición emocional. Se alimentan de nuestras relaciones. Esto puede ser un pensamiento aterrador, pero no tiene por qué serlo. Lo que les sirve no son solo los puntos en los que puedes estar de acuerdo con tu pareja o con el otro padre, sino lo bien que trabajas tus diferencias y no permites que se atasquen y los definan a ambos. Como todos sabemos, es doloroso para un niño oír a sus padres hablar mal del otro. Crea un conflicto interno para el niño o el adolescente, no solo porque no quiere tomar partido, sino porque, en un nivel tácito, anhela la plenitud y la certeza de que su mundo es seguro.

Una de las tensiones más comunes y molestas que afecta de lleno el liderazgo familiar es cuando uno de los padres quiere ser más relajado y el otro ve la necesidad de establecer más límites. Cuando esto ocurre, lo que puede haber empezado como una ligera diferencia de actitud se convierte en una brecha cada vez mayor, ya que cada padre se esfuerza más por contrarrestar el enfoque del otro. El progenitor fácil se vuelve cada vez más indulgente y el progenitor que busca poner límites se siente obligado a hacer cumplir las normas de forma más estricta. Esto suele llegar a un punto crítico en torno al uso de la tecnología digital. Por ejemplo, imagina a un niño de 12 años que trata de poder pasar más tiempo conectado a la pantalla o al teléfono celular. Sus padres están en desacuerdo sobre cómo afrontarlo: uno de ellos quiere quitarle el teléfono durante las horas sin pantalla ya acordadas, mientras que el otro quiere confiar en el niño. Uno de los padres señala que el niño ha roto un acuerdo claro, mientras que el otro argumenta que todos los niños se saltan las normas a veces y que hay que darle otra oportunidad.

Lo que puede ayudar en esta situación, y en otras innumerables como esta, es lo que yo llamo "construir el arca antes del diluvio", o anticiparse a estas tensiones antes de tener que lidiar con ellas en el calor del momento. Escribí un libro titulado *Being at your Best when your Kids are at their Worst [Estar lo mejor posible cuando tus hijos están en su peor momento]* en el que comparto algunas estrategias para "construir el arca". He aquí una sencilla herramienta que resulta especialmente útil para este asunto.

Busca un espacio tranquilo con tu pareja: una excursión, una comida en su lugar favorito o incluso una noche en la que ambos dejen de lado otras tareas durante una o dos horas para hablar de los valores familiares compartidos. Hablen de las cualidades que son realmente importantes para ustedes. Traten de no limitarse y de alcanzar cualidades mayores, como la empatía o tratar a los demás en la familia como desearías que te trataran a ti, pero también deben estar dispuestos a poner en práctica aspectos básicos como la veracidad y los buenos modales. Escriban sus valores. Es importante acordar que no pasa nada si sus dos listas tienen variaciones.

Comparen sus notas y busquen conceptos que sean similares o vayan en el mismo sentido. A algunas personas les ha resultado útil hacer un sencillo diagrama que consiste en dibujar dos círculos superpuestos (conocido como diagrama de Venn). Cada segmento de los círculos ocupa aproximadamente un tercio del espacio. Si eres de los que piensan en imágenes, imagina que sostienes dos discos *frisbee* en cada mano; ahora muévelos juntos hasta que se toquen. Sigue moviéndolos hasta que se superpongan, formando tres áreas igualmente proporcionadas. Escriban los valores en los que ambos estén de acuerdo en la zona central, ahí donde los círculos se superponen (puede ser divertido escribir en el *frisbee*, pero mejor en papel).

Por último, piensen en algunas situaciones prácticas de la vida familiar cotidiana que describan cuando está *presente* ese valor y también cuando no. Por ejemplo, respetar las diferencias: *Presente* = Estar dispuesto a escuchar una forma diferente de ver cómo surgió un conflicto. *No está presente* = Acusar a la persona con la que estás en desacuerdo de estar ciega a la verdad o de mentir.

Otra forma de afrontar mejor el calor del momento es lo que yo llamo un "reajuste de valores". Cuando surge un problema entre el otro padre y tú, tendrán que detener conscientemente la situación y acordar darse un espacio tranquilo y separado de quince a veinte minutos. Esto es básicamente una tregua. Están reconociendo que ningún punto de vista gana y tampoco pierde.

Muchas personas necesitan este tiempo para permitir que se disipen la adrenalina y el cortisol que surgen con el estrés y el desacuerdo. Durante este intervalo, ambos acuerdan dejar de lado el asunto concreto que está causando la fricción y más bien centrarse en los valores de crianza compartidos. Elijan el que sea más significativo para ustedes y recuerden en silencio por qué es importante. Ahora, con esto en mente, vuelve con tu pareja y haz lo posible por discutir el tema de la crianza a la luz del valor elegido.

Utilizar estas estrategias fue importante para una pareja que había tenido algunos desacuerdos sobre cómo manejar las "batallas" de sus dos hijos. La madre consideraba que no estaba bien que su hijo mayor fuera físicamente agresivo con su hermano menor, pero el padre culpaba al menor de ser "continuamente provocativo y de merecer lo que le pasaba". La situación empeoraba y los arrebatos eran más frecuentes entre los niños. La tensión de la situación estaba dificultando la relación de los padres.

Me contaron que al principio les costó aceptar su desacuerdo "porque se habían levantado algunos muros entre nosotros. Cada uno tenía todo tipo de razones por las que tenía razón, además de los ejemplos selectivos para demostrarlo". Sin embargo, cuando hicieron el ejercicio del diagrama de Venn, tuvieron un gran avance. Como me escribieron en un correo electrónico:

Cuando miramos nuestro diagrama nos dimos cuenta de que teníamos muchas cosas en común. En particular, nos fijamos en la palabra AMABLE, que estaba escrita arriba, en mayúsculas y subrayada. Hablamos de esto hasta altas horas de la noche. Parecía romper los muros. A la mañana siguiente decidimos que los chicos podían ir un poco más tarde a la escuela, algo que nunca habíamos hecho antes. Después del desayuno nos sentamos todos y hablamos de lo importante que era la amabilidad para nosotros, y de cómo nuestra familia había olvidado comportarse así. Nuestro hijo más pequeño recordó a su abuela, que murió el año pasado, y lo amable que era, y cómo eso lo hacía sentirse "seguro" cuando estaba con ella. La discusión fue bastante buena y nos sentimos orgullosos de la forma en que estaban dispuestos a abrirse. Quizá pudieron percibir que esto era algo realmente importante para mi mujer y para mí. Ambos estuvieron de acuerdo en que si alguno de los dos "metía la pata" dirían: "Basta ya, en serio". Esas palabras eran la señal para "dejarlo pasar" y "no armar una batalla campal al respecto". Les dijimos que nos parecía una gran idea y que los ayudaríamos a hacerlo.

Terminamos nuestra pequeña reunión diciendo por turnos una cosa amable sobre cada persona de la familia. Todos estuvimos de acuerdo en que eso nos hacía sentir bien. Otra idea que pareció surgir de forma natural fue que cada noche, a la hora de acostarse, todos dijéramos una cosa amable que hubiéramos hecho ese día. Ya han pasado un par de meses y seguimos haciendo nuestra pequeña rutina de amabilidad del día por la noche. A veces todavía se pelean, pero el ambiente en la casa es muy diferente.

Este capítulo ha abordado una amplia gama de temas que giran en torno a la clarificación y consolidación de los valores familiares y el papel que desempeñan en la crianza con simplicidad. Espero que estos temas hayan dado voz a algo que estabas experimentando o quizás hayan arrojado luz sobre una forma totalmente nueva de ver este tema.

Trabajar con el fin de crear para nuestros hijos un liderazgo centrado en los valores, tan conscientemente como podamos, les dará seguridad y los ayudará a actuar de una mejor manera a medida que crecen hasta la edad adulta, ayudándolos a tener más confianza y capacidad, para dirigirse a un mundo que necesita mucho de su fuerza moral. Lo veo como un quinto punto de la crianza con simplicidad, un componente igualmente importante y de apoyo mutuo para tener un niño y una familia más tranquilos, felices y seguros.

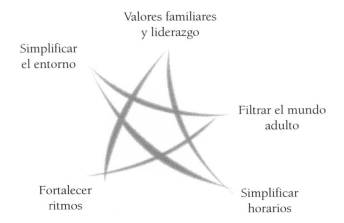

Valores familiares
y liderazgo

Simplificar
el entorno

Filtrar el mundo
adulto

Fortalecer
ritmos

Simplificar
horarios

Imagina...

★ un hogar en el que tus valores más apreciados sean el centro de
la vida familiar de cada día.

★ un lugar en el que tú tomas las decisiones sobre lo que es útil y
saludable para tus hijos, sin la presión del *marketing* impulsado
por los medios de comunicación.

★ que tus hijos sepan en lo más profundo de su ser que eres un
puerto seguro desde el que pueden lanzarse al mundo y volver.

★ que tus hijos escuchen la firmeza amorosa y el tono de autoridad
de tu voz y acepten mejor tus indicaciones.

★ sentir más facilidad y energía en tu interior al pasar el día con tu
hijo.

★ poder disfrutar plenamente de las visitas a los amigos y a la
familia sabiendo que puedes intervenir y redirigir a tu hijo, si es
necesario, con una confianza tranquila.

★ que tu hijo sea capaz de seguir las instrucciones del profesor, de
amar el aprendizaje, de hacer buenos amigos y de progresar en
la escuela.

★ la seguridad que sentirán tus hijos al experimentar la coherencia
de sus dos padres.

★ que tu hijo adulto haga las maletas y se vaya de casa mientras tú
te levantas y te despides sabiendo que has hecho todo lo posible
por darle los valores fundamentales que sin duda necesitará para
enfrentarse a los retos del futuro y seguir su propia estrella.

Epílogo
Crianza con simplicidad para llevar

Cuando conocí a Carla, había una gran desconfianza en sus ojos. Había venido de visita, inesperadamente, y mientras su madre nos presentaba, Carla me dirigió una mirada acerada. Estaba sentada en el suelo, con una gran pila de papel de regalo y telas brillantes a su lado. Mientras platicábamos, me di cuenta de que esta brillante niña de casi seis años tenía el control de la casa. ¿Qué hacía yo allí?

La madre de Carla, Michelle, había venido a verme una semana antes para compartir su preocupación por el comportamiento de Carla. Michelle y Clark Adams esperaban un bebé dentro de unos meses y Carla se estaba comportando mal en casa, en el colegio y en la guardería. "Sé que esto es muy común", había dicho Michelle. "Carla no está nada contenta con el bebé. Pero su comportamiento, además de todo lo que tenemos ahora, ¡es más de lo que podemos soportar!". Explicó que Carla se había vuelto últimamente bastante agresiva —golpeaba y daba patadas— y que les preocupaba cómo podría comportarse con el bebé. "Carla tiene un don para lo dramático", había dicho Michelle, "y estamos haciendo todo lo posible por apoyarla, a la vez que hacemos todo lo que podemos para que se sienta segura de nuestro amor". Michelle creía que necesitaban ayuda —"¡y rápido!"— para que Carla se entusiasmara con el bebé.

Por nuestra conversación, pude ver que Michelle y su marido llevaban una vida muy ocupada y estresante. Ambos tenían trabajos exigentes, y Clark, como director de un equipo deportivo profesional, tenía
un horario de trabajo que era cualquier cosa menos regular. Ninguno de
los dos tenía familia en la zona y sus amigos estaban más relacionados
con el trabajo que con el barrio o la comunidad. Michelle y Clark tenían
poco tiempo y a menudo recurrían a las "niñeras", que son los medios
de comunicación para suplir las carencias, pero el amor por su hija no
tenía fin. De hecho, habían tardado años en considerar la posibilidad de
tener otro hijo porque ambos albergaban dudas de que pudieran querer
a alguien tanto como a Carla. Los dos hacían lo que podían, pero en
general volaban sin ninguna red de contención o apoyo. Y Carla era lo
suficientemente inteligente como para ver que su ya imprevisible tiempo con sus padres se dirigía a una notable reducción. Con sus nuevos
y más frecuentes episodios de mal comportamiento estaba probando la
vieja teoría: ¿No es mejor *cualquier* tipo de atención que ninguna?

"¡Esta es una niña que conoce su propia mente!", dijo Michelle cuando nos conocimos. Recuerdo claramente esa expresión, porque no expli-
caba en absoluto el comportamiento controlador que describió a continuación. Carla había renunciado a todos sus alimentos, excepto a sus tres
favoritos: el pan, la pasta y las manzanas. ("Por suerte, he aprendido a ser
creativa para cocinarlos", dijo Michelle). De hecho, había muchas cosas
en las que Carla insistía: sus comidas tenían que estar sobre un determinado mantel individual de la Mujer Maravilla, su suéter rosa con un pony
era el único que quería, y era muy particular en cuanto a la forma en que
podían llevarla a los sitios… Odiaba que sus padres se desviaran de sus
rutas habituales. Hacía poco que había creado un rincón "prohibido" en
su habitación. Nadie podía tocar nada en esa zona. ("Creo que le preocupa que el bebé se meta en sus cosas"). Carla no se iba a la cama hasta que
se sentía "realmente cansada", y ese momento mágico parecía variar cada
noche. ("A mí me pasa lo mismo —dijo Michelle—, no puedo dormir
sino hasta que estoy verdaderamente rendida").

Justo antes de mi visita —y quizá por eso—, Michelle le había regalado a Carla un precioso vestido de raso amarillo y azul. "Es el vestido
de Bella", explicó Michelle mientras lo cogía para enseñármelo, "de *La
Bella y la Bestia*". El vestido era precioso, pero Carla no se dejó convencer para probárselo. Lo dejó en el suelo e insistió en que fuera ella quien
me enseñara la casa.

La habitación de Carla parecía el camerino de una compañía de teatro nacional después de una noche de estreno. Había montones de trajes y accesorios por todas partes, un revoltijo de zapatos de lentejuelas
y boas de plumas esparcidas por encima de los muebles y amontonadas
entre montañas de juguetes y libros. Cuando le pregunté dónde estaba
su zona "prohibida", señaló vagamente un rincón de la habitación. No
era muy fácil de distinguir, le dije: "¿No es eso peligroso porque los demás pueden entrar en él por error?". Me miró extrañada, divertida pero
sorprendida. "¡No, tonto! Sé dónde está... y además, ¡puedo cambiarlo
de lugar cuando quiera!".

La habitación del bebé también estaba abarrotada, pero el desorden
era de otro tipo. Había cajas sin abrir y bolsas de la compra apiladas
contra las paredes y, en el centro, cubierta de plástico, había una cuna
nueva. El plan de Michelle era trabajar hasta una semana antes de la
fecha del parto ("Debería estar bien; Carla se retrasó...") y utilizar esa
semana para preparar la habitación. Cuando naciera el bebé, se tomaría
las seis semanas que le correspondían y volvería a trabajar; la guardería de Carla aceptaría al bebé. Podía funcionar. El tiempo era escaso
—siempre lo era—, pero tanto Michelle como Clark pensaban que las
cosas podrían encajar si tan solo pudieran "conseguir que Carla se entusiasmara también con este bebé".

Si tan solo eso fuera posible. Solo que si hubieras visto la mirada llena de suspicacia de Carla, entenderías mis preocupaciones al principio
de este trabajo. ¿Cuánto se comprometería realmente esta familia para
cambiar, si sus miras se limitaban a su dilema inmediato? Carla y sus
padres compartían una fecha límite —el nacimiento del bebé—, pero
tenían objetivos muy diferentes que cumplir para entonces. Michelle y
Clark querían complacer y apaciguar a Carla; Carla quería (puede parecer una locura, pero ya estaba en ello) obtener el control total del hogar.
El tiempo corría.

Cuando pienso en esta familia, recuerdo mis dudas. Si el vestido de
Bella tenía un atractivo limitado para Carla, está claro que yo lo tenía
aún menos. Michelle y Clark parecían menos interesados en el trabajo
por hacer que en tener todo listo antes de su primera clase de Lamaze,
su curso psicoprofiláctico. Mis esperanzas eran limitadas. Sin embargo,
cuento la historia de los Adams porque al final fue muy conmovedora
—para ellos y para mí— e ilustrativa de una serie de cosas. No hay un
"candidato ideal" para este trabajo; no se requieren requisitos previos

ni credenciales. Cualquier familia puede aportar nueva inspiración y atención a su vida cotidiana. A pesar de mis dudas, los Adams hicieron exactamente eso. Cualquier familia puede, si limita las distracciones, establecer una nueva medida de lo que es importante para ellos. Los Adams ilustraron el punto más importante que he comprendido sobre este proceso: cuando una familia simplifica, lo que ocurre suele ser más trascendental y poderoso de lo que imaginaban cuando empezaron.

Si has leído hasta aquí, sabes que la simplificación no es una solución rápida. Pero mientras Carla me mostraba el lugar, me di cuenta de que su familia necesitaba moverse a toda velocidad. Necesitaban hacer espacio —no solo en su desordenada casa y en sus ajetreadas vidas, sino también en sus corazones—. Necesitaban hacer espacio el uno para el otro, y para construir un centro en su familia, desde el que pudieran empezar a mirar hacia adelante juntos. Michelle y Clark querían que Carla estuviera más entusiasmada, pero lo que parecía faltar en su casa era armonía, no entusiasmo. También sentí que Carla no estaba sola en su ansiedad por este bebé; solo era la abanderada dramática de la preocupación de todos. Antes de avanzar, los Adams necesitaban dar un gran paso hacia atrás para recoger algunas cosas de las que habían prescindido por el camino; solo entonces podrían soñar con la existencia de este bebé antes de su llegada.

Era una tarea difícil. Decidí ignorar la inminente fecha de nacimiento como fecha límite, pero utilizarla como bisagra. ¿Estarían de acuerdo Michelle y Clark en comprometerse plenamente con el proceso, en hacer quizá más cambios y más rápido de lo que yo podría sugerir, al menos hasta que naciera el bebé?

Mi primera petición fue que Michelle y Clark dejaran de hacer regalos a Carla (un signo de su ansiedad) mientras empezábamos a simplificar el desorden de la casa. Todos los disfraces de Carla, excepto uno o dos, fueron trasladados a un clóset en el ático. Eso serviría como una biblioteca de préstamo para que ella pudiera descubrir periódicamente cada vestido de nuevo. Su habitación parecía mucho más espaciosa después de haberse ordenado. Había una zona especial con el cómodo sillón de la habitación, una alfombra de lana y una lámpara, que Carla llamó al instante "el rincón de Carla". Me pareció que esta era la zona general que había estado prohibida, pero no insistimos en el tema.

Como parte de este proceso, Michelle y Clark montaron la habitación del bebé, pero se apartaron del desorden instantáneo que habían reunido y planeado para la habitación. En lugar de muchos móviles, cuadros y peluches, se decidieron por un aspecto más sencillo pero acogedor: la cuna, un cambiador y dos mecedoras, una más pequeña para Carla. Tras el trabajo de simplificación en la habitación de Carla, ninguno de los padres tenía ganas de sobrecargar el cuarto del bebé. Ambos se sentían entusiasmados con esta nueva estética —más espaciosa y menos desordenada— y con la idea de extenderla a toda la casa. Sentían que lo habían descubierto y se lo habían ganado juntos.

Pasamos a nuestro objetivo principal: aumentar el ritmo y la coherencia de la vida diaria. Clark, que en general era un campo de fuerza andante, estaba dispuesto —a duras penas al principio— a apagar sus teléfonos celulares y su buscador cuando estaba en casa. Se fijó una hora para la cena en familia y aceptó llegar a casa para cenar al menos cuatro veces a la semana, marcando esas noches en el calendario. A veces Michelle podía arreglárselas para ir a buscar comida y llegar a tiempo para la cena; a veces Clark tenía que trabajar después, pero poco a poco se iba cavando un surco en la procesión de los días. La cena no era pasta y compota de manzana, como podría pensarse, dada la dieta de Carla. No, la cena era una comida equilibrada y todos se la comían —incluso Carla (después de unos días de alboroto)—. Se establecieron pequeños rituales —baño, lectura, conversación sobre el día y lo que podría ocurrir mañana— mientras se construía una plataforma hacia una hora fija para acostarse.

¿Qué ganaba Carla con todos estos cambios? Tenía menos "cosas", menos poder, y parecía que sus padres de todos modos iban a tener "ese bebé" (como a ella le gustaba decir). Tenía que poner la mesa cada noche e irse a la cama a una hora normal. Su horario de televisión estaba severamente restringido, y su menú terriblemente ampliado. Carla sospechaba; ¿no era ella la que mandaba aquí? Definitivamente sentía el cambio. Pero los nuevos rituales no desaparecieron y nadie hizo mucho alboroto por ellos. En su regularidad ("¡Carla, hora de poner la mesa!") parecían, al menos, confiables. ¿Qué ganaba ella? Este es el punto en el que me encantaría sacar un conejo de mi sombrero, pero la respuesta es menos sorprendente, aunque igual de mágica. Ganó tiempo y conexión, seguridad y facilidad.

Cuando Michelle y Clark ordenaron la casa, recuperaron la mesa del comedor, que se había convertido en un depósito de todo tipo de cosas: papeles, correo basura, pequeños juguetes, viejas tarjetas de puntuación de golf, libros de piano extraviados. Le propuse a Michelle que la mesa no fuera un banco de trabajo, sino un lugar para construir. Lo que construirían exactamente estaba por verse, pero lo que necesitaban eran cosas que duraran. A menudo, con las prisas del día a día, la casa se convierte en una especie de estación de paso, con gente que entra y sale, comidas a la carrera y horarios en estado de cambio. Incluso con las mejores intenciones, cuando el ajetreo domina el día, la vida puede parecer apresurada y transitoria. La consistencia en el hogar echa raíces y la familia comienza a anclar sus días. Pero si no hay una sensación de calma interior, incluso los rituales constantes pueden tratarse como elementos de una lista de control, en lugar de invitaciones a reducir la velocidad. Tanto Michelle como Clark estaban en constante movimiento, y Carla tenía sus propios problemas con la quietud y la concentración. Michelle y yo hablamos de un cambio, que podría empezar en la vieja mesa del comedor.

Tardamos un poco en empezar. Al principio me pareció extraño: incómodo y a veces inútil, pero el sencillo objetivo de Michelle era comprometerse a dedicar un tiempo diario a Carla y hacer algo juntas. Empezaron con arcilla. Con pinturas. Un día iniciaron una campaña de "conseguir más correo", en la que cada una trabajaba en tarjetas postales para amigos y familiares. Consiguieron una vela de cera de abeja para la mesa y experimentaron con música de fondo relajante. Michelle a veces traía algo —una foto, un poema o un chiste— para compartir antes de empezar. Carla se abrió, habló de la escuela y de los amigos. En poco tiempo, se pusieron manos a la obra con un proyecto que parecía surgir directamente de sus corazones y necesidades en ese momento. Michelle sacó las cajas de fotos del armario y juntas hicieron tres hermosos álbumes familiares, uno de ellos exclusivamente de los años de bebé de Carla. Les llevó semanas, y les trajo tantos recuerdos, tantas historias divertidas y momentos olvidados. (Incluso de las anécdotas de su nacimiento, Carla decía al contarlas: "¡Oh, sí! Creo que yo también me acuerdo de eso, mamá").

La construcción que tuvo lugar en esa mesa —que resultó ser la construcción de relaciones— fue quizá el trabajo más duro del proceso para Michelle. Me parece que Carla lo sabía de alguna manera. Ver a su madre sentada tranquilamente frente a ella, y no como un cuerpo en movimiento de camino a otra habitación, agudizó la atención de Carla desde el principio. Algo pasaba. Puede que ese algo tardara en parecer natural, pero créanme, lo fue. Comenzó a sentirse natural y esencial.

Michelle y Carla se compenetraron y descubrieron con sorpresa y delei-te que podían construir algo duradero. No solo para el álbum de fotos, sino para sentirse cómodas la una con la otra. Una confianza que las llevaría adelante.

Al principio, Clark se sintió aliviado cuando Michelle asumió esta parte del proceso. Era algo en lo que se alegraba de no estar involucra-do. Pero al ver lo que sucedía —cómo Carla y su madre esperaban este momento— se sintió cada vez más fuera de un círculo al que quería unirse. Había acompañado a Carla hasta el autobús cada día, pero como sus horarios y los de Carla coincidían por la mañana, decidió mejor lle-varla. Esto le pareció a Carla una ganancia inesperada. "¿Adivina qué?", le preguntó Carla a su madre. "¡Papá es muy divertido por la maña-na!". Sugerí que Clark asumiera la responsabilidad de las prácticas de piano, porque sabía que él también tocaba. "¡Pero Carla odia practicar el piano! Yo también lo odiaba". Ahí estaba el meollo del asunto. Una oportunidad perfecta para que encontrasen la manera de entrar y salir juntos de este problema con el piano. Y lo hicieron. Permitieron que la repetición, la insistencia silenciosa y al principio algunas tonterías necesarias les permitieran seguir, hasta que practicar se convirtió en un patrón y tocar el piano se convirtió en algo que Carla podía hacer y de lo que podía sentirse orgullosa. Finalmente lograron tener algo juntos.

En poco tiempo, Michelle y Clark siguieron su propio camino. El hermanito de Carla, Alex, llegó seis meses después de comenzar nuestro trabajo. ¿Carla estaba emocionada? Eso no es lo que te llamaría más la atención de ella. Creo que, al igual que sus padres y profesores, notarías que estaba mucho más tranquila. Su comportamiento se había estabi-lizado. Le iba bien en la escuela, tenía una serie de intereses y era más feliz de lo que había sido desde que nos conocimos.

Recuerdo su mirada acerada de aquel primer día y me imagino que también hubo un poco de recelo en los ojos cuando conoció a Alex, aunque por razones diferentes. Ella ya no tenía el control de la casa, pero su familia tenía una nueva cercanía que tendría que aprender a compartir con él.

La simplificación es un proceso, un guijarro que se deja caer en las aguas de la vida cotidiana de una familia. Inspira cambios que se expan-den por todo el hogar y tocan a cada miembro de la familia y sus rela-ciones. Veamos algunas de esas ondas de cambio y cómo una familia en-cuentra su propia profundidad, su nuevo equilibrio. En dos décadas de ayudar a las familias con este trabajo, he tenido la suerte de adquirir una amplia y larga perspectiva. He estado en contacto y he recibido noticias de familias con hijos de todas las edades, en tres continentes diferentes. A menudo he visto que el trabajo que hicimos juntos fue solo el principio, una pequeña parte de la transformación general a la que llegaron.

Se necesita tiempo para reducir las cosas, para lograr decir "no, gracias" en serio a las distracciones y a los excesos que abruman nuestra vida cotidiana. Cambiar el rumbo de una familia no es fácil, sobre todo cuando la vida parece un ciclón; sin embargo, tal vez se pueda aprovechar la fuerza más poderosa de la tierra para este trabajo: el amor de los padres por sus hijos. El proceso de simplificación —un cambio en el eje central de la familia— suele estar impulsado por el simple deseo de los padres de proteger la naturalidad y la maravilla de los primeros años de sus hijos. He visto la sabiduría de empezar con algo pequeño, de empezar con lo posible, saborear los resultados y permitir que el éxito alimente el proceso. He descubierto que lo que mejor funciona es simplificar primero la vida del niño: despojarlo de habitaciones, dietas y horarios sobrecargados, y aumentar el ritmo y la regularidad del hogar.

Hay un periodo de adaptación a un estilo de vida más rítmico y menos frenético, que será más largo cuanto mayores sean tus hijos. Es probable que los niños menores de cuatro o cinco años ni siquiera perciban los cambios de forma consciente, aunque notarás una diferencia —un aligeramiento y facilidad— en su juego, su estado de ánimo y su sueño. Los adolescentes se resistirán a los cambios —sin duda— por sus propias necesidades de desarrollo, aunque solo sea por eso. Tu silenciosa voluntad para no dar marcha atrás ayudará a facilitar esta transición hacia una nueva y generalmente apreciada norma familiar.

A medida que desaparecen las distracciones, la sensación de tranquilidad se afianza y se expande. Hay más tiempo para la conexión, espacio para la contemplación y el juego. El aburrimiento, antaño temido y desterrado del hogar, volverá a tener cabida, apreciado por la frecuencia con que precede a la inspiración. Al contrario de lo que podría pensarse, la regularidad es más liberadora que "aburrida" para la mayoría de los niños. Los rituales con los que se puede contar a lo largo del día y de la semana actúan como poderosas afirmaciones. Para los adolescentes, los rituales proporcionan un contrapeso estable y tranquilizador a la volatilidad y las fuertes emociones que definen el territorio de la adolescencia. Los rituales aflojan el control de un niño pequeño, para relajar su necesidad de controlar aspectos pequeños y aparentemente aleatorios de su día. ¿Recuerdas el mantel individual de Carla, sin el cual no podía comer? A medida que las cenas familiares se hacían más regulares, y que Carla se hacía cargo de poner la mesa, se vio envuelta en algo más grande que su necesidad de control. Prescindió tranquilamente del mantel individual, dejándolo en el fondo de un cajón. El poder de la Mujer Maravilla se había eclipsado.

Tales islas de consistencia aseguran al niño que todo está bien en el mundo, liberándolo para que se relaje en su juego y su imaginación. El tiempo, que puede parecer un tirano imprevisible, que tira y empuja al niño a lo largo del día, se domina y se ata con las cenas familiares, la lectura antes de acostarse, las tareas, los juegos no programados y los besos de "brújula" (norte, sur, este y oeste) que se dan antes de salir por la puerta. Solo con la regularidad, la alegría de lo inesperado y el lujo de lo imprevisto pueden encontrar también un lugar en el hogar.

Los padres se sorprenden a menudo por "el poder de tener menos" en lo que se refiere a las opciones cotidianas. Vivimos en un país y en una época que equipara "elección" con "libertad". Sin embargo, para los niños pequeños, la "libertad de elección" sobre cada pequeño detalle de su día —todo lo que comen, visten o hacen— puede ser una carga paralizante.

Tú has visto esto en el trabajo; yo lo hice recientemente en la alberca comunitaria. Un padre con una maleta con ruedas unida a la parte trasera de su carreola encontró unos camastros libres. "¿Aquí, chicos? ¿O quieren sentarse aquí? ¿Sol o sombra?". Se instaló con sus gemelos (que parecían tener unos cuatro años) y empezó a deshacer la maleta, con un flujo constante de preguntas. "Nathan, Liam, ¿quieren nadar ahora o comer un sándwich? ¿Nadar? Bien, Nathan, ahora mira esto… ¿Con qué quieres nadar? ¿El tiburón de goma, los misiles o la máscara? ¿Algo de comer, Liam? ¿Galletas, uvas o queso? Liam, amiguito, ¿quieres tus galletas en una servilleta, o quieres una bolsita con la que puedas caminar? Nathan, puedes nadar mientras Liam come, o espera, Liam, ¿quieres nadar con Nathan y comer algo después? Tu mamá empacó jugo, pero aquí también tienen té. ¿Cuánto tiempo quieren quedarse? ¿Nadamos una hora, tal vez, y nos vamos a casa a dormir la siesta?". Mi pregunta tácita era si estos pequeños conseguirían mojarse siquiera. Este es un ejemplo bastante extremo, lo reconozco. Pero, en general, ofrecemos a nuestros hijos más opciones de las que necesitan o quieren.

A medida que se reducen las opciones, se elimina la presión. Un niño tiene el tiempo y la libertad de tener sus propios pensamientos. Pueden encontrar la facilidad para forjar poco a poco su identidad, una que sea más que la suma de sus elecciones, preferencias o compras. Más que una "identidad de marca".

Imagina tu propia versión de "sobrecarga de opciones". Tal vez intentas encontrar un plan de salud o comprar un coche; tal vez te hayas parado a rentar una película de camino a casa después de hacer algunas cosas pendientes. Las opciones son vertiginosas. Mira hacia arriba y hacia abajo en los pasillos y, de repente, una buena idea te parece una tarea abrumadora. En ese momento —miras la puerta de salida y consideras la posibilidad de escapar— el éxito tampoco parece demasiado probable. ¿Y si, irónicamente, la película que realmente te gustaría ver no está en la supermega tienda de cine? El mero hecho de tener tantas películas de donde escoger aumenta las expectativas. ¿Qué sentido tiene ver una película si no es una de las mejores? Con tantas para elegir, ¿cómo la vas a encontrar? ¿Cómo podrías saber que has hecho la elección correcta? Y a este paso, ¿qué pasa si a la hora de cerrar sigues en medio de la tienda, parado en el mismo lugar?

Puede que las tiendas de cine no te sumerjan en un agujero negro de indecisión al estilo Woody Allen, pero confío en que te sientas identificado de algún modo con mi descripción, ya que la "sobrecarga de opciones" forma parte cada vez más de nuestra vida cotidiana. Cuando se tienen demasiadas cosas y demasiadas opciones ocurren varias situaciones: las decisiones son más difíciles y las expectativas aumentan. Si tengo todo esto, ¿qué más puedo tener? O con más frecuencia, "¿qué es lo siguiente?". Sin saberlo, transmitimos este exceso de opciones —y sus consecuencias— a nuestros hijos. ¿Qué sigue?

Retrocedamos un momento. Al simplificar, intentamos alejarnos del exceso y acercarnos al equilibrio. Lamentablemente, muchos niños necesitan más —y no menos— para llevar una vida sana y cómoda. El hambre no tiene nada de edificante ni de expansivo. El "poder del menos" carece de sentido para los realmente necesitados, para un niño cuyo refrigerador está vacío. No, la simplificación es para aquellos cuya vida se caracteriza no por la necesidad sino por el deseo. No se trata solo de las familias acomodadas: muy a menudo, los niños que están sobrecargados de posesiones y opciones materiales proceden de hogares de clase media. Y a veces los padres con medios relativamente modestos tratan de colmar a sus hijos de generosidad y de una sensación de opciones ilimitadas. Pero un refrigerador siempre repleto de todo lo imaginable no es, irónicamente, satisfactorio: suele hacer soñar con una o dos cosas que quizá no están ahí.

Solo con menos cosas puede un niño aprender qué es lo que le gusta y qué le llama. Cuando sus expectativas se ven siempre satisfechas —incluso de forma anticipada—, su voluntad se vuelve raquítica y débil. Sé que ese refrigerador abarrotado puede parecer fantástico; es una imagen rara para la mayoría de nosotros ("¿A quién le tocaba ir al mercado?"). Pero cuando un niño crece con un refrigerador metafórico que siempre está a rebosar, los resultados, en términos de su felicidad y su comportamiento, no suelen ser fantásticos.

¿Qué ocurre entonces cuando seguimos dándoles "todo lo que su corazón anhela"? Por un lado, como los músculos bien ejercitados, sus corazoncitos siguen deseando. Pero también, mientras toda esta generosidad entra por la puerta principal, la expectación se escapa silenciosamente por la trasera. Es una de las primeras víctimas de la sobrecarga. No hay lugar para esperar cosas nuevas cuando las expectativas se cumplen de todas maneras. ¿Y la posibilidad de sorpresas felices? También se va de puntitas por la ventana. A veces, los padres solo se dan cuenta de que ha desaparecido cuando su hijo de seis años recibe cada novedad con una especie de hastío por todo.

Cuando ya no esté regida por el ritmo de "¡más!", tu casa será un lugar más tranquilo. Será un testimonio de "suficiente". Pero seguramente "suficiente" es decepcionante, y sencillamente aburrido, comparado con el abundante "más". La pregunta es justa, y es la reacción más común que tienen los padres cuando reflexionan sobre una montaña de juguetes que tienen que reducir a un montículo de queridos guardianes. ¿No se quedarán los niños destrozados? Por lo general, no. Con menos opciones, hay libertad para apreciar las cosas —y a los demás— con más profundidad.

A veces pienso en la simplificación como un poderoso antiinflamatorio para las familias. La inflamación es la "alerta roja" de nuestro cuerpo, su forma de responder a estímulos nocivos o irritantes. Puede ser aguda, o de bajo nivel y crónica, un desequilibrio que empieza a parecer "normal". A menudo he visto cómo la simplificación puede romper el ciclo de inflamación —la picazón por "más" y el deseo de una estimulación cada vez mayor— que amenaza con sobrepasar el "sistema" de una familia.

Una madre me envió un correo electrónico sobre su hijo de once años: "Entre su iPod, su computadora y su Gameboy, ahora no hay un momento del día en el que Todd no esté 'enchufado'. He empezado a dejarle pequeñas notas porque siempre lleva algún tipo de tapones en los oídos. ¿Tal vez es solo la forma en que las cosas son? Veo lo mismo en todas partes, con todo tipo de niños. Pero no puedo dejar de preguntarme si mis días de hablar con Todd han terminado". Qué excelente ejemplo de inflamación. Esta madre me estaba contando un cambio que había sucedido poco a poco. Al mirar a su alrededor, vio muchos ejemplos de "niños enchufados", casi lo suficiente para convencerla de que lo que experimentaba era "normal". Sin embargo, no se sentía bien. Le dolía dejar notas para un hijo con el que ya no hablaba, y que ya no hablaba con ella. Lo que sentía era un desequilibrio. Un desequilibrio que podría agravarse si no se le prestaba atención y cuyos efectos se extenderían sistemáticamente a toda la familia. Parte del proceso de simplificación de la familia de Todd consistió en aumentar el tiempo que pasaban juntos, hacer que el acceso de Todd a los medios de comunicación y a los aparatos electrónicos se basara en ciertos privilegios en lugar de ser ilimitado, y así evitar desconectar de forma drástica como familia.

La simplificación elimina algunos de los principales factores de estrés de la vida diaria, reduce las expectativas algo inflamadas y despeja los irritantes de los sentidos; termina con la "alerta roja" o el enfoque del triaje en la vida diaria, para que los padres puedan restablecer un equilibrio más natural, uno en el que ocurra lo "cotidiano" y el tiempo se expanda. Es entonces cuando las distracciones no abruman la conexión y los rituales que compartimos son pequeñas promesas hechas y mantenidas cada día.

Lo que he visto, con mucha claridad y frecuencia, es que el amor de un padre por sus hijos inspira los primeros cambios difíciles de la simplificación. Se eliminan los excesos y se imponen límites para proteger el espacio y la gracia de los años de la infancia. Lo que Michelle y Clark notaron es que esos límites empezaron a abrir un camino, no solo para Carla, sino para toda la familia. Esta es otra de las paradojas del extraordinario poder del menos. Los límites pueden definir ese camino al principio y proporcionar una dirección donde no existía, pero no por mucho tiempo: el camino se convierte en otra cosa, en algo creado por uno mismo, en algo en lo que se tiene interés.

Cuando actúas para limitar lo que *no* quieres para tu familia, aclaras lo que *sí* necesitas, lo que es importante para ti. Tus valores se aclaran. La simplificación es un camino de autodefinición para la familia. Que estará más tranquila cuando el ruido insistente de la cultura popular, la competencia y el consumismo se reduzcan en buena medida. Al igual que un cantante tiene que acallar los ruidos ambientales para escuchar su propia voz, la simplificación permite a una familia "sintonizar" con sus valores, con lo que les funciona, con lo que los define. La voz que se puede escuchar, a medida que disminuye el ruido, es la propia, la verdadera voz de los padres. Con las distracciones cada vez más como ruido de fondo, lo que se desarrolla en un primer plano es un centro; así, surge y se fortalece un centro familiar.

"Mamá, la chica que se sienta a mi lado en clase, Marietta, es tan *estúpida*. Ayer, ella…". "En nuestra familia no usamos la palabra *estúpido*". "Pero todo el mundo dice *estúpido*. Es solo una palabra". "Algunos lo hacen y otros no; nosotros no lo hacemos. Cuando crezcas y tengas una familia, podrás decidir si tu familia lo hace o no".

A medida que el desorden y el agobio salen por la puerta y se impone un ritmo menos frenético, tu forma de ser padre también se volverá menos inflamable. Una mayor coherencia nos da a los padres el espacio y la gracia que también necesitamos.

El centro familiar que se construye con la coherencia —lo que hacemos y lo que no hacemos, cómo nos comportamos y la conexión que tenemos, juntos— ayuda a los padres a estar más centrados en su disciplina. Construye una confianza que hace a un padre "digno de que lo sigan", de tener "discípulos". A medida que Michelle y Clark perdían su timidez con Carla, a medida que su comportamiento y sus expectativas con respecto a ella se volvían más coherentes, Carla perdía gran parte de su ansiedad y sus comportamientos controladores. Parece que no quería tener una actitud coparental hacia sí misma, sino tener padres. Cuando Michelle y Clark le dieron más orientación, Carla pudo volver a sentarse en el asiento del copiloto, donde debía estar.

El tema de la disciplina es más amplio de lo que he podido tratar en este libro, pero la verdad es esta: una disciplina más eficaz es, en cierto modo, una consecuencia del proceso de simplificación. Seguí trabajando con Michelle y Clark para cambiar el equilibrio de su comunicación con Carla, que pasó de muchas peticiones con pocas instrucciones a instrucciones más directas con pocas peticiones. Cuando todo es una petición, se produce otra forma de desorden verbal: "Taylor, ¿cómo estás? ¿Te gustaría entrar en el coche ahora? ¿Qué te parece? ¿Puedes abrocharte el cinturón de seguridad? ¿Quieres cerrar la puerta? Cariño, ¿eres tú el que lanza esos juguetes al frente? ¿Quieres parar, por favor?". Las indicaciones pueden y deben ser directas. "Taylor, es hora de entrar en el coche y abrocharse el cinturón. Cierra la puerta, por favor". "No puedo conducir con distracciones. No se avienta nada mientras el coche está en movimiento". Las peticiones pueden parecer formas de comunicación más "suaves", pero cuando hay tantas, son muy fáciles de ignorar, y su uniformidad dificulta que el niño sepa lo que es realmente importante. Invitan a responder, pero en realidad no, por lo que el efecto general es de ruido de fondo. "Entonces, Ben, ¿qué te parece? ¿Quieres prepararte para ir a la cama? Lávate los dientes, colega, ¿vale?". "Hora de dormir, Ben. Ya sabes lo que tienes que hacer". Al simplificar las preguntas que le haces a tu hijo —pregunta menos, pero con más sentido— puedes empezar a "estar dentro" de cada una de ellas.

Nuestros instintos se fortalecen con momentos regulares de conexión con nuestros hijos; somos más receptivos, menos reactivos. Podemos juzgar mejor cuándo hay motivos de preocupación. Nuestro gatillo se relaja. Podemos enterarnos de algo que ha sucedido en el colegio —oír toda la historia— sin tener que marcar de inmediato el número de la casa del profesor (si es que no está ya programado en la marcación rápida). Cuando los niños saben que no vas a explotar como fuegos artificiales a la menor cosa que digan, también se relajan. Se sienten libres para hablar más.

Los efectos de la simplificación van más allá de la relación entre padres e hijos. Ya no me sorprende cuando un padre que ha empezado el proceso a regañadientes por sus hijos me dice que ha tenido un profundo efecto en su matrimonio y en la intimidad con su mujer. Cuando una familia se ralentiza y limita drásticamente sus distracciones y su desorden, no solo se profundiza en la atención de los niños. Con menos énfasis en las cosas y en la velocidad, y con más oportunidades de conexión, papá puede captar la atención de mamá al otro lado de la mesa. Cuando se practican filtros como "¿Es verdadero? ¿Es algo amable? ¿Es necesario?", se siente más respeto por todos. La simplificación ofrece un nuevo camino a los padres; se alinea su vida diaria con los sueños que originalmente tenían para su familia. Antes de que las cosas se volvieran tan frenéticas.

Se supone que tener hijos es el mejor viaje compartido, ¿no es así? Pero la llegada de un bebé tiene toda la sutileza de un terremoto. Muy a menudo, una pareja solo mira hacia arriba varios años después (y quizá después de otro bebé) para ver lo alterada que está su relación. Se han hecho ajustes, se han hecho todo tipo de maromas, casi todas por el bien del bebé; no por el otro, ni por el matrimonio. La simplificación es la promesa de un viaje compartido. No una semana en París, no. Es un camino más largo, pero con beneficios que crecen y se multiplican. Como corrección del rumbo de la familia, puede ser algo que tú y tu cónyuge acepten y con lo que se comprometan para lograrlo. Las parejas me han informado que, a través de los inesperados triunfos en este proceso, recuperan un sentido mutuo de propósito y logro. Tienen sentimientos que les recuerdan el manantial emocional que compartieron en la sala de partos, sentimientos que quizá no habían experimentado desde entonces.

¿Significa la simplificación que, como padre, todas tus decisiones estarán tomadas? ¿Tu camino siempre estará claro, tus instrucciones siempre se cumplirán? En pocas palabras: no. Pero al definir el centro de tu familia serás mucho menos reactivo. No te verás tan zarandeado ni desviado por cada nueva distracción que se presente. Reconocerás las presiones sociales: ("¡más! ¡más rápido! ¡antes!") como una fuerza centrífuga que puede amenazar pero ya no separar a tu familia. Después de haber hecho el duro trabajo de simplificar, verás con claridad cuándo las cosas o actividades "imprescindibles" son en realidad nuevas variaciones de "¡más!" destinadas a ser rápidamente olvidadas o descartadas. Cuando el mejor *yo* de tu hijo esté con más frecuencia en casa, no tendrás problemas para proteger su tiempo.

Instintivamente, protegerás el ocio que despliega su frente y le permite seguir su curiosidad.

Al fin y al cabo, ellos hacen lo mismo por ti todo el tiempo. ¿Qué mejor guardián tenemos de nuestro mejor *yo* que nuestros hijos, nuestro *yo* menos estresado y más despreocupado? En su alegría vemos el eco de cómo éramos nosotros: cuando éramos niños, sí, pero también antes de que tuviéramos hijos, o incluso hace dos semanas, antes de todo el estrés de estas reuniones corporativas de fin de año. Su alegría, su entusiasmo contagioso, su sentido de la "misión", cuando el pobre perro va vestido con calzoncillos, no puede evitar engatusarte, e invitarte a que te animes. Lo que quiero decir es esto: rescata su infancia del estrés, y ellos, inevitablemente, día a día, te rescatarán a ti también.

La vida seguirá siendo imprevisible después de simplificar, por supuesto. "Hay cosas que pasan", como suele decirse. Y cuando tienes hijos, "hay cosas que pasan" con regularidad (con una variedad realmente notable). Pero las "cosas" se vuelven mucho menos amenazantes cuando se ven desde un centro estable.

El camino que proporciona la simplificación se desviará de vez en cuando y tendrás que encontrar el camino de vuelta. Pero, como es un camino que define y fortalece lo que son juntos, permite curvas y correcciones. Lo que tu familia puede ser sin la fuerza centrífuga de las distracciones y los excesos se interioriza. Es un sentimiento que llegarás a reconocer, atesorar y proteger. Un centro que se mantiene.

¿Hay algún paso en el proceso de simplificación que te parezca absolutamente factible, algo que sepas que es posible ahora, en tu propia casa? Este es tu punto de partida, el inicio de tu camino hacia los grandes cambios que imaginas. Una vez que tengas una imagen clara de esta tarea —lo que tienes que hacer y el aspecto que tendrá tu vida diaria cuando esté hecho—, empieza. Entra en esa imagen... Empieza.

Bibliografía

Academia Americana de Pediatría [AAP]. (1999). Media Education Policy Statement. *Pediatrics*, 104: 341-343.

————. (2000). Joint Statement on the Impact of Entertainment Violence on Children. Congressional Public Health Summit, 26 de julio.

————. (2001). Children, Adolescents, and Television. *Pediatrics*, 107.

———— [Council on Communications and Media]. (2016). Virtual Violence. *Pediatrics*, 138(2).

Anónimo. (28 de noviembre de 2012). *The Joys of Doing Nothing*. Scholastic.com

————. (2018). New Survey Identifies Decline in Sportsmanship. *US Youth Soccer eNews*, 18 de abril.

Arango, T. (2008). Social Site's New Friends Are Athletes. *The New York Times*, 26 de marzo.

Arnold, J.C. (2000). *Endangered: Your Child in a Hostile World*. Farmington: Plough.

Asociación Estadounidense de Psicología [APA]. (2015). *Resolution on Violent Video Games*. Washington, D.C.: APA.

Aun, F.J. (2007). Study: Kids Latching onto Tech at Earlier Ages. *E-Commerce Times*, 6 de junio.

Begley, S. (2007). *Train Your Mind, Change Your Brain: How a New Science Reveals Our Extraordinary Potential to Transform Ourselves*. Nueva York: Ballantine.

Biddulph, S. (1998). *Raising Boys: Why Boys Are Different And How To Help Them Become Happy and Well-Balanced Men*. Berkeley: Celestial Arts.

BNET, Business Network (s.f.). Kids. A Powerful Market Force. http://findarticles.com/p/articles/mi_hb4704/is_200107/ai_n17263171

Bodkin, H. (2017). Violent Video Games Like Grand Theft Auto Do Not Make Players More Aggressive, Major New Study Finds. *The Daily Telegraph*, 8 de marzo.

Brady, F. (2004). Children's Organized Sports a Developmental Perspective. *Journal of Physical Education, Recreation & Dance*, 75, febrero.

Britz-Crecelius, H. (1996). *Children at Play: Using Waldorf Principles to Foster Childhood Development*. South Paris: Park Street.

Bronson, P. (2007). Snooze or Lose. *New York Magazine*, 8 de octubre.

Brooks, A.A. (1989). *Children of Fast-Track Parents: Raising Self-Sufficient and Confident Children in an Achievement-Oriented World*. Nueva York: Viking.

Butcher, J., Lindner, K.J. y Johns, D.P. (2002). Withdrawal from Competitive Youth Sport: A Retrospective Ten-Year Study. *Journal of Sport Behavior*, 25.

Carnagey, N., Anderson, C. y Bushman, B. (2007). The Effect Game Violence on Physiological Desensitization to Real-Life Violence. *Journal of Experimental Social Psychology*, 43: 489-496.

Chudacoff, H. (2007). *Children at Play: An American History*. Nueva York: New York University Press.

Clack, E. (2004). Study Probes Generation Gap. *Children's Business*, 1 de mayo.

Clayton, V. (2004). What's to blame for the rise in ADHD?. MSNBC, 8 de septiembre.

Cohen, A. (2008). Michael Pollan: If You Can't Say It, Don't Eat It. Radio Nacional Pública [NPR], 24 de abril.

Common Sense Media. (2018). https://www.commonsensemedia.org/research/zero-to-eightchildrens-media-use-in-america

Conner, B. (2007). *Unplugged Play: No Batteries. No Plugs. Pure Fun.* Nueva York: Workman.

Crain, W. (2003). *Reclaiming Childhood: Letting Children Be Children in Our Achievement-Oriented Society*. Nueva York: Times Books.

· DeGrandpre, R. (1999). *Ritalin Nation: Rapid-Fire Culture and the Transformation of Human Consciousness*. Nueva York: Norton.

Doe, M. (2001). *Busy but Balanced: Practical and Inspirational Ways to Create a Calmer, Closer Family*. Nueva York: St. Martin.

Drew, N. (2000). *Peaceful Parents, Peaceful Kids: Practical Ways to Create a Calm and Happy Home*. Nueva York: Kensington.

Dunckley, V. (2015). *Reset Your Child's Brain: A Four-Week Plan to End Meltdowns, Raise Grades, and Boost Social Skills by Reversing the Effects of Electronic Screen-Time*, Novato, California: New World Library.

Dunn, J. (2017). TV Is Still Media's Biggest Platform—but the Internet Is Quickly Gaining Ground. *Business Insider UK*, 9 de junio.

Elkind, D. (2006). *The Hurried Child*, edición del 25 aniversario. Nueva York: Da Capo.

———. (2007). *The Power of Play: Learning What Comes Naturally.* Nueva York: Da Capo.

Fahy, A.E., Stansfeld, S.A., Smuk M. *et al.* (2016). Longitudinal Associations between Cyberbullying Involvement and Adolescent Mental Health. *Journal of Adolescent Health*, 59(5): 502-509.

Farkas, S., Johnson, J. y Duffett, A. (2002). A Lot Easier Said Than Done: Parents Talk About Raising Children in Today's America. Public Agenda.

Garrison, K. (1985). *Lake Wobegon Days.* Nueva York: Viking.

Gibbs, N. (2006). The Magic of the Family Meal. *Time*, 4 de junio.

Goleman, D. (1995). *Emotional Intelligence: Why It Can Matter More Than IQ.* Nueva York: Bantam.

Grossman, D. y Degaetano, G. (1999). *Stop Teaching Our Kids to Kill: A Call to Action Against TV, Movie and Video Game Violence.* Nueva York: Crown.

Gurian, M. y Stevens, K. (2005). *The Mind of Boys: Saving Our Sons from Falling Behind in School and Life.* Nueva York: Jossey-Bass.

Hayes, D. (2008). *Anytime Playdate: Inside the Preschool Entertainment Boom, or How Television Became My Baby's Best Friend.* Nueva York: Free Press.

Healy, J. (1998). *Failure to Connect: How Computers Affect Our Children's Minds, and What We Can Do About It.* Nueva York: Simon & Schuster.

———. (2004). *Your Child's Growing Mind: Brain Development and Learning From Birth to Adolescence.* Nueva York: Broadway.

Henig, R.M. (2008). Taking Play Seriously. *The New York Times Magazine*, 17 de febrero.

Hilgers, L. (2006). Youth Sports Drawing More Than Ever. CNN.com, 5 de julio.

Honoré, C. (2004). *In Praise of Slowness: Challenging the Cult of Speed.* Nueva York: HarperCollins.

Hostinar, C.E. y Gunnar, M.R. (2013). Future Directions in the Study of Social Relationships as Stress Regulators Across Development. *Journal of Clinical Child and Adolescent Psychology*, 42(4): 564-575.

King, D.L. y Potenza, M.L. (2019). Not Playing Around: Gaming Disorder in the International Classification of Diseases (ICD-11). *Journal of Adolescent Health*, 64(1): 5-7. https://www.jahonline.org/article/S1054-139X(18)30471-3/fulltext

James, O. (2006). *Affluenza: When Too Much is Never Enough*. Londres: Random House.

Josephson Institute. (2006). *What Are Your Children Learning? The Impact of High School Sports on the Values and Ethics of High School Athletes*. Playa del Rey, California: Josephson Institute.

Kabat-Zinn, J. y Kabat-Zinn, M. (1998). *Everyday Blessings: The Inner Work of Mindful Parenting*. Nueva York: Hyperion.

Kenison, K. (2002). *Mitten Strings for God: Reflections for Mothers in a Hurry*. Nueva York: Warner.

Kinney, D.A., Dunn, J.S. y Hofferth, S.L. (2000). Family Strategies for Managing the Time Crunch. Center for the Ethnography of Everyday Life, 5 de septiembre.

Kirn, W. y Cole, W. (2001). What Ever Happened to Play?. *Time*, 30 de abril.

Kubey, R. y Csikzentmihalyi, M. (2002). Television Addiction Is no Mere Metaphor. *Scientific American*, febrero.

Lambert, C. (2005) Deep into Sleep. *Harvard Magazine*, julio-agosto.

Levine, M. (2002). *A Mind at a Time*. Nueva York: Simon & Schuster.

Lewin, T. (2010). If Your Kids Are Awake, They're Probably Online. *The New York Times*, 20 de enero.

Livingstone, B. The Media-Parent Connection: Overplaying Fear. How It Hurts and What We Can Do About It, www.boblivingstone.com

Louv, R. (2005). *Last Child in the Woods: Saving Our Children from Nature-Deficit Disorder*. Chapel Hill: Algonquin.

Markoff, J. (2008). Joseph Weizenbaum, Famed Programmer, Is Dead at 85. *The New York Times*, 13 de marzo.

Marriott, M. (2005). Gadget or Plaything, Let A Child Decide. *The New York Times*, 17 de febrero.

McDonald, D.G. y Kim, H. (2001). When I Die, I Feel Small: Electronic Game Characters and the Social Self. *Journal of Broadcasting and Electronic Media*, 45: 241-258.

Mellon, N. (2000). *Storytelling with Children.* Gloucestershire: Hawthorn.

Morrish, R. (1998). *Secrets of Discipline: 12 Keys for Raising Responsible Children.* Ontario: Woodstream.

NCIC, National Crime Information Center. (2016). *Missing Person and Unidentified Person Statistics.* Washington, D.C.: NCIC.

Office of National Statistics. (2016). *Statistical Bulletin: Internet Access— Households and Individuals.* Nesport: Office of National Statistic.

Ollivier, C. (2008). France Bans Broadcast of TV Shows for Babies. Associated Press, 20 de agosto.

Park, A. (2007). Baby Einsteins: Not So Smart After All. *Time,* 6 de agosto.

Patterson, B. y Bradley, P. (2000). *Beyond the Rainbow Bridge: Nurturing Our Children from Birth to Seven.* Amesbury: Michaelmas.

Payne, K. y Hammond, K. (1997). *Games Children Play: How Games and Sport Help Children Develop.* Gloucestershire: Hawthorn.

Payne, K.J. y River, B. (2002). From Attention Deficit to Attention Priority: A Study of Attention Related Disorders in Waldorf Schools. *The Waldorf Research Bulletin,* primavera.

Pennington, B. (2005). Doctors See a Big Rise in Injuries for Young Athletes. *The New York Times,* 22 de febrero.

Petrash, J. (2004). *Navigating the Terrain of Childhood: A Guidebook for Meaningful Parenting and Heartfelt Discipline.* Kensington: Nova Institute.

_____. (2002). *Understanding Waldorf Education: Teaching from the Inside Out.* Beltsville: Gryphon House.

Pipher, M. (1996). *The Shelter of Each Other: Rebuilding Our Families.* Nueva York: Putnam.

Pressman R.M., Sugarman D.B., Nemon M.L. *et al.* (2015). Homework and Family Stress: With Consideration of Parents' Self-Confidence, Educational Level, and Cultural Background. *The American Journal of Family Therapy,* 43(4): 297–313.

Putnam, R. (2001). *Bowling Alone: The Collapse and Revival of American Community.* Nueva York: Simon & Schuster.

Quart, A. (2006). Extreme Parenting. *Atlantic Monthly,* julio-agosto.

Randall, K. (2007). Mom Needs An A: Hovering, Hyper-Involved Parents the Subject of Landmark Study. www.utexas.edu, 26 de marzo-2 de abril.

Rideout, V.J., Roberts, D.F. y Foehr, U.G. (2005). *Generation M: Media in the Lives of 8–18 Years-Old*. Menlo Park: Henry J. Kaiser Family Foundation.

Rideout, V.J., Vandewater, E.A. y Wartella, E.A. (2003). *Zero to Six: Electronic Media in the Lives of Infants, Toddlers, and Preschoolers*. Menlo Park: Henry J. Kaiser Family Foundation.

Rideout, V. y Hamel, E. (2006). *The Media Family: Electronic Media in the Lives of Infants, Toddlers, Preschoolers and Their Parents*, Menlo Park: Henry J. Kaiser Family Foundation.

Robinson, T.N., Banda, J.A., Hale, L., *et al*. (2017). Screen Media Exposure and Obesity in Children and Adolescents. *Pediatrics*, 140(S2): S97–101.

Rosenfeld, A. y Wise, N. (2001). *The Over-Scheduled Child: Avoiding the Hyper- Parenting Trap*. Nueva York: St. Martin's.

Rosman, K. (2006). BlackBerry Orphans, *The Wall Street Journal*. 8 de diciembre.

Rousseau, S. y Scharf, M. (2017). Why People Helicopter Parent? An Actor–Partner Interdependence Study of Maternal and Paternal Prevention/Promotion Focus and Interpersonal/Self-regret. *Journal of Social and Personal Relationships*, 10 de abril.

Sacks, O. (1985). *The Man Who Mistook His Wife for a Hat and Other Clinical Tales*. Nueva York: Summit.

Schlosser, E. (2001). *Fast Food Nation*. Boston: Houghton Mifflin.

Schmidt, M.E., Bickham, D.S., King, B.E., Slaby, R.G., Branner, A.C. y Rich, M. (2005). *The Effects of Electronic Media on Children Ages Zero to Six: A History of Research*. Menlo Park: Henry J. Kaiser Family Foundation, Center on Media and Child Health.

Schor, J.B. (2004). *Born to Buy: The Commercialized Child and the New Consumer Culture*. Nueva York: Scribner.

Sherlock, M. (2003). *Living Simply with Children: A Voluntary Simplicity Guide for Moms, Dads, and Kids Who Want to Reclaim the Bliss of Childhood and the Joy of Parenting*. Nueva York: Three Rivers.

Siegel, D. (1999). *The Developing Mind*. Nueva York: Guilford.

————— y Hartzell, M. (2003). *Parenting from the Inside Out*. Nueva York: Jeremy Tarcher.

Spiegel, A. (2008). Old-Fashioned Play Builds Serious Skills. National Public Radio, Morning Edition, 21 de febrero.

Stein, J. (2007). Kicking It Up a Notch. *Los Angeles Times*, 22 de mayo.

sanka, S. (2007). *The Not So Big Life: Making Room for What Really Matters*. Nueva York: Random House.

zalavitz, M. (2006). *Today* Show Revises Number of Missing Kids Downwards. STATS Organization, George Mason University, 9 de marzo.

Thomas, S.G. (2007). *Buy, Buy Baby: How Consumer Culture Manipulates Parents and Harms Young Minds*. Boston: Houghton Mifflin.

Vandewater, E.A., Rideout, V.J., Wartella, E.A., Huang, X. Lee, J.H. y Shim, M. (2007). Digital Childhood: Electronic Media and Technology Use Among Infants, Toddlers, and Preschoolers. *Pediatrics*, 118, mayo.

Veitch, J., Bagley, S., Ball, K. y Salmon, J. (2005). Where Do Children Usually Play? A Qualitative Study of Parents' Perceptions of Influences on Children's Active Free Play. *Health & Place*, 12(4): 383-393.

Wallis, C. (2006). The Myth About Homework. *Time*, 29 de septiembre.

Walsh, P. (2007). *It's All Too Much: An Easy Plan for Living a Richer Life with Less Stuff*. Nueva York: Free Press.

Índice analítico

Acerca de los autores

Kim John Payne ha trabajado silenciosa y apasionadamente para ayudar a miles de personas a expresar el sentimiento de que algo no está bien, dado el alto nivel de desasosiego que tanta gente experimenta hoy en día. En sus libros y conferencias ofrece formas factibles para convertir en realidad las esperanzas y los valores que tenemos y explica cómo construir conexiones profundas con nuestros hijos.

Consultor y formador de más de 250 escuelas públicas e independientes de Estados Unidos, Kim John Payne, con una maestría en educación, ha sido consejero escolar, educador de adultos, consultor, investigador, educador y consejero familiar privado durante treinta años. A menudo pronuncia discursos inaugurales en conferencias internacionales para educadores, padres y terapeutas, y dirige talleres y diplomados en todo el mundo. En cada una de sus funciones, ha ayudado a niños, adolescentes y familias a explorar diversos temas, como los problemas sociales con hermanos y compañeros de clase, las dificultades de atención y de comportamiento en casa y en la escuela, y los conflictos emocionales, como el desafío, la agresividad, la adicción y problemas de autoestima, subrayando el papel vital que supone llevar una vida sencilla y equilibrada.

También ha sido consultor de asociaciones educativas de Sudáfrica, Hungría, Israel, Rusia, Suiza, Alemania, Irlanda, Canadá, Australia, Reino Unido, Tailandia y China. Kim ha trabajado ampliamente con los movimientos educativos Waldorf de Estados Unidos y el Reino Unido. Ha sido director del programa de Asesoramiento Colaborativo de la Universidad de Antioquía de Nueva Inglaterra. Es director del Instituto Simplicity Parenting, una comunidad que explora lo que realmente nos conecta y desconecta con nosotros mismos y con el mundo. Junto con su equipo, han formado a más de mil entrenadores de crianza con simplicidad en todo el mundo. Kim es el director fundador del Centro para la Sostenibilidad Social, una organización que ha formado a miles de profesores, compañeros y alumnos en las "tres corrientes de la cultura escolar saludable", que proporciona apoyo social, emocional y conductual a los niños que tienen dificultades en su entorno escolar.

Ha aparecido con frecuencia en la televisión, en cadenas como ABC, NBC, CBS y Fox; en la radio, con la BBC, Sirius/XM, CBC y NPR, y en la prensa, en revistas y periódicos como *Time, Chicago Tribune, Parenting, Mothering, Times Union* y *Los Angeles Times*. Sus libros se han traducido a más de treinta idiomas.

Kim trata de profundizar en la comprensión y brinda herramientas prácticas para la vida que surgen de los temas sociales de nuestro tiempo. Vive en una granja en Ashfield, Massachusetts, con su mujer y dos hijas.

www.simplicityparenting.com

Crianza con simplicidad es uno de los varios libros que **Lisa M. Ross** ha escrito o contribuido a escribir. Lleva más de veinte años en el mundo editorial, como editora y agente literaria, y ahora trabaja exclusivamente como escritora. Vive en el condado de Columbia, Nueva York, con su marido y sus dos hijos.

www.lisamross.com

Crianza con simplicidad
se terminó de imprimir en la Ciudad de México
en febrero de 2024 en los talleres de Impregráfica Digital,
SA de CV, Av. Coyoacán 100-D, Col. Del Valle Norte,
Alcaldía Benito Juárez, 03103 Ciudad de México.
En su composición se utilizaron tipos
Berkeley Book y Berkeley Bold.